国家社科基金后期资助项目
GUOJIA SHEKE JIJIN HOUQI ZIZHU XIANGMU

# 预期情绪和即时情绪影响下的投资组合选择和投资者行为研究

Portfolio Selection and Investor Behavior under the Influence of Anticipatory Emotion and Immediate Emotion

刘晓东 著

上海远东出版社

**图书在版编目(CIP)数据**

预期情绪和即时情绪影响下的投资组合选择和投资者行为研究 / 刘晓东著. —上海：上海远东出版社,2023
ISBN 978 - 7 - 5476 - 1956 - 8

Ⅰ.①预… Ⅱ.①刘… Ⅲ.①组合投资—研究 ②投资行为—研究 Ⅳ.①F830.59

中国国家版本馆 CIP 数据核字(2023)第 193686 号

责任编辑　程云琦
封面设计　李　廉

预期情绪和即时情绪影响下的投资组合选择和投资者行为研究

刘晓东　著

出　　版　**上海远东出版社**
　　　　　(201101　上海市闵行区号景路 159 弄 C 座)
发　　行　上海人民出版社发行中心
印　　刷　上海新华印刷有限公司
开　　本　710×1000　　1/16
印　　张　20.5
字　　数　357,000
版　　次　2023 年 12 月第 1 版
印　　次　2023 年 12 月第 1 次印刷
ISBN 978 - 7 - 5476 - 1956 - 8/F · 722
定　　价　88.00 元

# 序　言

　　本书的研究思路最早来自我在本科教学中的经历。2006 年 8 月,我在吉林财经大学金融学院讲授"金融工程"课程。"金融工程"课程的教学方案是按照"先完成金融经济学理论认知,再导入金融衍生产品"这样的内容设计的;上述教学设计既能够保证让学生充分了解现代金融学的理论体系,也能够让学生良好地掌握金融衍生产品的原理和操作。

　　2015 年,我加入"行为金融学"的教学团队中,为本科生讲授"行为金融学"课程。在教学中,学生的课堂表现和课后评价显示出他们对本门课程的掌握程度并未达到预期效果。为了改进教学,我们采用了国内权威教材,设计了诸多市场案例作为辅助教学内容,但是上述问题仍然存在。经过认真分析查找原因,我发现行为金融学没有统一的理论体系,学生们对于行为金融学的认知局限于零散的知识点,这是影响教学效果的主要原因。

　　现在的行为金融学是在与新古典金融学激烈论战的基础上,通过发现和解释"市场异象"而发展起来的理论群落。按照巴贝尔斯(Barberis)的总结,行为金融学目前"并行"着三大基本假设:前景理论(损益效用)、外推信念和过度自信。上述三大假设中,只有前景理论可以解释最为基础的风险决策问题,属于基础假设范畴;其他假设则来源于心理学研究中所发现的部分认知偏差和心理偏好,这不属于基础假设范畴。根据上述三种假设发展起来的行为金融资产定价理论能够分别解释不同的"市场异象",但是理论之间不能相互融合。即使是处于基础假设范畴的前景理论也无法统领全局。现在的行为金融学没有形成理论体系,现有的理论和模型只能被称为"理论群落",这就是我们在本科教学中处于困境的主要原因。

　　影响本科教学效果的另一个原因是现有的行为金融学理论与新古典金融学理论没有衔接。出于历史原因,行为金融学的理论抛弃了新古典金融学的部分假设和研究范式(参见本书的导论和第七章),这使得学生无法借助新古典金融学的理论知识来理解行为金融学的内涵。上述问题表明,行为金融学需要完善其理论体系,需要解决其理论体系与新古典金融学理论体系衔接的问题。出于对上述问题的深刻认知,我选择了这个方向作为我的博士论文的研究选题,也最终形成了这部书稿。

完善行为金融学的理论体系需要找到更加合适的基础假设,这个基础假设需要在理论上清晰地解释风险决策问题,这一领域是经济学、心理学和决策科学共同关注的焦点。在诸多的风险决策理论中,选择情绪决策理论作为研究的突破点缘于理论和实践的双重因素。

在理论上,预期情绪理论的提出时间虽然晚于前景理论,但是它能够作为辅助理论来弥补期望效用理论在解释"决策悖论"问题上的不足。有别于前景理论,预期情绪理论与新古典金融学的基础假设没有冲突,而且理论诠释的概念更加清晰,易于构建数学模型。上述优势可以让研究者在新古典金融学的框架下完成对行为金融学理论体系的探索。

在实践中,中国股票市场发生了多次资产价格泡沫现象。我在早年的职业生涯中观察到了许多情绪因素影响专业投资者和散户的真实案例。例如,在上一次中国股市异常波动的初始阶段(2014年7月到2014年12月),绝大多数证券投资机构的策略研究报告都认为市场是反弹行情,形成上述判断的主要原因是股票行情与经济走势相悖。随着股票走势的进一步上升(2015年1月到2015年6月),证券投资机构的策略研究报告逐渐修改观点,把行情判断为"牛市"。部分证券投资机构甚至把策略报告中给出"牛市"结论的时间先后顺序作为研究水平高低的标志并加以宣传。上述案例表明了一个投资现实就是,即使是代表经典金融学"经济人"概念的机构投资者也会根据市场行情改变投资预期,在其中起到关键作用的就是在市场中不断传递的投资者情绪。这种情绪在心理学中被称为即时情绪,它的最大特点就是可以在群体中传播。

本书根据上述两种情绪影响风险决策的心理学理论,给出了基于两种情绪的金融学假设。这些假设局部修正了原来新古典金融学对于投资者行为的基本设定,属于基础假设范畴。本书把两种情绪引入均值方差投资组合模型中,这样做的优点是能够充分继承新古典金融学的理论精华。

从理论演绎的结果来看,本书把原有行为金融学三大基本假设所擅长解释的"市场异象"(处置效应、外推预期、成交量异常)统一纳入情绪组合的理论框架下,通过模型演绎和数值模拟等方式给出了新的理论解释,客观上实现了对行为金融学三大假设的解释和替代。本书的理论演绎还解释了特质风险定价、时变贝塔系数、多因子定价、正反馈投资、反应不足(反应过度)以及收益率的可预测性等多种"市场异象",本书在尝试实现"新、旧"两种金融学理论体系统一的道路上迈出了坚实的一步。

　　本书的研究思路来自教学,本书的研究结果也在应用于教学之中。2022年8月,我申请开设了研究生选修课程"投资心理与投资者行为",在课程中对于行为金融学的理论现状和本书的研究内容进行了详细讲解。自2018年到2022年,在我培养的硕士研究生中,有六位学生选择了对相关研究内容做进一步探索的学位论文选题。我与研究生合作的学术论文正在国内外核心期刊陆续发表。相信在今后的教研活动中,会有新的学术发现不断涌现。

　　本书的完稿首先要感谢国家社科基金给予的后期项目资助。我还要感谢在国家社科基金后期项目的申请和结项中参与评审的八位匿名评审专家,作为书稿的早期读者,这八位专家给出了令我醍醐灌顶、切中要害的评审意见,对书稿质量的提高有很大帮助。我还要感谢我的博士生导师、东北师范大学的刘力臻教授,在本书稿的早期博士论文阶段,刘老师给予我极大的支持和鼓励。我还要感谢上海远东出版社的编辑团队,他们细致认真的工作让本书得以快速出版。

刘晓东

2023年11月1日

# 目　录

## 第一篇　现有理论的分析和总结

## 第二篇 理论演绎和实证分析

# 第三篇　理论的应用

# 导　　论

　　行为金融学已经成为应用经济学领域中的显学。迄今为止,瑞典皇家科学院已经为三位学者颁发了诺贝尔经济学奖,这三位学者是丹尼尔·卡尼曼(Daniel Kahneman)、罗伯特·席勒(Robert J. Shiller)和理查德·泰勒(Richard Thaler)。诺贝尔奖对行为金融学的"青睐"标志着这一领域已经正式被主流经济学所接纳。

　　作为一门新兴的交叉学科,行为金融学还没有一个规范的定义。综合行为金融领域权威学者[①]对行为金融学的描述,行为金融学的主要含义可以总结如下:行为金融学是把心理学和决策科学领域中的相关理论与经典金融学和经济学相结合的交叉科学,它采用新的方法来解决传统金融学范式所面临的困境,它的主要研究内容是心理因素对投资者行为和金融市场的影响(Shiller,2003;舍夫林,2005;泰勒,2017)。行为金融学的研究对象主要包括:投资者个体和投资者群体在金融市场的决策规律,金融市场异象的发掘、解释及实证,行为金融资产定价模型的演绎及应用。

　　行为金融学发展到现在,虽然演绎出了诸多的资产定价模型和投资组合模型,但是其理论体系一直呈现出"支离破碎的表象"(贺京同,郝身永,那艺,2013)。虽然每个行为金融学理论模型都有着不同的假设条件,但是行为金融学理论体系中缺乏一致公认的有关投资者决策行为的基础假设,现有的理论模型也没有形成统一融合的理论体系。

---

　　① 权威学者包括:罗伯特·席勒、赫什·舍夫林和理查德·泰勒。主要参考文献为席勒(Shiller,2003)、舍夫林(2005)和泰勒(2017)。

# 第一节　问题的提出

## 一、行为金融学基础假设缺失的问题

作为经济学科的分支,经典金融学继承了经济学关于"理性经济人"的基础假设并且把行为主体设定为"风险厌恶型投资者";在此基础上,经典金融学进一步提出了有效市场假说。经典金融学在"投资者风险厌恶假设"和"有效市场假说"下,通过风险和收益局部均衡的研究范式构建了一整套理论体系。著名的均值方差投资组合模型、资本资产定价模型(CAPM)和布莱克-斯科尔斯模型(B-S 模型)都是在上述假设条件和研究范式下提出的。

行为金融学是在挑战经典金融学"有效市场假说"中成长壮大起来的。在早期的行为金融学关于市场实证的研究中,期间效应、规模效应、处置效应、反应过度和反应不足等"市场异象"[①]对有效市场假说提出了强烈的质疑。为了解释上述"市场异象",行为金融学开始在心理学中寻找理论支持。与此同时,传统经济学的"经济人"基础假设正在受到"决策悖论"问题的困扰。为了解决悖论问题,经济学和心理学各自提出了新的风险决策理论,例如:扩展效用模型(Machina,1982;1987)、等级依赖期望效用模型(Quiggin,1982)、前景理论(Kahneman & Tversky,1979;Tversky & Kahneman,1992)和后悔理论(Bell,1982;Loomes & Sugden,1982)等。

早期的行为金融学研究者选择前景理论作为投资者风险决策方面的基础假设具有一定的主观性。尼古拉斯·巴贝尔斯和理查德·泰勒在《行为金融学新进展Ⅱ》一书中阐述了他们对于前景理论和其他决策理论的观点:"我们选择这个理论(前景理论)的原因很简单:因为它最成功地解释了经验结果。从某种程度上说,这并不奇怪,因为其他大部分非 EU 模型(期望效用模型)都是拟规范的,它们往往为了解释一些不符合 EU 的实验数据而削弱了 VMN 公理(期望效用理论的公理体系)。这些拟规范模型的难题在于,它们试图达到实证和规范的双重目标,但最终都难以令人信服。相反地,前景理论不以规范为目标:它审慎地解释了人们对待风险投

---

① "市场异象"是指不符合经典金融市场理论的异常投资行为和市场现象。具有代表性的市场异象有处置效应、特质风险定价、盈余公告后漂移以及羊群行为等。

机的态度。"(泰勒,2017)上述观点表明:早期并行存在着多种解释"决策悖论"问题的理论模型;前景理论与期望效用理论完全不同的表达形式,是它被早期的行为金融学研究者所选择的重要原因。前景理论在早期帮助行为金融学确立了有别于经典金融学的基础假设,这使得行为金融学能够跳出经典金融学的理论束缚而呈现多样化发展,但是前景理论不能与经典金融学理论相融合的缺点也限制了整个金融学理论体系的完善。

在行为金融学的诸多理论中,前景理论一直是在基础假设层面与传统经济学的"经济人"假设相抗衡的主要理论。尽管前景理论在解释风险决策悖论问题上具有良好的表现,但是其作为行为金融学基础假设的效果并不理想。首先,学术界在利用前景理论解释市场异象上存在着争议。一些学者发现前景理论无法预测处置效应,只能在确定决策规则后对处置效应进行解释(Thorsten & Martin,2011;Barberis & Xiong,2009)。其次,大多数行为金融学的资产定价理论没有采用前景理论作为假设条件。诸多资产定价理论分别以投资者不同的心理偏差和偏好作为假设,推导出了形式各异的资产定价模型。上述现象说明前景理论作为行为金融学的基础假设并未达成学界共识。最后,前景理论虽然打破了经典金融学"投资者风险厌恶"这个假设条件,但是其并未建立起能够取而代之的新的假设,这导致了金融学科的"独立性危机"。前景理论对"投资者风险厌恶"假设的否定还导致了经典金融学擅长的"风险和收益均衡"的研究范式无法使用,新的行为金融学模型只能采用经济学的一般均衡框架展开,这使得经典金融学的理论成果无法被继承和发展,这也是行为金融学没有形成理论体系的重要原因。

前景理论问题的根源在于:首先,前景理论是定性的理论,它提出的主观价值函数、主观决策权重函数和参考点概念没有精确的数理模型,这导致前景理论在金融学模型中的应用受阻。虽然特维斯基和卡尼曼(Tversky & Kahneman,1992)提出了累积前景理论,给出了决策权重函数和主观价值函数的经验公式,但是其理论可信度较差,实际应用不广。其次,前景理论是在对实验数据直观总结的基础上提出的,它忽略了"情绪"这一导致决策悖论问题的重要因素,这使得该理论很难进一步发展和完善。正如傅小兰(2016)在《情绪心理学》一书中指出:"与以往经典的期望效用理论相比,前景理论是一个很大的进步,然而前景理论虽开始涉及个体的主观情绪因素,但是它并没有将情绪作为影响决策的一个重要的参数加以考虑,因此情绪在决策研究中仍然处于被忽略的地位。"正是由于上述原因,前景理论作为行为金融学的基础假设带有先天性的缺陷,行为金融学需要重新考虑关于投资者风险决策的基础假设。

## 二、行为金融学理论体系"碎片化"的问题

除了前景理论之外,行为金融学还开发出了外推信念和过度自信的基本假设。在行为金融学的资产定价模型中,前景理论模型主要用来解释投资者行为中的处置效应,外推信念模型用来解释资产价格泡沫的形成原因和资产价格泡沫中的投资者行为,过度自信模型通常用来解释资本市场过度交易的市场异象。

前景理论、外推信念和过度自信被称为现代行为金融学的三大理论假设(Barberis,2018)。有别于前景理论在基本的风险决策层面提出的理论假说,外推信念假设源于对资本市场投资者行为的经验直觉,过度自信假设则来源于心理学实验中所发现的一种心理偏差。由于外推信念假设和过度自信假设缺乏在风险决策基础层面的理论支持,这两种假设在部分问题上还不能自圆其说(例如:外推信念的原因、过度自信投资者的信念是什么——这些问题还没有理论解释),因此上述两种假设未达成理论共识,它们还不能作为行为金融学的基础假设。

为了解释各种市场异象,行为金融学在上述三种假设下提出了诸多的理论模型。虽然上述理论模型汇总起来能够解释大部分市场异象,但是不同假设下的理论模型不能相互融合(Barberis,2018)。行为金融学理论群中缺乏一个统一的由"假设-理论模型-投资实践"所构成的理论体系,行为金融学的理论群呈现出明显的"碎片化"现象。图0.1和图0.2总结了经典金融学和行为金融学的理论结构。本书在第一章和第二章将分别详细讨论经典金融学和行为金融学的理论内容。

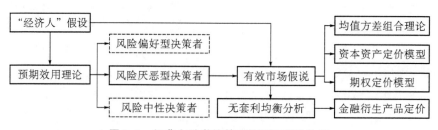

**图 0.1　经典金融学的基础假设和理论体系**

本书正是在上述认知下展开研究的,本书的内容属于行为金融学领域基本理论的范畴。本书旨在尝试解决行为金融学理论中存在的以下问题。

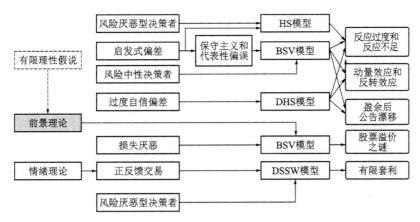

**图 0.2　行为金融学的基本假设和资产定价理论群**

问题 1：如何提出一个适合行为金融学理论发展的新的基础假设？行为金融学的基础假设是投资者的风险决策问题，因此行为金融学新的基础假设需要能够在明确机理的基础上解决风险决策悖论问题。由于经典金融学多采用数理模型的方式对理论进行演绎，因此行为金融学新的基础假设应该能够抽象为明确的数学理论表达。另外，行为金融学属于金融学科，因此行为金融学的基础假设要与金融学和经济学的基本理论具有良好的契合度。

风险决策问题是经济学、心理学和决策科学研究的交叉点，因此解决问题 1 需要借鉴心理学和决策科学的相关理论，做到不同学科之间理论的有效融合。正是由于上述原因，本书在解决基础假设这一问题上采用了跨学科交叉研究的路径。

问题 2：如何尝试构造一个"统一"的行为金融学理论体系？"统一"具有两层含义。"统一"的第一层含义是融合行为金融学已有的研究内容，改变现在行为金融学理论体系无法融合的现象，尝试形成一个统一的行为金融学理论框架。本研究将视角延伸到心理学中的风险决策理论，从最基础的风险决策理论入手提出基础假设，通过统一的研究范式重新演绎行为金融学的理论体系，以期达成学术共识。

"统一"的第二层含义是行为金融学的理论体系与经典金融学理论体系的统一。经典金融学的理论体系和研究范式解决了很多市场投资问题，它得到了学界的公认。行为金融学的理论脱离了经典金融学的研究范式而独立发展，两种理论出现了重大分歧而无法融合，这不利于金融学理论的发展。新的行为金融学的理论体系需要考虑与经典金融学理论相融合的问题。巴贝尔斯对上述问题提出了展望,认为未来的金融学理论将不再被区分为经典金融学和行为金融学,未来的行为金融学理论体系将做到统一(Barberis,2018)。为了尝试实现上述目标,本书站在唯物辩证法的高度对现有行为金融学理论的研究范式进行了反思。在此基础上,本研究把行为金融学的问题纳入经典金融学的"风险和收益均衡"的研究范式中,本研究将通过研究范式的一致性来尝试实现经典金融学和行为金融学理论体系的统一。

问题3:新的行为金融理论演绎能否解释重要的"市场异象"? 行为金融学理论发源于对金融"市场异象"的解释。能否揭示"市场异象"的机理,是行为金融学理论成功的重要标志。本书将在理论演绎的基础上,揭示重要的"市场异象"产生的机理。上述研究内容提升了本书的实践价值。

### 三、观测对象的选择

理论研究离不开经验证据。行为金融学的理论研究需要由实证检验来验证其可行性。历史上,行为金融学的实证检验多数是以美国证券市场作为首选研究对象,其他国家证券市场被作为验证性的辅助研究的对象。美国证券市场的参与者多数是具有专业投资经验的机构投资者,市场运行比较规范。海通证券研究报告的数据显示:自20世纪90年代以来,美国证券市场中机构投资者占据了绝对优势;美国证券市场机构投资者占比达到93.2%,个人投资者占比只有6.8%。由于机构投资者较少出现投资行为偏差,因此美国证券市场并不是研究投资者行为偏差的最佳观测对象。

中国证券市场自诞生开始已经经历30个年头。在这段时期,中国股票市场的运行特征与美国股市具有显著差异。第一,中国证券市场自诞生起一直是以"阶段性脉冲行情"完成其历史进程。中国证券市场的波动性令世界瞩目,特别是2015年6月出现的"股市异常波动"向人们昭示了中国股票市场的系统性风险。中国股票市场的运行情况与中国经济的飞速发展相脱节。根据王能教授在"2016中国金融年会"主题报告的数据,中国股票市场在2000年到2015年的总收益率(扣除物价指数上涨因素)仅为1.4%。与之相反,美国股票市场能够呈现出长期稳定向上的走势(见图0.3和图0.4)。第二,从中美两国股市日交易数据的细节来看,中国股票市场在牛市时大多数时候表现为单边上升走势,而美国股市则呈现出缓慢攀升的走势(见图0.3和图0.4的局部放大图)。本书采用重标极差法分别计算标准普尔500指数的日收益率序列和上证综合指数日收益率序列在一段上升期间的赫斯特指数[①]，数据显示：在 2015 年 2 月 9 日到 2015 年 5 月 31 日期间，上海股票市场和美国股票市场都属于上升期；标准普尔 500 指数收益率序列的赫斯特指数为 0.498 6，收益率序列接近随机游走；上证综合指数收益率序列的赫斯特指数为 0.654 3，收益率序列具有很强的长期记忆特征[②]。

图 0.3　标准普尔 500 指数(1983—2019)

图 0.4　上证综合指数(1990—2019)

①　标准普尔 500 指数收益率和上证综合指数收益数据来源于锐思数据库(RESSET)。重标极差的计算采用 MATLAB2019a 试用版软件完成。
②　赫斯特指数(简称 H 指数)是用以衡量时间序列数据基本特征的常用指标。若 H＝0.5，代表信号属于白噪声，时间序列数据属于随机游走序列；若 H＞0.5，信号属于黑噪声，当期波动的影响可以在较长的未来期检验到，时间序列数据具有长期记忆特征；若 H＜0.5，信号属于粉红噪声，时间序列数据具有回复性特征。通常情况下，经济指标数据大多具有回复性的特征。

比照美国股票市场,中国股票市场的独特走势显示出它包含更多的投资者非理性因素,特别是投资者的情绪因素能够在中国股票市场得以极大地显现,这无疑给学术界研究投资者行为带来了难得的样本。正是由于上述原因,本书选择中国股票市场作为实证研究的主要对象。

鉴于上述分析,本书要探索的另一类问题是:新的理论演绎能否解释中国股票市场的独特走势,新的理论能否帮助中国证券市场进一步发展,新的理论能否有助于进一步防范中国股票市场的系统性金融风险,新的理论是否有助于中国股票市场的投资实践。

## 第二节　研究的理论价值和现实意义

本书属于行为金融学理论研究的范畴,它的理论价值在于:首先,本书系统地分析了行为金融学的基础假设和理论体系,在此基础上,本书提出了"重塑行为金融学基础假设和理论体系"这一关键性的学科问题,进一步对当前行为金融学的研究范式进行了反思。上述问题属于行为金融学学科体系存在的基本问题。对这一问题的研究将有助于行为金融学理论体系的形成和发展,有助于解决行为金融学理论体系的"碎片化"问题。

其次,本书重新对心理学的相关理论进行了分析和思考,旨在从中确定可以作为行为金融学基础假设的决策理论。上述过程全面考虑了备选理论在解决风险决策问题上的科学性,备选理论与经济学科理论的契合度以及经典金融学理论传承等问题,这是行为金融学在与心理学交叉融合的一次深刻反思。本书提出的基础假设较好地实现了上述目标,属于行为金融学基础理论的一次升华。

最后,本书在新的假设条件下,结合经典金融学的投资组合理论,利用风险和收益均衡的研究范式,采用严谨的理论推理和数学演绎的方法形成了关于投资者个体行为、投资者群体行为和资产定价方面的系列理论模型和理论结论;本书的研究成果在理论上给出了投资者处置效应、投资者正反馈投资、投资者外推预期、投资者反应过度(反应不足)、特质风险定价、多因子定价和市场过度波动等市场异象的新的理论解释,上述发现丰富了行为金融学的理论体系,具有较大的理论价值。

本书的现实意义在于:本书是立足于中国本土证券市场进行的理论研究,一方面是由于中国证券市场是一个极佳的观测场所,另一方面本书内容也是中国证券市场管理中最为"稀缺"的理论知识。本书能够在理论上较好地解释金融市场的投资者行为,这为市场监管者的政策制定提供了依据。中国证券市场是关键性的要素市场,它在中国经济的转型中负担着重要的历史使命。通过本书的研究,将揭示中国证券市场波动的基本原理,能够给市场监管者提供现有认知以外的管理建议,这将保证中国证券市场健康发展。另外,本书揭示了投资者行为和证券市场价格运动的基本规律,具有较强的市场操作价值。

## 第三节　采用的研究方法及研究路线

从方法论的角度而言,本书首先通过对市场的实际观察形成基本认知,然后提出理论假说,采用数学演绎法对理论假说进行推导,最后利用市场数据对理论结论进行实证证明。上述方法遵循着从"实践到理论再到实践"的过程,这种研究路径符合社会科学研究的基本方法,这保证了理论研究的有效性和实用性。

从具体的研究方法来看,本书一是使用定性分析法分析行为金融学理论体系存在的问题,提出了行为金融学"基础假设和理论体系"中存在的学科问题;二是使用比较分析的方法,提出了基于预期情绪和即时情绪的基础假设;三是使用数理建模的方法进行了理论演绎,总结了情绪影响投资者行为和投资组合的一般性规律;四是使用实证分析的方法对理论结果进行了验证。

从研究设计的角度来看,本书继承了经典金融学关于风险和收益局部均衡的研究范式,使用了经典金融学的均值方差组合理论作为基本理论模型。均值方差组合理论是微观金融学领域公认的经典研究框架,这保证了行为金融学理论和经典金融学理论的融合,也保证了本书的理论分析和实证结论的可信性。

本书采用自上而下的研究路线(图 0.5)。第一步,系统地分析了经济学和行为金融学的理论现状,提出了行为金融学需要解决基础假设和理论体系融合这一基本问题。第二步,在系统地分析认知心理学和社会心理学理论的基础上,选择心理学中的情绪理论作为解决风险决策悖论问题的突破点。第三步,修改预期情绪理论中后悔理论的不足,提出了修正的后悔理论的决策模型。第四步,把修正后的后悔理论引入金融学理论中,提出了"情绪动机影响投资组合"的理论假设;对上述理论假设进行了演绎推理,从中总结出情绪动机影响下投资者的行为特征。与之并行,本书把即时情绪理论以及社会心理学理论和金融学理论相结合,提出了"即时情绪引发投资者群体错误预期"的理论假设,进一步演绎并发现了组合漂移、正反馈投资、特质风险定价和多因子定价等理论结论。在此基础上,本书考虑了预期情绪和即时情绪同时对投资组合影响的情况,给出了相关理论模型和数值模拟结果,提出了关于投资者反应不足和反应过度、资产收益率的可预测性、市场过度波动和成交量异象的理论解释。第五步,对理论假设(假说)进行理论证明和实证检验。第六步,提出操作策略和政策建议。

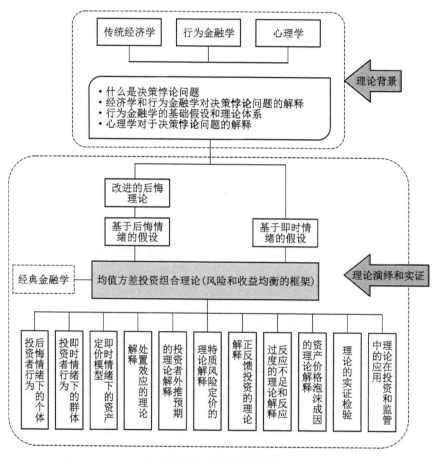

图 0.5　研究路线图

## 第四节　本书的主要贡献和主要内容

### 一、本书的主要贡献

本书的研究内容是情绪对于投资组合和投资者行为的影响,属于行为金融学的研究热点。与以往学术界在这个领域的实证研究不同,本书的主要内容侧重于情绪影响投资组合和投资者行为的理论机理,因此本书属于行为金融学理论研究的范畴。本书实现了在理论层面、研究范式层面、投资者行为和市场规律认知层面以及实证研究层面的贡献。

在理论层面,本书提出了行为金融学在基础假设和理论体系方面存在的问题。本书在充分吸收心理学情绪决策理论的基础上,提出了基于后悔情绪和即时情绪的投资者的一般决策模型,通过理论演绎和数值模拟的方法,探讨了两种情绪对于投资组合和投资者行为的影响。

本书在理论层面的贡献具体表现在以下方面。第一,对心理学理论中的后悔理论进行了改进,并把后悔理论引入金融学的投资组合模型中。第二,本书通过引入后悔情绪和即时情绪,对当前流行的投资者情绪概念进行了细分,提出了两种情绪对投资组合的不同作用机理以及基于两种情绪的基础假设,研究了两种情绪在投资中产生的不同结果,建立了两种情绪与诸多市场异象之间的理论关联。第三,本书通过均值方差投资组合理论的框架给出了外推预期、处置效应和资产价格泡沫的理论解释,为行为金融学目前流行的三种基本假设提供了理论支持,也为行为金融学提供了一个通过情绪组合模型来整合三种假设的理论思路和研究样本。第四,通过模型演绎和数值模拟,本书实现了在一个研究框架下对特质风险定价、多因子定价、反应过度和反应不足、过度波动、资产价格泡沫等诸多市场异象的理论解释,为行为金融学理论体系的完善提供了助力。

在研究范式层面,本书没有采用现代行为金融学常用的供求均衡的研究范式,而是采用了经典金融学的风险和收益均衡的研究范式。

近年来,把情绪因素纳入风险和收益均衡范式的研究在逐渐增加,例如谢军(2012),陈其安、朱敏和赖琴云(2012),谢军和杨春鹏(2015)把情绪作为投资者风险厌恶系数的影响因子纳入均值方差组合模型中,探索了在情绪坐标系下的模型的数学解;罗琰和刘晓星(2016)把情绪作为影响证券收益率计算的乘法因子,给出了在普通坐标系下的数学解;付成波(音)等(Fu, Jacoby, & Wang, 2015)把情绪作为影响证券收益率和风险计算的误差项,给出了情绪坐标系下的数学解;王宗润和何瑭瑭(2021)把情绪因素转化为多种组合约束条件,采用粒子群算法探索了情绪组合模型的数值解。相较于上述研究,本书更加注重探索情绪影响投资组合的理论机制,在此基础上提出了情绪影响投资组合的数学假设,并最终给出了在普通坐标系下情绪组合模型的解析解。本书的研究结果有助于把情绪组合模型结果和经典模型结果进行对比,有助于深刻理解情绪对于投资组合的影响。本书还在上述解析解的基础上探索了情绪组合模型与诸多市场异象的理论关联，这有助于情绪组合模型理论的完善和相关理论体系的建设。

本书的研究为金融学研究范式的融合做出了一定的贡献。本书站在唯物辩证法的角度就行为金融学研究范式回归的问题进行了讨论。本书选择经典金融学研究范式的目的是促进行为金融学理论与经典金融学理论的融合。本书通过数学演绎法求解了在情绪影响下投资组合模型的解析解，充分证明了使用风险和收益均衡的研究范式来解决行为金融学问题的可行性，上述工作在研究范式层面为金融学理论的融合和发展提供了一丝助力。

在投资者行为和市场规律认知层面，本书通过理论演绎揭示了诸多的投资者行为、市场规律与投资者情绪以及投资组合模型的理论关联。本书为行为金融学在投资者行为和市场规律认知层面提供了新的理论选择，为行为金融学理论体系的形成提供了新的借鉴，也为今后的相关研究提供了新的思路。

在实证研究层面，本书明确了预期情绪的代理变量，设计了"日度单位"的即时情绪的代理变量，通过"磐石类股票"来确定市场必要报酬率的改变，上述内容都属于实证研究中新提出来的解决方案。

## 二、本书的主要内容

由于本书涉及理论经济学、心理学和行为金融学的基础理论，因此本书的内容分为三篇。第一篇包括第一章至第三章的内容，主要是对金融学、行为金融学以及心理学中的风险决策理论进行分析和比较，提出了行为金融学基础理论存在的问题，明确了解决方案。

第一章介绍了现代金融学在基础假设层面所受到的挑战，介绍了经济学和心理学在解释决策悖论问题上的理论体系，分析了各种理论在解释决策悖论问题上的得失。

第二章对比了经典金融学和行为金融学在理论体系上的差异，详细分析了前景理论作为基础假设所存在的问题，系统地梳理了行为金融学的资产定价理论、投资组合理论和情绪研究的相关文献。第二章还提出了行为金融学"基础假设缺失"这一学科问题，探讨了采用心理学情绪决策理论解决上述问题的可行性。

第三章介绍了认知心理学中的预期情绪理论和即时情绪理论，剖析了上述理论与经典金融学理论的相互关系。

本书第二篇包括第四章至第七章的内容，主要涉及后悔理论的改进、情绪影响投资者决策的理论演绎和实证研究以及理论对于市场异象的解释。

第四章对后悔理论进行了修改，提出了"改进的后悔理论"，给出了新理论的风险决策判别模型；在此基础上，利用改进的后悔理论解释了决策悖论问题和偏好反转问题。第四章还比较了"改进的后悔理论"和前景理论的差异。

第五章把后悔理论全面引入经典金融学的投资组合模型中，提出了"情绪动机影响投资决策"的基础假设；在此基础上简化了后悔理论的后悔和欣喜函数，推导出了预期情绪影响下的投资组合模型，研究了在预期情绪的影响下投资组合的变化，在理论上证明了处置效应产生的原因。第五章还对情绪投资组合模型进行了数值模拟。

第六章把认知心理学的即时情绪理论和社会心理学的社会群体理论引入投资组合的研究中，提出了"即时情绪导致投资者群体预期误差"的理论假说，在此基础上给出了投资者正反馈交易、投资者外推预期的理论解释。本章还推导了即时情绪状态下的资产定价模型，给出了特质风险定价和时变 $\beta$ 系数的理论解释。本章还讨论了投资者错误信念导致的市场异象，给出了多因子定价的理论解释。本章利用"磐石类股票"折现率来代表市场必要报酬率，采用时间序列模型验证了理论结论。

第七章综合考虑了预期情绪和即时情绪对于投资组合的影响，推导出了两种情绪影响下的投资组合模型。本章采用数值模拟分析的方法，给出了投资者反应过度和反应不足、资产收益率的可预测性、资产收益率的过度波动和市场过度交易等问题的理论解释。本章深入分析了采用经典金融学理论范式研究情绪问题的可行性和必要性，对于情绪组合理论进行了深入总结。本章还在实证研究中详细探讨了预期情绪代理变量的设定、"日度数据"下的即时情绪代理变量的设定问题，建立了情绪代理变量和指数收益率之间的关系模型。

本书第三篇内容由第八章构成。第八章探索了用预期情绪代理变量进行策略投资的可行性，构建了模拟投资组合并分析了投资策略产生的报酬率。第八章还根据理论研究的结论，提出了市场监管和防范市场风险的政策建议。

# 第一篇

## 现有理论的分析和总结

本篇主要介绍决策悖论问题对现代金融学基础假设和基本理论所提出的挑战，分析行为金融学在理论发展中所遇到的困境，详细介绍认知心理学情绪理论对决策问题的研究结论。

# 第一章　现代金融学的基本理论

现代金融学又被称为"新古典金融学"（罗斯，2009）。现代金融学是隶属于应用经济学的分支学科，它继承了经济学中"经济人"这个基础假设。现代金融学还把"经济人"的风险偏好设定为"风险厌恶型投资者"。在此基础上，现代金融学演绎出了一整套基于"风险和收益均衡"的理论体系。

自20世纪50年代开始，心理学家和经济学家在实验中发现了期望效用理论无法解释的"决策悖论"问题，后来诸多的心理学实验结果证实了期望效用理论存在着缺陷，大量的市场实证研究结果也发现了违背金融学基本理论的"市场异象"，上述研究结果从根本上动摇了现代金融学的基础假设和基本理论。学术界对于基础假设和基本理论的反思导致了大量的理论探索，由此而产生了行为金融学、行为经济学和实验经济学等新兴学科。

## 第一节　现代金融学的基础假设

### 一、风险决策理论与现代金融学的关系

#### （一）风险决策的基本概念

在经济学的研究范畴内，目前学术界常见的分类方式是把决策问题划分为风险决策（Risk Decision）和不确定性决策（Uncertainty Decision）两种类型。一些学者认为，风险决策中价值变量的概率是客观的或者是已知的，不确定性决策中价值变量的概率是未知的或者是主观的（Knight，1921；Camerer & Weber，1992；Fontana & Gerrard，2004）。

鲁姆斯（Loomes，1999）对于单纯依照概率给决策问题分类的做法提出了批评："（处理决策问题的时候）假设人们清楚地知道参数是明显不符合事实的。混乱的偏好证据需要人们具有与众不同的（具有竞争性的）处理问题的能力。"凯恩斯（J. M. Keynes）对于两种不同类型的决策问题给

出了令人信服的比喻说明。凯恩斯认为:风险决策类似于企业日常经营中所涉及的生产和雇佣关系的问题,这些问题往往带有"短期期望"的特点;而不确定性决策类似于企业投资回报及长期资本收益等问题,具有"长期期望"的特点(Fontana & Gerrard,2004)。

从心理学解释决策误差的理论来看,风险决策的误差通常来自外部环境,这种情况被称为"框定依赖(Framing Dependence)";不确定性决策所产生的误差往往被归因为"启发式偏差(Heuristic Bias)"。从研究问题的主要方法来看,风险决策通常采用数学模型的方式来说明问题。关于风险决策所涉及的主要模型包括期望效用理论(Expected Utility Theory)以及随后发展起来的前景理论模型(Prospect Theory)和后悔理论模型(Regret Theory)等,后两种模型通常被视为期望效用理论所产生误差的有效补充。不确定性决策的研究方法主要采用定性分析的方法,这种方法对于决策误差的解释具有较强的说服力。

### (二) 决策理论与经济学的关系

决策理论(Decision Theory)是经济学、管理学和心理学的研究基础。经典经济学由决策理论开始构建起了供求均衡的研究框架,进而形成了经济学的基本研究范式。当代著名的诺贝尔经济学奖获得者——阿莱(Allais)、阿罗(Arrow)、麦克法登(Mcfadden)、纳什(Nash)、萨缪尔森(Samuelson)以及西蒙(Simon)都对经济决策理论做出过贡献。可以说,决策理论是经济学殿堂的重要支柱。

经典的经济学理论采用"效用"这个概念配合若干的"假设性公理"提出了期望效用理论。期望效用理论使得经济学家无需关注决策过程,就能够在理论上预测决策结果。正是由于期望效用理论,经济学和心理学的研究内容也出现了明显的区别。经济学研究的主要内容是期望效用理论下的"经济人"所涉及的生产、消费以及资源配置等问题,而心理学主要研究人们的决策过程及影响因素。

经典经济学已经把期望效用理论演化为复杂的泛函数。在此基础上,经济学建立了一整套逻辑完美并且结构健全的理论体系,但是上述理论体系并不能够完全解释人们复杂的实践活动。在人类的经济活动中,一些重要的经济事件未能被经济理论所预测,例如:20世纪末期美国的网络股泡沫、2008年美国的次级贷款危机以及随后出现的"欧债危机"。上述问题充分表明了现有经济学理论存在着不足。为了解决上述问题,以实验经济学、行为经济学、行为金融学和经济心理学为代表的交叉学科开始兴起,经济学开始谋求进一步与心理学相融合。在这个融合过程中,心理学家丹尼尔·卡尼曼和赫伯特·西蒙(Herbert A. Simon)获得了诺贝尔经济学奖,他们所做出的主要贡献正是把心理学的研究成果引入经济学理论之中。

虽然目前行为金融学和行为经济学的理论体系呈现出"碎片化"的表象,但是学术界仍然在稳步推进理论体系的发展。首先,学术界正在基本假设上进行深入研究和反思;其次,学术界正逐渐把心理学的最新研究成果引入决策理论中。相信经过不懈的努力,行为金融学和行为经济学将能够确定适合自身学科特点的基础假设,形成一致公认的理论体系。在这一过程中,决策理论的选择和改进是解决问题的关键。

### (三)决策理论和现代金融学的关系

现代金融学继承了微观经济学"经济人"这个假设条件。"经济人"所遵行的期望效用理论既是著名的风险决策理论,又是现代金融学理论大厦的基石。现代金融学对于"经济人"假说的继承,完美地体现了现代金融学对于应用经济学的隶属关系。

现代金融学进一步把"经济人"设定为"风险厌恶型投资者",这一假设是现代金融学学科的基础假设。在理论模型中,现代金融学把投资收益视为正态分布的随机变量。投资收益率的期望值与投资者的效用呈现正向关系,投资收益率的方差作为投资的风险,与投资者的效用呈现反向关系。由于投资过程中存在着两种方向相反的效用影响因素,因此投资者追求投资效用最大化的决策问题就转化为在风险和收益均衡前提下的资产配置问题。

风险和收益均衡的研究方法获得了学术界的一致认可,上述研究模式成为现代金融学的基本研究范式[①]。后续的资本资产定价模型和布莱克-斯科尔斯模型(B-S 模型)都采用相同的研究范式构建了理论模型。上述理论成为现代金融学理论体系的重要组成部分。

作为现代金融学的延续和发展,行为金融学是在尝试解决风险决策"悖论"问题和金融"市场异象"的问题中诞生的。由于在现代金融学的基本假设下,上述问题无法得到有效解决,因此行为金融学需要新的风险决策理论来修正其基础假设。从现在诸多的行为资产定价模型和行为投资组合模型来看,行为金融学并未在风险决策理论方面达成共识,这直接导

---

① 在马科维茨(Markowitz)1952 年提出均值方差投资组合理论的同时,罗伊(Roy)提出了安全优先组合理论,该理论以最小化破产概率为目标,是当时均值方差组合模型的有力竞争者。

致了行为金融学的理论体系呈现出"碎片化"的状态。正是由于上述原因，对风险决策理论展开研究是促进行为金融学理论体系形成的关键因素。

## 二、"经济人"假设和"风险厌恶型投资者"假设

"经济人"是西方经济学对于经济活动的参与者所做出的基础假设。"经济人"假设包含以下内容：第一，经济的参与者是自利的，他们在决策中总是表现为趋利避害；第二，经济的参与者是完全理性的，这表现为他们能够获得全部的市场信息并且能够对市场信息进行精确的分析和计算，用以指导其经济决策；第三，"经济人"在风险决策中追求自身效用的最大化。"经济人"的风险决策偏好可以分为三种类型，即风险厌恶型、风险中性型和风险喜好型，上述三种风险偏好都具有不同形式的效用函数。

现代金融学根据多数投资者的特征把证券市场的参与者设定为"风险厌恶型"的投资者。上述假设认为：投资中的收益能够产生正效用，而投资中相伴随产生的风险会产生负效用；收益的增加能够带来效用的增加，风险的增加能够带来效用的减少。现代金融学中的风险厌恶型投资者能够在风险和收益中进行权衡，从而实现总效用的最大化。

根据现代金融学的假设条件，"风险厌恶型"投资者的效用函数具有以下数学性质：设 $W$ 为投资者的财富值，那么投资者的效用函数为 $U(W)$。由于投资者在财富上总是偏好多多益善，因此效用函数的一阶导数 $U'(W) > 0$；由于投资者是"风险厌恶型"的，因此效用函数的二阶导数 $U''(W) < 0$。上述特征表明："风险厌恶型"投资者的效用函数在"财富-效用"坐标平面上是一个单调上升的凹函数。西方经济学和现代金融学都认为"经济人"依照期望效用理论进行风险决策。

## 三、期望效用理论

在早期的决策理论中，学术界选择货币的数学期望值作为人们决策的目标。在期望价值准则中，一个决策变量 $d$ 的期望值等于它在不同自然状态下的损益值乘上相对应的发生概率之和（郭立夫和李北伟，2006）。

$$\mathrm{E}(d_i) = \sum_{j=1}^{n} p(\theta_j) d_{ij} \qquad (1.1)$$

式（1.1）中 $\mathrm{E}(d_i)$ 是决策变量 $d_i$ 的期望值，$d_{ij}$ 是决策变量在状态 $\theta_j$ 下的损益值，$p(\theta_j)$ 是自然状态 $\theta_j$ 发生的概率。期望价值准则认为，人们决策时会遵守期望价值最大化的原则。

1738 年,俄罗斯圣彼得堡大学的尼古拉·伯努利提出了一个无法用数学期望值来解释的"圣彼得堡悖论"。圣彼得堡实验让人们对以下彩票进行估值:$\left(2, \frac{1}{2}; 2^2, \frac{1}{2^2}; \cdots; 2^n, \frac{1}{2^n}; \cdots\right)$,彩票中的整数和分数分别代表价值和概率。尼古拉·伯努利找到了很多圣彼得堡大学的学生和教授,他们对上述彩票的估值普遍是 5 到 7,这与彩票无穷大的数学期望值相差甚远。后来,经济学家丹尼尔·伯努利采用"效用"来解释彩票在人们心目中的价值。丹尼尔·伯努利认为效用是货币价值的函数,它呈现出边际效用递减规律。

早期的关于效用(Utility)的经济学定义是:经济主体从占有一定数量的某种物品中得到的满足程度(热叙阿,巴拉鲁斯,维特里,等,2012)。虽然效用是经济学的基本概念,但是效用的绝对数值无法直接计量。后来经济学又发展出序数效用概念:效用是用来表达某经济主体对供他选择的一套元素的偏好顺序(热叙阿,巴拉鲁斯,维特里,等,2012)。

1947 年,冯·纽曼和摩根斯坦在其经济学巨著《博弈论与经济行为》中对于效用概念做出了严格的数学定义,并提出了期望效用理论。期望效用理论认为,彩票 $A = (x_1, p_1; x_2, p_2; \cdots; x_n, p_n)$[①]的期望效用值为:

$$U(A) = p_1 U(x_1) + p_2 U(x_2) + \cdots + p_n U(x_n) \qquad (1.2)$$

式(1.2)是期望效用计算的基本公式,它的数学含义是:彩票 $A$ 的期望效用值等于彩票中每个价值产生的效用的加权平均值。

根据《博弈论与经济行为》著作中的数据结论,参照《经济学词典》中总结的冯·纽曼-摩根斯坦公理体系,本书归纳了期望效用理论的六条相关公理,它们是:

公理 1:传递性公理(顺序性公理)。假设有三种彩票 $A_1$、$A_2$ 和 $A_3$,如果三种彩票的偏好顺序为 $A_1 > A_2 > A_3$,那么 $A_1 > A_3$[②]。

公理 2:连续性公理。假设存在三种彩票,如果三种彩票的偏好顺序为 $A_1 > A_2 > A_3$,那么一定存在着一个 $A_1$ 和 $A_3$ 的组合,该组合等价于 $A_2$。连续性公理认为偏好可以用连续性数字进行表达。

公理 3:恒定性公理。对于相同问题的不同表达方式不影响决策结果。彩票的自身因素和彩票之间的关系是决策的关键,问题的描述方式与

---

① 在彩票 $A = (x_1, p_1; x_2, p_2; \cdots; x_n, p_n)$ 中 $x_i$ 代表彩票可能开出的价值,$p_i$ 代表对应价值出现的概率。

② 符号 > 和 < 代表偏好。

决策结果无关。

公理 4：替换性公理。彩票 $A_1$ 的价值可以被认定为一个数值解 $x_i$。在决策过程中，彩票 $A_1$ 和数值 $x_i$ 可以相互替换。

公理 5：独立性公理。如果两个彩票的偏好顺序是 $A_1 > A_2$，假设有第三个彩票 $A_3$，如果任意给定的数值 $\alpha \in [0,1]$，存在着以下关系：$\alpha A_1 + (1-\alpha) A_3 > \alpha A_2 + (1-\alpha) A_3$。

公理 6：一阶随机占优公理。如果彩票 $A_1$ 在某一个方面优于彩票 $A_2$，并且彩票 $A_1$ 在其他方面都不亚于彩票 $A_2$，那么 $A_1$ 优于 $A_2$。

期望效用理论的效用函数是一个包含上述六个假设性公理的泛函数，它具有严格的数学逻辑和规范的模型表达。期望效用理论在多数情况下符合人们的决策规律。期望效用理论在众多经济学家的完善下，成为经济学的理论基石。

### 四、有效市场假说和无套利均衡分析

在早期的经验研究中，人们通常采用随机游走过程来模拟证券价格的走势。早期的马科维茨均值方差投资组合模型把证券的价格看作是对市场信息完全而准确地反映。学术界对于证券价格的上述判断主要来源于现代金融学的基础假设——风险厌恶型的"经济人"。当市场中的参与者完全占有信息并且能够按照信息进行理性决策时，证券价格就会准确地反映市场信息。

法玛（Fama）总结了上述学术观点，提出了有效市场假说。法玛认为，如果一个市场的价格总是"完全地反映了"可获得的信息，则称这个市场是有效的（Fama，1970）。法玛根据证券市场信息传递的程度把有效市场划分为三种类型。第一种类型是弱势有效市场。在弱势有效市场中，决定证券价格的信息集包含全部的历史信息，投资者不能够通过技术分析的方法，利用过去的价格变化预测未来的价格变化，未来证券价格的变化随着信息的变化而随机波动。第二种类型是半强势有效市场。在半强势有效市场中，决定证券价格的信息集包含了所有公开信息，这些信息被市场参与者共知；现在的市场价格不仅反映了该证券过去的信息，还反映了该证券当前的公开信息。在半强势有效市场中，投资者基于公开信息所做出的基本面分析失效，采用基本面分析的投资者无法获得超额收益。第三种类型是强势有效市场。在强势有效市场中，决定证券价格的信息集包含了全部公开信息和全部内幕信息，任何人无法获得投资的超额收益，主动型投资策略将全面失效。

法玛的有效市场假说是在现代金融学基础假设的前提下所做出的合理推论。有效市场假说是现代金融学基础假设在市场信息和证券价格层面演绎的必然结果,它具有完美的逻辑自洽性。有效市场已经成为现代金融学理论研究中的基础假设,也是区分现代金融学和行为金融学的关键假设。

为了解释证券市场价格的形成机制,现代金融学提出了无套利均衡分析的方法论:当市场处于不均衡状态时,价格偏离由供需关系决定的价值,此时就出现了套利机会。而套利的力量将会推动市场重建均衡。市场一旦恢复均衡,套利机会就会消失;简而言之,在市场均衡时无套利机会(宋逢明,1999)。无套利均衡分析是现代金融学在衍生产品定价中采用的方法,金融衍生产品的定价需要建立在均衡的市场条件下。在上述概念中所提出的套利行为就是"经济人"在金融市场中的规范行为。

## 第二节　现代金融学的基本理论

20世纪50年代到70年代之间,现代金融学的基本理论逐渐发展成熟。在此期间,金融学理论经历了两次"数学革命",金融学科的二级假设和金融学科特有的"风险和收益均衡"的研究范式也得以确立。现代金融学的基本理论包括投资组合理论、资本资产定价模型和布莱克-斯科尔斯模型。

### 一、投资组合理论

马科维茨(Markowitz,1952)提出了著名的投资组合理论,该理论又被称为均值方差模型(MV模型)。均值方差模型假设证券投资收益率是一个正态分布的随机变量,这个随机变量的样本均值作为期望收益率的度量,随机变量的样本标准差作为风险的度量。投资者的决策过程就是期望收益率和风险的权衡。

#### (一) 投资组合理论的假设条件和隐含条件

传统投资组合理论具有以下假设条件:(1)投资者只关注投资的收益率这个随机变量的均值和方差。(2)投资者是理性"经济人",投资者也是风险厌恶的。"经济人"假设继承了经济学的基础假设,"投资者风险厌恶"假设是现代金融学的学科假设。(3)投资者的目标是预期效用最大化。由于构成投资者效用函数的变量仅包含期望收益率和方差,期望收益率对投资者的效用产生正向影响,方差对于投资者的效用产生负向影响,因此投资者需要在风险和收益权衡的基础上实现总效用最大化。(4)资本市场是有效的。

投资组合理论的隐含条件可以通过以下数学过程推导出来:设投资者的初始财富为 $W_0$,投资的收益率为 $R$,期末投资者的财富值为 $(1+R)W_0$。假设投资的收益率 $R$ 是一个离散型随机变量,随机变量的数学期望值为 $\mu_0$,方差为 $\sigma_0^2$。投资者在投资中获得的效用是收益率 $R$ 的函数,即 $U(R)$。对于效用函数在自变量等于均值 $\mu_0$ 处进行二阶泰勒展开,有:

$$U(R) = U(\mu_0) + (R - \mu_0)U'(\mu_0) + \frac{1}{2}(R - \mu_0)^2 U''(\mu_0)$$
$$+ o[(R - \mu)^3] \tag{1.3}$$

式(1.3)中, $o[(R - \mu)^3]$ 是高阶无穷小。

如果投资者只关注均值和方差,即只有均值和方差能够组成效用的表达,那么式(1.3)中二阶导数以上的变量都被视为 0,即高阶无穷小 $o[(R - \mu)^3]$ 等于 0。正是由于上述原因,均值方差组合理论的一个隐含条件是:投资者的效用函数是收益率的二次函数。根据式(1.3)的数学形式,可以得到均值方差组合理论的另一个隐含条件是:证券收益率的均值和方差各自独立地影响效用。

### (二) 经典均值方差组合理论的数学模型

假设证券市场中有 $n$ 个证券,每个证券的收益率都是离散型的随机变量。例如:市场中,证券 $i$ 的收益率 $R_i$ 的分布为 $(x_1, p_1; x_2, p_2; \cdots; x_i, p_i; \cdots; x_m, p_m)$,其中 $x_i$ 为观测值, $p_i$ 为概率;有 $E(R_i) = \mu_i$, $Var(R_i) = \sigma_i^2$。

组合的证券期望收益率矩阵为 $R$,每个证券收益率的协方差矩阵为 $V$,证券的权重矩阵为 $X$,单位矩阵为 $I$。特别地,设投资组合的收益率为 $R_P$,组合的风险为 $\sigma_P$,有以下矩阵:

$$R = \begin{bmatrix} E(R_1) \\ E(R_2) \\ \vdots \\ E(R_n) \end{bmatrix}, \quad V = \begin{bmatrix} \sigma_1^2 & \sigma_{12} & \cdots & \sigma_{1n} \\ \sigma_{21} & \sigma_2^2 & \cdots & \sigma_{2n} \\ \vdots & \vdots & \vdots & \vdots \\ \sigma_{n1} & \sigma_{n2} & \cdots & \sigma_n^2 \end{bmatrix}, \quad X = \begin{bmatrix} \omega_1 \\ \omega_2 \\ \vdots \\ \omega_n \end{bmatrix}, \quad I = \begin{bmatrix} 1 \\ 1 \\ \vdots \\ 1 \end{bmatrix}$$

由 $n$ 个证券构成的投资组合,组合的收益和组合的风险方程分别为:

$$R_p = \omega_1 E(R_1) + \omega_2 E(R_2) + \cdots + \omega_n E(R_n) \tag{1.4}$$

$$\sigma_p^2 = \sum_{i=1}^n \omega_i^2 \sigma_i^2 + 2\sum_{i>j}\sum \omega_i \omega_j \sigma_{ij} \tag{1.5}$$

公式(1.5)中,$\sum_{i=1}^n \omega_i^2 \sigma_i^2$ 代表证券的个别风险,$2\sum_{i>j}\sum \omega_i \omega_j \sigma_{ij}$ 代表组合的系统性风险。

通过简单的数学演绎发现:组合中,证券的个别风险可以通过多样化的投资组合消除掉,组合中的系统性风险只能通过衍生产品进行管理。

风险厌恶型的理性投资者选择的投资组合,实际上就是投资者在约束条件下,追求组合风险的最小化。上述决策过程可以写成下列数学表达式:

$$\min \sigma_p^2 = X^T V X \tag{1.6}$$

约束条件为:

$$X^T I = 1 \tag{1.7}$$

$$E(R_p) = X^T R \tag{1.8}$$

上述数学问题是二次规划问题,可以通过构建拉格朗日函数的方式求解。设 $A = R^T V^{-1} I$, $B = R^T V^{-1} R$, $C = I^T V^{-1} I$, $D^2 = BC - A^2$,证券市场中全部证券的最小方差集合(投资外边界)的方程为:

$$\frac{\sigma_p^2}{1/C} - \frac{[E(R_p) - A/C]^2}{D/C^2} = 1 \tag{1.9}$$

方程(1.9)是风险厌恶型的理性投资者所选择的投资边界,是双曲线的右半支(见图1.1)。

假设市场中还存在着无风险资产,无风险资产的收益率为 $R_f$,无风险资产收益率序列的方差为 0,无风险资产收益率序列与其他资产收益率序列的协方差为 0。引入无风险资产后,投资者新的投资边界是由无风险资产引出的相切于最小方差集合的射线(见图1.1),这条射线被称为资产配置线(资本市场线),投资者在资产配置线上对风险资产和无风险资产进行配置。资产配置线与最小方差集合的切点所代表的组合 $m_0$,是资产配置中唯一被投资者选中的风险资产组合。$m_0$ 点的坐标为:

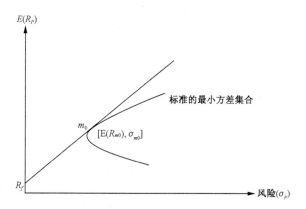

**图 1.1　投资组合理论中的最小方差集合和资本市场线**

$$E(R_{m0}) = \frac{A}{C} + \frac{\dfrac{D}{C^2}}{\dfrac{A}{C} - R_f} \tag{1.10}$$

$$\sigma_{m0} = \sqrt{\frac{1}{C} \times \left[ 1 + \frac{\dfrac{D}{C^2}}{\left( \dfrac{A}{C} - R_f \right)^2} \right]} \tag{1.11}$$

上述公式中,根据金融学理论有:$\dfrac{A}{C} > R_f > 0$。以上是经典投资组合理论的数学模型。

### (三) 投资组合理论的学术贡献和投资组合模型的改进发展

投资组合理论引发了经典金融学研究的数学革命[①]。作为经典金融学理论上的开创性成果,投资组合理论做出了以下学术贡献。首先,均值方差组合模型利用收益率序列的方差成功地解决了风险度量的问题,这使得风险度量成为具有明确金融学含义的显性结果(朱书尚,等,2004)。其次,投资组合理论明确提出了“投资者风险厌恶”这个假设条件,这个假设条件成为金融学科的基础假设,它是金融学科与其他经济学下属二级学科进行区别的重要标志。再次,投资组合理论开创了风险和收益均衡的研究方法,这种方法抓住了金融投资中的主要矛盾,完美地配合了金融学科的基础假设。最后,这种方法被学界作为经典金融学的研究范式。

---

[①] 投资组合理论和布莱克-斯科尔斯模型分别被称为经典金融学上的第一次数学革命和第二次数学革命。

均值方差模型的主要缺点在于：首先，把投资者效用函数定义为二次函数，这意味着采用均值和方差就能够完全代表投资收益率这个随机变量，这种情况只有在投资收益率呈现正态分布时才能成立。资本资产定价模型（CAPM）在此基础上进一步要求资产收益率的分布在时间的进程中具有稳定性，并且这一分布状态能被投资者所认知（Fama & French，2004）。然而实证结果发现，资产收益率不符合联合正态分布的特征（Fama，1963；Yan & Han，2019）；资产收益率的分布不具有稳定性，收益分布状态呈现出较强的回复性特征（Barberis，Jin，& Wang，2021）；收益率分布的不确定性对资产收益率的高低产生交叉影响（Chae & Lee，2018）；收益率分布的不确定性与市场的风险无关，但是它显著影响了市场的超额收益率（Anderson，Ghysels，& Juergens，2009）；收益率分布的时变特征可以解释为投资者对于市场悲观和乐观的投资预期（李腊生，翟淑萍，关敏芳，2011）。其次，均值方差模型把投资者行为定义得过于简单，没有考虑到投资者之间的差别，也没有考虑到外界环境对投资者的影响。最后，方差的计算方法是把收益率的正负偏移都作为风险因素，这实际上夸大了风险值。

为了克服均值方差模型对于风险度量的缺点，学术界一直积极地对风险的计算方法进行改进。在风险度量的改进上，马科维茨（Markowitz，2011）认为，下半方差能够更加精确地度量风险的大小；实际上，在收益率变量正态分布的条件下，下半方差与方差所构建的组合模型一致，下半方差仅仅是方差的一半。菲什伯恩（Fishburn，1977）使用下偏矩作为风险的度量方法，并构建了基于下偏矩的投资组合方程，下偏矩的定义如下：

$$LPM_a(\tau, R_x) = \int_{-\infty}^{\tau} (\tau - r)^a dF(r) \qquad (1.12)$$

当 $\tau$ 代表目标收益率时，$\alpha=1$ 计算的是预期下行风险，$\alpha=2$ 计算的是目标下半方差；当 $\tau$ 代表期望收益率时，$\alpha=1$ 计算的是绝对半离差，$\alpha=2$ 计算的是标准下半方差。离散形式的数学表达式为：

$$LPM_2(\tau, r) = \frac{1}{S} \sum_{i=1}^{S} y_i^2 \qquad (1.13)$$

其中

$$y_i = \begin{cases} \tau - \sum_{j=1}^{n} r_{ij}x_j, & \sum_{j=1}^{n} r_{ij}x_j \leqslant \tau \\ 0, & \text{其他} \end{cases} \text{（目标下半方差）} \qquad (1.14)$$

或者

$$y_i = \begin{cases} \sum_{j=1}^{n}(\mu_j - r_{ij})x_j, & \sum_{j=1}^{n}r_{ij}x_j \leqslant \sum_{j=1}^{n}\mu_j x_j \\ 0, & \text{其他} \end{cases} \text{（标准下半方差）}$$

(1. 15)

今野藤原浩和山崎广明(Konno & Yamazaki,1991)使用平均绝对离差作为风险的度量方法,并构建了收益和风险的均衡方程。平均绝对离差的数学表达式为:

$$MAD(R_x) = \frac{1}{S}\sum_{i=1}^{S}y_i \qquad (1. 16)$$

其中

$$y_i = \left| \sum_{j=1}^{n}(r_{ij} - \mu_j)x_j \right| \quad (i = 1, 2, \cdots, S) \qquad (1. 17)$$

今野藤原浩、白川藤原浩和山崎广明(Konno, Shirakawa, & Yamazaki,1993)尝试把偏度加入风险计量中,构建了基于方差和偏度的三次规划模型,目前可以利用计算机技术对三次规划模型进行数值求解。20世纪90年代,JP摩根银行提出了风险价值的VaR计量的方法,风险被定义为在一定置信区间内最坏情况下的损失,该模型后来发展成为条件风险值模型(CVaR)。

均值方差模型的另一个改进方向是把市场摩擦因素加入模型中;市场摩擦主要包括交易成本和税收,市场摩擦的表现形式有固定成本、固定比率成本和可变比率成本等,市场摩擦模型可以利用计算机进行数值求解。学术界还在研究参数不确定情况下的贝叶斯投资组合理论,该理论可以把投资者的行为因素加入模型中。有关上述改进,请参考郑振龙和陈志英(2012)、赵庆和王志强(2015)等文献。

## 二、资本资产定价模型

在投资组合理论的基础上,学界通过理论演绎的方法发现了决定证券收益率的单指数模型,即资本资产定价模型(CAPM)。威廉·夏普(Sharpe,1964)、约翰·林特纳(Lintner,1965)、杰克·特里纳(Treynor,1965)和简·莫森(Mossin,1966)分别提出了资本资产定价模型。

### (一)资本资产定价模型的假设条件

资本资产定价模型具有较为严格的假设条件。(1)投资者根据证券的期望收益率和收益率的方差进行投资决策。(2)投资者是风险回避者。(3)投资期是单期。(4)投资是无限可分的,投资规模不影响资产价格。(5)存在着无风险资产,投资者可以进行无风险借贷。(6)没有交易成本和交易税。(7)所有投资者对于证券的收益率和风险的预期都相同(一致性预期假设)。(8)市场组合包含全部证券。(9)市场处于有效状态。

上述假设条件继承了投资组合理论提出的基本假设,也继承了投资组合理论对于投资者决策模式的设定。

### (二) 资本资产定价模型的主要内容

在市场有效的假设条件下,投资组合理论中的有效组合 $m_0$ 就是市场组合(图 1.1),这个组合包含了市场中的全部风险证券。如果有效组合没有包含某证券,那么投资者没有该证券的需求,该证券的价格将下降,这将导致该证券的收益率上升并使其重新回到有效组合中。

假设市场中某一证券的期望收益率为 $E(R_x)$,市场组合的期望收益率为 $E(R_m)$,无风险利率为 $R_f$,根据投资组合模型可以得到:

$$E(R_x) = R_f + \beta_x [E(R_m) - R_f] \tag{1.18}$$

公式(1.18)就是著名的 CAPM 模型。

CAPM 模型反映了证券的期望收益率与风险补偿的关系。公式(1.18)中,$E(R_m) - R_f$ 表示市场组合的风险补偿,这是整个证券市场风险补偿的计算基准。$\beta_x$ 是证券 $x$ 的风险补偿倍数。$\beta_x$ 的理论公式为:

$$\beta_x = \frac{\sigma_{x,m}}{\sigma_m^2} \tag{1.19}$$

公式(1.19)中,$\sigma_{x,m}$ 代表证券 $x$ 收益率序列与市场组合 $m_0$ 收益率序列的协方差,$\sigma_m^2$ 代表市场组合收益率序列的方差。公式(1.19)表明,市场只对证券 $x$ 的系统性风险进行补偿。

资本资产定价模型被广泛应用在资产价值评估的研究中,例如著名的DCF 估值模型就是利用资本资产定价模型来估计股权自由现金流的必要报酬率的。

### 三、布莱克-斯科尔斯模型

布莱克-斯科尔斯模型把随机过程的数学方法引入金融资产定价的研究中,该模型引发了金融理论研究的第二次数学革命。布莱克-斯科尔斯模型能够解决欧式期权的定价问题(Black & Scholes,1973)。

### (一) 布莱克-斯科尔斯模型的假设条件

欧式看涨期权的布莱克-斯科尔斯模型的假设条件是：(1)期权的标的资产是股票，该股票允许被自由地买进或卖出；(2)期权是欧式看涨期权，在期权有效期内，其标的资产不存在现金股利的支付；(3)市场不存在交易成本和税收，所有证券均完全可分割；(4)市场不存在无风险的套利机会；(5)市场提供了连续交易的机会；(6)存在着一个固定的、无风险的利率，投资者可以按此利率无限制地借入或贷出；(7)期权的标的股票的价格呈对数正态分布。

### (二) 布莱克-斯科尔斯模型的主要内容

设 $c$ 代表欧式看涨期权的价值，$X$ 代表期权的合同价格，$S$ 代表标的资产(股票)的市场价格，$T-t$ 代表期权的剩余期限，$r$ 代表无风险利率，$\sigma$ 代表标的资产(股票)收益率序列的标准差。布莱克-斯科尔斯模型的主公式可以表示为：

$$c = SN(d_1) - Xe^{-r(T-t)}N(d_2) \tag{1.20}$$

公式(1.20)中 $N(.)$ 代表标准正态分布的累计概率，$d_1$ 和 $d_2$ 的公式如下：

$$d_1 = \frac{\ln(S/X) + (r + \sigma^2/2)(T-t)}{\sigma\sqrt{T-t}} \tag{1.21}$$

$$d_2 = \frac{\ln(S/X) + (r - \sigma^2/2)(T-t)}{\sigma\sqrt{T-t}}$$

$$= d_1 - \sigma\sqrt{T-t} \tag{1.22}$$

可以通过看涨和看跌期权的平价定理，推导出欧式看跌期权的布莱克-斯科尔斯模型。在布莱克-斯科尔斯模型中，欧式期权定价的关键问题是对于标的资产收益率序列标准差($\sigma$)的准确估计。

布莱克-斯科尔斯模型在以期权为核心的衍生产品的定价估计中具有非常重要的价值。在金融市场中，专业投资者也经常利用指数期权市场价格结合布莱克-斯科尔斯模型反向推出指数的隐含波动率，这一波动率被开发成市场恐慌指数(VIX)并被用于风险预测。

## 第三节　现代金融学基础假设和基本理论受到的挑战

### 一、"决策悖论"问题对"经济人"假设的挑战

#### (一) 阿莱悖论

法国经济学家阿莱在 1952 年公布了一个实验，实验结果违反了期望

效用理论的独立性公理,该实验结果被称为"阿莱悖论"。实验要求参加者从下面两组彩票中分别做出选择:

第一组彩票(数字分别代表价值和概率值):

$$\begin{cases} A = (\$1\,000\,000, 100\%) \\ B = (\$5\,000\,000, 10\%; \$1\,000\,000, 89\%) \end{cases}$$

第二组彩票:

$$\begin{cases} C = (\$1\,000\,000, 11\%) \\ D = (\$5\,000\,000, 10\%) \end{cases}$$

上述备选方案中,第二组彩票实际上是第一组彩票简化后的组合,因此两组彩票在经济决策中属于数学条件相同而表现形式不同的决策。从价值特征和风险特征来看,相对于备选方案,彩票 A 和彩票 C 都具有期望值低、风险小的特点,彩票 B 和彩票 D 都具有期望值高、风险大的特点。根据期望效用理论和经济学的基本常识,实验者应该表现出来稳定的选择偏好,即实验者应该选择的是彩票 A 和彩票 C,或者选择彩票 B 和彩票 D。但是在实验中,绝大部分人选择了彩票 A 和彩票 D。

在实验结果中,由于大多数人选择了第一组的彩票 A,因此有以下关系式:

$$U(1\,000\,000) > U(5\,000\,000) \times 0.1 + U(1\,000\,000) \times 0.89$$

上式中,$U(x)$ 代表效用函数。上式化简后等价于:

$$U(1\,000\,000) \times 0.11 > U(5\,000\,000) \times 0.10$$

由于多数人选择了第二组的彩票 D,因此有以下关系式:

$$U(1\,000\,000) \times 0.11 < U(5\,000\,000) \times 0.10$$

人们在实验中出现了自相矛盾的选择结果,这违背了期望效用理论的独立性公理。

### (二) 确定性效应、同结果效应和反射效应

20 世纪 70 年代末期,心理学家丹尼尔·卡尼曼和阿莫斯·特维斯基(Amos Tversky)发现了大量违反期望效用理论的实验结果。本书摘录了卡尼曼和特维斯基论文中的实验数据(见表 1.1)。

表 1.1　卡尼曼和特维斯基(Kahneman & Tversky,1979)论文中的悖论

| 编号 | 悖论内容 | 实证结论 | 样本量 | 统计数据 |
|---|---|---|---|---|
| 1 | $A = (2\,500,0.33;2\,400,0.66)$　$B = (2\,400,1)$ | $A < B$ | 72 | 82%* |
| 2 | $A = (2\,500,0.33)$　$B = (2\,400,0.34)$ | $A > B$ | 72 | 83%* |
| 3 | $A = (4\,000,0.80)$　$B = (3\,000,1)$ | $A < B$ | 95 | 80%* |
| 3′ | $C = (-4\,000,0.80)$　$D = (-3\,000,1)$ | $C > D$ | 95 | 92%* |
| 4 | $A = (4\,000,0.20)$　$B = (3\,000,0.25)$ | $A > B$ | 95 | 65%* |
| 4′ | $C = (-4\,000,0.20)$　$D = (-3\,000,0.25)$ | $C < D$ | 95 | 58% |
| 7 | $A = (6\,000,0.45)$　$B = (3\,000,0.90)$ | $A < B$ | 66 | 86%* |
| 7′ | $C = (-6\,000,0.45)$　$D = (-3\,000,0.90)$ | $C < D$ | 66 | 92%* |
| 8 | $A = (6\,000,0.001)$　$B = (3\,000,0.002)$ | $A > B$ | 66 | 73%* |
| 8′ | $C = (-6\,000,0.001)$　$D = (-3\,000,0.002)$ | $C < D$ | 66 | 70%* |
| 14 | $A = (5\,000,0.001)$　$B = (5,1.000)$ | $A > B$ | 72 | 72%* |
| 14′ | $C = (-5\,000,0.001)$　$D = (-5,1.000)$ | $C < D$ | 72 | 83%* |

注：* 代表 0.01 的显著性水平

在表 1.1 的实验数据中,实验 1、3 和 3′违背了期望价值准则。实验结果显示,更多的决策者偏好期望价值较小的彩票。在实验 8 和 8′以及实验 14 和 14′中,决策者对于期望价值相同的两个彩票也具有明显的不同偏好,这种现象是期望价值准则无法解释的。

实验 1 和实验 2 出现了相同的彩票具有不同偏好的实验结果。按照期望效用理论,实验 1 中彩票 $A$ 的期望效用为 $U_A = 0.33 \times U(2\,500) + 0.66 \times U(2\,400)$,彩票 $B$ 的期望效用为 $U_B = U(2\,400)$。实验结果显示 $A < B$,得到 $0.33 \times U(2\,500) + 0.66 \times U(2\,400) < U(2\,400)$。根据不等式的运算原则对上式进行化简,等号两边去掉重复部分得到 $0.33 \times U(2\,500) < 0.34 \times U(2\,400)$,这一结论与实验 2 的实验结果相矛盾。实验 1 和实验 2 中的彩票问题本质上是相同的,理应得到相同的实验结果；但是实验数据显示,这两个实验的结果完全相反；上述实验现象被称为"同结果效应"。"同结果效应"违反了期望效用理论的独立性公理。

实验 3 和实验 4 也违反了期望效用理论的公理体系。实验 3 的结论表明 $0.8 \times U(4\,000) < U(3\,000)$,对上式进行变形得到 $U(3\,000)/U(4\,000) > 4/5$。实验 4 的结论表明,$0.2 \times U(4\,000) > 0.25 \times U(3\,000)$,上式变形后得到 $U(3\,000)/U(4\,000) < 4/5$[①]。上述实验现象被称为"同比率效应"。在实验 3′和实验 4′,实验 7 和实验 8 以及实验 7′和实验 8′中,同样存在着"同比率效应"。"同比率效应"违反了期望效用理论的

---

① 这里假设效用函数 $U$ 为奇次函数。

恒定性公理。

实验 3 和实验 3′ 的结果也对"理性经济人"的假设提出了质疑:备选方案中选项 B 虽然期望值较小,但是代表风险因素的标准差为 0。由于多数实验者在实验 3 中选择了彩票 B,因此可以推断出多数实验者是"风险厌恶型"决策者。在实验 3′ 中,大多数实验者选择了风险较大的彩票 C,可以推断出大多数实验者是"风险喜好型"决策者。上述实验现象被称为"反射效应"。"反射效应"的特点是:在获得收益时,决策者表现为风险厌恶;在出现损失时,决策者表现为风险喜好。表 1.1 中的实验 4 和 4′、实验 7 和 7′、实验 8 和 8′ 以及实验 14 和 14′ 都表现出了"反射效应"。

"反射效应"的存在给传统经济学的基础假设带来了极大的困惑。在表 1.1 中,实验 14 是所谓彩票问题,数据显示绝大多数实验者选择购买彩票;实验 14′ 是保险问题,数据显示绝大多数实验者选择购买保险。这种同一批实验者表现出来的"兼具风险厌恶和风险喜好"的偏好特征就是著名的"弗里德曼-萨维奇困惑"。

### (三) 偏好反转现象

利希滕斯坦和斯洛维奇(Lichtenstein & Slovic,1971)在一个心理学实验中发现了偏好反转现象。他们设计了两组备选方案,其中的 P 方案是一个价值比较低,风险也比较小的方案,例如:$P = (4,35/36; -1, 1/36)$;另外一个 $ 方案是一个价值比较高并且风险也比较高的方案,例如:$\$ = (16,11/36; -1.5,25/36)$。参加实验者首先被告知已经免费拥有了彩票 P 和彩票 $,要求实验者选择卖出一只彩票,绝大多数实验者选择卖出彩票 $。当实验者被要求购买一种彩票时,绝大多数实验者选择购买彩票 P。实验结果显示,决策者在不同任务状态下的"偏好反转"现象的存在。"偏好反转"现象预示着人们的决策行为没有任何规律所循,这从根本上动摇了经济学大厦的基石。

**表 1.2　利希滕斯坦和斯洛维奇(Lichtenstein & Slovic,1971)文献中的实验数据**

| 实验组 | 彩票类型 | 赢钱的概率 | 赢钱的数量 | 输钱的数量 | 期望值 |
|---|---|---|---|---|---|
| 1 | $P$ | 35/36 | \$4.00 | -\$1.00 | 3.86 |
| | $\$$ | 11/36 | \$16.00 | -\$1.50 | 3.85 |
| 2 | $P$ | 29/36 | \$2.00 | -\$1.00 | 1.42 |
| | $\$$ | 7/36 | \$9.00 | -\$0.50 | 1.35 |
| 3 | $P$ | 34/36 | \$3.00 | -\$2.00 | 2.72 |
| | $\$$ | 18/36 | \$6.50 | -\$1.00 | 2.75 |

（续表）

| 实验组 | 彩票类型 | 赢钱的概率 | 赢钱的数量 | 输钱的数量 | 期望值 |
|---|---|---|---|---|---|
| 4 | $P$ | 32/36 | $4.00 | －$0.50 | 3.50 |
| | $\$$ | 4/36 | $40.00 | －$1.00 | 3.56 |
| 5 | $P$ | 34/36 | $2.50 | －$0.50 | 2.33 |
| | $\$$ | 14/36 | $8.50 | －$1.50 | 2.39 |
| 6 | $P$ | 33/36 | $2.00 | －$2.00 | 1.67 |
| | $\$$ | 18/36 | $5.00 | －$1.50 | 1.75 |

无独有偶,特维斯基和卡尼曼发表了一个亚洲疾病实验:假设有600人感染了一种亚洲疾病,可能会引起病人的死亡。现在有两种治疗方法:第一种方法会有200人得救;第二种方法有1/3的概率全部得救,有2/3的概率病人全部死亡;试验中72%的人选择了第一个方案。如果换一种表述方式,第一种方案有400人会死亡;第二种方案有1/3的概率无人死亡,有2/3的概率病人全部死亡;试验中有78%的人选择了第二种方案(Tversky & Kahneman,1981)。对于同一个问题的不同表述方式,导致投资者的偏好从风险回避转为风险寻求。卡尼曼等学者认为,人们在决策过程中会发生框架效应(Framing Effects)导致的偏差,同一个问题的不同表达方式实际上就是两种不同的背景框架,背景框架引导投资者出现了偏好反转现象(Tversky & Kahneman,1981)。

### （四）其他违背经济学基础假设的实验结果

丹尼尔·埃尔斯伯格(Ellsberg,1961)发现在概率未知的不确定性决策中,人们的行为并不符合期望效用理论。人们在决策时更加偏好选择概率确定性的选项,人们在决策时表现出明显的模糊厌恶倾向。上述实验结果被称为"埃尔斯伯格悖论"。"埃尔斯伯格悖论"显示出人们实际的决策结果与主观期望效用理论不一致。

始于1982年,德国柏林洪堡大学的"最后通牒实验"的结果违背了经济学的"自利性"假设。"自利性"假设是"理性经济人"假设的组成部分,这一假设描述了"经济人"在经济活动中的原则和立场。"最后通牒实验"的结果显示,多数人会抛弃"自利性"的原则而选择互惠和公平的结果。上述实验结果在独裁者博弈实验、仁慈博弈实验、信任博弈实验和社会困境博弈实验中普遍出现。社会学家认为,互惠和公平是人类社会在长期进化中所形成的一种社会规范,它是人们经济活动的基本原则。"最后通牒实验"结果也对经济学的基础假设提出了强烈的质疑。

### 二、"市场异象"对新古典金融学理论的挑战

巴贝尔斯(Barberis,2018)总结了学术界发现的证券市场的四种基本"市场异象":总体市场异象、横截面收益异象、市场泡沫异象和投资者行为异象。上述市场异象是金融市场的真实特征,也是困扰新古典金融学的深层次问题。

#### (一)总体市场异象

总体市场异象包含三个基本内容。首先,股票总体收益率具有可预测性,这种可预测性多数表现为股票总体价格上升之后的回复现象。其次,股票市场的总体价格表现为过度波动的特性,这种波动程度远超过上市公司股息支付水平的变动。最后,市场中的股本溢价过高。股票市场提供的收益远高于由股票风险计算的股本溢价。上述异象至今没有得到一致公认的解释。

#### (二)横截面收益异象

1. $\beta$ 异常与多因子定价

实证研究发现,$\beta$ 系数不是唯一能够解释资产定价的因子,许多关于上市公司财务结构的微观指标也能够参与资产定价。例如,法玛和弗伦奇(Fama & French,1992)提出的三因子模型认为,上市公司的规模指标和上市公司的账面价值比指标能够影响资产定价。FF3 模型的表达式为:

$$E(R_i) = R_f + \beta_i[E(R_m) - R_f] + s_i SMB + h_i HML \qquad (1.23)$$

式(1.23)中,$E(R_i)$ 代表证券 $i$ 的预期收益率,$E(R_m)$ 代表市场组合的预期收益率,$SMB$ 是市值因子模拟组合的预期收益率(小市值组合减去大市值组合),$HML$ 是账面市值比因子模拟组合的预期收益率(高账面市值比组合减去低账面市值比组合)。三因子模型表明,市场收益率这个宏观因素和上市公司基本面的微观因素共同决定了股票的预期收益率。

在此基础上,法玛和弗伦奇(Fama & French,2015)进一步提出了五因子模型,有关上市公司运营状态的微观财务因子也被加入资产定价模型中。FF5 模型的表达式为:

$$E(R_i) = R_f + \beta_{i1}[E(R_m) - R_f] + \beta_{i2} SMB + \beta_{i3} HML + \beta_{i4} RMW + \beta_{i5} CAMO \qquad (1.24)$$

式(1.24)中,$RMW$ 是盈利因子,它代表上市公司不同盈利水平导致的收益率差异(高营业利润率组合的收益率减低营业利润率组合的收益率);

*HML* 是投资因子,代表公司不同投资水平导致的收益率差异(高总资产增长率组合的收益率减低总资产增长率组合的收益率)。

实际上,学术界发现的资产定价因子远超过五个。麦克莱恩和帕恩提夫(Mclean & Pontiff,2016)对学术界发现的 97 个定价因子进行了可预测性检测,上述因子既包括上市公司微观财务指标因子,也包括股票市场价格表现因子。检测结果表明,在上述因子被学术界公开后,多数因子的预测效力减弱,被公开的因子之间的相关性增强。

多因子参与资产定价导致了"β 定价异常"现象的出现,行为金融学还没能对这一现象给予合理的解释。多因子定价现象的"存在"似乎意味着资产收益率受到多维因素的影响,众多的影响因子也似乎表明"无法"建立一个稳定的资产定价模型。

### 2. 股票回报的长期逆转和中期动量现象

德邦特和泰勒(De Bondt & Thaler,1985)发现,在一个长达 3～5 年的时间状态下,股票的收益率表现为长期的逆转现象,这种现象被称为反转效应。杰加迪什和蒂特曼(Jegadeesh & Titman,1993)发现,在 6 个月到 1 年的中期尺度上,股票的收益率表现为动量效应。

### 3. 盈余公告后漂移现象

伯纳德和托马斯(Bernard & Thomas,1989)发现,上市公司关于盈余报告的利好信息,不仅能够立即引发股价的上升,还能够导致未来一段时间股价的持续上升。股票价格的这一表现与有效市场假说相违背。

### 4. 特质风险定价

现代金融学理论认为,由于投资者都按照期望效用理论进行投资决策,每个投资者都具有相同的"风险厌恶型"偏好,因此投资者对于每个证券的期望收益率和风险估计都是一致的。在市场有效的前提下,每个证券收益率观测值呈正态分布,每个证券收益率序列的期望值和方差能够充分代表该证券的基本特征。上述原因导致证券之间、证券和市场组合之间具有稳定的相互替代关系。在现代金融学中,证券的期望收益率和市场组合的期望收益率的相互关系公式就是著名的资本资产定价模型(CAPM)。

设在风险资产中,证券 $x$ 的预期收益率为 $E(r_x)$,由全部风险资产形成的市场组合预期收益率为 $E(r_M)$,无风险利率为 $r_f$,有:

$$E(r_x) = r_f + \beta_x [E(r_M) - r_f] \tag{1.25}$$

式(1.25)就是著名的资本资产定价模型(CAPM),式中 $\beta_x$ 是证券 $x$ 的风险补偿倍数，它代表证券 $x$ 系统性风险与市场组合总风险的比值。

如果采用证券 $x$ 的实际交易的收益率数据，和代表市场组合指数收益率的数据进行线性回归，可以得到如下回归方程：

$$r_x - r_f = \alpha_x + \beta_x(r_M - r_f) + \varepsilon_x \qquad (1.26)$$

式(1.26)是线性回归方程，根据 CAPM 理论模型，方程(1.26)中的截距项 $\alpha_x$ 等于 0。残差 $\varepsilon_x$ 代表证券 $x$ 的非系统性风险，残差的标准差被称为证券 $x$ 的特质波动率。根据资本资产定价理论，特质波动率与因变量不相关。然而在进一步的实证研究中发现，特质波动率在下一个时期的截面回归模型中与因变量具有显著的相关性，即特质波动率影响了下一期的资产定价。

在实证研究中学者们发现，回归模型中由残差产生的特质风险对于下一期股票的预期收益率具有显著的正向影响(Fu,2009)或负向影响(Ang, Hodrick, Xing, et al., 2006)。学术界尝试着从风险补偿的角度和卖空限制的角度来解释上述现象，得到了两种截然相反的理论结论。多数中国学者的经验研究支持特质波动率对于股票的预期收益率具有反向影响的结论(左浩苗，郑鸣，张翼，2011；陆蓉，杨康，2019)。国内市场的经验研究发现，特质风险定价与投资者情绪具有显著关联，例如：特质风险的定价效果与投资者的关注度具有密切关系(陆蓉，杨康，2019)；能够度量投资者情绪的代理变量是决定特质风险定价的主要因素(刘维奇，邢红卫，张信东，2014；张玉龙，李怡宗，2014)。上述市场异象直接违反了现代金融学理论，目前还没有一致公认的理论解释，这一市场异象被称为"特质波动率之谜"。

在资本资产定价模型的其他实证研究方向上，学术界还发现代表资产系统性风险补偿倍数的 $\beta$ 系数具有时变的特征(Blume,1975；Lewellen & Nagel,2006；丁志国，苏治，2005)。$\beta$ 系数的异常值与特质波动率具有正向关系(Liu, Stambaugh, & Yuan,2018)。

### (三) 市场泡沫异象

证券市场泡沫的基本特征是在一个较长的时间内资产价格被大幅度高估。巴贝尔斯(Barberis,2018)总结了市场泡沫的六个特征：(1)资产价格在一段时间内急剧上升，然后下降并逆转了大部分上升趋势；(2)在价格上涨期间，资产价格被高估的报道不绝于耳；(3)资产价格上涨并达到峰值时，资产的交易量异常增高；(4)泡沫期间，许多投资者对资产的收益有高度外推预期；(5)在泡沫期间，即使是老练的投资者也增加了对资产的敞口；(6)通常在价格上涨初期，资产的基本面具有积极的信息。

行为金融学通过外推信念模型解释了市场泡沫特征的(1)和(2),无法解释上述特征的(3)和(4)。尽管市场泡沫时有发生,但是资产价格泡沫仍然是难以解释的一种市场现象。

### (四) 投资者行为异象

#### 1. 处置效应

现代金融学理论认为证券市场是有效的。由于证券价格是对市场随机出现的信息的反映,因此证券的价格变化是随机的。在有效市场中,风险厌恶型投资者会追随信息做出投资决策,因而他们的投资行为也是随机的,他们的投资行为没有明显可识别的规律。

舍夫林和斯塔曼(Shefrin & Statman,1985)在对投资者操作行为的研究中发现,投资者倾向于过早卖出盈利的证券并且倾向于较长时间持有亏损的证券。投资者的这种行为偏好被称为"处置效应"。"处置效应"广泛地存在于各个国家的证券市场中。学术界对"处置效应"的解释面临着对现代金融学基础假设的否定。

索斯藤和马丁(Thorsten & Martin,2011)、巴贝尔斯和熊伟(Barberis & Xiong,2009)尝试利用前景理论来解释"处置效应"。前景理论认为投资者在盈利时表现为风险厌恶,在出现损失时表现为风险喜好。在上述决策规则下,亏损证券的风险能够带来正效用,因此投资者选择继续持有亏损证券。前景理论虽然能够在事后解释处置效应,但是前景理论无法预测投资者的处置效应。

舍夫林和斯塔曼(Shefrin & Statman,1985)尝试利用投资者情绪来解释"处置效应"。他们认为投资者持有亏损的证券是因为害怕卖出该证券后价格上涨带来的后悔情绪,卖出盈利证券是为了追求自豪。上述解释中,投资者能够凭借情绪感知进行决策,这种设定违反了现代金融学"经济人"的基础假设。另外,情绪化的投资者依照什么样的决策模型进行投资决策,这一问题仍然没有明确的答案。

韦伯和卡默勒(Weber & Camerer,1998)、奥登(Odean,1998)把投资者的"处置效应"归因为他们对于证券价格"均值回复"的误解。尽管部分经验研究表明,证券价格具有一种长期缓慢的均值回复特征,但是现有的金融学理论无法解释"均值回复"形成的原因。投资者依照经验规律进行投资决策,这也反映出他们不符合"经济人"的基本假设。

#### 2. 反应过度和反应不足

证券市场的实证研究发现,投资者对于影响证券价格的信息通常会做出两种非理性的反应。第一种被称为反应过度。反应过度的投资者会对市场信息产生选择性的偏差,这种选择性的认知偏差伴随着投资者的情绪,会产生资产价格的长时间大幅度波动。在人类金融市场的投资实践中经常会发生由于反应过度造成的资产价格波动,例如21世纪初的美国纳斯达克股票市场的网络股泡沫、中国股票市场2015年的"股市异常波动"。

第二种被称为反应不足。反应不足的投资者在信息认知中具有保守性偏差,他们对影响资产价格的新的信息认知不足,这导致资产价格长时间偏离价值,这也造成精明的投资者可以根据市场信息获得超额收益。上述推论否定了现代金融学提出的有效市场假说。

在投资实践中,反应过度和反应不足两种投资行为经常互为依托。因为投资者对某些信息反应过度,所以才造成投资者对某些信息反应不足。反应不足和反应过度都是投资者非理性行为的表现形式。反应过度和反应不足现象进一步说明了投资者并不是按照"经济人"的决策模式进行投资决策的。

## 第四节　经济学理论对决策悖论问题的解释

### 一、扩展效用模型

马基纳(Machina,1982,1987)提出一个扩展效用模型,该模型采用平滑偏好假设来代替独立性公理。扩展效用模型采用概率三角形来显示决策者无差异曲线的变化情况。

假设有一个备选方案,它的价值有三个维度,分别是 $x_1$、$x_2$ 和 $x_3$,与价值相对应的概率分别是 $P_1(x_1)$,$P_2(x_2)$ 和 $P_3(x_3)$。 在平面中,直角三角形把三维的价值概率数组投影到二维平面(图1.2)。在水平轴上,三角形的横边表示与 $x_1$ 对应的概率,其取值范围在0到1之间;三角形的纵边代表与 $x_3$ 对应的概率,取值范围与横边相同。在三角形内,点到三角形的斜边的距离代表与 $x_2$ 相关的概率,取值为 $P_2(x_2)=1-P_1(x_1)-P_3(x_3)$,点到斜边的距离越大代表 $x_2$ 的概率越大,其中最大的数值是 $A$ 点(0值点)。在图1.2(a)中,假设概率组合点由 $S_1$ 到 $S_2$ 再到 $S_3$ 向左水平移动,表明概率 $P_3(x_3)$ 不变,概率 $P_1(x_1)$ 减小,$P_2(x_2)$ 增加。 在图1.2(b)中,概率组合点由 $S_1$ 到 $S_2$ 再到 $S_3$ 垂直向上移动,表明概率 $P_3(x_3)$ 增加,概率 $P_1(x_1)$ 不变,$P_2(x_2)$ 减小。

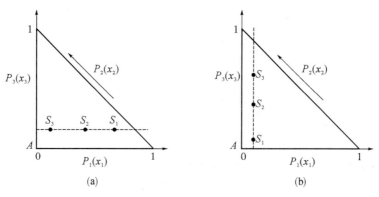

**图 1.2　概率三角示意图**

在概率三角形中，$A$、$B$、$C$、$D$ 分别对应上文中"阿莱悖论"中四个彩票（见图 1.3）。期望效用理论中定义的决策者的无差异曲线在概率三角形中是平行的线段[如图 1.3(a)]，这些平行曲线上每一个点的风险厌恶系数是一致的，即：

$$r = -u''(X, L)/u'(X, L) \tag{1.27}$$

在期望效用理论中，$B$ 彩票处的无差异曲线位置高于 $A$ 彩票，这就出现了"阿莱悖论"。扩展效用模型认为，无差异曲线不是平行线段而是呈扇形展开的[见图 1.3(b)]。这种情况下，$B$ 彩票无差异曲线的位置低于 $A$ 彩票，这样"阿莱悖论"可以被扩展效用模型解释。扩展效用模型还可以解释偏好反转现象，在图 1.3 中，随着收入的增加，$P_1(x_1)$ 向左移动，人们的选择偏好逐渐地由风险寻求转化为风险回避。

扩展效用模型在数学上解释了决策悖论问题和偏好反转现象，但是它没有揭示无差异曲线扇形分布的原因。

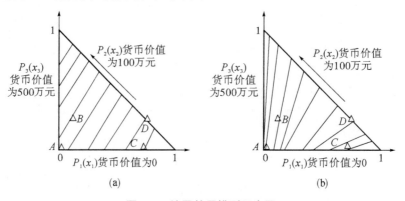

**图 1.3　扩展效用模型示意图**

## 二、主观权重效用模型

主观权重效用模型是由卡马尔卡(Karmarkar,1978)、卡尼曼和特维斯基(Kahneman & Tversky,1979)率先提出来的。主观权重效用理论认为决策者会主观改变基础概率,表现为高估弱概率和低估强概率的行为。主观效用理论的模型可以写为:

$$U(g) = \sum_{i=1}^{n} \omega(p_i) u(x_i) \tag{1.28}$$

式(1.28)中 $U(g)$ 是代表效用的泛函数,$u(x_i)$ 是备选价值产生的效用,$\omega(p_i)$ 是决策者的主观概率。当备选方案中的价值按照大小顺序排列时,主观概率可以采用累积概率的形式来表示:

$$\lambda_i = \phi\left(\sum_{j=i}^{n} p_i\right) - \phi\left(\sum_{j=i+1}^{n} p_j\right) \tag{1.29}$$

式(1.29)中函数 $\phi(x)$ 代表决策者对于真实概率的扭曲函数。根据式(1.28),主观效用模型可以进一步表达为:

$$U(g) = \sum_{i=1}^{n} \lambda_i u(x_i) \tag{1.30}$$

主观效用理论对于价值产生的效用有两种观点。第一种观点认为决策者的偏差主要表现为对于概率的主观扭曲,价值产生的效用仅仅是一种弱基数函数。第二种观点认为效用函数可以表达为彩票中最小价值的效用加上各个边际效用的加权平均值。第二种观点的效用函数为:

$$U(g) = u(x_1) + \sum_{i=2}^{n} \lambda_i [u(x_i) - u(x_{i-1})] \tag{1.31}$$

式(1.31)中 $\sum_{i=2}^{n} \lambda_i = 1$。

主观概率函数 $f(p)$ 曲线形状呈现反 S 形(见图 1.4)。对于悲观主义的决策者,主观概率函数 $\phi(p)$ 曲线形状呈现反 S 形[图 1.4(a)];对于乐观主义决策者,主观概率函数 $\phi(p)$ 曲线形状呈现 S 形[图 1.4(b)]。奎因(Quiggin,1982)建议拐点取值为 $K=0.5$。当 $f(p)=1-f(1-p)$ 时,决策者概率风险的态度为中性。

主观权重效用模型改变了传统的期望效用理论的概率和效用的表达,在形式上继承了期望效用理论的规范形式,在解释悖论问题上更具有灵活性。主观权重效用模型仍然没有揭示悖论问题产生的根源。

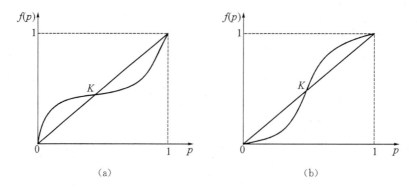

**图 1.4　主观概率函数的曲线形状**

### 三、等级依赖期望效用理论

为了在期望效用理论的框架下解决决策悖论问题,奎因(Quiggin, 1982)和雅里(Yaari,1987)相继提出并完善了等级依赖期望效用理论。

等级依赖期望效用理论采用主观决策权重函数来代替客观的概率。主观决策权重函数取决于两个方面的因素:一是相关价值的累积概率分布,二是以累积概率分布为自变量的概率权重函数。例如,把彩票中的价值按照升序排列,有 $x_1 < x_2 < x_3 < \cdots < x_n$,每个价值相对应的概率为 $p_1$、$p_2$、$p_3$、$\cdots$、$p_n$。 主观决策权重函数为:

$$\pi(p_i) = \phi\left(\sum_{j=i}^{n} p_i\right) - \phi\left(\sum_{j=i+1}^{n} p_i\right) \quad i = 1, 2, \cdots, n-1$$
$$\pi(p_n) = \phi(p_n) \tag{1.32}$$

式中 $p_i$ 代表真实概率,$\phi(\cdot)$ 是概率权重函数,$\pi(p_i)$ 是主观决策权重函数。概率权重函数的值域为 $\phi(\cdot) \in [0,1]$,是单调递增函数。通常 $\phi(\cdot)$ 可以反映决策者悲观和乐观的情绪,因此它也被称为情绪函数。

在决策中,价值产生的期望效用与主观决策权重函数的加权乘积之和就是等级期望效用值。决策者仍然遵循着期望效用最大化的决策原则。等级期望效用理论在经济学领域中具有较为广泛的影响,累积前景理论和 SP/A 理论都借鉴了它的累积概率分布的思路。

等级期望效用理论能够解决决策悖论问题,但是该理论的缺点也较为明显。王金山和李伟兵(2014)认为,等级期望效用理论过度依赖价值的秩序;如果价值的秩序发生了变化,即使价值微小变动,主观决策权重也会产生巨大的变化,这明显与经验认知相违背。

#### 四、有限理性假说

西方经济学认为,人在经济行为中遵循个人利益最大化的决策原则,即人具有自利性。西方经济学还假设每个人都能够做到趋利避害,即人都是理性的。上述假设就是西方经济学的"经济人"假设。"经济人"假设与现实社会具有很大差异。在著名的最后通牒实验中,人们普遍表现出来具有利他主义倾向。在现实社会中,人们的决策也经常会违背理性的原则。

诺贝尔经济学奖获得者赫伯特·西蒙(Simon,1955,1956,1988)提出了"有限理性"这一概念。赫伯特·西蒙认为人们在决策中,由于信息的不全面和人类智力的限制,人们无法确定正确的预期价值;由于生理条件限制了人的行动能力,人们的行动结果也具有偏差;正是由于上述原因,人们的决策目标是追求最大的满意度而不是追求最优化。

新制度经济学继承发展了"有限理性"这一概念。新制度经济学对于人的行为提出了三个基本设定。(1)人类的经济活动具有双重动机,人类会寻求财富最大化和财富非最大化的双重目标。(2)人类在决策时是有限理性的。新制度经济学的代表人物威廉姆森(2002)认为理性可以分为三个层次:一是预期收益最大化的强理性;二是有组织的理性,即弱理性;三是介于前两者之间的中等理性。新制度经济学认为人们多数属于中等理性。(3)人们在决策中具有机会主义倾向,人们在决策中善于隐瞒自己的行为动机,有时也会发生损人利己的行为。

有限理性的假设放松了传统经济学对于人的假设要求,更加贴近真实情况。新的假设需要有新的决策理论对于人的行为进行描述和总结。

## 第五节　心理学和决策科学对于决策悖论的解释

心理学和决策科学在风险决策领域最为著名的理论就是前景理论。尽管前景理论未能在行为金融学中发挥出基础假设的作用,但是它在行为金融学理论中具有非常重要的地位。本书将在第二章对前景理论进行深入剖析。心理学和决策科学中另一个较为著名的理论就是预期情绪理论,在行为金融学中,预期情绪理论一直被当作前景理论的另一个学术版本而被忽视。本书将在第三章中深入分析预期情绪理论。在心理学和决策科学的理论中,一些研究成果对本研究具有较大的启发,本节内容选择双系统决策、启发占优模型和"齐当别"模型进行介绍和分析。

## 一、双系统决策理论

心理学家认为,人类大脑不擅长做复杂和细致的运算,因此人类在决策时总是尽可能在"少占用心理资源"和"正确决策"中进行权衡。爱泼斯坦(Epstein,1994)提出了个体在信息加工时存在着经验系统和理性系统两种决策体系。卡尼曼(2012)把经验系统称为"快系统",把理性系统称为"慢系统"。"快系统"的决策特点是基于情绪、经验和直觉进行决策,这种决策通常会对信息自动加工,不需要集中注意力;这种决策模式较少占用心理资源,对信息采取并行加工方式,决策速度很快。卡尼曼(2012)还认为"慢系统"是理性的系统,系统的决策是基于算法和规则的,这种决策模式需要集中注意力,占用较多的心理资源;"慢系统"的信息加工模式是串行加工,因而速度较慢。

经验系统是人类在长期自然环境中所形成的一种适应性的决策模式。在人类发展的早期,经验系统可以让人们快速做出决策以应对自然环境的竞争。经验系统往往采用自下而上的决策模式,通常会产生代表性启发偏差、可得性启发偏差、锚定与调整启发偏差和框定依赖偏差等。理性系统的决策规则是在人类社会长期发展所积累的知识和经验下而形成的,决策模式通常采用自上而下的形式。

心理学家认为,两种决策系统共同存在于人们的决策过程中。通常情况下,人们在决策时经验系统和理性系统能够做到相互监督和相互合作,这时人们决策结果是理性的。当人们决策受到外界环境的影响时,经验系统将会战胜理性系统。能够影响决策模式的外部环境因素主要包括确定性诱惑和时间压力。心理学实验发现,当人们在决策时面临确定性诱惑和时间压力时,通过劝告和提醒决策者采取理性系统进行决策是无效的(Thaler & Sunstein,2008)。陈奇超(2016)对双系统决策的神经机制、认知机制和行为机制进行了总结(见图 1.5)。

双系统决策理论为行为金融学基础决策理论研究提供了良好的借鉴思路。非理性的经验系统和理性系统可以共存于人们的决策过程之中,两种系统还存在着相互协调和相互监督的机制。上述理论内涵给本研究的启发是:行为金融学的基础决策理论可以是一种与期望效用理论等价或并行的理论模型,这一理论模型可以不全面否定期望效用理论,它可以与期望效用理论存在着相互协调和补充的机制。实际上,新理论与原来理论之间存在的这种相互协调和补充的机制就是唯物辩证法中的"扬弃"。

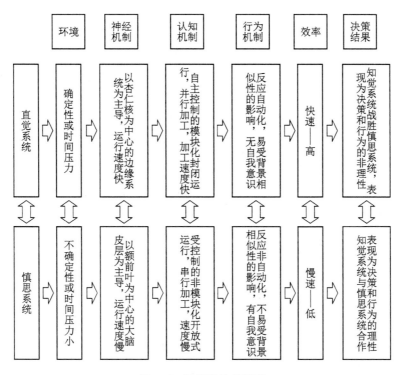

**图 1.5　双系统决策模型**

资料来源：陈奇超(2016)

双系统决策理论的缺点在于,该理论没有给出经验系统决策的具体模式,没有具体分析导致决策悖论问题的心理学根源。

## 二、启发占优模型

心理学在经验决策系统的研究上取得了较大的理论和实验进展。德国著名心理学家吉仁泽(Gigerenzer,2006)把经验决策称为"节俭启发式"决策。启发式决策符合人脑不擅长做复杂计算的特点,符合人们的经验认知。布兰德思塔特、吉仁泽和赫特维格(Brandstätter, Gigerenzer, & Hertwig,2006)还提出了启发式决策需要解决的主要内容:一是决策的逻辑顺序,二是决策的终止原则。

布兰德思塔特、吉仁泽和赫特维格(Brandstätter, Gigerenzer, & Hertwig,2006)提出的启发占优模型(Priority Heuristic)是诸多启发式决策理论中较为优秀的一个。启发占优模型认为人的大脑无法做精确的概率加权计算,因此效用最大化的条件无法实现。在真实的决策中,人们通常选择少数具有代表性的价值作为判断依据,人们选择的代表性价值通常具有非代偿性,即某一维度上的劣势不能被另一维度上的优势所补偿。汪祚军和李纾(2012)利用古比鱼择偶的现象给"非代偿性"做出了生动的比喻:"雌性古比鱼的交配策略可视为一种典型的非代偿性规则。在选择交配对象时,雌性古比鱼将橘黄色外表凌驾于其他所有线索之上。如果一条雄性古比鱼比另一条具有更加鲜艳的橘黄色外表,那么雌性古比鱼就会选择它作为交配对象,而不会考虑其他线索。"

启发占优模型认为人们在决策中遵循着以下过程:如果面临的是数字彩票的问题,人们在决策过程中把彩票中最大的价值的1/10或者最大的概率值视为抱负(hypothesis)。人们首先比较两个彩票中价值的最小值,如果它们的差值大于抱负水平,决策者停止搜索,选择最小值较大的彩票。如果最小值的差值小于抱负水平,决策者会进一步搜索,比较两个彩票中最小价值对应的概率值,如果这两个概率值的差值大于抱负水平10%,决策者选择最小价值对应概率值较小的彩票;如果没有达到上述条件,决策者会选择彩票中最大概率值中的较大者。

利用启发占优模型可以解释阿莱悖论。对于第一组彩票,抱负值是500 000美元(5 000 000美元的1/10)。彩票 A 和彩票 B 最小价值的差为1 000 000美元,因此决策者选择彩票 A。 对于第二组彩票,两个备选方案的最小价值相等,两个方案最小价值的概率都是0.01,小于概率中的抱负水平(90%)的10%,需要进行第三步搜索,决策者选择具有最大价值的彩票 D。

### 三、"齐当别"模型

"齐当别"模型是华人学者李纾首先提出来的决策模型。李纾(Li,1994;2001,2005)和其他学者(李纾,毕研玲,梁竹苑,等,2009)所阐述的"齐当别"模型认为:人们在决策过程中首先会把差别较小的价值选项"齐同掉",然后在差异较大的选项中选择最优的结果。被"齐同掉"的价值和参加决策的价值不是根据重要性来确定的,而是根据差别的大小来确定的。

以阿莱悖论为例,第一组彩票被"齐同掉"相近的价值之后,彩票 A 和 B 相对应的比较维度分别是(1 000 000美元,0.01)和(0,0.01),因此决策者选择彩票 A;第二组彩票"齐同掉"相近的价值之后,彩票 C 和 D 相对应的比较维度是(1 000 000美元,0.11)和(5 000 000美元,0.10),因此决策者选择彩票 D。 李纾(2001)认为:阿莱悖论中,人们选择两组彩票是在两个不同维度上进行的。第一组彩票是在"坏"的维度上进行决策,第二组彩票是在"好"的维度上进行决策。"齐当别"模型认为,人们对于决策维度的选择是根据差别的大小来确定的。"齐当别"模型对于传统决策理论的最大化原则提出了质疑。

启发占优模型和"齐当别"模型所描述的决策过程实际上是基于直觉的启发而产生的。这种基于直觉的启发式系统能够更加节约心理资源(孙彦,李纾,殷晓莉,2007),也更加符合人们决策的真实心理过程。上述两个模型都否定了人们决策中理性分析的模式,取而代之的是人们的心理直觉。这两个模型中的"齐当别"模型能够更加真实地反映出人们的决策心理,"齐当别"模型越来越受到学术界的重视。

启发占优模型和"齐当别"模型给本研究的启发是:人们在经验决策中通常不做全面精确的计算,影响决策结果的通常是备选方案中少数具有代表性的因素。启发占优模型和"齐当别"模型的主要缺点是理论建立在对实验数据直观解释的基础上,没有给出人们在决策中的"直觉"产生的心理学机理,因此也无法据此进行数学建模,这导致理论在应用推广中存在障碍。

# 第二章　行为金融学面临的理论困境

在投资者风险决策的基础领域,行为金融学尝试把前景理论作为学科的基础假设,但是行为金融学随后发展出来的诸多定价模型并未采用前景理论作为假设条件。多数行为金融学理论试图解释金融市场中的各种市场异象,但是理论的假设条件并不一致。行为金融学在基础假设上并未达成共识,这导致行为金融学的理论体系呈现出"支离破碎的表象"(贺京同,郝身永,那艺,2013)。

## 第一节　前景理论的内涵及主要缺陷

### 一、前景理论的主要内容

20 世纪 70 年代,心理学家卡尼曼和特维斯基做了大量的有关决策悖论的心理学实验。卡尼曼和特维斯基在总结大量实验数据的基础上(见第一章表 1.1),提出了著名的前景理论(Prospect Theory)。前景理论描述了人们在决策中通常经历编辑和估值两个阶段。编辑阶段包含以下六个内容(Kahneman & Tversky,1979):

(1) 编码(coding)。人们在决策的时候首先会确定一个参考点,参考点最终的财富状态形成相对的收益和损失。人们根据这个相对的收益和损失,而不是根据财富的最终状态来进行决策。

(2) 合成(combination)。将具有同一价值的概率相加以实现简化。比如彩票(200,0.25;200,0.30)可以合成为(200,0.55)。

(3) 剥离(segregation)。人们会将期望中包含无风险的部分剥离出来,不参加进一步的比较。比如彩票(300,0.80;200,0.20),从中剥离(200,1.0),而剩下(100,0.80)。

（4）相抵（cancellation）。在进行决策时，人们会把不同彩票中相同（共有）的部分抵消掉，只比较不同的部分。

（5）简化（simplification）。人们会把概率或价值进行适当的近似修改，以达到简化的目的。比如彩票（101，0.51）可以简化为（100，0.50）。

（6）占优检查（detection of dominance）。检查所有给定选项，删除那些被另一个完全占优的选项，删除的选项不再进一步估值，这样可以简化决策。

前景理论的第二个阶段是估值阶段。在编辑阶段完成之后，人们会根据期望的全部价值进行决策。期望的全部价值实际上是主观价值，一般被称为期望。假设有一个彩票 $(x_1, p_1; x_2, p_2; \cdots; x_n, p_n)$，彩票期望的价值为：

$$V = \sum_{i=1}^{n} \omega(p_i) \nu(x_i) \tag{2.1}$$

式（2.1）中 $V$ 是期望的价值；$\omega(p_i)$ 代表决策权重函数，概率 $p$ 是决策权重函数的自变量，决策权重函数是单调递增函数。$\nu(x_i)$ 是主观价值函数。主观价值函数曲线有一个参考点（见图 2.1），它把价值函数分为盈利和损失两个不同的区间，在盈利区间的价值函数是上凸的，决策者表现为风险回避；在亏损阶段的价值函数是下凸的，决策者表现为风险寻求。价值函数是连续的，其参考点是曲线的拐点，价值函数是一个 S 形曲线。

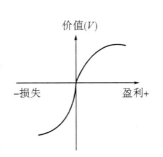

图 2.1　前景理论的价值函数

决策权重函数 $\omega(p_i)$ 代表决策者的主观概率，而不是客观概率。在前景理论中，决策权重函数具有三个特点。（1）对小概率事件高估，并且具有"劣可加性"。当客观概率值 $p$ 比较小时，有 $\omega(p) > p$，若 $0 < r < 1$，那么 $\omega(rp) > r\omega(p)$。（2）决策权重函数具有"次确定性"，也就是说各个互补事件的决策权重函数之和小于 1，即 $\omega(p) + \omega(1-p) < 1$。（3）决策权重函数具有次比率性，当概率比率一定时，大概率对应的决策权重函数的比率小于小概率对应的决策权重函数。由于决策权重函数具有"劣可加性"，因此前景理论违背了随机占优理论（见图 2.2）。

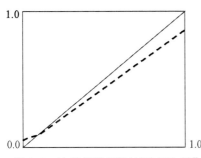

图 2.2　决策权重函数的"劣可加性"

### 二、累积前景理论

为了解决前景理论违背随机占优理论的缺点，学术界对于决策权重函数进行了重构，形成了累积前景理论（Cumulative Prospect Theory）。比较有代表性的有奎因（Quiggin，1982）以及特维斯基和卡尼曼（Tversky & Kahneman，1992）。特维斯基和卡尼曼在论文中对于价值函数和决策权重函数给出了新的形式。

假设彩票中的价值选项及其大小关系为：$x_{-m} < x_{-m+1} < \cdots < x_{-1} < 0 < x_1 < \cdots < x_{n-1} < x_n$，对应的概率分别为：$p_{-m}$，$p_{-m+1}$，$\cdots$，$p_{-1}$，$p_1$，$\cdots$，$p_{n-1}$，$p_n$。如果假设价值参考点为 0，彩票相对参考点的相对价值就是其原有价值。各个备选方案的前景值为：

$$V(f) = \sum_{i=0}^{n} \pi^+ \nu(x_i) + \sum_{i=-m}^{n} \pi^- \nu(x_i) \tag{2.2}$$

式(2.2)中，$\sum_{i=0}^{n} \pi^+ \nu(x_i)$ 代表图 2.1 中价值函数的盈利部分，$\sum_{i=-m}^{n} \pi^- \nu(x_i)$ 代表价值函数的损失部分。在式(2.2)中：

$$\pi_i^+ = \omega^+ (p_i + p_{i+1} + \cdots + p_n) - \omega^+ (p_{i+1} + p_{i+2} + \cdots + p_n),$$
$$0 \leqslant i < n-1$$
$$\pi_i^- = \omega^- (p_{-m} + p_{-m+1} + \cdots + p_i) - \omega^- (p_{-m} + p_{-m+1} + \cdots + p_{i-1}),$$
$$1-m \leqslant i \leqslant 0$$

特维斯基和卡尼曼（Tversky & Kahneman，1992）还给出了价值函数和决策权重函数的经验公式。价值函数的表达式为：

$$V(x) = \begin{cases} x^{\alpha} & (x \geqslant 0) \\ -\lambda(-x)^{\beta} & (x < 0) \end{cases} \tag{2.3}$$

式中 $\alpha$ 和 $\beta$ 是敏感性递减系数，$\lambda$ 是损失厌恶系数。决策权重函数的经验公式为：

$$\omega^+ (p) = \frac{p^{\gamma}}{[p^{\gamma} + (1-p)^{\gamma}]^{1/\gamma}} \tag{2.4}$$

$$\omega^- (p) = \frac{p^{\delta}}{[p^{\delta} + (1-p)^{\delta}]^{1/\delta}} \tag{2.5}$$

特维斯基和卡尼曼（Tversky & Kahneman，1992）建议的经验参数为

λ取值2.25，α和β的取值为0.88。阿卜德拉维（Abdellaoui,2000）利用标准非线性最小二乘法对实验数据进行了研究,得到α的取值为0.89,β的取值为0.92。利用经验参数绘制的价值函数见图2.3。

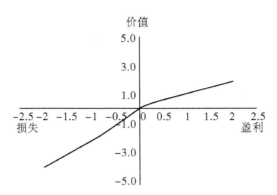

**图2.3 基于经验参数的价值函数图（α＝β＝0.88,λ＝2.25）**

累积前景理论巧妙地对价值函数和决策权重函数进行了重新设定,新设定后的理论模型不再违背随机占优理论。

### 三、前景理论的主要缺陷

#### （一）前景理论在模型设定上的缺陷

前景理论是建立在对实验数据直观解释的基础上。尽管前景理论设计精妙并且能够解释大多数决策悖论问题,但是该理论并未能够真正揭示决策悖论问题的机理。

在卡尼曼和特维斯基（Kahneman & Tversky,1979）的论文中,有一个关于彩票的问题（见第一章表1.1中的问题14）最具有代表性。上述问题的数学形式如下：备选方案$A＝(5\,000,0.001)$,备选方案$B＝(5,1.000)$。根据前景理论的解释,大多数决策者选择$A$的原因是决策者主观高估了备选方案$A$中的概率,即主观决策权重$\omega(0.001)>0.001$。前景理论对于上述问题的分析过程有悖于人们购买彩票的真实原因。在实际生活中,人们购买彩票的根本原因在于彩票中的奖金,没有任何证据显示决策者改变了决策权重函数。

李纾（Li,1995）对于决策权重函数的设定提出了质疑。在梁哲、李纾和许洁虹（2007）的论文中再次披露了上述质疑并且提供了特维斯基对于"质疑"的解释。在李纾（Li,1995）的论文中,提供了一个小概率决策实验（见表2.1）。

表 2.1  对高估小概率的质疑

|  | 方案 | 选择比例 | 样本量 |
|---|---|---|---|
| 彩票 A | (5 000 000,0.001) | 26% | 403 |
| 彩票 B | (5 000,1) | 74% | |

实验结果显示,多数决策者认为彩票 B 优于彩票 A,即:

$$\omega(0.001) \times \gamma(5\,000\,000) < \gamma(5\,000)$$

上式中,$\omega(x)$ 是前景理论中的主观决策权重函数,$\gamma(x)$ 是主观价值函数。上式可以推出:

$$\omega(0.001) < \frac{\gamma(5\,000)}{\gamma(5\,000\,000)}$$

由于前景理论中在盈利时价值函数是凸向纵轴的函数,因此在数学上无法得到 $\omega(0.001)$ 大于 0.001 的结论。

上述结果与前景理论设定的"决策者高估小概率事件规则 [$\omega(0.001) > 0.001$]"相悖。针对上述问题,特维斯基则认为如果选取

$$\omega^+(p) = \frac{p^\gamma}{\left[p^\gamma + (1-p)^\gamma\right]^{\frac{1}{\gamma}}}$$

作为权重函数,且 $\gamma$ 取值 0.61 时,可以得到 $\omega(0.001) = 0.0014 > 0.001$,前景理论的设定仍然存在。

李纾(Li,1995)利用前景理论的实验结果和自己设计的实验结果对前景理论中"决策者低估中、高概率"的设定提出了质疑。表 2.2 披露的实验结果显示:在问题 2 中,大多数决策者选择彩票 A;在问题 7 中,多数决策者选择彩票 A。上述实验结果表明:经过编辑阶段的加工后,问题 7 等价于

$$\omega(0.99) \times \gamma(5) > \omega(0.001) \times \gamma(5\,000)$$

与问题 2 合并得到

$$\omega(0.99) \times \gamma(5) > \omega(0.001) \times \gamma(5\,000) > \gamma(5)$$

得到

$$\omega(0.99) > 1$$

上述结论体现出决策者对于大概率出现高估,这与前景理论的设定完

全相反。特维斯基则认为消除问题 2 和问题 7 的"共同结论"不符合编辑
加工阶段的原则。

表 2.2　对"低估"中高概率的质疑

| | 方案 | 选择比例 | | 样本量 |
|---|---|---|---|---|
| 问题 2 | 彩票 A | (5 000,0.001) | 72% | 72 |
| | 彩票 B | (5,1) | 28% | |
| 问题 7 | 彩票 A | (5 100,0.01;5,0.99) | 56% | 129 |
| | 彩票 B | (5 100,0.01;5 000,0.001) | 44% | |

资料来源: 李纾(Li,1995)

　　从有关前景理论的争议可以看出,尽管前景理论对于有关决策权重函
数的质疑能够给予解释,但是上述解释是建立在特定规则和特定参数基础
上的。没有任何经验证据能够证明特定参数的真实性,前景理论面对质疑
的解释越来越偏离了人们的真实决策过程。

　　由于前景理论在理论设定上偏离了真实的决策过程,因此学术上对于
风险决策的大量研究成果无法被前景理论所吸收,前景理论的发展和改进
出现了停滞。上述问题也使得前景理论在行为金融学中只能作为"名义"
上的基础假设,大量的行为金融学模型未能把前景理论作为基础假设。

**(二) 前景理论造成了金融学科的"独立性危机"**

　　前景理论在基础假设层面对于现代金融学进行了否定。前景理论表
明,决策者在盈利时表现为风险厌恶,决策者在损失时表现为风险寻求。
经典金融学作为经济学的二级学科,其特有的基础假设是"投资者是风险
厌恶的"。前景理论的设定实际上否定了经典金融学作为二级学科独立存
在的条件。

　　有别于经典经济学全局均衡的研究范式,现代金融学的主要研究范式
是在"投资者是风险厌恶的"这个假设条件下,解决风险和收益的局部均
衡。在这个研究范式下,经典金融学形成了投资组合理论、资本资产定价
模型和布莱克-斯科尔斯模型等系统性的理论框架。行为金融学推翻了经
典金融学的基础假设,经典金融学擅长的"风险和收益局部均衡"这个研究
范式也被否定了。在缺乏有效的研究范式的情况下,行为金融学被迫采用
经济学的一般均衡或供求均衡的范式来解决问题,这导致行为金融学理论
模型众多,但是无法达成理论共识(参见导论的图 0.2)。

　　前景理论在基础假设层面的谬误根源在于其没有揭示悖论问题产生
的机理,前景理论仅仅是对于实验数据机械地总结。行为金融学选择前景

理论作为基础假设具有其历史局限性(参见导论对于"尼古拉斯·巴贝尔斯和理查德·泰勒在《行为金融学新进展Ⅱ》一书"的评论),其结果导致行为金融学未能有效地解释金融市场中风险和收益的关系。

### (三) 前景理论在方法论层面的局限性

唯物辩证法中关于事物发展规律的理论认为:事物的发展需要经历肯定、否定和否定之否定才能形成一个完整的发展周期。在上述过程中,"否定之否定"不是原有的否定状态,而是更上一层楼的"扬弃"。

前景理论在基础假设层面完成了对预期效用理论的否定,做出了理论贡献,也完成了其历史使命。虽然前景理论对于旧理论的否定引导了行为金融学的发展,但是行为金融学理论未能有效地吸收和继承经典金融学理论的精华,新理论的"进步性"未能得以体现。从学科发展的角度而言,由于行为金融学和经典金融学都以金融市场为研究对象,因此未来这两门学科将会消除界限融合发展,上述观点是学界达成共识的对未来学科发展的前瞻性预期。前景理论与经典金融学基础假设的对立成为学科融合发展的障碍。

依照辩证唯物主义"否定之否定"理论的原则,行为金融学需要比照前景理论更"先进"的基础假设,这一新的基础假设应该在充分吸收原有理论精华的基础上实现更上一层楼的"扬弃"。

## 第二节　行为金融学的理论体系和存在的问题

在近 40 年的发展历程下,行为金融学逐渐形成了三种假设条件下的资产定价理论群。这三种假设分别是:外推信念假设、过度自信假设和前景理论假设。上述三种理论假设下的资产定价模型虽然能够分别解释不同的市场异象,但是这三种假设下的资产定价模型不能相互融合。

### 一、基于外推信念假设的资产定价模型

基于外推信念的模型假设投资者具有代表性偏差(Barberis, Shleifer, & Vishny, 1998)或者有限理性(Hong & Stein, 1999; Fuster, Laibson, & Mendel, 2010),因而投资者以过去资产收益的简单正向函数来推算未来的资产收益,外推信念模型可以解释动量及反转效应、资产过度波动和市场泡沫等异象(Barberis, Greenwood, Jin, et al., 2015;

Liao & Peng,2018)。外推信念模型能够解释资产价格运动的诸多现象，但是该类模型较难解释伴随资产价格运动出现的成交量变化。

### (一) 模型的基本假设

外推信念是指人们把资产未来的回报或者价格看作是过去数据的加权平均值。在理论上，外推信念模型有两个方向。第一个方向是基本面外推。基本面外推认为企业的现金流会按照一个明显的趋势发生变化；也就是说，高的现金流预示着未来会有更高的现金流产生，而低的现金流则预示着未来的现金流情况会进一步恶化。第二个方向是收益率外推。在这种外推中，投资者认为投资收益率会以一种外推关系而发生变化，这种变化可以被投资者预期。高收益率意味着未来的高收益率，低收益率则意味着未来的低收益率。

外推预期模型把投资者设定为两类。一类投资者被称为外推交易者。外推交易者根据过去价格的加权平均值对未来的资产价格做出预测，以此来形成交易决策。外推交易者还会受到贪婪和恐惧两种情绪的影响，因此他们在每次交易之前都会调整他的外推模型的参数。另一类交易者是理性交易者。理性交易者根据基本面进行交易，当市场价格被高估时，理性交易者会把股票全部卖给外推交易者，然后退场。当市场价格崩溃时，理性交易者按照基本面估值进场。

### (二) 模型的主要内容

巴贝尔斯、格林伍德和金等(Barberis，Greenwood，& Jin，et al.，2018)详细介绍了外推预期模型的理论演绎过程。外推预期模型对市场的设定如下：假设市场有无风险资产，无风险资产的收益率做归零处理。假设市场有一种有风险资产(股票)，股票的总量为 $Q$。那么股票的基本面价值为：

$$\widetilde{D}_T = D_0 + \widetilde{\varepsilon}_1 + \cdots + \widetilde{\varepsilon}_T \tag{2.6}$$

在式(2.6)中，$D_0$ 代表在 0 时刻的股票基本面公共信息，$\varepsilon_i$ 代表未来时刻的基本面信息，并且 $\varepsilon_i \sim \mathrm{N}(0, \sigma_\varepsilon^2)$。

外推预期模型对于投资者的设定如下：市场中存在着两类投资者，一类投资者为外推预期交易者，它的数量占比为 $\mu_e$。在 $t$ 时刻，外推预期交易者对于风险资产的需求量为 $N_t^e$。另一种交易者是基本面交易者，基本面交易者的占比为 $\mu_f$，有 $\mu_f = 1 - \mu_e$。在 $t$ 时刻，基本面交易者人均股票需求为 $N_t^f$。

假设基本面交易者的效用函数是负指数效用函数,基本面交易者的目标函数为:

$$\max_{N_t^F} \mathrm{E}_t^F \left[ -\mathrm{e}^{-\gamma(w_t + N_t^F(\bar{P}_{t+1} - P_t))} \right] \tag{2.7}$$

在上述效用函数的幂指数中,$\gamma$ 是基本面交易者的绝对风险规避系数,$w_t$ 是 $t$ 时刻基本面交易者的财富值。在基本面交易者的目标函数中可以看到,在 $t$ 时刻基本面交易者的效用与 $t$ 时刻基本面交易者所拥有的财富值 $(W_1)$ 以及基本面交易者的股票投资的预期收益 $[N_t^F(\bar{P}_{t+1} - P_t)]$ 具有正向关系。

假设外推交易者的效用函数是一个由股票过去价格加权平均函数构成的表达式,这个表达式被称为"外推公式":

$$\mathrm{E}_t^e(P_{t+1} - P_t) = X_t \equiv (1-\theta) \sum_{k=1}^{t-1} \theta^{k-1}(P_{t-k} - P_{t-k-1}) + \theta^{t-1} X_1 \tag{2.8}$$

式(2.8)表明,外推交易者的预期收益(效用)与股票过去的交易价格相关。式(2.8)显示,$\theta$ 值越高,代表近期的价格对投资收益的影响越大。不同的外推者具有不同的 $\theta$ 值。

根据投资者效用函数的一阶条件,可以得到外推交易者的需求为:

$$N_t^e = \frac{X_t}{\gamma \sigma_\varepsilon^2} \tag{2.9}$$

考虑到基本面交易者对于股票的需求加上外推交易者对于股票的需求等于市场股票的供给总量$(Q)$,可以得到 $t$ 时刻基本面交易者的需求为:

$$N_t^f = \frac{D_t - \gamma \sigma_\varepsilon^2 (T-t-1)Q - P_t}{\gamma \sigma_\varepsilon^2} \tag{2.10}$$

如果基本面交易者认为外推交易者与自身的需求一样,在市场出清的假设下,基本面交易者期望的股票价格为:

$$P_t = D_t - \gamma \sigma_\varepsilon^2 (T-t)Q \tag{2.11}$$

如果假设外推预期的投资者的需求包含基本面需求的部分和外推需求的部分,假设上述两种需求的比重随着时间而产生微小的变化,那么外推预期投资者 $i$ 的需求中的基本面需求的比重为 $\omega_{i,t}$,这个外推投资者的需求为:

$$\omega_{i,t} \frac{D_t - \gamma\sigma_\varepsilon^2(T-t-1)Q-P_t}{\gamma\sigma_\varepsilon^2} + (1-\omega_{i,t}) \frac{X_t}{\gamma\sigma_\varepsilon^2} \qquad (2.12)$$

设每种投资者在总投资中所占的比重为 $n_i$，特别地，基本面投资者的比重为 $n_0$，有 $\sum\limits_{i=0}^{I} n_i = 1$。

考虑到市场出清时，股票价格低于基本面价值，这样全部投资者都需求股票（需求量等于 $Q$），根据供需均衡等式有：

$$P_t = D_t + \frac{\sum\limits_{i=1}^{I}\mu_i(1-\omega_{i,t})}{\mu_0+\sum\limits_{i=1}^{I}\mu_i\omega_{i,t}} X_t - \gamma\sigma_\varepsilon^2 Q \frac{\left(\mu_0+\sum\limits_{i=1}^{I}\mu_i\omega_{i,t}\right)(T-t-1)+1}{\mu_0+\sum\limits_{i=1}^{I}\mu_i\omega_{i,t}}$$

$$(2.13)$$

考虑到市场出清时，股票价格高于基本面价格，基本面投资者无需求，根据供求均衡有：

$$P_t = D_t + \frac{\sum\limits_{i\in I^*}\mu_i(1-\omega_{i,t})}{\mu_0+\sum\limits_{i\in I^*}\mu_i\omega_{i,t}} X_t - \gamma\sigma_\varepsilon^2 Q \frac{\left(\mu_0+\sum\limits_{i\in I^*}\mu_i\omega_{i,t}\right)(T-t-1)+1}{\mu_0+\sum\limits_{i\in I^*}\mu_i\omega_{i,t}}$$

$$(2.14)$$

式（2.14）中没有代表基本面交易者的 $\mu_0$。式（2.13）和式（2.14）是在外推交易者和基本面交易者在不同市场估值环境下的资产定价模型。

模型显示，资产的价格由三部分构成：第一部分是基本面的价值，第二部分是外推交易行为影响的价值，第三部分的符号是负号，代表市场给予的风险资产的折扣。

巴贝尔斯、格林伍德和金等（Barberis，Greenwood，& Jin，et al.，2018）还根据不同投资者的市场行为对于资产价格泡沫期的成交量变化作出了模拟。模拟结果显示：当资产价格超过基本面价格时，基本面交易者把资产卖给了外推交易者并退出市场，这时市场出现了第一次成交量高峰。随后，风险资产在外推交易者之间换手，风险资产被更加"狂热"的外推交易者所购买，直到无法进一步维持。这时市场的成交量维持在较高的水平。当资产价格无法继续维持上涨后，资产价格泡沫开始破灭，当资产价格下降到低于基本面价格时，基本面交易者进场买入资产，这时成交量出现第三次高峰。

### （三）外推信念模型的优点和存在的问题

作为现代行为金融学的重要理论模型，外推预期模型具有以下优点。

首先,外推信念模型符合人们的经验认知,模型对于外推投资者的设定比较符合投资者的真实行为。其次,外推信念模型给出了具体的收益率外推公式,并且利用市场供求均衡的方法推导出了风险资产的定价公式。最后,外推信念模型能够较好地解释资产价格泡沫的成因,特别是对于泡沫中的价格运动能够给予理论解释。

外推信念模型也存在着缺点。首先,由于外推信念假设来源于经验直觉,因此外推信念假设缺乏基础层面的理论支持。也就是说,具有外推信念投资者的风险决策模型和外推信念产生原因的理论机制不清晰,这影响了外推信念模型的进一步发展。其次,外推信念模型与经典金融学的资产定价模型未能实现较好的融合。外推信念模型没有采用经典金融学"风险和收益均衡"的研究范式,转而采用供给与需求均衡的研究范式,这导致两种模型无法进行比较和借鉴,也导致外推信念模型的应用效果不明确。最后,虽然外推信念模型给出了投资者收益率外推的计算公式,但是对这个公式中的重要参数($\theta$)的理论含义解释不清,外推信念模型也没有明确说明外推需求产生的根本原因。

## 二、基于过度自信假设的资产定价模型

行为金融学认为,投资者具有过度自信的心理特征——他们按照自己的私人信息进行交易,投资者对于私人信息的判断会随着市场价格的变化而变化。通常情况下,过度自信概念有两层含义:第一层含义是过度精确,过度精确指的是人们高估了自己判断的精确度;第二层含义是过度定位,过度定位指的是人经常相信自己的能力强于他人。

行为金融学者尝试建立了多种基于分歧的交易模型,例如:一是假设投资者有不同的先验信念;二是假设投资者观察到不同的信息(有些信息对特定的投资者是私人的,而不是公开的);三是投资者并不完全理性。上述三种方法都对市场的交易量做出了不同的预测。巴贝尔斯(Barberis,2018)给出了一个非正式的总结:在理性投资者观察到不同信息的模型中,预测的成交量往往相对较低,在极端情况下甚至没有成交量。投资者不完全理性模型,特别是投资者过度自信模型可以产生大量的成交。

基于过度自信的定价模型假设投资者过度评价自身信息的精确性或者过分相信自身的定位,当投资者对其他投资者的信息采取漠视态度时,投资者之间的分歧将导致市场大量的交易(Eyster,Rabin,Vayanos,2019);当投资者对过度自信的信息进行调整时,资产将出现过度波动的特征并且收益具有可预测性(Daniel,Hirshleifer,Subrahmanyam,1998);当

投资者过度自信并且市场存在卖空限制时,资产收益将被大幅度高估(Scheinkman & Xiong,2003)。过度自信模型能够对成交量的变化给予解释,对于价格运动的解释需要与外推信念模型相结合。

### (一)过度自信模型的基本假设

过度自信理论模型也能够解释资产定价的某些现象。丹尼尔、赫什莱佛和苏布拉马尼亚姆(Daniel,Hirshleifer,& Subrahmanyam,1998)提出的 DHS 模型具有较好的代表性。

DHS 模型假设市场存在着知情交易者和普通交易者,知情交易者能够提前获得资产价格的私人信息。知情交易者根据私人信息进行交易,引发了资产价格的波动。随着资产价格信息的不断公开,知情交易者和普通交易者根据信息不断地修正资产价格。

### (二)过度自信模型的基本内容

假设市场分为 4 个不同的时刻,在 0 时刻没有资产的信息。在时刻 1 知情交易者获得了资产的信息,这个信息是 $S_1 = \theta + \varepsilon$,在这里 $\theta$ 是股票的基本面价值信息,$\theta \sim \mathrm{N}(\bar{\theta}, \sigma_\theta^2)$。$\varepsilon$ 是噪声,$\varepsilon \sim \mathrm{N}(0, \sigma_\varepsilon^2)$。在时刻 2,信息开始流入市场,无论是知情交易者还是不知情交易者,都获得了信息。信息是 $S_2 = \theta + \eta$,$\eta$ 是噪声,$\eta \sim \mathrm{N}(0, \sigma_P^2)$。在时刻 3,资产的价值信息清晰可见($S_3 = \theta$),资产价格也最终确定了。

假设时刻 1,知情交易者认为自己的信息很精确,他认为资产价格信息干扰误差的标准差为 $\sigma_C^2$,并且 $\sigma_C^2 < \sigma_\varepsilon^2$。这就是所谓的过度精确自信。

根据随机过程的基本原理,在时刻 1 知情交易者对于股票价格的期望值为:

$$P_1 = \mathrm{E}_C[\theta \mid \theta + \varepsilon] = \frac{\sigma_\theta^2}{\sigma_\theta^2 + \sigma_\varepsilon^2}(\theta + \varepsilon) \qquad (2.15)$$

在时刻 2 股票价格的期望值为:

$$P_2 = \mathrm{E}_C[\theta \mid \theta + \varepsilon, \theta + \eta] = \frac{\sigma_\theta^2(\sigma_C^2 + \sigma_P^2)}{D}\theta + \frac{\sigma_\theta^2 \sigma_P^2}{D}\varepsilon + \frac{\sigma_\theta^2 \sigma_C^2}{D}\eta$$

$$(2.16)$$

在时刻 3,由于信息公开了,所以股票的价格为:

$$P_3 = \theta \qquad (2.17)$$

DHS 模型根据不同时刻投资股票收益的协方差,来确定 4 个不同时

刻股票价格的变化趋势。经过随机过程的运算,有以下三个方程:

$$\mathrm{cov}(P_2 - P_1, P_1 - P_0) = \frac{\sigma_\theta^6 \sigma_C^2 (\sigma_\varepsilon^2 - \sigma_C^2)}{(\sigma_\theta^2 + \sigma_C^2)^2 [\sigma_\theta^2 (\sigma_C^2 + \sigma_p^2) + \sigma_C^2 \sigma_p^2]}$$

(2.18)

$$\mathrm{cov}(P_3 - P_2, P_3 - P_1) = \frac{\sigma_\theta^6 \sigma_C^2 \sigma_p^2 (\sigma_\varepsilon^2 - \sigma_C^2)}{(\sigma_\theta^2 + \sigma_C^2)[\sigma_\theta^2 (\sigma_C^2 + \sigma_p^2) + \sigma_C^2 \sigma_p^2]^2}$$

(2.19)

$$\mathrm{cov}(P_3 - P_1, P_1 - P_0) < 0 \tag{2.20}$$

式(2.18)小于 0,意味着从时刻 1 投资到时刻 2 所获得的收益与从时刻 0 到时刻 1 所获得的投资收益是完全相反的。式(2.19)大于 0,意味着从时刻 2 到时刻 3 的投资收益与从时刻 1 到时刻 3 的投资收益是同向变化的。式(2.20)意味着从时刻 1 到时刻 3 和从时刻 0 到时刻 1 所获得的投资收益,它们的变化是相反的。

　　如果时刻 0 到时刻 1 证券的价格是上升的,那么从时刻 1 开始一直到时刻 3,证券的价格是下降的,价格下降会让证券的价格回归到理性预期价格。如果在开始时,证券的价格是下降的,那么从时刻 1 开始,证券的价格将会向上回升,直到证券价格回归到理性预期价格。

　　上述分析可以得到以下结论:(1)如果投资者是过度自信的,由私人信息引发的价格波动,在长期水平上会引起价格反转现象;(2)由过度自信引发的价格波动,其与以后价格的相关系数在短期和长期都是负数。

　　DHS 模型进一步假设,如果过度自信的知情交易者的过度自信程度会随着证券信息内容的变化而变化,那么市场价格将会出现新的状况。假设在 0 时刻没有信息。在时刻 1,知情交易者获得了股票价格的信息 $S_1 = \theta + \varepsilon$,这时知情交易者对于股票价格的期望值为 $P_1 = \frac{\sigma_\theta^2}{\sigma_\theta^2 + \sigma_\varepsilon^2}(\theta + \varepsilon)$。在时刻 2,知情交易者的信息公开了,证券价格信息为 $S_1 = \theta + \varepsilon$,这时知情交易者提高了自信,知情交易者对于证券价格的期望值为 $P_2 = \frac{\sigma_\theta^2}{\sigma_\theta^2 + \sigma_\varepsilon^2 - k}(\theta + \varepsilon)$。假设在时刻 2 和时刻 3 之间存在时刻 $3'$,股票价格公共信息为 $S_{3'} = \theta + \eta$,这个时候股票的期望价格为 $P_{3'} = \frac{\sigma_\theta^2(\sigma_C^2 + \sigma_p^2)}{D}\theta + \frac{\sigma_\theta^2 \sigma_p^2}{D}\varepsilon + \frac{\sigma_\theta^2 \sigma_C^2}{D}\eta$。

通过对不同时刻投资收益变量的协方差分析,DHS 模型发现:如果过度自信投资者进一步增强了自己的信心,那么股票价格的变化将会在短期具有持续性,但是在长期将会继续向理性预期价格回归。DHS 模型得出如下结论:如果投资者信心的变化是因为有偏见的自我归因,如果过度反应或调整足够渐进,那么股价变化表现为无条件的短期滞后正自相关("动量")和长期滞后负自相关("逆转")。

### (三) 过度自信模型的优点和存在的问题

作为行为金融学的主要理论方向,过度自信假设和过度自信模型能够解释很多市场异象。首先,过度自信假设可以解释投资者之间的交易原因,也能够解释市场成交量异常现象。其次,过度自信模型可以解释资产价格短期动量和长期反转这种市场异象。最后,过度自信假设加上卖空限制假设可以解释资产价格高估这种市场异象。

过度自信假设和模型也具有理论缺陷。首先,过度自信是一种心理现象,过度自信模型对这种心理现象的机理解释不清,例如:已知的风险决策理论是否能够对过度自信进行解释(是否存在与过度自信等价的风险决策理论),这导致过度自信假设的理论依据不足。其次,过度自信这一概念并不精确,特别是投资者信念这个问题没有解释清楚。虽然一些行为金融模型把投资者的过度自信设定为"看多"和"看空",但是上述设定仅仅是过度自信的一个方面。过度自信概念的精确化也需要从风险决策层面的理论着手。

## 三、基于前景理论的资产定价模型

### (一) 基于前景理论资产定价模型的基本假设

行为金融学的资产定价研究主要采用了前景理论中的两种假设条件。第一个假设是投资者对主观概率出现的错误估计。这个假设条件引用了前景理论中的"决策者高估小概率事件并且低估大概率事件"的设定。采用这种假设条件的资产定价研究通常用来解释投资者对于正偏斜股票的投资现象。

第二个假设是投资者在损益状态下的风险偏好反转。这个假设引用了前景理论中的关于"决策者在收益状态下风险厌恶,在损失状态下风险喜好"的设定。采用这种假设的资产定价研究通常用来解释投资者的处置效应。

### (二) 基于前景理论模型的主要内容

在以主观决策权重函数为假设条件的资产定价研究中,巴贝尔斯和黄明(Barberis & Huang,2008)设计了一种具有正偏态分布的证券,这类证券具有较小的概率获得较高收益。该研究假设市场中仅有少量的正偏态证券,这些正偏态证券的期望收益率略高于无风险收益。

巴贝尔斯和黄明(Barberis & Huang,2008)构建了由正偏态证券、原均值方差投资组合模型中的风险证券集合以及无风险证券的投资组合,投资者按照前景理论进行决策。该研究还假设投资者会按照前景理论的设定高估正偏态股票获得巨额收益的概率,这导致投资者高估了正偏态股票的期望收益率。研究结果显示:由于投资者高估了小概率,因此投资者高估了正偏态股票的收益率,这导致正偏态股票获得了负的超额收益率。

巴贝尔斯和黄明(Barberis & Huang,2008)的主要结论能够较好地解释一些资产定价异象。(1)IPO 股票具有较高的偏态分布,因此这类股票通常被投资者高估,这导致未来 IPO 股票的收益率偏低。(2)私募股权具有较高的特质风险并且平均回报率较低,这类股权的收益具有正偏态分布,因此它能够吸引较多的投资者购买。(3)单一业务的企业比综合企业具有更高的业绩偏态,投资者却愿意为此付出较高的价格。(4)子公司具有较高的业绩偏态,分拆子公司上市往往会获得较高的估价。(5)深度价外的期权或有收益会被投资者高估,这导致深度价外的期权价值被高估。(6)个人投资者更加愿意持有高偏斜的股票。

在以前景理论价值函数为假设条件的资产定价研究中,巴贝尔斯和熊伟(Barberis & Xiong,2009)的研究展示了前景理论对于投资者处置效应的理论解释能力。

巴贝尔斯和熊伟(Barberis & Xiong,2009)首先在不设定投资者先验偏好的情况下验证前景理论对处置效应的预测能力。该研究把证券的预期价格分解成为二叉树形态,然后把投资者的投资目标设定为预期收益最大化,通过前景理论价值函数的数学形式,在预期收益最大化的目标下求得投资者的价值函数。该研究通过投资者的价值函数和二叉树模型中价格的现值共同确定了投资者在未来时间的财富分布状态。巴贝尔斯和熊伟(Barberis & Xiong,2009)模拟了 10 000 名投资者的投资路径。研究发现:当投资者期望收益率较高时,投资者不具有处置效应。上述结果表明:在以预期收益率作为检验标准的环境下,前景理论不能够解释处置效应。换句话说,前景理论不能够预测处置效应。

巴贝尔斯和熊伟(Barberis & Xiong,2009)还模拟了另一种实验结果,即投资者在事先已经实现投资损益,并且已经定义投资者具有前景理论的偏好形式。在前景理论影响了投资者偏好的条件下,前景理论能够解释投资中的处置效应。

巴贝尔斯和熊伟(Barberis & Xiong,2009)论文的内容显示：产生处置效应的原因不是投资者的预期损益，而是投资者已实现的损益状态。换句话说，前景理论不能针对预期损益情况作出投资者处置效应的预测，前景理论可以根据现实损益情况对处置效应进行解释。

### （三）基于前景理论的资产定价模型的优点和存在的问题

前景理论是反映投资者风险决策模式的基础假设，这一基础假设具有充分的实验证据和理论支持。基于前景理论的资产定价研究能够解释很多投资者个体的非理性行为，也能够解释证券市场中定价异常的诸多现象。从前景理论对市场异象的解释能力来看，前景理论中主观决策权重函数对于市场异象的解释能力较强。

基于前景理论的定价模型存在的问题是，前景理论不能够预测投资者的处置效应，只能事后解释处置效应。实际上，前景理论对于价值函数在不同损益状态下风险偏好差异化的设计与常用的风险和收益均衡的研究方法相违背，这是前景理论预测处置效应不利的主要原因。

### 四、行为金融学理论体系的优点和存在的问题

经过与经典金融学理论的充分竞争，行为金融学的资产定价理论得到了长足的发展。行为金融学的理论内容表现出以下优点。首先，行为金融学的理论具有多样化的特征。目前行为金融学具有多个平行的基本假设，基于上述假设的模型也到了学界的充分讨论，这说明行为金融学在理论探索上取得了巨大的进步。其次，行为金融学的理论能够解释大部分市场异象。行为金融学是在解释市场异象的基础上发展起来的，行为金融学的理论探索能够从多个角度完善学界对于投资者行为的理论认知。最后，行为金融学吸收了心理学的研究成果，例如过度自信假设、后悔厌恶假设和前景理论等，这些对跨学科知识的融合为行为金融学的研究提供了较为丰富的理论依据。

现有行为金融学的理论是通过长时间积累而形成的。行为金融学的理论体系还存在着一些问题，主要表现在以下方面。首先，行为金融学的理论体系并不统一。现有的行为金融学理论主要是在三个平行假设下各自发展形成的，三种假设下的理论模型不能相互融合。行为金融学也缺乏一个统一基础假设。上述问题造成行为金融学理论体系呈现出"碎片化"的特征。其次，行为金融学的理论没有与经典金融学的理论相融合，这导

致两种理论体系出现了无法弥合的分歧,这不利于未来金融学理论的发展。最后,行为金融学还没有做到与心理学理论的深入结合,这表现在行为金融学的一些基本假设没有心理学中最为基础的风险决策层面的理论支持(例如外推信念假设和过度自信假设),这也是行为金融学理论体系无法统一的重要原因。

## 第三节　行为金融学对于情绪研究的进展

在金融学的早期研究中,学者们很早就发现情绪在投资活动中起到了关键作用。早期的著名经济学家凯恩斯就把情绪对于投资决策的影响形象地比喻为"动物精神"。阿克洛夫和席勒(2009)则认为"动物精神"广泛地存在于证券以及房地产的交易中,"动物精神"甚至能够影响经济周期。诺夫辛格(Nofsinger,2005)认为金融决策中的情绪是社会普遍情绪的一种反映,社会中普遍的悲观和乐观情绪会影响到投资决策。学术界一直把对情绪的研究作为行为金融学的主要研究方向,但是诸多的研究结果并未达成理论上的共识。

### 一、行为金融学对于情绪概念的理解

尽管情绪问题一直是行为金融学研究的热点问题,但是行为金融学并未形成一致公认的关于"投资者情绪"的定义。现有的研究则是分别从风险、偏好、偏差、信息以及预期的角度来研究情绪在投资决策中起到的作用。

在情绪即风险的认知上,德龙、施莱弗、萨莫斯等(Delong, Shleifer, & Summers, et al. ,1990)提出了噪声交易者模型(DSSW 模型)。噪声交易者模型认为,噪声交易者受到情绪的影响进行投资,表现为正反馈投资的特征。噪声交易者导致市场处于非有效状态,这进一步导致理性交易者出现了套利的风险,理性交易者只能进行有限套利。噪声交易者能够在市场中获得利益,因此噪声交易者能够在市场上长期生存。王美今和孙建军(2004)认为情绪影响了证券市场的均衡,这表现为情绪能够影响市场的波动率,情绪能够获得市场的风险补偿。孟德尔和施莱弗(Mendel & Shleifer,2012)在 DSSW 模型的基础上增加了一类知情交易者,知情交易者能够预知噪声交易者的行为从而进行跟随式投资,这样将形成整个市场的大幅度波动。陈浪南、熊伟和欧阳艳艳(2016)认为投资者情绪与市场的非预期流动性和市场的特质风险正向相关。在上述理论阐述中,情绪因素

能够改变市场的套利格局,能够改变类别投资者的投资决策。上述理论所描述的情绪因素具有群体效应,它可以作为投资者群体形成的媒介并在类别投资者之间相互传递,从而引发市场泡沫。根据心理学对情绪特征的描述,上述情绪因素属于心理学中的即时情绪[①]。

在情绪即偏好和情绪即预期的认知上,梅拉和萨赫(Mehra & Sah,2002)把情绪定义为投资者的风险偏好,情绪可以采用 CRRA 效用函数中主观贴现因子和风险规避系数来表达。数据模拟显示,主观贴现因子的微小变化也能够导致股票价格的巨大变化。陈彦斌(2005)利用递归效用函数把情绪定义为主观贴现函数、风险规避系数和跨期替代函数的变化。上述两个模型实际上是综合了投资者的风险偏好和预期收益两种因素作为情绪的定义。在模拟股票市场的实验研究中,雷震、杨明高和田森等(2016)在实验研究中发现谣言可以引起股价的过度波动,谣言通过实验者情绪这个中介变量改变了实验者的风险偏好。上述理论认为情绪通过影响投资者效用函数来影响投资决策,情绪参与了关于投资决策的认知评估过程。上述理论所研究的情绪具有心理学中预期情绪的特征。

部分关于情绪机理的研究并未给出情绪的具体定义,它们把市场出现的偏差归因为投资者情绪,提出了"情绪即偏差"的假说。舍夫林和斯塔曼(Shefrin & Statman,1994)认为,非理性交易者受到情绪的影响进行交易,这导致市场出现了错误定价。证券的收益率既包含证券的风险溢价,又包含均衡利率的错误定价和情绪溢价。其他的研究结论也与上述观点类似,例如:布朗和克里夫(Brown & Cliff,2005)以及贝克和伍格勒(Baker & Wurgler,2006)都认为情绪导致投资者对于资产收益的估计偏差,情绪是市场系统性偏差的根源。"情绪即偏差"假说还认为情绪能够带来市场溢价,它是一种能够在资产定价模型中影响证券收益率的独立的因子,这也意味着情绪可以独立作为投资决策的依据,因而上述理论所研究的情绪也属于心理学中的即时情绪。

在情绪即信息的认知上,丁治国和苏治(2005)认为信息冲击的衰减系数可以作为投资者情绪代理变量,这是情绪即信息的认知。花冯涛和王金波(音)(Hua & Wang,2018)提出的"情绪激励模型"和"情绪逆向过滤与统一模型"认为,"信息丢失"和"群体信仰统一"是市场情绪的两个重要表现,市场环境对投资者的压力影响了投资者的投资决策。上述模型中的投资者情绪带有传播性的特征,这类情绪属于心理学中的即时情绪。

---

① 有关即时情绪和预期情绪的理论详见本书第三章。

　　行为金融学主要是从投资者行为和金融市场反应的角度来理解情绪的概念,这使得情绪作用于投资决策的机理仍未被清晰认知。行为金融学并未按照心理学的分类方式对投资者情绪进行区分,这导致心理学中一致公认的研究成果未能被行为金融学所应用。

## 二、行为金融学关于情绪的资产定价研究

　　金融学者把股票市场大幅度波动归因为投资者群体情绪的作用。席勒(2016)认为,股票市场的牛市和熊市是由投资者情绪造成的,这种情绪形成了股票市场的"反馈环"。阿克洛夫和席勒(2016)认为:当市场价格上涨时,投资者会向上调整对于证券价格的预期,进而产生买入行为;投资者的买入行为会进一步推高市场价格,这导致投资者进一步向上调整预期,导致需求的进一步增加;上述循环过程形成了一种自我增强的正反馈交易。阿克洛夫和席勒(2016)把上述正反馈循环称为"信心乘数效应"。国内学者的研究也得到了类似的结论。张宗新和王海亮(2013)构建了一个理论模型,该模型显示:投资者信念的调整影响了投资者的情绪,进而影响了市场的波动,投资者情绪能对证券市场产生正反馈效应;上述模型的问题在于,虽然模型的理论和实证结果表明情绪对于主观信念没有影响,但是这一结论并不符合经验认知。金永红和罗丹(2017)提出了一个异质信念、情绪和资产价格的正反馈结构模型。该模型显示:市场信息导致异质信念的调整,异质信念的变化会引起投资者情绪的改变,异质信念和投资者情绪之间的相互作用形成了反馈,最终引起了资产价格的变化。该模型考虑到了投资者信念和情绪之间反馈循环的关系,但是信念和情绪都属于投资者的主观感知,而情绪通常需要借助外部的客观因素才能唤起和传播,因而该模型结构需要进一步考虑把资产价格作为情绪唤起的外部因素。

　　投资者群体的"正反馈交易"在行为金融学的模型构建中被作为"外推信念"假设。在诸多的行为资产定价模型中,基于"外推信念"假设的模型占有较大的比重。行为金融学并未从情绪的角度来探讨"外推信念"产生的机理,取而代之的是利用认知偏差和有限理性来解释"外推信念"。巴贝尔斯(Barberis,2018)认为,投资者在决策中忽略了基本概率转而对于小样本数据过度信任,这导致投资者只注重证券中短期的"价格趋势",进而依照"价格趋势"进行投资,这就构成了"外推信念"假设成立的基础。上述对于"外推信念"的解释属于心理学中的代表性启发认知偏差。有限理性假说对于"外推信念"的解释则认为:由于人们的认知具有局限性,因此他们只能根据部分信息进行投资决策。趋势外推者只关注证券的价格信息

(Hong & Stein,1999),并且他们只采用简单的模型进行价格数据的拟合,这导致投资者采用"外推信念"的交易模式(Fuster, Laibson, & Mendel,2010)。有限理性假说对于"外推信念"的另一种解释则认为:股票价格的上涨引发投资者对于未来股利的过度预期(Glaeser & Nathanson,2017),这还导致投资者对于市场竞争因素的忽视(Greenwood & Hanson,2015),上述原因导致投资者具有股价"沿着趋势运动"的信念;上述观点是从基本面分析的角度来解释"趋势外推"的成因。虽然行为金融学在心理学和投资决策的角度解释了趋势外推的成因,但是仍然缺乏对于"趋势外推"假设金融学机理的解释。

### 三、行为金融学关于情绪的实证研究

在对情绪的实证研究中,学术界发现情绪是影响证券市场收益率序列变化的主要原因。情绪能够在短期引发市场价格的同方向变化;当市场价格持续变化后,基本价值将对市场情绪化的价格产生纠正作用,这导致情绪与市场收益率长期呈现反向关系(Fisher & Statman,2003;Brown & Cliff,2005;蒋玉梅,王明照,2010;史永东,王镇,2015)。在情绪与证券收益率横截面的关系上,情绪因子能够解释一些小市值、低活跃性以及高杠杆率股票的收益率(Kumar & Lee,2006;张强、杨淑娥,2008;蒋玉梅,王明照,2010;史永东,王镇,2015)。在情绪对投资者交易行为的影响上,情绪能够增加投资者反馈交易的活跃程度(Kurov,2008;Dai & Yang,2018),情绪导致投资者在上涨和下跌环境下交易行为的不对称性(万谍,杨晓光,2019)。

行为金融学所采用的情绪代理变量主要有三个类别。第一个类别是以证券市场宏观指标作为情绪的代理变量。这一类别中,贝克和伍格勒(Baker & Wurgler,2006)采用月度数据构建的情绪代理变量具有代表性。贝克和伍格勒(Baker & Wurgler,2006)选择了封闭式基金折价率、交易所相对交易量、IPO发行量、IPO首日报酬率、市场股权融资比率和股息溢价比率作为情绪的代表,通过主成分分析法构建了情绪代理变量。第二个类别是采用问卷调查法对投资者情绪进行直接测量形成投资者情绪指数,比较著名的投资者情绪指数有:瑞银集团/盖洛普信心指数、BSI指数以及巨潮投资者信心指数和中国投资者保护基金情绪指数等。第三类是利用市场的技术分析指标作为情绪的代理变量,例如王耀辉(音)、克丝瓦尼和泰勒(Wang,Keswani, & Taylor,2006)利用涨跌比率作为情绪的代理变量,布朗和克里夫(Brown & Cliff,2004)利用腾落指数作为情绪的代理变量。相关研究可以参考吴海燕和杨朝军(2012)的研究综述(表2.3)。

## 表 2.3　投资者情绪指标及适用范围汇总表

| 指标客观性 | 来源形式 | 指标名称 | 适用范围 |
|---|---|---|---|
| 主观指标（显性指标） | 调查问卷 | 卖方指标 | 国外 |
| | | 投资者智能指数 | |
| | | 美国个体投资者协会指数 | |
| | | 股市信心指数 | |
| | | 友好指数 | |
| | | BSI 指数 | |
| | | 华尔街分析师情绪指数 | |
| | | 台湾世新大学股票投资人情绪指数 | 国内 |
| | | 好淡指数新浪多空指数 | |
| | | 分析师情绪指数 | |
| | 经济指数替代 | 瑞银集团/盖洛普信心指数 | |
| | | 巨潮投资者信心指数 | |
| | | 消费者信心指数 | |
| 客观指标（隐性指标） | 市场表现类 | 腾落指数 | 国内外 |
| | | 新高新低指标 | |
| | | 首日公开发行(IPO)数量 | |
| | | 首日公开发行(IPO)收益率 | |
| | | 市场换手率 | |
| | | 市场交易量 | |
| | | 市场流动性水平 | |
| | 市场交易类 | 保证金借款变化比率 | 国外 |
| | | 短期利率变化比率 | |
| | | 卖空比率 | |
| | | 零股买卖比率 | |
| | | 未补抛空比例指数 | |
| | 衍生品代理变量 | 认沽认购比率 | 国外 |
| | | 波动率指数 VIX | |
| | | 股票市场投资者情绪指数 | |
| | | 道富投资者信心指数 | |
| | 其他代理变量 | 封闭式基金折价率 | 国内外 |
| | | 共同基金净买入 | |
| | | 基金资产现金比率 | |
| | | 股利收益 | |
| | | 股票发行/债券发行比率 | |
| | | 内幕交易 | |
| | | 季节性情绪变化(SAD) | |
| | | 基金和股票资金流量 | |
| | | 投资者新开户数 | |

资料来源：吴海燕和杨朝军(2012)

在上述情绪代理变量中(表2.3),行为金融学并未按照心理学的理论把情绪区分为预期情绪和即时情绪,这导致两种不同类型的情绪在研究中被混淆了。例如表2.3中,市场宏观指标所代表的情绪通常是投资者群体的情绪,这种情绪具有很强的对外传播性并且持续的时间较长;根据心理学的理论,这类情绪属于即时情绪。以问卷调查法直接测量的情绪属于决策过程以外的情绪,因此这类情绪也属于即时情绪。本书认为,部分技术指标所代表的情绪(例如涨跌比率指标和腾落指数等)与市场的处置效应相关,因此可以作为预期情绪的代理变量。相关论述请参考本书第四章和第七章的内容。

## 四、行为金融学在情绪研究上存在的问题

尽管行为金融学一直把投资者情绪作为资产定价研究的重点内容,但是情绪问题的研究仍然存在着根本性的不足。在现有的行为金融学关于情绪的研究文献中,无论是对情绪概念的界定还是对情绪问题研究假设的设定都没有达成共识,这导致情绪影响资产价格的理论机制未能被充分认知,这也进一步影响了行为金融学理论体系的形成。

行为金融学对于情绪因素研究的首要问题是对于情绪概念的界定并不清晰。在心理学和认知科学中,情绪因素是能够影响决策者决策的关键变量,它能够解释经济学基础假设中的"决策悖论"问题。在行为金融学的研究中,情绪因素并未被上升到基础假设层面进行研究。现有的行为金融学理论中,并未产生关于情绪问题的基础假设。这导致学术界对于情绪概念存在着多种不同的认知,情绪作用于资产价格的机理也模糊不清。由于上述原因,行为金融学的诸多资产定价模型放弃了在情绪层面解决问题的路径,转而采用投资者的认知偏差和行为偏好作为理论研究的假设条件,这导致行为金融学形成了大量的基于不同假设的资产定价模型,而这些模型未能达成理论共识。

行为金融学对于情绪因素研究的另一个问题是没有遵循现代金融学的研究范式。现代金融学采用"风险和收益局部均衡"的研究范式,在这个范式下的研究结论可以充分比较并达成共识。行为金融学在基础假设上否定了"投资者风险厌恶"这个学科假设条件,在研究上也就放弃了现代金融学的经典范式;这导致行为金融学的诸多理论难以形成共识,行为金融学的理论体系呈现出"碎片化"的状态。

为了解决在情绪研究中出现的问题,行为金融学需要重新审视情绪因素在学科基础假设中的作用,建立基于情绪因素的学科基础假设,采用统

一规范的研究范式开展研究,这有助于行为金融学理论体系的形成。

# 第四节　行为投资组合理论

行为金融学没有遵循经典金融学的理论路径展开投资组合研究,而是采用了在投资组合理论同时期提出的安全优先组合模型作为研究基础,进而提出了行为投资组合理论。

## 一、安全优先组合模型

### (一) 安全优先组合

罗伊(Roy,1952)提出了安全优先组合理论。安全优先组合理论认为,当投资者的最终财富低于临界水平时,投资者宣告破产。投资者的投资组合目标是最小化破产概率。安全优先组合理论先后发展出来三个标准。罗伊(Roy,1952)提出的第一个标准是"最优组合是发生特定临界水平报酬最小概率的组合"。当资产组合的收益 $W$ 服从均值为 $\mu_p$、标准差为 $\sigma_p$ 的正态分布时,若临界水平为 $s$, 投资者的目标为 $\min \dfrac{s-\mu_p}{\sigma_p}$。 第二个标准认为投资者具有的投资目标可以写为 $\mathrm{Prob}\{W \leqslant s\} \leqslant \alpha$,片冈真嗣(Kataoka,1963)认为投资者目标是在破产概率 $\alpha$ 不超过设定概率情况下的临界值 $s$ 的最大化,特莱斯(Telser,1955)则认为投资者在上述目标的前提下,追求预期财富的最大化。阿扎克和巴瓦(Arzac & Bawa,1977)则把预期效用作为预期财富和破产概率 $\alpha$ 的函数,即 $U(E(W),\alpha)$,投资者追求效用最大化。

安全优先组合巧妙地把投资者风险偏好用财富临界值和破产概率来表示,临界值和破产概率的主观设定可以代表不同投资者的风险偏好特征,这比均值方差模型更加灵活,更加能够体现出投资者的差异。

### (二) 安全、潜力和渴望理论

洛佩斯(Lopes,1987)提出了安全、潜力和渴望理论(SP/A)。假设在投资期末财富 $n$ 种状态,不失一般性假设财富水平为 $W_1 \leqslant W_2 \leqslant \cdots \leqslant W_n$,每种财富状态逆累积分布概率分别对应为 $D_1, D_2, \cdots, D_n$。 期末财富的期望值可以表达为 $\mathrm{E}(W)=\sum\limits_{i=1}^{n} D_i(W_i-W_{i-1})$,其中 $D_1=1,W_0=0$。考虑到需要加入投资者的情绪,逆累积分布概率被替换为凸函数 $h(D)$。

其中 $h(D) = \delta h_s(D) + (1-\delta)h_p(D)$，式中 $h_s(D) = D^{1+q_s}$，$h_p(D) = 1 - (1-D)^{1+q_p}$，分别代表"希望(hope)"和"害怕(fear)"。SP/A 理论的目标函数为 $\max U(E_h(W), D(A))$，其中 $E_h(W) = \sum_{i=1}^{n} h(D_i)(W_i - W_{i-1})$，$A$ 代表投资者主观期望值，$D(A) = \text{prob}\{W \geqslant A\}$。在模型中，$q_s$ 用来测量害怕的程度(对安全的需要)；$q_p$ 用来测量希望的程度(对潜力的需要)，$\delta$ 用来决定害怕和希望的相对强度。

SP/A 模型表明，投资者的组合取决于风险资产投资回报的概率分布状态，也取决于投资者所受到的害怕情绪和希望情绪影响。根据心理学理论，害怕情绪属于即时情绪，希望情绪属于预期情绪，上述两类情绪具有不同的理论表达。SP/A 模型把上述两种不同类型的情绪设定为此消彼长的相互关系，这在理论设定上存在着错误。另外，概率分布状态和情绪决定系数在实践中难以精确测定，因此 SP/A 模型在实践中的应用较为困难。

## 二、行为投资组合理论

### (一) 单一账户资产组合选择模型

在安全优先理论模型的基础上，舍夫林和斯塔曼（Shefrin & Statman, 2000）提出了单一心理账户的行为组合理论（BPT-SA）。单一心理账户的行为组合理论假设投资者只有一个心理账户，投资者考虑证券之间的相互关联形成有效的投资边界。假设市场中有 $n$ 种或有权证券，在 0 时刻的价格分别为 $\nu_1, \nu_2, \cdots, \nu_n$；在时刻 1，或有权证券的概率为 $p_1, p_2, \cdots, p_n$，回报为 1，其他情况回报为 0；不失一般性，假设或有权证券的顺序按照 $\nu_i/p_i$ 单调递减的顺序排列，假设投资者初始财富为 $W_0$，在时刻 1 各个或有权证券的投资回报为 $W_1, W_2, \cdots, W_n$，假设投资者的渴望水平为 $A$，那么单一心理账户投资组合模型为：

$$\max: E_h(W) = \sum r_i W_i$$
$$s.t. \quad \text{prob}\{W \leqslant A\} \leqslant \alpha$$
$$\sum \nu_i W_i \leqslant W_0 \tag{2.21}$$

上述模型的最优解为：

$$W_i = 0 \quad (i \notin T)$$
$$W_i = A \quad (i \in T/\{s_n\})$$
$$W_n = (W_0 - \sum \nu_i W_i)/\nu_n \tag{2.22}$$

式中 $T$ 是一个状态子集,包括第 $n$ 种状态 $s_n$,且 $\mathrm{prob}(T) \geqslant \alpha$,$T$ 中不存在真子集 $T'$ 使得 $\mathrm{prob}(T') \geqslant \alpha$。

### (二) 多重账户投资组合选择模型

沃尔(Wall)提出了一个金字塔形的组合结构(Shefrin,2000)。沃尔认为投资者把不同收益和风险特征的证券看作是不同投资目标的标的,不同层次的证券之间的相关性被忽略掉了(见图 2.4)。

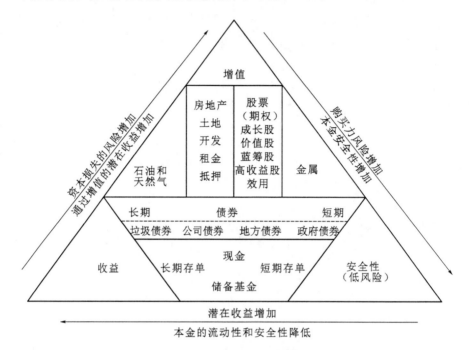

**图 2.4　金字塔形结构的投资组合**

资料来源:沃尔(Wall,1995),转引自饶育蕾和盛虎(2010)

舍夫林和斯塔曼(Shefrin & Statman,2000)提出了一个双重心理账户的行为组合模型,假设投资者有两个心理账户,对应着高和低两个期望值。对应着低期望值的效用函数为:

$$U_s = P_s^{1-\gamma} \mathrm{E}_h(W_s)^{\gamma} \tag{2.23}$$

式中,$P_s$ 代表达不到低期望水平 $A_s$ 的概率,$W_s$ 代表低期望水平账户的最终财富,$\gamma$ 是一个非负权重参数。高期望水平账户的效用函数是:

$$U_r = P_r^{1-\beta} \mathrm{E}_h(W_r)^{\beta} \tag{2.24}$$

投资者进行投资的总效用函数是上述两个函数的联合体:

$$U=[1+K_{dr}P_r^{1-\beta}\mathrm{E}_h(W_r)^{\beta}]K_{ds}P_s^{1-\gamma}\mathrm{E}_h(W_s)^{\gamma} \qquad (2.25)$$

式中，$K_{dr}$ 和 $K_{ds}$ 代表反映投资者对高期望水平效用函数和低期望水平效用函数重视程度的权重系数。

### 三、行为投资组合理论的研究评述

安全优先组合理论在模型设定上没有采用具体的统计变量来度量风险，取而代之的是使用较为复杂的财富临界值和破产概率来表达投资者的风险偏好。安全优先组合理论以及后续建立的安全、潜力和渴望理论和行为投资组合理论都是采用上述模式来表达投资者决策偏好的。虽然财富临界值和破产概率这些复杂的数学设定模糊了投资者决策偏好的表达方式，但是其本质上未能回避前景理论对"投资者风险厌恶"这一假设条件的挑战。

在安全、潜力和渴望理论模型中，虽然涉及希望和恐惧两种情绪因素，但是模型混淆了两种情绪的属性，导致模型对两种情绪影响投资决策的机理解释不清，因而上述模型的可信度较差。

另外，财富临界值和破产概率这些决策因素的表达缺乏直观的经验证据，因此决策科学和心理学较少采用上述表达来建立有关风险决策的基本理论，这导致上述行为组合理论缺乏基础层面的理论支持。

# 第三章 心理学中的情绪决策理论

情绪是认知心理学中的三个基本概念之一①。心理学理论认为,情绪能够改变人们的决策结果。心理学把人们的情绪划分为预期情绪和即时情绪,两种情绪影响风险决策的理论机制有着显著的区别。在心理学理论中,预期情绪属于内生情绪,它们可以被分类为后悔情绪和失望情绪。上述两种预期情绪虽然作用的机理不同,但是它们都能对风险决策产生影响。即时情绪属于风险决策中的外生情绪,心理学家提出的"情绪即风险"假说,揭示了即时情绪对于风险决策的影响路径。

## 第一节 情绪的概念及基本原理

### 一、情绪的概念

情绪(emotion)是人们常见的一种心理状态。在心理学中,不同的研究领域对于情绪这个概念都有着不同的定义。傅小兰(2016)把心理学对于情绪的不同概念的理解划分为身体知觉观、进化主义观和认知评价观。身体知觉观认为,情绪来源于人们对于身体变化的主观感知。进化主义观认为,情绪是人类在进化中为了适应自然环境而形成的一种适应性机能,情绪是一种由基因编码的反应程序。认知评价观认为情绪来源于外部环境的刺激、身体生理刺激和认知评价刺激。

在早期的心理学研究中,情绪被视为不可琢磨的随机因素,直到 20 世纪 90 年代心理学才开始使用现代科技对情绪进行细致的研究,现在情绪已经成为心理学的研究热点。孟昭兰(2005)认为:"情绪是一种多成分、多维量、多水平整合的复合过程;情绪的每一次发生,都融合着生理和心理、本能和习

---

① 认知心理学的三个基本概念是认知、情绪和意志。

得、自然和社会诸因素的交叠。"情绪具有两种特性,一是情绪具有内在的状态和体验,二是情绪具有外显的表情。不同心理学派对于情绪的定义也有不同。阿诺德(Arnold,1960)对于情绪的定义是:"情绪是对趋向知觉有意的、离开知觉有害的一种体验倾向,这种体验倾向被一种相应的接近或退避的生理变化模式所伴随。"永(Young,1973)认为:"情绪起源于心理状态的情感过程的激烈扰乱,它同时显示出平滑肌、腺体和总体行为的身体变化。"情绪具有如下特征:一是情绪是多成分的复合过程,二是情绪具有多维量的结构,三是情绪是生理和心理多水平整合的产物(孟昭兰,2005)。

心理学家还在研究情绪与决策关系时把情绪与心情(mood)加以区分。福加斯(Forgas,1992,1995)认为,心情是一种被事先激活的情绪状态(pre-activated emotion),是一种低强度的、弥散的、具有较长持续性的情感状态。怀尔、克罗尔和伊斯贝尔(Wyer,Clore, & Isbell,1999)认为心情是一种剩余的情感状态,它不是人们决策的理性工具,也与决策无关。施瓦茨和克罗尔(Schwarz & Clore,2003)强调:"把心情作为影响决策的因素是一个学术上的误解。只有悲伤心情才对决策具有显著影响。"

## 二、情绪的分类

心理学在研究情绪与决策关系时把情绪分为预期情绪(anticipate emotion)和即时情绪(immediately-felt emotion)两种类别(表3.1)。

表3.1 情绪的种类与特点

| 情绪的种类 | 分类 | 与外界环境的关系 | 传播性 | 与决策问题的关系 | 对决策的影响 |
|---|---|---|---|---|---|
| 预期情绪 | 后悔情绪失望情绪 | 受环境影响 | 无法传播 | 与决策结果相关 | 通过认知评估中介影响决策 |
| 即时情绪 | 预支情绪偶发情绪 | 由环境产生 | 能够传播 | 与决策过程相关 | 直接影响决策 |

傅小兰(2016)认为:"预期情绪不是即时的情绪反应,而是一种由决策者预期的、伴随着某种决策结果在未来将要发生的情绪反应,如预期后悔或预期失望。"从预期情绪的性质来看,预期情绪是人们在决策时凭借经验对决策结果进行了预测,从而产生的伴随某种预测结果的情绪反应。预期情绪只与预测的决策结果具有直接关联,因此又被称为决策结果情绪。预期情绪具有以下特征。第一,预期情绪是伴随着对决策结果的预测而产生的,因此它是通过认知评估中介而产生并且影响决策的,它不能够独立影响决策结果。第二,预期情绪是人们在风险决策时由决策问题本身所产生的内生情绪,它独立于外部情绪。第三,由于预期情绪的产生依赖于决策

过程,当脱离决策过程时,预期情绪将会消失;因此预期情绪不能在群体中传播。第四,预期情绪会导致决策"悖论"的产生。

在心理学理论中,即时情绪也是影响风险决策的重要因素,即时情绪包括预支情绪和偶然情绪。傅小兰(2016)认为:"预支情绪是由当前决策情景所激发的,与当前决策任务相关的情绪体验;偶然情绪是指由非当前决策任务的其他偶然因素所诱发的一种情绪体验。"即时情绪的特点表现在以下方面。首先,即时情绪通常是由外界环境产生的。其次,由于即时情绪能够独立于决策问题之外存在,因此即时情绪可以在群体中传播,进而形成群体情绪。再次,即时情绪伴随着决策过程才能影响决策,因此即时情绪又被称为决策过程情绪。最后,即时情绪可以不通过认知评估中介直接影响决策。

### 三、情绪的主观体验与评价

情绪的主观评价是指决策者个体对于情绪和情感状态的感知。由于预期情绪通常在数学表达形式上是价值选项之间或者价值选项和数学期望值之间的差值的函数,因此每种预期情绪在理论上都有正和负两个效度。决策者在实践中也能够准确感知到上述两种效度,例如决策者能够感知到(预期)后悔情绪和(预期)欣喜情绪以及(预期)失望情绪和(预期)得意情绪。即时情绪的体验分为基本情绪体验和复合情绪体验。埃克曼、弗里森和奥沙利文(Ekman,Friesen,& O'Sullivan,1987)确定了六种基本即时情绪,它们是:快乐、悲伤、愤怒、恐惧、厌恶和惊奇。心理学中常见的复合即时情绪有:爱与依恋、自豪、羞耻、内疚、敌意、焦虑、抑郁和道德情感等。

现代心理学认为情绪的表达分为三个主要维度,它们是:情绪的效价、情绪的唤醒度和情绪的动机。情绪的效价又被称为情绪的愉悦维度,它可以划分为正性情绪(愉悦情绪)和负性情绪(不愉悦情绪)。情绪的唤醒度分为低唤醒度和高唤醒度两种状态。低唤醒度的情绪通常被主观体验为心境,高唤醒度的情绪通常被主观体验为激情和应激。情绪的动机包括趋向性动机(追求的动机)和回避性动机(避免性动机)。

情绪的三个维度并非相互独立的。卡佛和哈蒙-琼斯(Carver & Harmon-Jones,2009)发现,正向情绪通常与趋近动机相关联,负向情绪通常与回避动机相关联。本研究也发现,同一种预期情绪的两个效度也和情绪动机相关联,例如:在投资决策中,投资者具有避免后悔的决策倾向、追求欣喜的决策倾向、避免失望的决策倾向和追求得意的决策倾向①。

---

① 有关预期情绪的内容请参阅本章第三节和第四章。

#### 四、心理学对于情绪研究的主要内容

情绪在认知心理的各个方面都发挥着重要作用。心理学的研究发现，情绪一直伴随着人类的生长过程。从刚出生的新生婴儿到耄耋老人，都能够一直体验到情绪的伴随。随着个体的成长，情绪也从最开始的先天的基本情绪发展为复杂的社会情绪。人类对于情绪的感知也经历了从最开始的以愿望为基础的情绪，到以信念为基础的情绪，再到以道德为基础的情绪。人类个体到了晚年期，在情绪社会选择的原则下，情绪会具有明显的正性偏向。个体的情绪发展从开始以生物属性为主到最后以社会属性为主，体现了个体独立成长与社会成长的交互关系。

在心理学的研究中，情绪和记忆具有很高的关联度。高唤醒的情绪能够帮助个体提高对于事件情绪特征的记忆。在情绪的效价上，具有负效价情绪特征的材料能够获得更清晰的记忆。个体在学习与回忆时，心境一致时的回忆成绩会好于心境不一致时的回忆成绩。人类对于带有情绪信息事件的记忆要显著好于不带有情绪信息的事件。

情绪智力①是心理学领域最新的研究热点。心理学家发现，情绪与认知具有较强的相互作用，由此证明了情绪智力真实存在并提出了情绪智力这一概念。情绪智力概念暗含了"人类是理性和感性相结合的统一体"这个事实。最新的研究发现，情绪智力与认知智力存在着适度相关，情绪智力与工作绩效、学业成绩、心理健康以及幸福感密切相关。

心理学中关于"情绪与注意"的关系研究在实践领域具有很大的应用价值。早期的研究注重外界刺激的情绪特性和个体对于情绪信息进行选择性加工的内容。现在的研究重点转化为如何通过注意训练来改变个体对情绪的反应。理论和实验研究表明，通过注意训练可以有效地实现情绪调节，这种情绪调节作用具有持久性。上述研究对于心理疾病的临床治疗具有非常重要的意义。

情绪对于学习的影响是教育心理学研究的重要内容。心理学研究发现：对于外显式学习而言，外在诱发的正性情绪会提高学习者的迁移成绩但不会提高理解成绩；情感化设计引发的正性情绪可以同时提高学习者的迁移成绩和理解成绩。在学习中，诱发情绪的愉悦度和激活度都有助于记忆效果的提高。心理学研究还发现：负性情绪会降低内隐式序列相关学

---

① 情绪智力是指个体对于情绪的感知、控制以及利用的能力。情绪智力是一个心理学概念，与畅销书中"情商"的概念不同。

习的成绩,但是正性和中性情绪对上述学习成绩的影响不显著。情绪与学习关系的研究也对大学生管理具有指导意义。研究表明：大学生的学业情绪可以影响他们的学习动机、学习策略和自我效能。

在早期的风险决策的研究中,情绪因素一直被排斥在决策模型之外。传统的预期效用理论和与之相对应的前景理论都没有把情绪作为影响风险决策的关键因素。随着心理学理论和实验成果的发展,情绪因素对于决策影响逐渐被心理学家所认知。目前心理学的研究发现,情绪不但对于个体决策具有影响,而且能够通过情绪传播的方式对群体行为产生影响。

## 第二节　预期后悔对于决策的影响

预期后悔属于预期情绪。预期后悔这个名词被学界用来区分决策之后产生的事后后悔,该名词广泛应用于心理学文献中,例如梅勒斯、施瓦茨和利托韦(Mellers,Schwartz,& Ritov,1999)、傅小兰(2016)。

心理学理论表明,预期情绪能够带来附加效用,这使得人们在决策时的总效用发生变化,因此预期情绪能够影响人们的风险决策。在预期情绪理论中,效用最大化的决策原则并未改变,改变的只是总效用的计算方法。

心理学中的预期情绪决策理论包括后悔理论(Regret Theory)、失望理论(Disappointment Theory)和情感决策理论(Emotion-based Choice Theory)。

### 一、预期后悔

泰勒(Thaler,1980)在对投资者行为的研究中首先提出了"后悔厌恶"假说。后悔厌恶假说单纯地把后悔情绪作为一种投资决策中的负面情绪,它并未给出后悔情绪的准确定义。贝尔(Bell,1982)、鲁姆斯和萨格登(Loomes & Sugden,1982)各自独立地提出了后悔理论。鲁姆斯和萨格登(Loomes & Sugden,1982)认为,后悔情绪是人们在风险决策时对于决策结果进行了预期而产生的预期情绪,后悔情绪产生于备选方案之间的相互比较,后悔情绪能够产生附加效用进而影响决策结果。张顺明和叶军(2009)把预期后悔的核心思想总结为："决策者会对自己所处的现实状况与本可能处于的状况(决策者在过去选择其他备择对象)进行比较,如果决策者自省时发现自己选择其他备择对象可以得到更好的结果,那么内心可能会感到后悔;反之,就会感到欣喜。"

在第一章介绍的悖论中,假设决策者需要选择两个彩票 $A$ 和 $B$,其中彩票 $A=(4\,000,0.80)$,彩票 $B=(3\,000,1)$。彩票 $A$ 所产生的后悔情绪来源于与彩票 $B$ 对应价值选项相比较得到的,彩票 $A$ 的附加价值为 $\Delta U(A)=0.2\times R(0-3\,000)$。考虑到预期后悔,彩票 $A$ 的总效用为:

$$U(A)=0.8\times U(4\,000)+0.2\times R(-3\,000)$$

上述计算公式可以解释为:如果选择了彩票 $A$ 并且自己一无所获,决策者会感觉到后悔,这种后悔情绪是在决策之前产生的,是一种负面的情绪,它对于彩票 $A$ 的预期效用产生了负面的影响。同理,彩票 $B$ 的总效用为:

$$U(B)=U(3\,000)+0.2\times R(3\,000)$$

彩票 $B$ 的总效用公式可以解释为:彩票 $B$ 除了具有 3\,000 元的预期效用以外,还与彩票 $A$ 的选项(0,0.2)作比较,能够产生额外的附加效用 $0.2\times R(3\,000-0)$。大多数决策者选择彩票 $B$ 的原因是:

$$U(A)<U(B)\Leftrightarrow 0.8\times U(4\,000)+0.2\times R(-3\,000)$$
$$<U(3\,000)+0.2\times R(3\,000)$$

上述公式中的<代表严格的偏好关系。

预期后悔在日常生活中的各个领域中都有经验证据。在金融投资领域,德斯卡、潘登(音)、吴非(音)等(Deuskar,Pan,Wu,et al.,2020)研究了上海证券交易所大量投资者的交易数据,把投资者的订单类型分为市价委托和定价委托。研究发现,如果投资者在上次交易中经历了后悔因素,他们将会在下一次交易中采取不同的订单类型,这种订单类型的改变源于投资者的后悔情绪,并且这种改变会导致更加糟糕的投资结果。在医疗卫生领域,麦奎因(McQueen,2017)认为,患者在治疗后的后悔情绪和后悔行为是现在医生制定医疗方案的重要参考因素,麦奎因主张医生应该更加尊重患者自身的决策。在司法领域,格斯里(Guthrie,1999)使用一种实验性的调查方法发现,当事人更加愿意选择和解而不是选择法庭判决;格斯里采用了一个后悔厌恶的模型解释了上述现象;格斯里认为,预期后悔将对律师和整个法律体系产生重要影响。在商品消费领域,戴维达斯和达马托普拉斯(Davvetas & Diamantopoulos,2017)发现,消费者在购买某品牌商品后,对比品牌的促销行为将会导致消费者出现购买后后悔情绪,这将导致消费者采取昂贵的退货行动,甚至降低消费者的品牌忠诚度。在跨文化心理研究方面,胡尔、勒泽和南宫(Hur,Roese,& Namkoong,2009)设计了一个"个人规范"和"人际间规范"相冲突的实验场景,对美国实验者和韩国实验者分别进行了实验。实验发现,无论是违反个人规范还是违反人际规范都能够产生后悔情绪。对韩国实验者的数据显示,违反人际间规范所产生的后悔情绪较为严重,而美国实验者的数据则没有上述情况。胡尔等认为,上述实验结果的差异与韩国实验者具有较强的集体文化心理有关。

## 二、后悔理论

后悔理论的主要思想是:人们在进行风险决策时会对相应的备选方案中的价值选项进行对比,根据对比后的损益结果而产生预期后悔和预期欣喜。贝尔(Bell,1982)、鲁姆斯和萨格登(Loomes & Sudgen,1982)提出的后悔理论基本思想一致,本书以鲁姆斯和萨格登(Loomes & Sudgen,1982)提出的模型来介绍后悔理论。

鲁姆斯和萨格登(Loomes & Sudgen,1982)在其后悔理论中,首先假设有两个备选方案 $A_i$ 和 $A_k$,其中 $A_i = (x_{i1},\ p_1;\ x_{i2},\ p_2;\ \cdots;\ x_{ij},\ p_j;\ \cdots;\ x_{in},\ p_n)$ 以及 $A_k = (x_{k1},\ p_1;\ x_{k2},\ p_2;\ \cdots;\ x_{kj},\ p_j;\ \cdots;\ x_{kn},\ p_n)$。假设决策者选择了 $A_i$,那么 $A_i$ 中价值 $x_{ij}$ 的效用记作 $c_{ij}$。当 $x_{ij}$ 发生时,决策者的效用为:

$$m_{ij}^k = M(c_{ij},\ c_{kj}) \tag{3.1}$$

$m_{ij}^k$ 是修正的效用函数,它不仅与 $c_{ij}$ 有关,还与备选方案中的 $c_{kj}$ 有关,符号中的上标 $k$ 代表对比的备选方案 $A_k$。修正后的预期效用值等于修正效用函数的概率加权平均值,即:

$$E_i^k = \sum_{j=1}^{n} p_j m_{ij}^k \tag{3.2}$$

修正效用函数更进一步地可以简化为:

$$m_{ij}^k = c_{ij} + R(c_{ij} - c_{kj}) \tag{3.3}$$

式中的函数 $R(x)$ 就是后悔和欣喜函数[①]。后悔理论定义 $R(x)$ 严格递增并且三次可微。

决策者有弱偏好 $A_i$ 不弱于 $A_k$(即选择 $A_i$)的充分必要条件是:

---

① 在鲁姆斯和萨格登(Loomes & Sugden,1982)关于后悔理论的原始文献中,把函数 R(.) 命名为 regret-rejoice function,本书遵从文献中常用的翻译结果,把该函数翻译为"后悔和欣喜函数"。

$$\sum_{j=1}^{n} p_j \left[ c_{ij} - c_{kj} + R(c_{ij} - c_{kj}) - R(c_{kj} - c_{ij}) \right] \geqslant 0 \qquad (3.4)$$

上述公式是以两个备选方案为背景定义的。

奎因(Quiggin,1994)将后悔理论推广到了多个备选方案中。在多个备选方案的后悔理论中,只需要将原来公式中的替换为对应备选方案中 $c_{kj}$ 的最大值即可。考虑到多个备选方案的后悔理论公式为:

$$V(X_i) = U(\bar{X}_i) - \sum_{j=1}^{n} R(\bar{X}_{max} - \bar{X}_j) \qquad (3.5)$$

式(3.5)中,$V(X_i)$ 代表备选方案的总效用,$U(\bar{X}_i)$ 代表预期效用,$\bar{X}_{max}$ 代表每个选项在备选方案中的最大值,$R(x)$ 是后悔和欣喜函数。虽然式(3.5)在行为金融学中被作为"后悔厌恶假设"的基本公式,但是这一公式并未真正把后悔情绪所带来的附加效用完整地表达出来。具体而言,由于 $(\bar{X}_{max} - \bar{X}_j)$ 大于 0,因此式(3.5)仅仅表达了预期后悔产生的效用,没有表达出与之对应的预期欣喜产生的效用。

泽伦伯格和皮特斯(Zeelenberg & Pieters,2007)对于后悔理论在决策中的规则进行了一个具有代表性的研究。泽伦伯格和皮特斯总结了后悔理论在研究中的两个假设条件:一是人们可能会利用经验情绪进行决策;二是后悔情绪会在决策前考虑,并影响决策(Zeelenberg & Pieters,2007)。泽伦伯格和皮特斯(Zeelenberg & Pieters,2007)提出了后悔情绪在决策中的影响规律:

(1)后悔是一种负面情绪。在短期来看,人们避免做出可能出现后悔情绪的决策是为了产出最大化;从长期来看,后悔情绪能够让人们学会做出最大化的决策。

(2)当人们认识到(或者猜测)如果选择另外的方案所产生的结果比现在更好,就会产生后悔情绪。后悔情绪是一种基于比较的自责情绪。

(3)后悔情绪有别于与之相关的负面情绪比如:愤怒、失望、嫉妒、内疚、悲伤以及羞愧等情绪;后悔情绪也有别于基于评估、经验感知和行为结果所产生的负面情绪。

(4)不同的个体对于后悔情绪的感知程度具有差异,但是所有个体的共同点是在决策中具有"最大化"的偏好以及利用不同方案之间经济产出的比较来确定对后悔情绪的评估。

(5)后悔情绪可以划分为对于过去的"回顾性后悔"以及对于未来的"预期性后悔"。

　　（6）期望后悔是一种成熟的经验决策方法，对于难以决策的问题、重要的问题以及需要快速决策问题的解决具有重要作用。

　　（7）后悔情绪可以来源于"行动"也可以来源于"不行动"。人们做出的决策越恰当，后悔情绪就越小。

　　（8）后悔情绪可以产生于决策过程（"过程后悔"），也可以产生于决策结果（"结果后悔"）。

　　（9）"后悔厌恶"不同于"风险厌恶"，它们都各自独立地对决策产生影响。

　　泽伦伯格和皮特斯（Zeelenberg & Pieters，2007）通过研究发现，后悔情绪与负面情绪具有较大的相关性（见表 3.2），后悔情绪在研究中通常被视为负面情绪。

表 3.2　后悔、内疚、羞愧、自尊以及负面情绪的相关性研究

| | 克朗巴哈系数 α | 指标的均值（M） | 问卷的量表等级 | 后悔 | 内疚 | 羞愧 | 自尊 |
|---|---|---|---|---|---|---|---|
| 后悔 | 0.78 | 3.60 | 1—6 | — | | | |
| 内疚 | 0.67 | 3.86 | 1—5 | 0.27 | — | | |
| 羞愧 | 0.71 | 2.93 | 1—5 | 0.41 | 0.60 | — | |
| 自尊 | 0.64 | 3.64 | 1—5 | −0.07 | −0.07 | −0.12 | — |
| 负面情绪 | 0.84 | 1.66 | 0—4 | 0.43 | 0.22 | 0.41 | −0.11 |

　　资料来源：泽伦伯格和皮特斯（Zeelenberg & Pieters，2007）

### 三、后悔理论在投资决策中的应用

　　在把后悔理论应用于投资决策的尝试中，现有文献仅仅是利用"后悔厌恶假说"结合经验效用函数来解释投资决策的偏差。穆尔曼、米切尔和沃克曼（Muermann，Mitchell，& Volkman，2006）发现，后悔情绪产生的负效用可以影响养老金管理者的资产配置决策。考虑到后悔因素的管理者会在股票溢价较低时购买更多的股票，而在股票溢价较高时减少股票的配置。后悔情绪会让管理者根据投资组合的风险情况灵活配置组合的保险策略。穆尔曼和沃克曼（Muermann & Volkman，2006）利用后悔厌恶假设和对数效用函数推导出了处置效应的产生条件。宋（音）（Sung，2007）也采用对数效用函数形式推导出了动量效应的产生条件。米切诺和索尔尼克（Michenaud & Solnik，2008）利用后悔理论推导出了最优货币套期保值的封闭解，提出了一个包含传统风险和后悔风险的财务决策模型。该模型显示，后悔情绪导致投资者保留了更多的货币套期保值的风险敞口。埃

戈斯克(Egozcue,2012)把后悔理论应用到两个风险资产的组合模型中,发现后悔厌恶的投资者更加偏好分散化投资。秦杰(音)(Qin,2015)把后悔情绪扩展为作为后悔和不作为后悔,探讨了两种后悔模式对于投资者行为和市场的影响。研究发现,后悔情绪可以解释资产泡沫、羊群效应和过度交易等现象。

上述研究存在着两个问题。一是研究中普遍采用的后悔厌恶模型仅仅考虑到了后悔情绪带来的负效用,没有考虑到欣喜情绪带来的正效用。这导致后悔理论并没有被完全地应用到模型中。二是上述研究没有采用经典的金融学研究范式建模,这导致研究结论无法进行比较,也导致上述研究结果并未被学界广泛地接受。

### 四、后悔理论的优点和缺陷

后悔理论通过对于预期情绪的认知,揭示了风险决策中系统性偏差产生的机理。由于后悔理论在理论设计上可以做到与期望效用理论相融合,因此后悔理论具有内涵和设计上的优势。后悔理论试图采用规范的方法来解释决策悖论问题,这与人们真实的决策过程不符,因此后悔理论在模型构建上存在着缺陷。

#### (一) 后悔理论的优点

1. 后悔理论在思想内涵上的优点

作为西方经济学的基础假设,期望效用理论抓住了人们在风险决策过程中的主要矛盾,通过期望效用最大化的原则对风险决策过程进行了规范化的总结。虽然期望效用理论获得了巨大的成功,但是"决策悖论"问题的出现反映了人们在风险决策过程的一些次要矛盾尚未被明确认知。

早期有关风险决策的理论探索中,情绪的研究受到排斥。正如《情绪心理学》一书中所述:"早期的决策理论完全排斥情绪的影响作用,认为情绪难以琢磨、不期而至,因而一直回避探讨情绪对于决策行为的影响。"(傅小兰,2016)在经济学和心理学早期的理论中,情绪因素一直没有被考虑到风险决策的模型中,例如:扩展效用模型、有限理性假说和前景理论。20世纪80年代后,情绪所导致的风险决策的系统性偏差才被心理学家所重视。情绪的快速反应作用(Zajonc,1980)、风险即情绪模型以及情绪即信息模型等都把情绪作为一个影响风险决策不可忽视的变量。

在上述情绪决策理论中,后悔理论具有思想内涵上的优势。首先,后悔理论明确地揭示了后悔情绪所导致的系统性决策偏差的机理,这使得情绪与风险决策的研究具有了理论依据。在早先情绪影响风险决策的研究中,虽然情绪的作用较为显著,但是由于情绪的种类繁多,不同种类的情绪在不同效价和不同唤醒度的状态下对于风险决策的影响千差万别,因此在决策实验中,情绪通常被作为随机干扰因素被消除掉。在这个阶段,情绪被认为是影响风险决策的随机误差源,情绪作用的机理并未被正确认知。后悔理论改变了上述情况,预期后悔被发现是产生系统性决策偏差的根源。上述理论发现从根本上改变了学术界对于情绪的认知。其次,后悔理论提出的"情绪效用"这一概念是对西方经济学基础理论的创新。后悔情绪对于风险决策的影响程度受到不同备选方案之间相互差别的影响。对于上述影响,后悔理论放弃了主观的理论设定,吸收借鉴了传统理论中"效用"这个概念,把预期后悔所带来的变化定义为"情绪效用",并利用"后悔和欣喜函数"对"情绪效用"进行了表达。"情绪效用"阐述了一种新的效用概念,它丰富了西方经济学"效用"这一基本概念的内涵。最后,后悔理论是对传统的期望效用理论的提升和改进,这种提升和改进主要体现在"附加效用"的提出上。后悔理论没有否定传统的期望效用理论,相反,后悔理论作为辅助理论可以弥补期望效用理论的不足。因此上述改进和提升是对传统理论的"扬弃",符合唯物辩证法对事物发展规律的认知。

### 2. 后悔理论在理论设定上的优势

后悔理论认为,人们根据修正后的期望效用值进行决策。修正后的期望效用既包含经典的期望效用又包含预期后悔引发的"情绪效用"。后悔理论实际上是采用双变量效用函数取代了经典的期望效用理论的单变量效用函数。这种理论设定在效用的计量上更加贴近人们真实的决策过程,也能够更好地解释"决策悖论"问题。

后悔理论继承了经典期望效用理论"最大化"的决策范式。后悔理论认为,决策者会选择具有最大修正后的期望效用的备选方案。后悔理论在牺牲效用函数"传递性"公理的基础上,最大限度地保证了经典理论框架的完整性;这使得建立在期望效用理论基石之上的西方经济学理论体系得以稳定的发展和完善。从学科发展的角度来看,后悔理论在基础理论环节所做的革新比照前景理论和"齐当别"模型等更加具有理论设计上的优势。

后悔理论还有一个有趣的"优势":在预期情绪理论群中,失望情绪和后悔情绪是学术界发现的两大预期情绪。失望情绪所产生的效用已经被证明是一种金融市场中广义的风险度量,失望理论等价于金融市场投资组合理论中的风险理论(参见第二章第三节)。相较于失望理论的良好表现,后悔理论一直没有被尝试与金融市场理论相融合,这无疑给后续的研究者提供了一个有趣的思考方向。

### (二) 后悔理论的缺点

1. 采用规范模型所带来的问题

后悔理论借鉴了期望效用理论的范式,采用规范的数学模型来解释"决策悖论"问题。这种规范形式使得后悔理论可以作为辅助理论用以修正期望效用理论的不足。后悔理论采用规范的数学模型来解决决策问题,这实际上隐含着以下假定:对于相同的决策问题,决策结果具有唯一性,即恒定性公理不会被违反。

特维斯基和卡尼曼(Tversky & Kahneman,2000)所提出的"士兵突围实验"则出现了违反恒定性公理的结果。实验设计如下:"假设一个将军及其率领的600人的军队被敌人包围了。它的情报官报告有两条路线可以突围,第一条路线可以使200名士兵得救。第二条路线有1/3的概率全部得救,有2/3的概率全军覆没。将军会选择哪条路线?再假设,情报官告知将军有两条路线可供选择,第一条路线将损失400人,第二条路线有1/3的希望没有损失,有2/3的可能600人全部牺牲,这次将军会如何选择?"上述两种场景实际上是同一个问题的不同表现方式,根据恒定性公理,两种场景的选择结果应该是一致的。在实际的实验中,在第一个场景中,绝大多数实验者选择了第一条路线;在第二个场景中,绝大多数实验者选择了第二条路线。具有规范数学模式的后悔理论无法帮助期望效用理论解释上述"悖论"。

在两阶段决策过程中,规范模型的预测结果与人们真实的选择具有较大的偏差。卡尼曼和特维斯基(Kahneman & Tversky,1979)披露了一个两阶段实验:"第一阶段,有0.75的概率结束游戏,同时没有任何收益,有0.25的概率进入第二阶段;如果进入第二阶段,可以在(3 000)和(4 000,0.8)中选择,请在游戏开始之前选择。"在两阶段风险决策过程中,规范性的决策模式和实际的决策具有显著不同,图3.1显示了两种决策模式的差别。规范化的决策模式先计算概率,然后进行效用评估。在实际中,人们的决策模式重点关注第二阶段,人们会倾向选择彩票(3 000)。在人们真实的两阶段决策过程中,决策通常带有相机抉择的性质,规范模型无法事先做出预测。

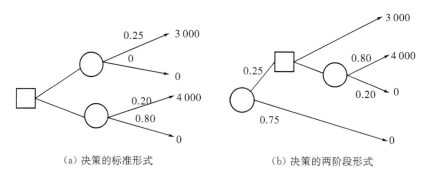

（a）决策的标准形式　　　　（b）决策的两阶段形式

**图 3.1　决策的形式**

资料来源：卡尼曼和特维斯基(Kahneman & Tversky,1979)

后悔理论采用规范的数学模型违背了生物学规律。心理学界认为,人的大脑不适合做复杂的运算。对于较为复杂的风险决策问题而言,规范的数学模型需要大脑做出复杂快速的运算,人脑的生理结构无法承担这种运算过程。正是由于上述原因,后悔理论采用的规范的数学模型不能代表人们真实的决策过程。

2. 理论的完备性不足

西方经济学理论体系是建立在对经济主体基本定义基础之上的,这个基本定义就是"经济人"。可以说,西方经济学的不同流派、各种体系以及诸多的模型都是对上述基本定义的不同表达。西方经济学的理论创新大多需要先对基本定义进行创新,例如:新制度经济学对于人的双重动机假定和有限理性假定,行为经济学的有限理性假定等。后悔理论作为一个风险决策理论,对于决策者仅仅具有数学模型上的定义,这个定义在内涵上无法与西方经济学"经济人"定义接轨,这导致后悔理论未能在经济学中得到广泛应用。

把后悔理论引入西方经济学的理论体系中,需要首先完成对其基本概念的修正。在这个方面,学术界提出过一些有价值的理论假设可供参考,例如:赫伯特·西蒙提出的有限理性假说、吉仁泽和托德提出的生态理性假说等。

3. 忽视了重要因素所起的作用

虽然后悔理论成功地引入了预期后悔来解决决策悖论问题,但是后悔理论仅仅诠释了"情绪效用"对于决策结果的影响。在心理学中,能够影响情绪表达的主要因素包括动机、情绪的效度和情绪的唤醒度。在上述三种因素中,动机能够预测情绪表达的方向,效度可以决定"情绪效用"的正负号性质,唤醒度决定了情绪效用的强度。实验心理学的研究结论表明,上述三种因素都能够对情绪的作用产生根本性影响。

后悔理论并未给出具体的后悔和欣喜函数的数学表达式,因而情绪唤醒度对于决策的影响并未在理论中明确。后悔理论简单地用不同备选方案相关价值选项差的符号作为后悔情绪的效度,忽略了动机这一因素在情绪发生中所起到的作用。作为决策者主观态度的表达,预期情绪具有较强的主观性,这种主观性表现为预期情绪的动机可以受到外在环境的影响。上文中的"士兵突围实验"就是环境影响决策动机的例证。后悔理论忽略了"动机"这一关键性因素,导致理论在实践应用中缺乏灵活性。

4. 模型适用条件讨论不足

后悔理论试图采用规范模型来解释决策悖论问题,但是当价值或概率处于较小的数量级时,后悔理论将会被违反。李小平、葛明贵、崔立中等(2009)公布了系列实验。实验结果表明:当价值处于较小数量级时,人们的选择倾向将会逆转;后悔理论需要根据损益值的大小考虑适用条件。

表3.3 损益值大小效应的选择结果及相关统计量

| 问题序号 | 含确定结果 | | | | | 含 0 结果值项 | | | | |
|---|---|---|---|---|---|---|---|---|---|---|
| | 损益值和概率 | 获得情景 | | 损失情景 | | 损益值和概率 | 获得情景 | | 损失情景 | |
| | | 选择人次 | 卡方检验 | 选择人数 | 卡方检验 | | 选择人次 | 卡方检验 | 选择人数 | 卡方检验 |
| 1 | 100%,1元<br>40%,2.5元 | 14<br>22 | 1.79 | 6<br>30 | 16.0** | 80%,1元<br>40%,2元 | 5<br>27 | 15.1** | 10<br>22 | 4.50* |
| 2 | 100%,1 000元<br>40%,2 500元 | 24<br>11 | 4.83* | 5<br>30 | 17.9** | 80%,1 000元<br>40%,2 000元 | 14<br>18 | 0.5 | 7<br>25 | 10.1** |
| 3 | 100%,10万元<br>40%,25万元 | 21<br>11 | 3.13* | 4<br>28 | 18.0** | 80%,10万元<br>40%,20万元 | 25<br>10 | 6.43* | 7<br>28 | 12.6** |
| 4 | 100%,1亿元<br>40%,2.5亿元 | 20<br>12 | 2.00 | 7<br>25 | 10.1** | 80%,1亿元<br>40%,2亿元 | 28<br>8 | 11.1** | 14<br>22 | 1.78 |

资料来源:李小平,葛明贵,崔立中等(2009)

表3.3显示,在包含确定结果的实验中,当损益值足够大时(实验中损益值不小于1 000元时),多数实验者倾向于选择确定性结果,这一选择结果可以用后悔理论的模型给予解释。简单来说,后悔理论的解释为:包含0结果的备选方案会产生预期后悔,预期后悔会带来负效用,因此多数实验者倾向于选择确定性结果。虽然后悔理论对于上述"确定性效应"给予

了良好的解释,但是上述结论在损益值比较小的实验中被违反了。表3.3
显示,当损益值减少到1元和2.5元时,实验者倾向于选择不确定性的结
果,这个现象不能被后悔理论解释。表3.3的数据还显示,当备选方案中
都含有0价值时,在损益值的数量级较小时(1元和2元),后悔理论的模型
被违反了。上述这种现象只存在于损益值为正数的情况中。

卡尼曼和特维斯基(Kahneman & Tversky,1979)公布的实验结果也
显示了后悔理论在概率值上具有适用条件。在卡尼曼和特维斯基的实验
中,同样是具有确定结果的两组彩票的决策者具有不同的选择倾向(见表
3.4)。

表 3.4　概率值与选择结果

| 问题序号 | 损益值 | 样本量 | 选择比率 |
|---|---|---|---|
| 3 | $A(3\,000,1)$<br>$B(4\,000,0.80)$ | 95 | $A$：80%*<br>$B$：20% |
| 14 | $C(5\,000,0.001)$<br>$D(5,1)$ | 72 | $A$：72%*<br>$B$：28% |
| 3′ | $A(-3\,000,1)$<br>$B(-4\,000,0.80)$ | 95 | $A$：92%*<br>$B$：8% |
| 14′ | $C(-5\,000,0.001)$<br>$D(-5,1)$ | 72 | $A$：83%*<br>$B$：17% |

资料来源:卡尼曼和特维斯基(Kahneman & Tversky,1979),问题序号遵从原论文

表3.4的实验数据显示,问题3和问题3′的实验结果可以采用后悔理
论进行预测。在问题3中,彩票$B$包含的0损益值带来的后悔情绪会产生
负效用,因此大多数决策者会选择具有确定性损益值的彩票$A$。 在问题
3′中,彩票$D$的0损益值带来的欣喜情绪会产生正的附加效用,因此大多
数决策者会选择彩票$D$。 实验数据显示,问题14和问题14′在损益值类
型上完全与问题3和3′吻合,但是多数实验者的选择与问题3和3′相反。
在问题14中,多数实验者放弃了具有确定损益值的彩票$A$,转而选择带
有后悔情绪的彩票$B$;在问题14′中,多数实验者放弃了可能产生欣喜情
绪的彩票$D$,转而选择带有确定损失的彩票$C$。 彩票14和14′的实验数
据无法利用后悔理论规范的模型加以解释,这显示出后悔理论的适用范围
在价值和概率上具有临界值。

## 第三节　预期失望对于决策的影响

### 一、失望理论

失望理论是心理学家提出的又一个预期情绪理论。贝尔(Bell,1985)以及鲁姆斯和萨格登(Loomes & Sugden,1986)各自独立发表了关于预期失望情绪的理论研究论文。

失望理论中的情绪包含失望情绪(disappointment emotion)和得意情绪(elation emotion)。当决策者对备选方案的结果进行预测时,如果预测的结果低于决策者的预期,就会产生失望情绪;如果预测的结果高于决策者的预期,就会产生得意情绪。失望情绪会产生负的附加效用,得意情绪会产生正的附加效用。

鲁姆斯和萨格登(Loomes & Sugden,1986)提出的"失望理论"认为:在风险决策中,每个备选方案中都可能存在着失望情绪以及与其相对应的得意情绪。这种情绪产生于备选方案的可能产生的结果与方案的期望值之间的差距。如果结果不及期望值,决策者会产生失望的情绪;如果结果高于期望值,决策者就会产生得意的情绪。后悔理论是两个方案之间相互比较产生的预期情绪,而失望理论则是单独的方案自身的每个价值与期望值比较而产生的。

假设有备选方案 $A_i = (x_{i1}, p_1; x_{i2}, p_2; \cdots; x_{ij}, p_j; \cdots; x_{in}, p_n)$,$A_i$ 中价值 $x_{ij}$ 的效用记作 $c_{ij}$,那么该备选方案的修正效用值为:

$$E_i = \sum_{j=1}^{n} p_j [c_{ij} + D(c_{ij} - \bar{c}_i)] \tag{3.6}$$

式中,$E_i$ 代表修正后的方案 $A_i$ 的效用值,$\bar{c}_i$ 是预期效用 $(\bar{c}_i = \sum_{j=1}^{n} p_j c_{ij})$,$D(x)$ 是失望函数。

失望理论假设失望情绪和失望函数具有如下性质。(1)失望是一种负面情绪,得意是一种正面情绪。(2)失望函数在"价值-效用"的坐标平面上过原点,即 $D(0) = 0$。(3)失望函数是单调递增函数,即 $D'(c_{ij} - \bar{c}_i) > 0$。(4)如果 $(c_{ij} - \bar{c}_i) > 0$,则是 $D(x)$ 凸函数;如果 $(c_{ij} - \bar{c}_i) < 0$,则 $D(x)$ 是凹函数。(5)为了满足随机占优的公理,假设 $D'(x) < 1$。(6)失望函数是非线性函数,并且在 0 点两侧对称,即 $D(c_{ij} - \bar{c}_i) = -D(\bar{c}_i - c_{ij})$。

贝尔(Bell,1985)提出了一个线性函数的失望模型。假设有彩票 $A =$ $[x, p; y, (1-p)]$，其中决策者对于价值 $x$ 的偏好不小于 $y$。决策者考虑到如果 $y$ 发生,会产生失望情绪,失望情绪产生的附加价值为:

$$Disappointment = d[px + (1-p)y - y] = dp(x - y) \quad (3.7)$$

式(3.7)中的常数 $d$ 为失望系数。决策者考虑到如果 $x$ 发生,会产生得意的情绪。得意情绪产生的附加价值为:

$$Elation = e[x - px - (1-p)y - y] = e(1-p)(x - y) \quad (3.8)$$

式(3.8)中的常数 $e$ 是得意系数。上述两个公式相加就是决策者在彩票中产生的失望和得意情绪的总和。

贝尔(Bell,1985)认为,彩票 $A$ 所带来总效用等于"经济价值(economic payoff)"加上失望和得意情绪所带来的"心理满意程度(psychological satisfaction)"。即:

$$Total\ utility = economic\ payoff + psychological\ satisfaction$$
$$(3.9)$$

上述公式实际上隐含了失望函数和得意函数是一种线性函数的假设条件。

## 二、失望理论和后悔理论在决策中的不同效果

尽管失望理论能够在逻辑上自洽,但是心理学家在实验研究中发现,预期后悔能够显著地影响决策,预期失望影响决策的显著性证据不足。

在风险决策中,由于失望理论是对于期望值的比较,后悔理论是基于彩票之间的比较,因此两个理论对于决策行为的预测会出现矛盾的现象。为了研究两种预期情绪之间的差别,鲁姆斯(Loomes,1988)进行了实验研究。鲁姆斯挑选了1985年夏季在约克大学参加会议、学习以及访问的实验者共322人,这些人被分为两组进行了彩票实验。在实验中,鲁姆斯巧妙地设计了相关变量(见表2.3)。在表3.5中,$p$、$\omega$ 和 $\lambda$ 是影响概率的三种因素。鲁姆斯在实验中,首先把彩票 $A$ 中的金额设置为13英镑($a = 13$),彩票 $B$ 中的金额设为7英镑。

表 3.5　普通选择矩阵

| 概率 | $S_1$ | $S_2$ | $S_3$ | $S_4$ |
|---|---|---|---|---|
| 概率计算 | $p\omega\lambda$ | $p(1-\omega)\lambda$ | $p(1-\omega\lambda)$ | $1-p[1+(1-\omega)\lambda]$ |

（续表）

| 概率 | $S_1$ | $S_2$ | $S_3$ | $S_4$ |
|---|---|---|---|---|
| （彩票）$A$ | $a$ | $a$ | 0 | 0 |
| （彩票）$B$ | $b$ | 0 | $b$ | 0 |

资料来源：鲁姆斯（Loomes，1988）

　　鲁姆斯通过变化不同的 $p$ 和 $\omega$ 值形成了 5 种彩票（见表 3.6）。按照理论的假设，如果实验者按照预期效用理论进行决策，5 个彩票的选择结果与 $p$ 和 $\omega$ 值无关；如果实验者按照失望理论进行决策，选择结果与 $\omega$ 值无关、与 $p$ 值有关；如果决策者按照后悔理论进行决策，选择结果与 $p$ 值无关、与 $\omega$ 值有关。在实验中，鲁姆斯进行了彩票混合分组并且还改变了彩票 $A$ 和 $B$ 的价值，实验结果发现：后悔理论显著有效，只有微弱的证据支持失望理论。鲁姆斯还披露了具有同样实验结果的鲁姆斯和萨格登（Loomes & Sugden，1986）的实验结论。

表 3.6　五种彩票（$\lambda=0.6$）

| 类型 | | $p=1.0$　$\omega=1$ | | |
|---|---|---|---|---|
| 类型 1 | 概率 | 0.4 | 0.6 | |
| | $A'$ | 0 | 13 | |
| | $B'$ | 7 | 7 | |
| 类型 2(0) | | $p=0.5$　$\omega=0$ | | |
| | 概率 | 0.2 | 0.5 | 0.3 |
| | $A''$ | 0 | 0 | 13 |
| | $B''$ | 0 | 7 | 0 |
| 类型 2(1) | | $p=0.5$　$\omega=1$ | | |
| | 概率 | 0.2 | 0.5 | 0.3 |
| | $A''$ | 0 | 0 | 13 |
| | $B''$ | 0 | 7 | 7 |
| 类型 3(0) | | $p=0.25$　$\omega=0$ | | |
| | 概率 | 0.2 | 0.5 | 0.3 |
| | $A'''$ | 0 | 0 | 13 |
| | $B'''$ | 0 | 7 | 0 |
| 类型 3(1) | | $p=0.25$　$\omega=1$ | | |
| | 概率 | 0.2 | 0.5 | 0.3 |
| | $A'''$ | 0 | 0 | 13 |
| | $B'''$ | 0 | 7 | 7 |

资料来源：鲁姆斯（Loomes，1988）

康诺利和巴特勒(Connolly & Butler,2006)通过实验研究也发现后悔理论的实验效果显著,而失望理论没有得到实验数据的支持。康诺利和巴特勒还发现,后悔情绪、失望情绪和悲伤情绪具有很大的相关性,欣喜情绪、得意情绪和高兴情绪之间也具有很大的相关性,上述悲观的情绪和乐观的情绪相互独立的假设条件并不成立;上述乐观情绪和悲观情绪之间的负的相关系数值很小,多数没有通过统计检验。康诺利和巴特勒建议:重新界定后悔和失望两种情绪,重新界定后悔情绪和欣喜情绪、失望情绪和得意情绪之间的概念,重新界定乐观情绪和悲观情绪之间的"镜像"关系。

### 三、失望理论与投资组合理论的关系

由于失望情绪产生的附加效用等于每个备选价值与期望值之差的函数,因此本质上失望情绪的度量就是金融学中的风险度量。正是由于上述原因,在经典的马科维茨的均值方差组合型模型中代表风险的方差就是预期失望情绪的代理变量。现代金融学中,"投资者风险厌恶"这一假设条件等价于心理学中的失望理论;这也可以理解为,失望理论早已在投资组合模型中得到了体现。

最早把失望情绪和投资风险实行统一度量的是贾建民(Jia)和戴尔(Dyer)。贾建民和戴尔(Jia & Dyer,1996)提出了有关风险度量的一般方程,在此基础上,贾建民、戴尔和巴特勒(Jia,Dyer,& Butler,2001,2005)提出了广义的基于失望情绪的效用方程。胡支军和黄登仕(2006),苗强、刘秀文和万中(2008)以及张一喆(2013)把广义的失望效用方程引入投资组合模型的构建中。

在贾建民和戴尔(Jia & Dyer,1996)的文献中,一个彩票的风险被定义为每个备选方案与彩票期望值的差:

$$X' = X - \bar{X} \tag{3.10}$$

式(3.10)中 $\bar{X}$ 是彩票各个备选方案的均值。式(3.10)实际上也是一个简化版的失望情绪表达式[①]。考虑到风险能够带来负效用,风险的效用方程可以定义为:

$$R(X') = -E[u(X - \bar{X})] \tag{3.11}$$

如果广义的效用函数具有如下数学形式:

---

① 在鲁姆斯和萨格登(Loomes & Sugden,1986)的文献中,失望函数的定义式为 $D(c_{ij} - \bar{c}_i)$。

$$u(x) \begin{cases} ax + ex^{\theta_1} & (x \geqslant 0) \\ ax - d \mid x \mid^{\theta_2} & (x < 0) \end{cases} \qquad (3.12)$$

广义的风险度量方程则为：

$$R(X') = d E^{-} [\mid X - \bar{X} \mid^{\theta_2}] - e E^{+} [\mid X - \bar{X} \mid^{\theta_1}] \qquad (3.13)$$

其中

$$E^{-} [\mid X - \bar{X} \mid^{\theta_2}] = \int_{-\infty}^{\bar{X}} \mid x - \bar{X} \mid^{\theta_2} f(x) \mathrm{d}x \qquad (3.14)$$

$$E^{+} [\mid X - \bar{X} \mid^{\theta_1}] = \int_{\bar{X}}^{\infty} \mid x - \bar{X} \mid^{\theta_1} f(x) \mathrm{d}x \qquad (3.15)$$

式(3.13)、式(3.14)和式(3.15)是一个广义的风险度量方程,也是经验的失望和得意情绪的计量方程。若 $e = -1$,且 $\theta_1 = \theta_2 = 2$,则公式变成了传统的方差公式;若 $e = 0$,且 $\theta_2 = 2$,则公式变成了下半方差公式;若 $e = 0$,且 $\theta_2 = 1$,则公式变成了下半离差公式。

贾建民、戴尔和巴特勒(Jia, Dyer, & Butler, 2001)讨论了贝尔、鲁姆斯和萨格登的失望模型和广义的风险度量模型的关系,说明了失望模型只是广义风险度量模型的一个特例。在人们决策的风险和价值的广义效用模型中,如果 $\bar{X}$ 代表均值,$X'$ 代表风险,那么彩票的效用为:

$$F(\bar{X}, X') = V(\bar{X}) - \varphi(\bar{X})[R(X') - R(0)] \qquad (3.16)$$

式(3.16)中,$V(\bar{X})$ 是一个增函数,它的大小取决于均值 $\bar{X}$。$\Phi(\bar{X})$ 是依赖于均值的权重函数,是一个减函数。假设 $V(\bar{X})$ 是线性函数,把式(3.13)、(3.14)和(3.15)带入式(3.16)中,便得到广义的风险——价值方程:

$$F(\bar{X}, X') = \bar{X} - [d E^{-} (\mid X - \bar{X} \mid^{\theta_2}) - e E^{+} (\mid X - \bar{X} \mid^{\theta_1})] \qquad (3.17)$$

式(3.17)中,风险因子的离散形式为:

$$E^{-} [\mid X - \bar{X} \mid^{\theta_2}] = \sum_{x_i < \bar{X}} p_i \mid x_i - \bar{X} \mid^{\theta_2} \qquad (3.18)$$

$$E^{+} [\mid X - \bar{X} \mid^{\theta_1}] = \sum_{x_i > \bar{X}} p_i \mid x_i - \bar{X} \mid^{\theta_1} \qquad (3.19)$$

上述对于广义风险计量模型的探索以及对于失望组合模型的开发,本质上是认为心理学中的失望理论和经典金融学中的"后悔厌恶"假设等价,这也就是说,诸多的经典金融市场理论中已经包含心理学失望理论的内涵。

## 四、情感决策理论

梅勒斯(Mellers)等(Mellers, Schwartz, Ho, et al., 1997；Mellers, Schwartz, & Ritov, 1999)继承并发展了后悔理论和失望理论,提出了基于预期情绪的情感决策理论(emotion-based choice theory)。

假设有两个彩票,第一个彩票的产出为 $A$ 或者 $B$,第二个彩票产出为 $C$ 或者 $D$。 就一个彩票而言,当结果 $A$ 产出时的效用为:

$$R_A = J_R[u_A + D(u_A - u_B)(1 - s_A)] \quad (3.20)$$

式中, $J_R$ 是一个线性函数, $u_A$ 代表经济价值 $A$ 所带来的效用, $u_B$ 代表经济价值 $B$ 所带来的效用,函数 $D$ 是失望函数, $s_A$ 是 $A$ 产出可能实现的主观概率,$(1 - s_A)$ 代表 $A$ 产出带来的惊喜情绪。如果只有彩票一,那么彩票一所带来的总效用为:

$$U_A = s_A R_A + s_B R_B \quad (3.21)$$

如果考虑到两个彩票之间相互选择,那么决策者会假设如果彩票一产出 $A$,并且彩票二产出 $C$,那么所产生的效用值为:

$$R_A = J_R[u_A + D(u_A - u_B)(1 - s_A) + R(u_A - u_C)(1 - s_A s_C)]$$
$$(3.22)$$

式中的 $R(x)$ 是后悔欣喜函数。考虑到在两个彩票之间进行决策,彩票一带来的效用为:

$$U_A = s_A s_C R_{A(C)} + s_A s_D R_{A(D)} + s_B s_C R_{B(C)} + s_B s_D R_{B(D)} \quad (3.23)$$

情感决策理论的实证研究发现,失望函数不是对称函数,失望带来的效用变化大于得意带来的效用变化。实证研究的结论支持预期情绪理论对于失望函数和得意函数影响系数的预测。

## 五、预期情绪理论研究评述

利用预期情绪理论解决决策悖论问题具有理论和实证的优势。首先,预期情绪理论能够解释诸多的决策悖论问题,它在理论设定上是作为期望效用理论的补充理论而提出的,它与期望效用理论具有良好的契合度。预期情绪理论既能够继承期望效用理论的有用结论,又能够解决决策悖论问题。其次,预期情绪理论符合人们的经验认知。在心理学的实验研究中,预期情绪理论具有广泛的实验证据。正是由于上述原因,预期情绪理论具有良好的应用前景。

预期情绪理论也存在着明显的缺陷。首先,预期情绪理论过于追求数学逻辑上的完美,这与人们灵活多变的决策行为相悖。其次,预期情绪理论追求在模型结果上有一个明确的选择偏好,这种理论设定无法有效地解释偏好反转问题。正是由于上述原因,在金融学的研究中应用到预期情绪理论时,既需要保留其正确的理论思想又需要修正其错误的模型设定。

## 第四节　即时情绪对于决策的影响

即时情绪属于外部情绪,它可以被外部环境影响。心理学家在即时情绪的实验研究中,通常采用电影片段、短文以及故事等方式激发人们的即时情绪。经过心理学家的总结,能够显著影响决策的即时情绪主要有:愤怒(anger)、悲伤(sadness)、焦虑(worry)、惊奇(surprise)、高兴(hapiness)以及满意(contentment)。上述这些不同的情绪被心理学家形象地比喻为离散情绪(Discrete emotions)。心理学家克罗尔等(Clore, Schwarz, & Conway, 1994)认为,即时情绪是一种短期、强烈的心理现象,通常能够被人们清晰地感知到,是一种能够被人们所认知的情感。

### 一、即时情绪影响决策的机理

在心理学的研究中,即时情绪被视为在决策时实际体验到的情绪,它会对决策过程产生心理影响,又被称为决策过程情绪。现代心理学把影响风险决策的即时情绪划分为预支情绪和偶然情绪。傅小兰(2016)在《情绪心理学》一书中对于预支情绪的定义为:"预支情绪对于决策行为有直接和间接的影响,它会影响决策者对结果的预测、对信息的加工深度和决策策略,进而影响到决策行为。"傅小兰(2016)认为:"偶然情绪是指由非当前决策任务的其他因素所激发的一种情绪体验。"在一些研究中,通常把气候或月相变化等因素作为偶然情绪的代理变量。

心理学一致公认的即时情绪理论是洛文斯坦(Loewenstein)等(Loewenstein, Weber, Hsee, et al., 2001)提出的风险即情绪假说,该假说认为:人们在风险决策中产生偏差的主要原因是即时情绪,即时情绪可以不通过认知评估中介直接影响人们的决策。即时情绪影响风险决策的主要特征是：情绪反应通常对概率信息不敏感，容易受到生动性情景（心像）的影响（图 3.2）。斯洛维奇等（Slovic，Finucane，Peters，et al.，2007）认为即时情绪会导致决策者进行自上而下的情感启发式决策。

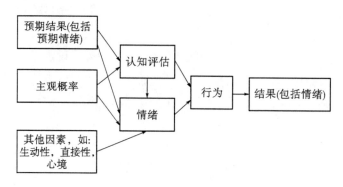

**图 3.2　风险即情绪模型**

资料来源：洛文斯坦等（Loewenstein，Weber，Hsee，et al.，2001）

## 二、即时情绪影响风险决策的实验证据

现代神经科学为情绪影响风险决策提供了直接的观测证据。常（音）和山菲（Chang & Sanfey，2008）的一个综述表明，即时情绪和预期情绪都能够在人的大脑中找到特定的活跃区域，即时情绪在大脑中的活跃区域与决策区域相互重合，人的决策过程和情绪过程是相互关联的。里德（Reid，2001）在对陪审员的判决过程的研究中发现，陪审员是根据案件的结构和基于案件的推理而做出判决的。在上述过程中，愤怒的情绪会改变陪审员对于案件细节的关注；在陪审员对于犯罪动机进行推断时，愤怒、恐惧和同情的情绪能够导致陪审员做出不同的动机推断结果。李婕、马皑、罗大华（2015）的研究也发现，与案件无关的情绪能够显著影响法官的量刑，悲伤和同情的情绪会导致法官所判刑期较短，厌恶和愤怒情绪会导致法官所判刑期较长，愉悦的情绪不影响法官量刑的刑期。

有关情绪影响风险决策的实验研究可以参考安吉、康纳利、沃普斯等（Angie，Connelly，Waples，et al.，2011）做的元分析，该研究选用了 22 篇有完整实验数据的论文。安吉等对这些论文的实验组和对比组的数据进行了 Cohen's $d$ 值的效度分析，结果见表 3.7。表 3.7 的数据显示，在判断性的实验中，除了愤怒以外，恐惧、悲伤和高兴这三种情绪都对判断产生了影响；在决策性的实验中，愤怒、恐惧、悲伤、厌恶以及内疚都对决策产生了影响，其中内疚这种情绪对于决策产生的影响最大。

表 3.7 即时情绪决策的荟萃分析

| | 实验数 k | 样本量 N | Cohen's d | 效度统计量的标准差 SD | 效度统计量的标准误 SE | PVA | 95％置信区间 | | Q |
|---|---|---|---|---|---|---|---|---|---|
| | | | | | | | 低 | 高 | |
| 判断性实验（$TC^j$） | | | | | | | | | |
| 愤怒（Anger） | 6 | 535 | 0.06 | 0.09 | 0.05 | 100.00 | 0.04 | 0.16 | 1.16 |
| 恐惧（Fear） | 6 | 542 | 0.11* | 0.11 | 0.05 | 100.00 | 0.01 | 0.21 | 1.54 |
| 悲伤（Sadness） | 9 | 553 | 0.18* | 0.22 | 0.07 | 100.00 | 0.04 | 0.32 | 6.66 |
| 高兴（Happiness） | 5 | 304 | 0.17* | 0.26 | 0.07 | 100.00 | 0.03 | 0.31 | 4.83 |
| 决策性实验（$TC^{dm}$） | | | | | | | | | |
| 愤怒（Anger） | 10 | 862 | 0.26*** | 0.29 | 0.05 | 58.69 | 0.16 | 0.36 | 17.04 |
| 恐惧（Fear） | 6 | 484 | 0.18*** | 0.19 | 0.05 | 100.00 | 0.08 | 0.28 | 4.44 |
| 决策性实验（$TC^{dm}$） | | | | | | | | | |
| 悲伤（Sadness） | 13 | 975 | 0.33*** | 0.28 | 0.06 | 71.02 | 0.21 | 0.45 | 18.31 |
| 厌恶（Disgust） | 2 | 192 | 0.36*** | 0.27 | 0.04 | 59.06 | 0.28 | 0.44 | 3.39 |
| 内疚（Guilt） | 3 | 333 | 0.98*** | 0.34 | 0.04 | 34.85 | 0.90 | 1.06 | 8.61 |

资料来源：安吉、康纳利、沃普斯等（Angie，Connelly，Waples，et al.，2011）

注：表 3.7 中效度统计量为 d；PVA 是抽样误差占方差的百分比；Q 是元分析的统计量

　　心理学家通过实验发现不同种类的情绪对于决策具有不同的影响。实验分析表明，愤怒的情绪更加让人倾向于做出冒险的决策（Lerner & Keltner，2000）；在虚构的侵权案件实验中，具有愤怒情绪的实验者更加倾向于采用处罚的方式来解决纠纷（Lerner，Goldberg，& Tetlock，1998）；愤怒情绪能够激活实验者的防御性的乐观心理，它能够弱化负面事件的影响和压力（Hemenover & Zhang，2004）。具有恐惧情绪的决策者对于决策结果的损益更加警惕；比照带有愤怒情绪和快乐情绪的决策者，具有恐惧情绪的决策者对于损失更加敏感，这导致他们更加倾向于规避风险

（Yang，Zhou，Gu，et al.，2020）。具有悲伤情绪的决策者更加倾向于做出模棱两可的决策结果，这种中立性质的情感态度能够保证决策者做出有效的最大化的决策（Coget，Haag，& Gibson，2011）。

在即时情绪影响金融投资决策的实验研究中，巴雷特（Barrett，2007）构建了一个模拟交易市场以观察投资者情绪与决策的关系。巴雷特挑选了101名实验者，并且模拟提供了一个匿名的包含12只股票的虚拟交易所，实验者被要求在20天内进行股票交易，并且在网络平台总结交易时的情绪状态。与"保持冷静"的投资谚语相悖，那些在决策中经历了更高情绪的投资者，获得了更好的决策结果。研究结果表明，投资者对于情绪的主动调节比照"保持冷静"更能够取得较好的投资结果。林树和俞乔（2010）通过模拟实验市场，考察股票价格在接近最高点和最低点时，交易主体情绪与交易行为之间具有不同的相关性。当资产价格攀升到最高点时，情绪波动与资产价格主要由经济基本面的变化来决定，而且不同情绪的变化会影响交易主体对资产的买卖行为；当资产价格下跌至最低点（底部）时，投资者对资产的买卖行为则受到基本面信息变化的影响。

### 三、即时情绪与社会心理的关系

行为金融学对于情绪的研究通常立足于某一类投资者的心理偏差，这种针对群体的情绪研究属于社会心理学的研究范畴。社会心理学把群体的情绪称为"社会情绪"。

沙莲香（2015）对社会情绪的定义为："社会情绪是指人们对社会生活的各种情景和知觉，通过群体成员之间相互影响、相互作用而形成的较为复杂且有相对稳定的态度体验，这种知觉和体验对个体或全体产生指导性和动力性的影响。"社会心理学理论认为，社会情绪通常具有两极性。社会情绪在效价上可以分为积极社会情绪和消极社会情绪。当符合群体期望的事件发生时，通常会产生积极社会情绪，积极社会情绪带有积极和肯定性的情绪反应；当事件发生导致群体心理体验和行为出现消极与负面状态的时候，通常会产生消极社会情绪，极端的消极社会情绪会产生群体事件。

早期社会心理学家把具有极端的社会情绪行为的群体称为"心理群体"。社会心理学家勒庞（2007）对心理群体做出了直观的描述："聚集成群的人，他们的感情和思想全都转到同一个方向，他们自觉的个性消失了，形成了一种集体心理。"群体心理有以下几个特点：一是去个性化，群体成员的思想观念都被统一到同一个方向上，对事物的态度和看法趋于一致；二是群体心理不具备逻辑思维能力，仅靠简单推理对事物进行认定；三是群体心理形成后,破坏力极大。

现代社会心理学认为,人们在群体中通常会受到"评价顾忌""分心"和"纯粹在场"三个因素的影响使自身的情绪处于唤醒状态。群体会导致成员身份的模糊化,从而产生一致性的群体行为。社会心理学把群体行为的表现形式称为"群体极化"。

迈尔斯(2016)把群体极化解释为:"群体讨论通常可以强化其成员的最初意向。"社会心理学认为,群体成员之间的讨论将会促成群体产生一致性的观点,这会导致出现群体极化的现象。群体也会受到群体规范的影响而产生群体极化现象,这种影响就是人们通常理解的"从众行为"。沙莲香(2015)认为,群体极化既可能出现多元化的群体观点和态度,也可能会在群体中出现一种统一的观点和态度;当出现这种"单方极化"时,群体会排斥其他观点。

社会心理学把群体心理形成的原因归结为情绪的传播。情绪的传播分为情绪分享和情绪感染。心理学的实验发现,群体中的人们愿意与他人分享自己的情绪感受,分享者愿意把情绪事件与他人进行二次分享(Rimé, Mesquita, Boca, et al., 1991; Rimé, Philippot, Boca, et al., 1992);自己的情绪强度越大,分享的次数就越多(Luminet, Bouts, Delie, et al., 2000);情绪分享使得个体情绪转化为群体的社会情绪。情绪的另一个传播渠道是情绪感染,情绪感染可以分为无意识的情绪感染和有意识的情绪感染;情绪感染是通过模仿和反馈机制来实现的,这种感染过程来源于人们天生的模仿倾向并能够在群体产生循环效应(王雷,2013;左世江,王芳,石霞飞,等,2014;刘晓峰,2013;张奇勇,卢家楣,闫志英,等,2016)。

### 四、即时情绪研究评述

认知心理学对于即时情绪与风险决策关系的研究揭示了决策偏差产生的机理。作为影响风险决策的即时情绪(预支情绪和偶然情绪),它们被作为"有用"的信息改变了人们对于关键因素的评价,进而影响了人们的风险决策。认知心理学的上述主要结论具有启发性:由于关键性因素与风险决策的具体问题相关联,因此即时情绪的影响风险决策的模型需要按照具体学科的研究范式进行设计。例如:如果风险决策是彩票选择问题,那么即时情绪影响的关键性因素就是对价值和概率的判断;如果风险决策是证券投资问题,那么即时情绪影响的关键性因素就是对证券的期望值和证券的风险的预期。

　　社会心理学对于情绪的研究主要集中在情绪的传播和情绪引导群体行为方面。社会心理学对于情绪的界定比较清晰和细致,对于情绪和行为的关系有着公认的带有普遍性的研究结论。社会心理学在与实践的结合中重点关注的是群体行为所引发的剧烈的矛盾和冲突,较少关注证券市场与情绪的关系。从本质上讲,证券市场投资者符合社会心理学关于社会群体的基本概念,因此市场投资者的行为也会受到群体心理规律的支配。在这种框架下,证券市场投资者的情绪传播以及作用的原理可以借鉴社会心理学的理论进行研究。

# 第二篇

## 理论演绎和实证分析

本篇首先把认知心理学的后悔理论引入经济学理论的框架中，对后悔理论进行了改进，提出了基于预期情绪动机的决策模型，然后分别演绎了投资者在预期情绪和即时情绪影响下的投资决策结果。本篇还在理论上解释了"投资者外推预期""处置效应""资产价格泡沫""正反馈交易""特质风险定价""反应过度和反应不足"等市场异象。

　　情绪组合理论是在利用改进的后悔理论来替代前景理论的基础上展开的，情绪组合理论能够较为合理地解释"投资者趋势外推假设"，也能够解释原来由"投资者过度自信假说"所解释的"反应过度（反应不足）"现象。从某种意义上说，情绪组合理论能够较为成功地把行为金融学流行的三大基础假设融合在一起，这为行为金融学理论体系的形成贡献了一份力量。

# 第四章　改进的后悔理论

由于行为金融学与传统金融学的基本分歧在于投资者风险决策模式的假设上,因此风险决策理论是行为金融学理论体系中的基础理论。从现有风险决策理论的发展和经验证据来看,预期情绪理论具有较大的优势。由于预期情绪理论的设定符合人们的经验认知并且实验证据充分,预期情绪理论群中的失望理论已经融合到了投资组合理论中,因此预期情绪理论中的后悔理论是未来行为金融学基础理论研究的重点方向。

## 第一节　改进的后悔理论

后悔理论的改进需要解决三个问题:首先需要根据预期情绪理论的思想内涵,完成对"经济人"这个概念的重新设定;其次需要改变后悔理论规范化的决策模型,提出一个更具有适用性的决策模型;最后,需要在理论中增加对参数条件的讨论。

### 一、基本假设

考虑到预期情绪能够影响人们的风险决策,"经济人"这个假设条件被视为一种经济活动中的理想状态,现实的经济活动需要放松这个假设条件。在仔细区别学术界提出的各种改进理论后,本书选择"生态理性"这个假设条件作为改进的后悔理论的基本假设。

假设 1:决策者是生态理性的。生态理性这个概念是由德国学者吉仁泽和托得(Todd)首先提出来的(Gigerenzer & Todd,1999)。生态理性是指人们的决策会受到环境的影响;环境会影响人们的情绪,情绪也会反映环境,进而情绪会影响人们的决策;人们的决策过程是能够进化演进的。鉴于上述原因,本书提出的生态理性假设的主要含义如下。第一,决策者信息获取不完全,或者无法正确处理全部信息,只能近似地对信息进行判断。圣彼得堡悖论①就是决策者近似地处理信息的例证：相对于悖论中比较复杂的幂指数计算，很少有人愿意在决策中花费精力正确地计算出备选方案中的期望值；即使决策者被事先告知结果，也很少有人愿意相信，这导致决策者错误地认为赌局的货币期望价值是有限的，造成决策偏差。第二，决策者会对信息进行错误处理，在情绪的干扰下，决策者的决策会偏离既定的"理性"结果。有限理性理论不认为情绪会对决策起到作用，生态理性却认为情绪在决策中起到了关键性作用。在前文的文献研究中，大量证据证明了情绪会在决策中起到作用。

假设 2：决策者是自利的，他们偏好选择预期效用或预期价值最大的方案。本研究继承了隐含在"经济人"概念中的自利性假设。自利性在人类社会是普遍存在的，也是通常情况下最常见的选择原则。尽管实验经济学在"最后通牒博弈实验"中发现了不符合自利性原则的决策行为，但是在通常的风险决策和金融投资中，自利性的偏好符合人们的基本行为原则以及学术界的基本认知。另外，生态理性的假设也包含着"大部分决策者是自私的"这样的假设条件。

## 二、改进的后悔理论的决策过程

传统的后悔理论采用拟规范的数学模型来解释决策悖论问题，这种拟规范的模型与人们真实的决策行为不符。人们真实的决策通常带有相机抉择的特点，决策过程简单而迅捷。心理学中的启发占优模型和"齐当别"模型能够反映人们决策过程中的相机抉择行为，本研究借鉴上述两个模型的设计思路对后悔理论的决策模型进行了修改。

### （一）改进后悔理论的决策过程

实验经济学有一个著名的假设条件叫作"显著性假定（The Prominence Hypothesis）"（董志勇，2005）。显著性假定是指当人们在决策时，都会有一个"主要"的考虑方面，人们的决策依据通常建立在这个"主要"的方面上，这个"主要"方面比较强的备选方案会得到更多的选票；人们通常会对这个"主要"方面给予过多的关注。

决策者面对不确定性选择问题的时候，仍然会遵循效用最大化的选择偏好（假设条件二）。由于生态理性的假设条件，决策者在总效用的评估上会产生偏差，得到包含情绪因素的"修正的期望效用"。本书认为，决策者

---

① 参见本书第一章。

在评估时会同时计算两个方面的内容。第一个内容：决策者按照期望效用模型进行总体性评估。假设决策者面临备选方案：$A_i=(x_{i1}, p_1; x_{i2}, p_2; \cdots; x_{ij}, p_j; \cdots; x_{in}, p_n)$ 和 $A_k=(x_{k1}, p_1; x_{k2}, p_2; \cdots; x_{kj}, p_j; \cdots; x_{kn}, p_n)$。 决策者会按照经典的期望效用理论计算期望效用值。根据期望效用理论，备选方案 $A_i$ 的期望效用值为：

$$U(A_i)=U\left(\sum_{j=1}^{n}x_{ij}p_j\right) \tag{4.1}$$

备选方案 $A_K$ 的期望效用值为：

$$U(A_k)=U\left(\sum_{j=1}^{n}x_{kj}p_j\right) \tag{4.2}$$

第二个内容：决策者会对两个备选方案进行比较而计算附加效用。与传统后悔理论不同的是，附加效用的计算会受到决策动机的影响进行选择性计算。决策者的主要动机是"避免后悔"或者是"追求欣喜①"。鲁姆斯和萨格登(Loomes & Sugden,1982)指出，后悔和欣喜这两种心理感受会在事情发生之后对效用产生影响，决策者会根据以往的认知经验在决策时提前考虑这两种因素。决策者会根据不同备选方案的总效用值的大小来确定决策结果。

### （二）预期情绪动机在决策中的作用

有别于传统的后悔理论，决策者在进行附加效用计算时，不是对所有的价值信息进行评估，而是寻找两个备选方案中"主要"的方面进行计算。在以价值判断为主体的风险决策中，"主要"的方面表现为备选方案中重要的价值信息。现代心理学的普遍观点认为，人的大脑不擅长做大量的数字计算；因此根据显著性假设，附加效用计算不是全面的评估，而是对个别的"重要的价值信息"进行评估。

"重要的价值信息"的判断取决于决策动机。通常情况下，当决策者的动机是避免后悔的时候，决策者通常会选择价值较大的正的价值作为重要的价值信息；当决策者的动机是追求欣喜的时候，决策者通常会选择负的价值作为重要的价值信息。

"重要的价值信息"具有以下几个特征。一是如果该"价值"得以实现，能够带来显著的后悔或者是欣喜的情绪；例如，彩票 $A=(3\,000,1)$ 和彩票

---

① 鲁姆斯和萨格登(Loomes & Sugden,1982)把附加效用的函数命名为后悔和欣喜函数(regret-rejoice function)，因此本书把与避免后悔动机相对应的动机称为追求欣喜动机。

$B = (4\,000, 0.8)$ 中，$B$ 彩票隐含的价值信息是 $(0, 0.2)$，当 $B$ 彩票中价值"0"发生时，能够给决策者带来显著的后悔情绪，因此 $B$ 彩票这个隐含的价值信息 $(0, 0.2)$ 就是关键的价值信息。二是不考虑发生的概率，这个价值具有足够大的绝对值。例如，彩票 $A = (6\,000, 0.001)$ 和彩票 $B = (3\,000, 0.002)$，彩票 $A$ 的重要价值是 $6\,000$，彩票 $B$ 的重要价值是 $3\,000$，上述两个价值的实现都能够给决策者带来欣喜情绪，两个彩票的重要价值都与备选方案的对应价值相比较产生附加效用。三是不考虑发生的概率，这个价值与备选方案中对应价值的比值足够大。例如，彩票 $A = (5\,000, 0.001)$，彩票 $B = (5, 1)$。两个彩票对应价值的比值达到 $1\,000$，这是非常显著的价值比率，因此上述两个彩票的重要价值分别是 $5\,000$ 和 $5$。两个彩票的重要价值相互比较产生了附加效用。上述三个判断依据中只要满足其中一条，即可能被决策者认定为"重要的价值信息"。

　　为了使决策者的附加效用计算的模型能够做到必要的简化，本书认为决策者在评估后悔情绪或欣喜情绪所带来的附加价值时，通常采用的是简单的价值之间相互比较的方法。这种简单的比较在经济学中的含义就是把备选方案对应的价值看作是机会成本。重要的价值减去机会成本就是附加价值，附加价值的大小决定了附加效用的大小。假设在备选方案 $A_i$ 中，重要的价值为 $x_{ij}$，其概率值为 $p_j$，$A_K$ 中的相对应价值为 $x_{kj}$，概率为 $q_j$。方案 $A_i$ 中"重要的价值信息"所带来的附加效用为：

$$\Delta U(x_{ij}) = R[p_j \times (x_{ij} - x_{kj})] \tag{4.3}$$

式 $(4.3)$ 中，函数 $R(x)$ 是"后悔和欣喜函数"，根据鲁姆斯和萨格登 (Loomes & Sugden, 1982) 对于该函数的定义，有 $R(0) = 0$，$R'(x) > 0$，$R(x)$ 三次可微。

　　方案 $A_k$ 中"重要的价值信息"所带来的附加效用为：

$$\Delta U(x_{kj}) = R[p_j \times (x_{kj} - x_{ij})] \tag{4.4}$$

经过"全面评估"之后，备选方案 $A_i$ 的修正后的预期效用值为：

$$\begin{aligned} \tilde{U}(A_i) &= U(A_i) + \Delta U(x_{ij}) \\ &= U(A_i) + R[p_j \times (x_{ij} - x_{kj})] \end{aligned} \tag{4.5}$$

备选方案 $A_k$ 的修正后的预期效用值为：

$$\tilde{U}(A_k) = U(A_k) + \Delta U(x_{kj}) = U(A_k) + R[p_j \times (x_{kj} - x_{ij})] \tag{4.6}$$

式(4.6)表明,修正的期望效用值包含两个部分,一个是根据传统理论计算期望效用值,另一个是由于预期情绪动机所带来的附加效用值。

如果两个备选方案的期望效用值相等,即$U(A_i)=U(A_k)$,那么备选方案$A_i$优于备选方案$A_k$的充分必要条件是:

$$R(x_{ij}-x_{kj})>R(x_{kj}-x_{ij}) \tag{4.7}$$

由于后悔-欣喜函数$R(x)$是单调函数,因此式(4.7)等价于

$$x_{ij}>x_{kj} \tag{4.8}$$

改进的后悔理论认为:决策者在进行附加效用计算时,他们不会对全部的选项进行考虑,他们只会考虑"重要的价值信息"。正是由于上述原因,改进的后悔理论与传统的后悔理论在基本公式上具有显著区别。改进的后悔理论虽然舍弃了逻辑严密的数学模型,但是它符合人们在决策过程中的真实情况。

### (三) 改进的后悔理论的决策规律

"重要的价值信息"的判断取决于决策动机。根据心理学的情绪——动机分化理论,情绪带有动机的性质。就像分布在数轴0点两侧的正数和负数一样,后悔情绪和欣喜情绪是一种预期情绪的两个极端。避免后悔和追求欣喜是人们进行附加效用评估时的两种决策动机。

在不考虑外部环境影响的情况下,附加效用评估中的决策动机通常具有如下规律:(1)备选方案价值为正、正的价值绝对值较大,正的价值是大概率事件,决策动机是避免后悔;(2)备选方案价值为正、正的价值绝对值较大、正的价值是小概率事件,决策动机是追求欣喜;(3)备选方案价值为负、负的价值绝对值较大、负的价值是大概率事件,决策动机是追求欣喜;(4)备选方案价值为负、负的价值绝对值较大、负的价值是小概率事件,决策动机是避免后悔。

表4.1给出了改进的后悔理论决策动机判断模型。表4.1中$\theta$是概率$p_i$的临界值,是一个充分小的正实数;$\varphi$是价值$x_{ij}$的临界值,是一个适当大小的正实数。当价值的绝对值小于临界值时,无法判断决策动机。当决策者的动机是追求欣喜的时候,决策者通常会选择较大的价值重新评估;当决策者的动机是避免后悔的时候,决策者通常会选择较小的正的价值重新评估。

表 4.1　基于后悔和欣喜情绪的决策动机

|  | $0 < p_i < \theta$ | $\theta < p_i < 1$ |
|---|---|---|
| $x_{ij} > \varphi > 0$ | 追求欣喜 | 避免后悔 |
| $x_{ij} < -\varphi < 0$ | 避免后悔 | 追求欣喜 |
| $\varphi > x_{ij} > -\varphi$ | 不敏感（无法判断） | |

### 三、基于预期情绪动机的风险决策模型

预期情绪动机是在风险决策中起到关键性作用的心理因素。在具有多个备选方案的风险决策中，避免后悔和追求欣喜这两种动机是重要的参考指标。在期望效用值相近的情况下，避免后悔或追求欣喜是决策者的主要决策动机。决策者的决策动机受到外界环境的影响，初始损益值、问题的表述方式和心理暗示都能够改变决策者避免后悔或追求欣喜的决策动机。本章第四节将详细对上述因素进行讨论。

在预期效用值相近的风险决策中，人们的决策过程遵循着外部环境影响决策动机，进而决策动机导致决策结果的基本框架（见图 4.1）。

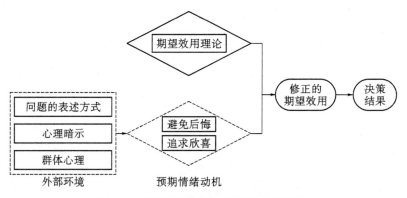

图 4.1　基于改进的后悔理论的决策过程

## 第二节　改进的后悔理论对于决策悖论问题的解释

改进的后悔理论放弃了规范的数学模型，取而代之的是决策者对于决策动机的相机抉择。这种改进使得后悔理论对于决策悖论问题的解释更加具有灵活性。本节将利用改进的后悔理论对于具有代表性的决策悖论问题给予解释，以验证后悔理论解决实际问题的效果。

## 一、改进的后悔理论对于"阿莱悖论"和"同结果效应"的解释

在"阿莱悖论"的第一组彩票中,$A=(\$1\,000\,000,1)$,$B=(\$5\,000\,000,0.1;1\,000\,000,0.89)$;在第二组彩票中,$C=(\$1\,000\,000,0.11)$,$D=(\$5\,000\,000,0.10)$。对于上述两组经过数字化简后等价的彩票,多数决策者在第一组彩票中倾向于选择彩票 $A$,在第二组彩票中倾向于选择彩票 $D$。

根据改进的后悔理论,决策者对于第一组彩票进行了综合评估。首先,对于彩票 $A$ 和 $B$ 进行期望效用评估,彩票 $A$ 的期望效用为 $U(1\,000\,000)$,彩票 $B$ 的期望效用为 $U(1\,390\,000)$。其次,决策者对第一组彩票进行附加效用评估。由于彩票 $A$ 和 $B$ 的价值为正,正的价值是大概率事件,因此附加效用评估的主要情绪动机为避免后悔。彩票 $B$ 中隐含的价值项为 $(0,0.01)$,将会带来预期后悔。预期后悔带来的附加效用是彩票 $B$ 的价值项 $(0,0.01)$ 和彩票 $A$ 中对应的价值项 $(\$1\,000\,000,0.01)$ 相比较得到的,附加效用为 $R[0.01\times(-1\,000\,000)]$。由于后悔和欣喜函数 $R(x)$ 是过原点的单调递增函数,因此彩票 $B$ 的附加效用小于零。选择彩票 $B$ 的原因在于,决策者认为两个彩票修正后的总效用表现为:

$$U(1\,000\,000)+R(0.01\times1\,000\,00)>$$
$$U(1\,390\,000)+R[0.01\times(-100\,000)]$$

若 $\tilde{U}(A)$ 代表彩票 $A$ 的修正后的总效用,$\tilde{U}(B)$ 代表彩票 $B$ 的修正后的总效用,上式等价于 $\tilde{U}(A)>\tilde{U}(B)$。

对于第二组彩票而言,评估中彩票 $C$ 的期望效用为 $U(110\,000)$,彩票 $D$ 的效用为 $U(500\,000)$,期望效用评估具有足够的决策依据,因此多数决策者直接选择彩票 $D$。

卡尼曼和特维斯基(Kahneman & Tversky,1979)公布了一个类似于"阿莱悖论"的实验结果,被学术界广泛地称为"同结果效应"。有两组彩票,第一组彩票为 $A=(2\,500,0.33;2\,400,0.66)$,$B=(2\,400,1)$;第二组彩票为 $C=(2\,500,0.33)$,$D=(2\,400,0.34)$。实际上,把第一组中的 $A$ 彩票和 $B$ 彩票共有的部分化简,就是第二组中的 $C$ 彩票和 $D$ 彩票,两组彩票等价。实际的实验结果表明,第一组实验中,82% 的决策者选择彩票 $B$;第二组实验中,83% 的决策者选择彩票 $C$。传统的期望效用理论无法解释上述实验结果:一是决策者对于在数学上等价的两组彩票反映出不同的偏好;二是对于第二组彩票中,非常近似的效用计算结果产生了明显的选择偏好。

根据改进的后悔理论,决策者对于第一组彩票进行期望效用评估,彩票 $A$ 的期望效用为 $U(2\,409)$,彩票 $B$ 的期望效用为 $U(2\,400)$。决策者在进行附加效用评估中,由于第一组彩票中价值选项为正数,并且正的价值是大概率事件,因此附加效用评估的决策动机为避免后悔。彩票 $A$ 中的隐含价值 $(0,0.01)$ 与彩票 $B$ 中对应的 $(2\,400,0.01)$ 进行比较,将会带来预期后悔。因此彩票 $A$ 由预期后悔带来的附加效用为 $R[0.01\times(-2\,400)]$,根据后悔和欣喜函数的性质,彩票 $A$ 的附加效用小于 $0$;同理,彩票 $B$ 的附加效用大于 $0$。多数决策者倾向于选择彩票 $B$ 的原因是:

$$U(2\,409)+R[0.01\times(-2\,400)]<U(2\,400)+R[0.01\times 2\,400]$$

若 $\tilde{U}(A)$ 代表彩票 $A$ 的修正后的总效用,$\tilde{U}(B)$ 代表彩票 $B$ 的修正后的总效用,上式等价于 $\tilde{U}(A)<\tilde{U}(B)$。

对于第二组彩票而言,期望效用评估得到彩票 $C$ 的期望效用为 $U(825)$,彩票 $D$ 的期望效用为 $U(816)$。在附加效用评估中,两个彩票价值选项为正数,正的价值是小概率事件,因此决策的动机是追求欣喜。在追求欣喜的决策动机下,决策者对于两个彩票价值较大的选项相互比较。彩票 $C$ 的附加效用为 $R[0.33\times(2\,500-2\,400)]$,彩票 $D$ 的附加效用为 $R[0.34\times(2\,400-2\,500)]$。大多数决策者选择彩票 $C$ 的原因是:

$$U(825)+R[0.33\times 100]>U(816)+R[0.34\times(-100)]$$

若 $\tilde{U}(C)$ 代表彩票 $C$ 修正后的总效用,$\tilde{U}(D)$ 代表彩票 $D$ 修正后的总效用,上式等价于 $\tilde{U}(C)>\tilde{U}(D)$。

通过对上述两个实验结果的分析,"阿莱悖论"和"同结果效应"产生的原因在于决策者考虑了预期情绪产生的附加效用。在这种情况下,决策者对于第一组彩票和第二组彩票采用了不同的评估过程。上述情况可以理解为,在预期情绪的影响下,两组彩票的总效用不具有等价关系。

## 二、改进的后悔理论对于"同比率效应"和"反射效应"的解释

卡尼曼和特维斯基(Kahneman & Tversky,1979)公布了一组实验结果,被称为"同比率效应"。第一组彩票中,$A=(4\,000,0.80)$,$B=(3\,000,1)$;第二组彩票中,$C=(4\,000,0.20)$,$D=(3\,000,0.25)$。在第一组实验中,80%的实验者选择彩票 $B$,可以视为彩票 $B$ 优于彩票 $A$。根据期望效用理论有 $U(3\,000)>0.8\times U(4\,000)$,即 $U(3\,000)/U(4\,000)>4/5$。在第二组实验中,65%的决策者选择了彩票 $C$,可以视为彩票 $C$ 优于彩票 $D$。根据期望效用理论有 $0.20\times U(4\,000)>0.25\times U(3\,000)$,即

$U(3\,000)/U(4\,000) < 4/5$。

上述相互矛盾的比率结果也缘于预期情绪带来的附加效用。在第一组彩票中，决策者按照期望效用理论进行效用评估，得到彩票 $A$ 的期望效用为 $U(3\,200)$，彩票 $B$ 的期望效用为 $U(3\,000)$。在附加效用评估中，由于两个彩票的价值为正，正的价值是大概率事件，因此决策动机是避免后悔。在彩票 $A$ 中，隐含的价值 $(0, 0.20)$ 与彩票 $B$ 对应的 $(3\,000, 0.20)$ 相比较会产生预期后悔，带来的附加效用为 $R[0.20 \times (-3\,000)]$，多数决策者选择彩票 $B$ 的原因在于：

$$U(3\,200) + R[0.20 \times (-3\,000)] < U(3\,000) + R(0.20 \times 3\,000)$$

上式等价于 $\tilde{U}(A) < \tilde{U}(B)$。

在第二组实验中，期望效用评估彩票 $C$ 的期望效用值为 $U(800)$，彩票 $B$ 的期望效用值为 $U(750)$。在附加效用评估中，由于价值选项为正数，正的价值属于小概率事件，因此决策的动机是追求欣喜。在这种动机下，决策者比较彩票 $C$ 和彩票 $D$ 中数量较大的价值。彩票 $C$ 的附加效用为 $R(0.20 \times 1\,000)$，彩票 D 的附加效用为 $R[0.25 \times (-1\,000)]$。多数决策者选择彩票 $C$ 的原因在于：

$$U(800) + R[0.20 \times (1\,000)] > U(750) + R[0.25 \times (-1\,000)]$$

上式等价于 $\tilde{U}(C) > \tilde{U}(D)$。

在"同比率效应"的实验中，虽然两组彩票在数学计量上等价，但是由于彩票中价值项的概率不同，因此产生了不同的情绪动机。简单而言，当正的价值是大概率事件时，情绪动机是避免后悔；当正的价值是小概率事件时，情绪动机是追求欣喜。情绪动机的差别，导致决策者对于附加效用的评估结果出现差别，因此出现了"同比率效应"。

卡尼曼和特维斯基（Kahneman & Tversky, 1979）还公布了两组反射效应实验（见表 4.2）。在实验中，当决策者具有收益性预期时，决策者表现为风险规避；当决策者具有损失预期时，决策者表现为风险寻求。

表 4.2　反射效应实验

| 预期性收益 | 预期性损失 |
|---|---|
| 问题 3：$A(4\,000, 0.80) < B(3\,000)$<br>$N=95$　[20%]　[80%] | 问题 3′：$C(-4\,000, 0.80) > D(-3\,000)$<br>$N=95$　[92%]　[8%] |
| 问题 7：$A(3\,000, 0.90) > B(6\,000, 0.45)$<br>$N=66$　[86%]　[14%] | 问题 7′：$A(-3\,000, 0.90) < B(-6\,000, 0.45)$<br>$N=66$　[8%]　[92%] |

资料来源：卡尼曼和特维斯基（Kahneman & Tversky, 1979），问题序号遵从原论文

在表 4.2 的反射效应实验中,问题 3 的解释遵从前文的分析,问题 3 的决策动机可以概括为避免后悔。在问题 $3'$ 中,价值选项为负数,负的价值是大概率事件,因此决策的动机是追求欣喜。在追求欣喜的决策动机下,决策者相互比较的是价值较大的选项。对于 $3'$ 中的彩票 $C$ 而言,隐含的选项 $(0,0.20)$ 与彩票 $D$ 对应选项 $(-3\,000,0.20)$ 相比较能够带来预期欣喜,因此彩票 $C$ 的附加效用为 $R(0.20\times3\,000)$。 大部分决策者选择彩票 $C$ 的原因在于:

$$U(-3\,200)+R[0.20\times(3\,000)]>U(-3\,000)+R[0.20\times(-3\,000)]$$

上式等价于 $\tilde{U}(C)>\tilde{U}(D)$。

在表 4.2 的反射实验中,问题 7 也可以利用改进的后悔理论加以解释。在预期效用评估中,彩票 $A$ 和彩票 $B$ 的期望效用值都是 $U(2\,700)$。在附加效用评估中,由于价值选项为正数,正的价值是大概率事件,因此决策动机是避免后悔。对于彩票 $A$ 而言,预期情绪带来的附加效用为 $R[0.10\times(0-6\,000)]$;对于彩票 $B$ 而言,预期情绪带来的附加价值为 $R[0.55\times(0-3\,000)]$。 大多数决策者选择彩票 $A$ 的原因是:

$$U(2\,700)+R[0.10\times(-6\,000)]>U(2700)+R[0.55\times(-3\,000)]$$

即 $\tilde{U}(A)>\tilde{U}(B)$。

在问题 $7'$ 中,由于在预期效用评估中彩票 $C$ 和彩票 $D$ 的期望效用都是 $U(-2\,700)$。在附加效用评估中,主要价值选项是负数,负的价值是大概率事件,因此决策动机是追求欣喜。对于彩票 $C$ 而言,预期情绪带来的附加效用为 $R(0.1\times6\,000)$;对于彩票 $D$ 而言,预期情绪带来的附加效用为 $R(0.55\times3\,000)$。 大多数决策者选择彩票 $D$ 的原因是:

$$U(-2\,700)+R[0.10\times6\,000]<U(-2\,700)+R[0.55\times3\,000]$$

即 $\tilde{U}(C)<\tilde{U}(D)$。

"同比率效应"和"反射效应"发生的原因在于,用于对比实验的两组彩票在决策时的情绪动机不同。问题 3 和问题 7 中的彩票,由于备选方案价值为正、正的价值绝对值较大,正的价值是大概率事件,决策动机是避免后悔;问题 $3'$ 和问题 $7'$ 中的彩票,备选方案价值为负、负的价值绝对值较大、负的价值是大概率事件,决策动机是追求欣喜。两类彩票的决策动机不同,因此总效用的计算结果不同,这才产生了"同比率效应"和"反射效应"。

### 三、改进的后悔理论对于"弗里德曼-萨维奇困惑"的解释

卡尼曼和特维斯基（Kahneman & Tversky,1979）对同一组实验者进行了两组彩票的实验。第一组彩票,$A=(5\,000,0.001)$,$B=(5,1)$;第二组彩票,$C=(-5\,000,0.001)$,$D=(-5,1)$。 第一组彩票模拟的是人们在生活中购买福利彩票的情景。彩票 $A$ 表明,购买彩票的实验者具有非常小的概率获得 5 000 元"大奖";彩票 $B$ 表明,如果不购买彩票则"节省"了 5元钱。在实际的实验中,有 72% 的实验者选择了"购买"彩票（彩票 $A$）。第二组彩票中,$C$ 彩票模拟一次"意外事故",意外事故会导致决策者产生5 000 元的"巨额"损失,它发生的概率只有 0.001。彩票 $D$ 代表"购买保险",花 5 元钱购买了保险就可以避免意外事故带来的损失。在实验中83% 的实验者选择了购买保险（彩票 $D$）。以上实验是针对相同的实验者做出的。这种同一批实验者表现出来的"兼容赌博（彩票）和保险"的对待风险的态度就是著名的"弗里德曼-萨维奇困惑"。

产生上述决策悖论的原因在于,对于两组彩票人们选择的决策动机不同。根据改进的后悔理论,在第一组彩票中,重要的价值信息是彩票$A$ 的 5 000 元,由于重要的价值信息为正数,正的价值是小概率事件,因此人们的决策动机是追求欣喜。在追求欣喜的决策动机之下,彩票 $A$ 产生的附加效用为 $R[0.001\times(5\,000-5)]$。 人们选择购买彩票 $A$ 的原因是:

$$U(5)+R[0.001\times4\,995]>U(5)+R[0.001\times(-4\,995)]$$

即 $\tilde{U}(A)>\tilde{U}(B)$。

对于第二组实验而言,重要的价值选项是彩票 $C$ 的 $-5\,000$ 元。由于重要的价值为负数,负的价值是小概率事件,因此人们的决策动机是避免后悔。在避免后悔的决策动机下,彩票 $C$ 的附加效用为 $R[0.001\times(-5\,000+5)]$。 人们选择彩票 $D$ 的原因在于:

$$U(-5)+R[0.001\times(-4\,995)]<U(-5)+R(0.001\times4\,995)$$

即 $\tilde{U}(C)<\tilde{U}(D)$。

"弗里德曼-萨维奇困惑"主要是针对人们对待风险和收益的态度发生转变这一现象,这种偏好反转违背了西方经济学的基本学术共识。改进的后悔理论把人们决策偏好的变化归因为决策动机的改变所导致的效用评估的算法的变化,人们真实的决策偏好没有发生改变。

### 四、改进的后悔理论对于"框定依赖"现象的解释

特维斯基和卡尼曼(Tversky ＆ Kahneman,2000)提出的"士兵突围实验"是典型的框定依赖效应(该问题的文字表述见本章第一节)。在上述实验中,根据对于问题的表述,实际上把问题放在两个框定中呈现出来。在存活框定中,问题是以救活士兵的人数作为表达,该问题的数学表达为: $A = (200,1); B = (600,1/3; 0,2/3)$。在死亡框定中,问题是以牺牲士兵的人数作为表达: $C = (-400,1); D = (0,1/3; -600,2/3)$。

根据改进的后悔理论,在存活框定中,重要的价值选项是正数,正的价值是大概率事件,因此决策动机是避免后悔。在 $B$ 方案中,后悔情绪带来的附加效用为 $R[1/3 \times (0-200)]$。 将军选择 $A$ 方案的原因是:

$$U(200) + R\left(\frac{2}{3} \times 200\right) > U(200) + R\left[\frac{1}{3} \times (-200)\right]$$

即 $\tilde{U}(A) > \tilde{U}(B)$。

在死亡框定中,重要的价值选项是负数,负的价值是大概率事件,因此人们的决策动机是追求欣喜。在方案 $D$ 中,欣喜情绪带来的附加效用为 $R(1/3 \times 400)$,将军选择 $D$ 方案的原因在于:

$$U(-400) + R\left[\frac{1}{3} \times (-400)\right] < U(-400) + R\left(\frac{1}{3} \times 400\right)$$

即 $\tilde{U}(C) < \tilde{U}(D)$。

框定依赖现象仍然可以归因为决策动机的原因。在改进的后悔理论中,决策动机既取决于价值项的正负数性质,又取决于概率的大小。在不同框定下,同一个问题的数学表达改变了价值项的正负数性质,这也就改变了人们的决策动机。上述原因造成了框定依赖现象。

## 第三节　环境因素对于决策动机的影响

改进的后悔理论对于悖论问题解释的关键点是决策动机。虽然避免后悔和追求欣喜的决策动机产生于决策问题本身,但是上述动机还会受到外界条件的影响。经过对悖论问题的研究分析,本书认为外界条件包括初始损益、心理暗示以及问题的表达方式。上述影响决策动机的因素存在于

决策问题之外,本书把上述因素统称为"环境因素"。

### 一、初始损益对决策动机的影响

在风险决策之前,如果决策者一开始就有初始损益,决策者的情绪动机将会发生改变。泰勒和约翰森(Thaler & Johnson,1990)公布了系列含有初始损益的决策实验数据(见表4.3)。

表 4.3　初始损益对于决策的影响

| 问题编号 | 决策类型 | 初始损益 | 确定的收入 | 彩票(有风险) | 样本量 | 风险偏好占比(%) |
|---|---|---|---|---|---|---|
| 1 | 两阶段决策 | $30.00 | $0.00 | ($9,0.5;−$9,0.5) | 75 | 82% |
| | 一阶段决策 | — | $30.00 | ($39,0.5;$21,0.5) | 46 | 43% |
| 3 | 两阶段决策 | −$9.00 | $0.00 | ($9,0.5;−$9,0.5) | 75 | 63% |
| | 一阶段决策 | — | −$9.00 | ($0,0.5;−$18,0.5) | 70 | 71% |
| 4 | 两阶段决策 | −$30.00 | $0.00 | ($9,0.5;−$9,0.5) | 75 | 40% |
| | 一阶段决策 | — | −$30.00 | (−$39,0.5;−$21,0.5) | 46 | 72% |
| 7 | 两阶段决策 | −$9.00 | $10.00 | ($30,0.33;0,0.67) | 122 | 34% |
| 8 | 两阶段决策 | −$30.00 | $10.00 | ($30,0.33;0,0.67) | 122 | 60% |

资料来源:泰勒和约翰森(Thaler & Johnson,1990),问题编号遵从原论文

在表4.3中,决策分为"两阶段决策"和"一阶段决策"两种类型,在两阶段决策中,决策者被赋予初始损益;在一阶段决策中,决策者没有初始损益。每组实验中,两阶段决策和相应的一阶段决策在数学上等价。

在实验1的一阶段决策中,要求实验者在确定性彩票(确定获得$30)和风险彩票($39,0.5;$21,0.5)中决策。根据改进的后悔理论,彩票的重要价值项为正数,正的价值是大概率事件,因此决策动机是避免后悔。在风险彩票中,后悔情绪带来的附加效用为$R[0.5 \times (21-30)]$,风险彩票的修正后的总效用为$U(30)+R[0.5 \times (-9)]$;因此决策者选择确定性彩票。

在实验1的两阶段决策中,初始损益是较大的正值,并且两个备选方案在任何情况下都不能抵消初始损益,这时决策者的决策动机倾向于更为进取的决策动机——追求欣喜。"(零和)风险彩票"的附加价值为$R(0.5 \times 9)$,因此决策者选择"(零和)风险彩票"。在实验1中,82%的决策者选择了"(零和)风险彩票",初始损益影响了决策动机。

在实验4中,一阶段决策要求决策者在确定性彩票(确定损失$30)和风险彩票(−$39,0.5;−$21,0.5)中选择。根据改进的后悔理论,彩票

的重要价值选项为负数,负的价值是大概率事件,因此决策动机为追求欣喜。风险彩票中,欣喜情绪带来的附加效用为 $R\{0.5\times[-21-(-30)]\}$,风险彩票的修正后的总效用为 $U(-30)+R(0.5\times9)$,因此多数决策者选择风险彩票。

在实验 4 的两阶段决策中,初始损益是绝对值较大的负值,两个备选方案在任何情况下都不能抵消初始损益,这时决策者的决策动机是避免后悔。此时"(零和)风险彩票"的附加效用为 $R[0.5\times(-39+30)]$,因此多数决策者选择"不作为"。在实验 4 中,初始损益影响了决策动机。

在实验 3 中,一阶段决策与实验 4 类似。一阶段决策要求决策者在确定性彩票(确定损失 \$9)和风险彩票(\$0,0.5;-\$18,0.5)中选择,根据改进的后悔理论,彩票的重要价值选项为负数,负的价值是大概率事件,因此决策动机为追求欣喜。风险彩票中,欣喜情绪带来的附加效用为 $R[0.5\times(9-0)]$,风险彩票的修正后的总效用为 $U(-9)+R(0.5\times9)$,因此多数决策者选择风险彩票。

与实验 4 不同的是,实验 3 的初始损益(-\$9)在第二阶段风险彩票中有一定的概率被抵消掉,即风险彩票中的(9,0.5)选项,这使得第二阶段决策的动机变为追求欣喜。在上述动机下,风险彩票(\$9,0.5;-\$9,0.5)的附加效用(修正后的总效用)为 $R(0.5\times9)$,因此大多数决策者选择风险彩票。实验 4 的数据表明,初始损益条件下,决策动机还受到彩票价值项大小的影响。

实验 7 和实验 8 增加了干扰因素,初始损益值减去第二步决策中的确定性彩票的价值后,问题就还原为标准问题。实验 7 去除干扰因素后,初始损益被抵消掉,实验 7 按照没有初始损益的规则进行决策。实验 8 去除干扰因素后,初始损益没有被抵消掉,但是备选方案有可能抵消初始损益;由于初始损益是负值,因此决策者的决策动机是追求欣喜;多数投资者选择了有风险的彩票。

综上所述,决策前的初始损益对于决策动机产生了影响。根据实验数据和生活经验,初始损益决策的一般规律可以总结为:(1)当初始损益不能被备选方案抵消时,正的初始损益会导致决策者做出进取的决策(追求欣喜),负的初始损益会导致决策者做出保守的决策(避免后悔);(2)当初始损益能够被备选方案抵消时,正的初始损益会导致决策者避免后悔的决策动机,负的初始损益会导致决策者追求欣喜的决策动机。上述规律的(2)可以用来解释投资者在证券投资中的决策规律。当投资者前期亏损时,投资者希望下一期的投资能够减少损失或者盈利,这时投资者的决策动机是追求欣喜。当投资者前期盈利时，投资者希望未来能够保持盈利，这时投资者的决策动机是避免后悔。

## 二、心理暗示对决策动机的影响

利希藤斯坦和斯洛维奇(Lichtenstein & Slovic,1971)公布了系列实验结果，该结果显示，人们的决策偏好会随着问题的表述方式而发生改变，这就是著名的"偏好反转"现象。"偏好反转"现象违背了西方经济学"经济人"假说中"人们的决策偏好是稳定的"这一基本共识。"偏好反转"现象动摇了西方经济学理论大厦的基础。

在利希藤斯坦和斯洛维奇(Lichtenstein & Slovic,1971)的实验中，有若干对期望价值相同的彩票供实验者选择，例如一组彩票中 $P = (4, 35/36; -1, 1/36)$，$\$ = (16, 11/36; -1.5, 25/36)$。当实验者"可以免费获得一张彩票"时，绝大多数实验者选择彩票 $P$；当实验者已经拥有两张彩票并被要求"卖出一张彩票"时，绝大多数实验者认为彩票 $\$$ 能够卖出更高的价格。决策者随着问题的不同而表现出来的轮流对两种彩票的偏好现象一直困扰着理论学术界。

改进的后悔理论可以解释"偏好反转"现象。上述两种彩票的数学期望值相当(3.86)，但是实验的问题带有强烈的心理暗示，这导致实验者在心理暗示下具有不同的决策动机。

当实验者可以免费获得一张彩票时，决策者希望尽可能获得彩票带来的收益，尽可能避免彩票带来的损失，这时实验者的决策动机被诱导为避免后悔，实验者将重点比较两个彩票负价值部分。$P$ 彩票的附加效用为：

$$R(P) = R\left\{[(-1)-16] \times \frac{1}{36}\right\} = R(-0.47)$$

$\$$ 彩票的附加效用为：

$$R(\$) = R\left\{[(-1.5)-4] \times \frac{25}{36}\right\} = R(-3.82)$$

由于两个彩票的期望效用值相当，因此 $P$ 彩票的修正后的总效用大于 $\$$ 彩票，多数实验者选择 $P$ 彩票。

当实验者已经拥有两张彩票并被要求卖出一张彩票时，实验者关注的重点是哪张彩票可以卖出更高的价钱，这时实验者的关注焦点是彩票正价值部分，实验者的决策动机被诱导为追求欣喜。在追求欣喜的决策动机下，实验者重点比较两张彩票正价值那一部分。$P$ 彩票的附加效用为：

$$R(P) = R\left[(4-16) \times \frac{35}{36}\right] = R(-11.67)$$

\$ 彩票的附加效用为：

$$R(\$) = R\left[(16-4) \times \frac{11}{36}\right] = R(3.67)$$

由于两个彩票的期望效用值相当，因此 \$ 彩票的修正后的总效用大于 $P$ 彩票，多数实验者选择 \$ 彩票。

依据改进的后悔理论分析来看，在不同决策情景的暗示下，决策者的决策动机发生了不同的变化，导致决策过程的差异，从而产生了所谓的"偏好反转现象"。实际上决策者仍然是追求最大化的修正效用，没有发生选择偏好的"反转"。根据上述分析，"偏好反转"现象是个伪命题。

### 三、表达方式对决策动机的影响

在心理学研究中，问题表述方式对于判断的影响所产生的偏差被称为框架效应（Framing effects）。最早提出框架效应的是特维斯基和卡尼曼。特维斯基和卡尼曼（Tversky & Kahneman, 2000）提出的"士兵突围实验"就是典型的例证。（"士兵突围实验"的理论解释请参照本章第三节）

"士兵突围实验"表明，对于同一个问题的不同表达方式本质上是参照点的改变。选择不同的参照点导致风险决策问题的数学表达出现根本性变化，这种变化通常是价值项正负号的改变。在改进的后悔理论中，价值项的正负号决定了决策动机，进一步导致决策结果的差异。

## 第四节　改进的后悔理论的优点与应用前景

改进的后悔理论放弃了简洁规范的数学模型，采用较为复杂的描述式规则来解释决策悖论问题的机理。这种变化符合人们在风险决策中所做出的复杂的结果。正如尼古拉斯·巴贝尔斯和理查德·泰勒在《行为金融学新进展Ⅱ》一书中所言："这些拟规范模型的难题在于，它们试图达到实证和规范的双重目标，但最终都难以令人信服。"（泰勒，2017）本书也认为，规范简洁的数学模型通常无法准确描述人们复杂多变的决策行为。

改进的后悔理论通过情绪动机的理论设计能够成功地解释诸多的风险决策悖论问题，特别是对于困扰西方经济学的"偏好反转"现象给出了理论解释。上述情况说明，对后悔理论的改进能够更加成功地解决决策悖论问题。

## 一、改进的后悔理论的优点

改进的后悔理论继承了传统后悔理论对于预期后悔的定义、情绪效用的数学表达以及作为期望效用理论辅助模型的理论定位。在此基础上，新的后悔理论做出了以下改进：首先，改进的后悔理论被纳入决策者"生态理性"假说的前提下；其次，改进的后悔理论提出情绪动机假说，给出了情绪动机的判别条件；最后，改进的后悔理论放弃了传统理论规范化的数学模型，取而代之的是相机抉择的判断准则。上述改进使得新的理论能够与经济学理论相衔接，更加能够反映人们真实的决策过程以及在解释决策悖论问题上更加具有灵活性。改进的后悔理论还讨论了模型参数临界值的问题以及外部环境对于理论模型的影响，从而改进了传统理论模型的缺陷。通过对诸多决策悖论问题的研究发现，改进的后悔理论可以准确预测人们的决策行为，可以更加直观地解释决策悖论问题，更加准确地揭示人们真实的决策心理。

与前景理论相比，改进的后悔理论更加符合人们真实的决策过程。首先，改进的后悔理论把决策悖论问题归因为情绪动机，上述理论设定具有心理学理论和实证研究的广泛支持。其次，改进的后悔理论没有采用类似于前景理论中有关"主观价值函数"和"主观决策权重函数"这样复杂的理论概念，取而代之的是符合人们认知的"预期后悔"概念和决策理论中常见的"效用"概念，这使得理论更加能够被理解和接受，也使得理论能够更好地与经典理论相融合。最后，改进的后悔理论具有简单的数学表现形式，这比照前景理论所提出的累积价值函数和决策权重函数更加便于应用，理论内涵也更加清晰。由于改进的后悔理论揭示了决策悖论问题产生的心理学机理，在实践中能够更好地解释决策悖论问题，因此该理论比照前景理论具有更好的理论价值。

改进的后悔理论吸收了"齐当别模型"相机抉择的基本思想，把这种相机抉择的过程引入附加效用值的计算中，并以此作为决策差异的基本条件。与主张放弃"预期效用最大化"判定原则的"齐当别模型"相比，改进的后悔理论仍然遵循着"效用最大化"的原则，这使得改进的后悔理论能够很好地融合到现有的经济学基本理论中。经济学在吸收改进的后悔理论后无需改变传统的研究范式，就能够对现有理论进行升级和革新。

综上所述，由于改进的后悔理论能够更加真实地反映人们的决策心

理,能够准确预测人们的决策结果,在理论设计上能够很好地与期望效用
理论相融合,因此改进的后悔理论具有较好的理论优势。

## 二、改进的后悔理论的应用前景

由于改进的后悔理论能够较好地预测和解释人们的决策悖论问题,因
此改进的后悔理论可以广泛地被应用于解决经济和管理中的相关问题。
改进的后悔理论作为期望效用理论的补充,继承和发展了效用最大化的决
策模型,该理论成功地把人们的行为引入决策模型中。由于风险决策理论
是西方经济学的基础理论,因此改进的后悔理论可以作为行为经济学的一
种基础假设。

在行为金融学领域中,改进的后悔理论没有否定金融学关于"投资者
风险厌恶"这个二级假设条件,因此它可以替代前景理论作为行为金融学
的一个基础假设。改进的后悔理论以预期情绪为研究对象,可以作为行为
金融学有关情绪研究的理论依据。在改进的后悔理论的假设前提下,经典
的投资组合理论和资本资产定价模型都能够被继承和发展,这将使得行为
金融学理论获得一个新的发展方向。

# 第五章  预期情绪影响下的投资组合和投资者行为

预期情绪能够影响人们的风险决策，并且能够解释"决策悖论"问题。预期情绪理论包括后悔理论和失望理论。学术研究发现，失望理论中的失望函数等价于现代金融学中广义的风险函数，这表明失望理论中"决策者回避失望情绪"的规律就是现代金融学关于"投资者风险厌恶"这个基础假设。预期情绪理论中的后悔理论并未被引入金融学的研究框架内。作为前景理论的有力竞争者，后悔理论在行为金融学关于基础假设的探索中具有较大的研究价值。

改进的后悔理论把影响人们决策的预期情绪因素归因为避免后悔的情绪动机和追求欣喜的情绪动机。在金融市场的投资实践中，投资者的很多行为体现了决策动机所起的作用。例如，当投资者购买股票并且获得盈利时，很多投资者为了避免将来股票下跌而过早地卖出股票，这种投资行为取决于投资者避免后悔的决策动机；当投资者购买股票并且亏损时，很多投资者希望股票将来上涨以减少损失，这导致他们继续持有亏损股票或者进一步追加投资以求"摊低成本"，上述投资行为取决于投资者追求欣喜的决策动机。本章内容将提出基于情绪动机的基础假设，并探索预期情绪对于投资组合以及投资者行为的影响。

## 第一节  情绪动机假设和基本公式

现代金融学以均值方差投资组合模型作为基础理论。这一基础理论包含对于证券市场和投资者行为的系列假设。均值方差投资组合理论认为，证券市场是有效的，证券的价格反映了市场的全部信息。在这个假设条件下，证券的收益率是一个随机变量，证券收益率的观测值呈现正态分布，每个证券收益率序列的期望值和方差能够完整地代表证券的信息。均值方差组合理论还认为,投资者是风险厌恶型的"经济人",他们追求投资效用的最大化;投资者根据证券收益率的期望值和方差进行投资决策。由上述假设条件可以得出以下推论:由于证券收益率的期望值和方差是投资决策的全部依据,因此在证券市场中,证券之间是可以完全相互替代的。考虑到证券的供给具有无限弹性的假设条件,投资组合的形成不需要考虑由供求关系带来的证券价格的变化。在上述假设条件下,投资组合问题可以简化为投资收益和投资风险的均衡问题。

### 一、预期情绪影响投资决策的基础假设和理论机制

投资者进行的组合投资相当于在多个备选方案中进行风险决策。在这个决策过程中,期望效用理论和预期情绪理论(群)都起到了指导决策的作用。投资组合理论利用证券的期望收益率来代表证券的期望效用,那么期望效用理论在组合投资时就表现为投资者追求组合期望收益率的最大化。组合期望收益率的最大化受到组合风险因素的制约,组合的风险采用组合收益率的方差来度量,而方差实际上是失望情绪带来的附加效用的一种数学表达方式。正是由于上述原因,经典的投资组合理论中所演绎的风险和收益权衡的问题实际上就是通过期望效用理论和失望理论来解决的。

经典的投资组合理论忽略了预期情绪理论中的后悔理论。投资者在构建投资组合时,不可避免地会对各个证券的期望收益率进行比较,这种比较是内生的,并且会受到投资者决策动机的影响而具有不同的视角。根据改进的后悔理论,投资者具有两种情绪动机,即"追求欣喜动机"和"避免后悔动机"。上述两种预期情绪动机导致投资者的投资决策产生了两个方向的偏差。根据上述理论分析,本书提出以下假设。

假设1:投资者的投资决策会受到预期情绪动机的影响而产生偏差;预期情绪影响下的投资动机可以分为追求欣喜的投资动机和避免后悔的投资动机。

预期情绪影响投资者认知偏差的理论机制可以理解为:在假设1所阐述的由情绪动机所造成的投资偏差中,追求欣喜的投资者过度重视证券之间收益率比较的正面信息,这将造成追求欣喜的投资者高估证券的期望收益率;避免后悔的投资者过度重视证券之间收益率比较的负面信息,这将造成避免后悔的投资者低估证券的期望收益率。上述偏差可以看作是投资者在情绪动机的影响下对于证券期望收益率的算法进行了改变,而这种改变将带来投资组合的变化和投资者行为的改变。例如,一个追求欣喜的投资者会过度关注证券投资中可能出现的盈利,从而大量地买进风险证

券;一个避免后悔的投资者会担心投资可能带来的损失,从而把更多的资金投入无风险资产中。情绪动机所带来的偏差具有系统性,它将会影响投资者对投资组合的选择。

假设1所阐述的预期情绪动机是根据后悔理论的主要内涵提出来的。由于"预期情绪动机"假说配合期望效用理论可以很好地解决"风险决策悖论"问题,这一假说也重新定义了投资者的决策行为,因此它可以作为行为金融学关于情绪研究的基础假设。

假设1对于经典均值方差投资组合理论中关于投资者的假设进行了部分修改。经典理论认为投资者是"经济人",他们能够正确地计算证券投资产生的效用。预期情绪组合理论则认为投资者在情绪动机的影响下会错误地估计证券投资的效用,这种错误的估计导致投资者的"修正后"的总效用是在经典效用值上增加了预期情绪导致的附加效用(见表5.1)。经典理论和预期情绪理论都把投资者设定为"风险厌恶型",两种理论的投资者都追求投资效用的最大化,上述假设的一致性为本研究在现代金融学经典研究范式下讨论预期情绪问题创造了条件。

表 5.1　经典均值方差组合理论与预期情绪组合理论的基础假设

| | 经典理论的假设 | 预期情绪组合理论的假设 |
| --- | --- | --- |
| 关于资本市场的假设 | 资本市场是有效的 | 资本市场是有效的 |
| | 资本市场上的证券是有风险的 | 资本市场上的证券是有风险的 |
| | 资本市场的供给具有无限弹性 | 资本市场的供给具有无限弹性 |
| | 市场允许卖空 | 市场允许卖空 |
| 关于投资者的假设 | 投资者在投资决策中只关注投资收益这个随机变量的两个数字特征:投资的期望收益和方差 | 投资者在投资决策中只关注投资收益这个随机变量的两个数字特征:投资的期望收益和方差 |
| | 投资者是理性的 | 投资者是生态理性的,他们会受到情绪动机的影响对投资效用的计算产生偏差。投资者的偏差按照情绪动机可以分为"追求欣喜动机"产生的偏差和"避免后悔动机"产生的偏差 |
| | 投资者是风险厌恶的 | 投资者是风险厌恶的 |
| | 投资者的投资目标是期望效用最大化 | 投资者的投资目标是"修正后"的期望效用最大化 |

在经典的均值方差组合理论中,关于资本市场的四个假设(见表5.1)使得证券之间具有稳定的相关性并且能够相互替代,这使得经典理论可以利用风险和收益均衡的方法建立模型。考虑到预期情绪动机对投资决策的影响,本书需要进一步探索证券之间的相关性是否在新的假设条件下出

现了改变,这是新的情绪组合模型具有显性解的前提条件。

## 二、基础假设的数学表达

后悔理论阐述的情绪效用,来源于备选方案价值之间的相互比较。在具有多个备选方案的风险决策中,鲁姆斯和萨格登(Loomes & Sugden,1987)提出了方案之间"两两相互比较"的思想。

设组合中有 $n$ 个证券,在组合中某证券 $i$ 的收益率的期望值为 $X_i$,某证券 $j$ 的收益率的期望值为 $X_j$。 根据后悔理论对于预期后悔的定义,预期后悔产生的附加效用是组合中每个证券之间收益率均值的差的函数,那么投资证券 $i$ 产生的总效用为:

$$V(X_i) = U(\bar{X}_i) + \sum_{j=1}^{n} R(\bar{X}_i - \bar{X}_j) \tag{5.1}$$

在式(5.1)中, $\bar{X}_i$ 和 $\bar{X}_j$ 分别代表组合中证券 $i$ 和证券 $j$ 的收益率序列的期望值,函数 $U(X)$ 是预期效用函数,函数 $R(X)$ 是后悔和欣喜函数。

式(5.1)的计算量庞大。奎因(Quiggin,1994)提出了"利用投资组合中最大的期望收益率作为比较对象"的近似解决方案。在这一方案下,投资证券 $i$ 期望收益率产生的效用为:

$$V(X_i) = U(\bar{X}_i) - \sum_{j=1}^{n} R(\bar{X}_{\max} - \bar{X}_j) \tag{5.2}$$

式(5.2)中的 $\bar{X}_{\max}$ 代表证券组合中最大的期望收益率。上述表达式后来被作为"后悔厌恶"假说的理论表达式。式(5.2)简化了附加效用的计算步骤,但是在理论模型设定上存在缺陷。式(5.2)只考虑了后悔情绪能够带来负的附加效用,公式中只体现了附加效用对期望效用的减少。根据后悔理论,人们在决策时还可能产生预期欣喜,预期欣喜能够带来正的附加效用。正是由于上述原因,式(5.2)表达的理论概念并不完整。

考虑到追求欣喜的情绪动机,可以把式(5.2)进行拓展。在情绪动机的影响下,组合中的证券 $i$ 期望收益率所产生的效用为:

$$V(X_i) = \begin{cases} U(\bar{X}_i) + R(\bar{X}_i - \bar{X}_{\max}) \\ U(\bar{X}_i) + R(\bar{X}_i - \bar{X}_{\min}) \end{cases} \tag{5.3}$$

在式(5.3)中, $\bar{X}_i$ 代表证券 $i$ 收益率的期望值,函数 $R(X)$ 是后悔和欣喜函数。 $\bar{X}_{\max}$ 代表组合中证券的期望收益率的最大值, $\bar{X}_{\min}$ 代表组合中证券的期望收益率的最小值。当投资者的投资动机是追求欣喜时,产生的附加

效用为 $R(\bar{X}_i - \bar{X}_{\min})$；当投资者的投资动机是避免后悔时，产生的附加效用为 $R(\bar{X}_i - \bar{X}_{\max})$。

在投资组合的假设中，影响投资者效用的因素是证券的期望收益率和证券收益率的方差。式(5.3)表达了在情绪动机影响下的证券期望收益率产生的效用。由于组合中的最大期望收益率 $(\bar{X}_{\max})$ 和最小期望收益率 $(\bar{X}_{\min})$ 为常数，因此考虑到情绪动机的情况下，影响证券期望收益率产生效用的因素仍然是 $\bar{X}_i$。也就是说，虽然证券的期望收益率的计算方法出现了变化，但是仍然符合经典投资组合理论的假设条件。

根据经典投资组合理论的假设条件[①]，证券投资所产生的效用可以展开为证券的期望收益率和证券收益率方差的线性函数[泰勒展开公式参见第一章式(1.3)]。由于期望收益率和收益率的方差分别对效用产生正向影响和负向影响，因此投资者效用最大化的目标可以具体演变为求解风险和收益的均衡。正是由于上述原因，投资组合理论在数学演绎中不采用效用函数，而是采用收益率的均值和方差来构建模型。

根据鲁姆斯和萨格登(Loomes & Sugden,1982)对于后悔和欣喜函数的设定，后悔和欣喜函数被定义为通过原点，斜率为正数的单调凸函数(见图5.1左图)，即该函数的数学性质为：$R(0) = 0$，$R'(X) > 0$ 并且 $R''(X) < 0$。这样一来，本书可以利用收益率的线性函数来近似作为后悔和欣喜函数的数学表达式(见图5.1右图)。避免后悔情绪动机产生的附加效用为：

$$R(\bar{X}_i - \bar{X}_{\max}) = \alpha \times (\bar{X}_i - \bar{X}_{\max}) \qquad (5.4)$$

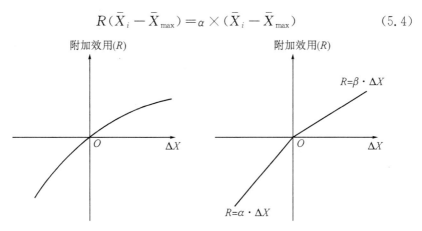

**图 5.1　后悔和欣喜函数(左图)和简化后的折线形后悔和欣喜函数(右图)**

---

① 这个假设条件是：投资者在投资决策中只关注投资收益这个随机变量的两个数字特征，即投资的期望收益和方差。

追求欣喜情绪动机产生的附加效用为：

$$R(\bar{X}_i - \bar{X}_{\min}) = \beta \times (\bar{X}_i - \bar{X}_{\min}) \tag{5.5}$$

式(5.4)和(5.5)中 $\alpha$ 和 $\beta$ 都大于 0，根据边际效用递减规律，有 $\alpha > \beta > 0$。

线性函数中的 $\alpha$ 和 $\beta$，是投资者对于预期情绪的敏感程度。对于预期情绪具有高唤醒度的投资者的 $\alpha$ 和 $\beta$ 值大于对于预期情绪唤醒度低的投资者的 $\alpha$ 和 $\beta$ 值，即投资者情绪的强度与 $\alpha$ 和 $\beta$ 值的大小呈正向关系。当投资者是"经济人"时，有 $\alpha = \beta = 0$，这时预期情绪所产生的附加效用为 0。

本书认为，对于后悔和欣喜函数的线性简化是必要的和可行的。首先，折线形的效用函数基本上保持了后悔和欣喜函数的理论形状，这较大地简化了后悔理论模型在数学演绎中的理论难度。其次，折线形的效用函数保证了在组合计算中，只有每个证券收益率序列的均值发生了变化，证券收益率序列的方差以及各证券收益率序列之间的协方差、相关系数不变，这充分保证了均值方差组合模型在研究中的适用性。基于上述分析，本书采用现代金融学经典的风险和收益局部均衡的研究范式来演绎情绪动机对于投资组合的影响。

根据改进的后悔理论，追求欣喜动机的投资者会过度重视预期欣喜带来的附加效用，因此这类投资者会与组合中最低的期望收益率进行比较；避免后悔动机的投资者会过度重视预期后悔带来的附加效用，因此这类投资者会与组合中最大的期望收益率进行比较。鉴于以上分析，在考虑到采用期望收益率来表达投资效用的数学可行性的基础上，本书提出以下假设：

假设 2：在投资组合中，单个证券的预期情绪效用是该证券收益率的期望值与组合中的证券期望收益率的最大值或组合中的证券期望收益率的最小值的函数。

根据假设 2，组合中具有避免后悔决策动机的投资者对于证券 $i$ 的主观期望收益率为 $E(R_i) = \bar{X}_i + \alpha \times (\bar{X}_i - \bar{X}_{\max})$，具有追求欣喜决策动机的投资者对于证券 $i$ 的主观期望收益率为 $E(R_i) = \bar{X}_i + \beta \times (\bar{X}_i - \bar{X}_{\min})$。

## 第二节　预期情绪影响投资组合和投资者行为的理论机制

投资者在构建投资组合时，情绪动机对证券预期收益率的评估产生了重要影响。投资者产生情绪动机的类型与投资者的投资心态、市场环境以及前期损益状态有关,并且带有很强的主观性。当投资者希望通过短线投资获利时,投资者通常带有追求欣喜的投资动机;当投资者终于下定决心尝试投资时,投资者通常带有避免后悔的投资心态;当空仓的投资者面临多头市场时,投资者通常抱有追求欣喜的投资动机;当投资者获得盈利时,他们通常带有避免后悔的投资动机。在上述影响因素中,投资者的先期损益对于投资动机的影响具有规律性。

本节将通过数学演绎的方法获得的不同情绪动机下投资组合变化的一般性结论,同时通过引入投资者无差异曲线来认知投资者行为的变化。下一节将讨论先期损益对于投资组合以及投资者行为的影响。

### 一、预期情绪下的最小方差集合

假设证券市场中有 $n$ 个证券,每个证券的收益率都是离散型的随机变量。例如:市场中,证券 $i$ 的收益率 $R_i$ 的分布为 $(x_1, p_1; x_2, p_2; \cdots; x_i, p_i; \cdots; x_m, p_m)$,其中 $x_i$ 为观测值,$p_i$ 为概率;有 $E(R_i) = \mu_i$,$Var(R_i) = \sigma_i^2$。

投资者在投资决策中受到情绪动机的影响对证券的预期收益率进行了错误的估计。假设投资者对每个证券具有单一的情绪动机,即追求欣喜动机或者避免后悔动机。例如:具有避免后悔情绪动机的投资者比较了组合的最大期望收益率,避免后悔的投资者对证券 $i$ 的期望收益率的估计值为 $\mu_i + \alpha(\mu_i - R_{max})$。同理,追求欣喜的投资者对于证券 $i$ 的期望收益率的估计值为 $\mu_i + \beta(\mu_i - R_{min})$。上述估计方法改变了组合的期望收益率矩阵,但是证券的协方差矩阵没有改变。

组合的证券期望收益率矩阵为 $R$,每个证券收益率的协方差矩阵为 $V$,证券的权重矩阵为 $X$,单位矩阵为 $I$。特别地,设投资组合的收益率为 $R_P$,组合的风险为 $\sigma_P$,有以下矩阵:

$$R = \begin{bmatrix} E(R_1) \\ E(R_2) \\ \vdots \\ E(R_n) \end{bmatrix}, V = \begin{bmatrix} \sigma_1^2 & \sigma_{12} & \cdots & \sigma_{1n} \\ \sigma_{21} & \sigma_2^2 & \cdots & \sigma_{2n} \\ \vdots & \vdots & \vdots & \vdots \\ \sigma_{n1} & \sigma_{n2} & \cdots & \sigma_n^2 \end{bmatrix}, X = \begin{bmatrix} \omega_1 \\ \omega_2 \\ \vdots \\ \omega_n \end{bmatrix}, I = \begin{bmatrix} 1 \\ 1 \\ \vdots \\ 1 \end{bmatrix}$$

根据新古典金融学的基础假设,金融市场投资者仍然追求组合风险的最小化,然而对这一追求的约束条件受到情绪动机的影响发生了变化。避免后悔动机的投资者的目标函数为:

$$\min \sigma_p^2 = X^{\mathrm{T}} V X \tag{5.6}$$

约束条件为:

$$X^{\mathrm{T}} I = 1 \tag{5.7}$$

$$\mathrm{E}(R_p) = X^{\mathrm{T}} [R + \alpha(R - R_{\max} I)] \tag{5.8}$$

式(5.8)中比照式(1.8)增加了 $\alpha(R - R_{\max} I)$ 计算项,这表示具有避免后悔动机的投资者针对组合中每个证券的期望收益率与组合中期望收益率的最大值进行了比较,并且比较的结果被计入组合的加权平均收益率中。

令 $R' = (1 + \alpha) R - \alpha R_{\max} I$,则式(5.8)可以简化为:

$$\mathrm{E}(R_p') = X^{\mathrm{T}} R' \tag{5.9}$$

参考 Markowitz 最小方差集合的求解过程,上述最小方差集合的方程为:

$$\frac{\sigma_p^2}{1/C'} - \frac{[\mathrm{E}(R_p') - A'/C']^2}{D'/C'^2} = 1 \tag{5.10}$$

在式(5.10)中, $A' = R'^{\mathrm{T}} V^{-1} I$, $B' = R'^{\mathrm{T}} V^{-1} R'$, $C' = I^{\mathrm{T}} V^{-1} I$, $D'^2 = B'C' - A'^2$。为了与原来的均值方差模型的最小方差集合的方程进行比较,本书把上述常数转化为经典公式的常数,用经典公式中的 $A$、$B$、$C$ 和 $D$ 来代替式(5.10)中的相应字母,得到:

$$\frac{\sigma_p^2}{1/C} - \frac{\{[\mathrm{E}(R_p) + \alpha R_{\max}]/(1 + \alpha) - A/C\}^2}{D/C^2} = 1 \tag{5.11}$$

式(5.11)就是以避免后悔为动机的投资组合的最小方差集合(外边界)方程。

受到追求欣喜情绪动机影响的投资者进行投资决策的数学过程如下:

$$\min \sigma_p^2 = X^{\mathrm{T}} V X \tag{5.12}$$

约束条件为:

$$X^{\mathrm{T}} I = 1 \tag{5.13}$$

$$\mathrm{E}(R_p) = X^{\mathrm{T}} [R + \beta(R - R_{\min} I)] \tag{5.14}$$

式(5.14)[①]比照式(1.8)增加了 $\beta(R - R_{\min} I)$ 计算项,这表示追求欣喜的投资者针对组合中每个证券的期望收益率与组合中期望收益率的最小值

---

① 本书采用坐标变换的方法得到了公式(5.18)和公式(5.22),本书还采用传统的二次规划方法对公式进行了验证。二次规划的方法参见本书的附录1。

进行了比较,并且比较的结果被计入组合的加权平均收益率中。参照上文的计算过程,以追求欣喜为动机的投资组合的最小方差集合(外边界)方程为:

$$\frac{\sigma_p^2}{1/C} - \frac{\{[E(R_p) + \beta R_{\min}]/(1+\beta) - A/C\}^2}{D/C^2} = 1 \qquad (5.15)$$

### 二、预期情绪下最小方差集合的理论含义

单一情绪动机有效集曲线[①]实际上是经典理论中的最小方差集合曲线上的点在纵轴垂直移动后形成的结果。根据上述公式可以得到,情绪动机下的最小方差集合在横坐标上没有发生移动(图 5.2)。

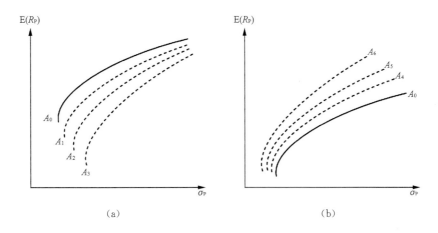

图 5.2　情绪投资组合的外边界示意图

以避免后悔为动机的投资者的最小方差集合的公式中[式(5.11)],由于 $R_{\max}$ 代表组合中最大的期望收益率,因此有 $E(R_P) < R_{\max}$,这导致情绪投资者的有效集曲线位于经典理论中有效集曲线的下方[见图 5.2(a)]。以追求欣喜为动机的投资者的最小方差集合公式中[式(5.15)],由于 $R_{\min}$ 代表组合中的最小期望收益率,因此有 $E(R_p) > R_{\min}$,这导致情绪投资者的有效集曲线位于经典理论中有效集曲线的上方[见图 5.2(b)]。

每个情绪投资者的有效集曲线的偏离程度随着投资者情绪强度的增加而增加,即偏离程度随着 $\alpha$ 和 $\beta$ 值的增加而增加。例如在图 5.2(a)中,$A_0$ 代表经典理论的有效集曲线,$A_1$、$A_2$ 和 $A_3$ 都是具有避免后悔情绪动

---

[①]　有效集曲线是最小方差集合的左上部分曲线,它是整个投资组合可行域的左上边界,是理性投资者选择的投资区间,是最小方差集合的一部分。

机投资者的有效集曲线。根据曲线的位置,曲线所代表投资者的情绪强度分别为:$A_3$ 曲线的投资者避免后悔的情绪动机最强,$A_2$ 次之,$A_1$ 最小;即 $\alpha_3 > \alpha_2 > \alpha_1$。在图 5.2(b)中,$A_0$ 代表经典理论的有效集曲线,$A_4$、$A_5$ 和 $A_6$ 都是具有追求欣喜情绪动机投资者的有效集曲线。根据曲线的位置,曲线所代表投资者的情绪强度分别为:$A_6$ 曲线的投资者避免后悔的情绪动机最强,$A_5$ 次之,$A_4$ 最小;即 $\beta_6 > \beta_5 > \beta_4$。根据以上分析,本书提出以下命题。

命题 1:受到预期情绪动机的影响,投资者主观评估的有效集曲线会产生垂直方向的偏移。具有避免后悔动机的投资者会低估投资组合的整体收益,其主观评估的有效集曲线向下偏移;具有追求欣喜动机的投资者会高估投资组合的整体收益,其主观评估的有效集曲线向上偏移。

### 三、预期情绪下的有效组合

在经典投资组合理论中,引入无风险资产后,资本市场线与最小方差集合的切点($M_0$)是理性投资者所选择的唯一的风险组合,这一组合被称为"有效组合"。当投资者具有情绪动机时,由于最小方差集合发生了垂直移动,因此有效组合的位置发生了改变(见图 5.3)。本书通过数学演绎的方法来探究有效组合的变化规律。

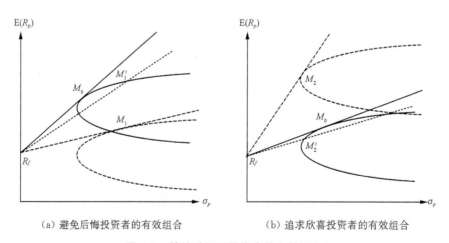

(a)避免后悔投资者的有效组合　　　(b)追求欣喜投资者的有效组合

**图 5.3　情绪动机下投资者的有效组合**

具有避免后悔动机的投资者的最小方差集合向下移动[见图 5.3(a)],资本市场线与移动后的最小方差集合相切于 $M_1$ 点,$M_1$ 点是具有避免后悔动机投资者所认可的有效组合。投资者实际投资于经典理论中最小方差集合上的 $M_1'$ 点,$M_1'$ 点是 $M_1$ 点在经典最小方差集合上的投影,

$M'_1$ 和 $M_1$ 点所代表的风险水平(横坐标)一致。下面将通过数学演绎法求得 $M'_1$ 点的横坐标。

由于 $M_1$ 点是从无风险资产点引出的情绪最小方差集合的切点,因此求式(5.11)在 $M_1$ 处的导数,得到 $M_1$ 点处切线斜率的表达式:

$$\frac{E(R_{M1}) - R_f}{\sigma_{M1}} = \frac{D(1+\alpha)\sigma_{M1}}{C\{[E(R_{M1}) + \alpha R_{\max}]/(1+\alpha) - A/C\}} \quad (5.16)$$

将 $M_1$ 点坐标带入式(5.11)中,得到:

$$\frac{\sigma_{M1}^2}{1/C} - \frac{\{[E(R_{M1}) + \alpha R_{\max}]/(1+\alpha) - A/C\}^2}{D/C^2} = 1 \quad (5.17)$$

联立方程(5.16)和方程(5.17)得到:

$$E(R_{M1}) = \frac{(1+\alpha)A - \alpha C R_{\max}}{C} + \frac{(1+\alpha)^2 D/C^2}{A(1+\alpha)/C - (R_f + \alpha R_{\max})} \quad (5.18)$$

$$\sigma_{M1} = \sigma_{M'1} = \sqrt{\frac{1}{C} \times \left\{ 1 + \frac{\dfrac{D}{C^2}}{\left[\dfrac{A}{C} - (R_f + \alpha R_{\max})/(1+\alpha)\right]^2} \right\}} \quad (5.19)$$

设 $R_f < R_{\max}$,得 $\left[\dfrac{A}{C} - (R_f + \alpha X_{\max})/(1+\alpha)\right]^2 < \left(\dfrac{A}{C} - R_f\right)^2$,因此:

$$\sigma_{M'1} > \sigma_{M0} \quad (5.20)$$

式(5.20)表明,具有避免后悔的投资者选择高风险的投资组合作为有效组合。具体而言,具有避免后悔动机的投资者选择在 $M'_1$ 处构建风险组合,组合 $M'_1$ 的风险高于经典理论中有效组合的风险。

同理,具有追求欣喜动机的投资者的最小方差集合向上移动[见图5.3(b)],资本市场线与移动后的最小方差集合相切于 $M_2$ 点,$M_2$ 点是具有追求欣喜动机投资者所认可的有效组合。投资者实际投资于经典理论中最小方差集合上的 $M'_2$ 点,$M'_2$ 点是 $M_2$ 点在经典最小方差集合上的投影,$M'_2$ 和 $M_2$ 点所代表的风险水平(横坐标)一致。

求方程(5.15)在 $M_2$ 点处的导数,得到以下方程:

$$\frac{E(R_{M2}) - R_f}{\sigma_{M2}} = \frac{D(1+\beta)\sigma_{M2}}{C\{[E(R_{M1}) + \beta R_{\max}]/(1+\beta) - A/C\}} \quad (5.21)$$

将 $M_2$ 点坐标带入式(5.15)中,得到:

$$\frac{\sigma_{M2}^2}{1/C} - \frac{\{[\mathrm{E}(R_{M2}) + \beta R_{\max}]/(1+\beta) - A/C\}^2}{D/C^2} = 1 \qquad (5.22)$$

联立方程(5.21)和方程(5.22),得到:

$$\mathrm{E}(R_{M2}) = \frac{(1+\beta)A - \beta C R_{\min}}{C} + \frac{(1+\beta)^2 D/C^2}{A(1+\beta)/C - (R_f + \beta R_{\min})} \qquad (5.23)$$

$$\sigma_{M2} = \sigma_{M'2} = \sqrt{\frac{1}{C} \times \left\{ 1 + \frac{\dfrac{D}{C^2}}{\left[\dfrac{A}{C} - (R_f + \beta R_{\min})/(1+\beta)\right]^2} \right\}} \qquad (5.24)$$

设 $R_f > R_{\min}$,得到 $\left[\dfrac{A}{C} - (R_f + \beta X_{\min})/(1+\beta)\right]^2 > \left(\dfrac{A}{C} - R_f\right)^2$,

因此:

$$\sigma_{M'2} < \sigma_{M0} \qquad (5.25)$$

式(5.25)表明,具有追求欣喜动机的投资者选择低风险的投资组合作为有效组合。具体而言,具有追求欣喜动机的投资者选择在 $M_2'$ 处构建风险组合,组合 $M_2'$ 的风险低于经典理论中有效组合的风险。

式(5.20)和式(5.25)显示,具有避免后悔动机的投资者会配置高风险组合,具有追求欣喜动机的投资者会配置低风险组合。上述结论与直觉认知相反。本书认为,由于具有避免后悔动机的投资者主观低估了组合的预期收益率,因此他们会选择高收益率的组合进行投资,而高收益率的组合具有较高的风险;具有追求欣喜动机的投资者主观高估了组合的期望收益率,因此他们选择真实期望收益率较低的组合就能够满足投资需求,这类组合具有较低的风险。在上述过程中,投资者对组合期望收益率的估计误差是原因,组合的风险是结果。在上述过程中,投资者风险厌恶的偏好特征没有改变。根据以上的推导过程,本书提出以下命题。

命题2:比照经典理论的有效组合,具有避免后悔动机的投资者会选择较高风险的组合进行投资,这类组合的期望收益率高于有效组合;具有追求欣喜动机的投资者会选择较低风险的组合进行投资,这类组合的期望收益率低于有效组合。

#### 四、情绪动机与"封闭式基金折价之谜"

在各个国家的证券市场上,封闭式基金通常在其净值之下进行交易,目前还没有一致公认的理论对这一现象进行解释。学界把上述现象称为"封闭式基金折价之谜"。本书认为:在特定假设条件下,情绪动机假说可以让"封闭式基金折价之谜"成为理论上可以解释的现象。

根据投资组合理论,由于证券投资基金采用分散化的投资组合,因此证券投资基金可以极大地减少投资组合的非系统风险,从而减少投资组合的总风险。上述理论是证券投资基金行业在资本市场上生存发展的理论依据。

如果在资本市场上,基金投资者比照股票投资者在投资决策上更加保守,那么可以进一步假设基金的持有者具有避免后悔的投资动机①。假设投资者对于风险资产只投资于证券投资基金,那么基金投资者的最小方差集合将按照图 5.3(a) 的方式移动,基金投资者认定的有效组合发生了漂移。根据命题 2,基金投资者选择高风险的基金组合进行投资,该组合具有较高的期望收益率。

在避免后悔情绪动机的作用下,基金投资者认定的有效组合的期望收益率高于理论值,这一期望收益率就是基金投资者主观认定的市场必要报酬率,也就是市场组合未来现金流的折现率。在基金市场中,每个基金的折现率都是市场组合折现率的线性函数(CAPM 模型),因此每个基金的折现率都将被高估。再由于封闭式基金不能按照净值随时赎回,因此封闭式基金在高估的折现率的影响下,市场报价出现折价现象。可以说,封闭式基金的折价现象与投资者的情绪动机具有关联。

上述分析仅仅是一种理论假说。目前尚没有国内外的文献对于基金和股票投资者的风险偏好和情绪动机进行实证研究,这也是未来值得探索的一个方向。

#### 五、预期情绪下投资者的资产配置比例

由于在情绪动机影响下,投资者的资本市场线发生变化,投资者的有效组合发生了漂移,因此投资者的资产配置比例也会发生变化。在图 5.4 中,$A_0$ 是经典投资组合理论下某投资者的资产配置点,这一点是该投资者的无差异曲线与资本市场线的切点;$A_0$ 与有效组合 $M_0$ 距离越近,该投资

---

① 本书认为这不是一个严密的逻辑推理。本书的目的是在假定这样一个前提条件下,尝试解释封闭式基金折价之谜。

者在风险组合 $M_0$ 处投资的资金比例就越大；该投资者投入风险资产 $M_0$ 的资金比例可以通过 $A_0$ 和 $M_0$ 横坐标的比值来确定。

　　由于情绪动机导致最小方差集合出现了垂直移动，因此情绪动机下的资本市场线发生了移动，资本市场线与该投资者的无差异曲线族的切点也发生了移动。在图 5.4(a)中，具有避免后悔动机的投资者的无差异曲线与资本市场线相切于 $A_1$，投资者真实的资产配置点为 $A_1'$，$A_1'$ 是切点 $A_1$ 在真实的资产配置线上的投影。可以根据 $A_1'$ 和 $M_1'$ 横坐标的比值来确定资产配置的比例。同理在图 5.4(b)中，具有追求欣喜动机的投资者无差异曲线与资本市场线相切于 $A_2$，投资者真实的资产配置点为 $A_2'$，$A_2'$ 是切点 $A_2$ 在真实的资产配置线上的投影。可以根据 $A_2'$ 和 $M_2'$ 横坐标的比值来确定资产配置的比例。

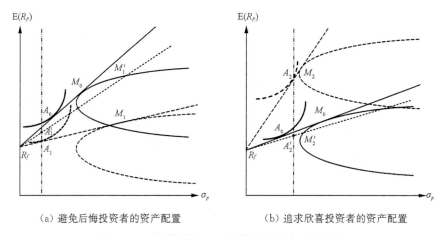

（a）避免后悔投资者的资产配置　　　　　（b）追求欣喜投资者的资产配置

**图 5.4　两种情绪动机下投资者的资产配置比例**

　　由于投资者的效用函数是二次函数，收益率和风险各自独立地影响效用，这使得投资者的无差异曲线没有收益率和风险相关联的交叉项，这在数学性质上保证了无差异曲线的主轴与坐标系的纵轴（$R_p$）平行。投资者的效用函数为：

$$U = 2\phi E(R_p) - \eta \sigma_p^2 - 2\theta \sigma_p + \varepsilon \qquad (5.26)$$

式(5.26)中，参数 $\eta > 0, \phi > 0, \theta > 0$，参数设置反映出收益率对于效用的正向影响和方差对于效用的负向影响。根据式(5.26)，不失一般性，设与马科维茨理论的资本市场线相切的无差异曲线为：

$$2\phi E(R_p) - \eta \sigma_p^2 - 2\theta \sigma_p + \varepsilon - U_1 = 0 \qquad (5.27)$$

设经典均值方差组合理论资本市场线切线方程为（$RM_0$）：

$$\mathrm{E}(R_p) = R_f + K\sigma_p \tag{5.28}$$

对于无差异曲线即式(5.28)求其在切点 $A_0$ 处的导数[见图 5.4(a)],得到该点切线的斜率为:

$$\frac{\eta\rho_{A0} + \theta}{\phi} = K \tag{5.29}$$

变换公式,可以求得资本市场线 $(RM_0)$ 与无差异曲线的切点的横坐标为 $(A_0$ 的横坐标):

$$\sigma_{A0} = \frac{\phi K - \theta}{\eta} \tag{5.30}$$

设引入避免后悔动机后的与资本市场线相切的无差异曲线为:

$$2\phi\mathrm{E}(R_p) - \eta\rho_p^2 - 2(\theta - \rho\cos\psi)\sigma_p - \alpha\rho^2(\cos\psi)^2 - \\ 2\theta\rho\cos\psi + 2\phi\rho\sin\psi + \varepsilon - U_2 = 0 \tag{5.31}$$

式(5.31)是曲线平行移动的基本表达式。式(5.31)中,$\rho$ 是无差异曲线上的点平行移动的距离,$\psi$ 是移动方向与横轴之间夹角。由于无差异曲线族中的每条曲线不能相交,因此式(5.27)的曲线应该沿着主轴移动。即 $\psi = \pi/2$。设 $K'$ 是情绪状态下资本市场市场线的斜率,避免后悔组合的资本市场线方程为:

$$\mathrm{E}(R_p) = R_f + K'\sigma_p \tag{5.32}$$

下面本书分别对避免后悔情绪动机和追求欣喜情绪动机投资者的资产配置点进行讨论。具有避免后悔情绪动机的投资者的最小方差集合垂直向下移动,这导致这类投资者的资本市场线以 $R_f$ 为原点向右转动,即 $K' < K$ [见图 5.4(a)]。

根据上文的计算步骤并把 $\psi = \pi/2$ 带入公式中,得到 $A_1$ 点的横坐标;由于投资者真实的资产配置线是 $R_f M_1'$,因此投资者真实的资产配置点是 $A_1$ 点的投影 $A_1'$[图 5.4(a)],具有避免后悔动机的投资者资产配置的风险值为:

$$\sigma_{A1} = \sigma_{A'1} = \frac{\phi K' - \theta}{\eta} \tag{5.33}$$

根据斜率 $K' < K$ 的关系,最终可以得到:

$$\sigma_{A'1} < \sigma_{A0} \tag{5.34}$$

根据命题 2,$M_1'$ 点在 $M_1$ 点的右侧,即 $R_f M_1' > R_f M_0$,所以:

$$\frac{R_f A_1'}{R_f M_1'} < \frac{R_f A_0}{R_f M_0} \qquad (5.35)$$

式(5.35)表示,避免后悔的投资者配置风险资产的比例低于理论水平。

同理,具有追求欣喜情绪动机的投资者的最小方差集合曲线垂直向上移动,这导致其资本市场线以 $R_f$ 为原点向左转动,即 $K' > K$ [见图5.4(b)]。对于式(5.28)求导数,并且 $\psi = \pi/2$,得到:

$$\sigma_{A2} = \sigma_{A'2} = \frac{\phi K' - \theta}{\eta} \qquad (5.36)$$

根据斜率 $K' > K$ 的关系,最终可以得到:

$$\sigma_{A'2} > \sigma_{A0} \qquad (5.37)$$

根据命题2,$M_2'$ 点在 $M_1$ 点的左侧,即 $R_f M_2' < R_f M_0$,所以:

$$\frac{R_f A_2'}{R_f M_2'} > \frac{R_f A_0}{R_f M_0} \qquad (5.38)$$

式(5.38)表示,追求欣喜的投资者配置风险资产的比例高于理论水平。根据上述数学演绎的结果,本书得到以下结论。

命题3:避免后悔和追求欣喜的投资者都会对风险资产进行错配。相较理论值,避免后悔的投资者会以较低的比例配置风险资产,追求欣喜的投资者会以较高的比例配置风险资产。

命题3所阐述的理论结论在投资实践中具有很多的例证。当证券市场处于上升趋势的时候,大多数投资者都会获得盈利,这时投资者会产生避免后悔的投资动机(决策模型见第四章第二节),避免后悔的动机会导致投资者卖出盈利的证券。继续上涨的市场趋势导致投资者再次买入证券并获利,然后避免后悔的投资动机再次导致投资者卖出证券。上述行为会在上涨趋势中反复出现,最终导致市场成交量的大幅度增加,这也就是投资谚语"价升量增"的理论原因。当证券市场处于持续下降状态时,大多数投资者会亏损,这时投资者会产生追求欣喜的投资动机,这会导致投资者继续持有证券,从而导致成交量的萎缩。这也验证了投资谚语"价跌量缩"的正确性。

## 第三节　预期情绪组合理论对处置效应的解释

虽然投资者的投资动机带有较强的主观性,但是当具有前期投资损益时,投资动机将表现出较为一般的规律性。根据第四章情绪动机判别规则①,本书确定投资者具有前期损益状态时的情绪动机,进一步探索投资者的投资行为。

## 一、单一情绪动机下的处置效应

处置效应是指投资者倾向于过早地卖出盈利的证券,并且较长时间持有亏损证券的一种市场异象。投资者这种根据证券损益不同而表现出来的投资偏好的差异是具有代表性的非理性投资行为。对于处置效应的解释包括前景理论(Barberis & Xiong,2009)、心理账户假说(Shefrin & Statman,1985)和认知失调假说(Zuchel,2001)等。心理账户假说认为投资者对于亏损证券和盈利证券设立了两个不同的情感账户,盈利证券的情感账户具有自豪的情感,亏损证券的情感账户具有后悔的情感。当投资者需要考虑下一步投资计划时,他们愿意"翻看"具有自豪情感的账户的证券并倾向于兑现盈利(卖出盈利证券)。投资者会主动回避亏损证券的账户,他们担心处置亏损证券将会导致后悔。

本书将在改进的预期后悔理论的基础上结合投资组合理论来解释处置效应,并与心理账户理论做出比较。

假设投资者持有的证券 $i$ 在持有期间产生了亏损,收益率为 $-r^*$($r^* < 0$);假设决策者确切知道证券 $i$ 未来收益率的分布为:$[-x_{i2},(1-p); x_{i1}, p]$,上式中有 $-x_{i2} < 0 < x_{i1}$。投资者面临的选择见表5.2。

表5.2　亏损状态下投资者的备选方案

| 投资者面临的选择方案 | 选择方案的数学表达 |
|---|---|
| A.继续持有股票 | $A = [-x_{i2}, (1-p); x_{i1}, p]$ |
| B.立即卖出股票 | $B = (-r^*, 100\%)$ |

表5.2中所展示的是在亏损的环境下进行风险决策。通常情况下,投资者希望弥补损失,并且相关概率 $p$ 和 $1-p$ 大于改进的后悔理论判别标准的概率临界值 $\theta$(参见第四章的表4.3和第四章第四节),因此投资者会具有追求欣喜的决策动机。

在追求欣喜的决策动机下,证券 $i$ 修正后的预期收益率为:

$$E(R'_p) = [x_{i1}p - x_{i2}(1-p)] + \beta p[x_{i1} - (-r^*)]$$
$$= E(R_p) + \beta p(x_{i1} + r^*) \tag{5.39}$$

---

① 第四章表4.1。

在式(5.39)中,$R'_p$ 是亏损证券在追求欣喜情绪动机下的投资者估计的预期收益率,$R_p$ 是亏损证券收益率的数学期望值,$\beta$ 是追求欣喜情绪动机的强度系数。根据式(5.39)有 $\mathrm{E}(R'_p) > \mathrm{E}(R_p)$。

上述结果表明,前期损失导致投资者产生了追求欣喜的情绪动机,这进一步导致投资者高估了亏损证券的预期收益率。由于证券的预期收益率被高估,导致该证券在"风险-收益"坐标平面上的位置垂直向上移动,这也导致该证券与无风险资产的连接线(资产配置线)向左转动,这导致了资产配置线与无差异曲线的切点向右上移动,投资者持有该证券的权重增加[见图 5.5(a),证明过程见附录]。

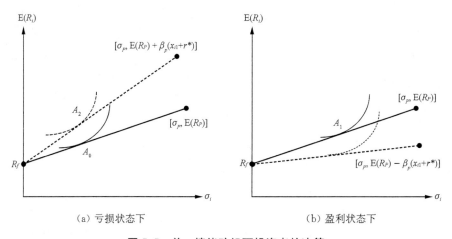

（a）亏损状态下　　　　　　　　　　　（b）盈利状态下

**图 5.5　单一情绪动机下投资者的决策**

假设投资者持有的证券 $i$ 在持有期间产生了盈利,收益率为 $r^*$;假设决策者确切知道证券 $i$ 未来收益率的分布为:$[x_{i1}, p; -x_{i2}, (1-p)]$。决策者面临的两个备选方案分别是:立即卖出方案,$A = (r^*, 100\%)$;继续持有方案 $B = [x_{i1}, p; -x_{i2}, (1-p)]$,上式中有 $-x_{i2} < 0 < x_{i1}$。投资者面临的决策见表 5.3。

**表 5.3　盈利状态下投资者的备选方案**

| 投资者面临的备选方案 | 选择方案的数学表达 |
| --- | --- |
| A. 继续持有股票 | $A = [-x_{i2}, (1-p); x_{i1}, p]$ |
| B. 立即卖出股票 | $B = (r^*, 100\%)$ |

表 5.3 显示了投资者在盈利状态下面临的投资决策。在实际投资决策中,投资者希望保持盈利,并且相关概率 $p$ 和 $1-p$ 大于表 4.3 中的临界值 $\theta$,因此决策者会具有避免后悔的决策动机。

在避免后悔的决策动机下,证券 $i$ 修正后的预期收益率为:

$$E(R'_p) = [x_{i1}p - x_{i2}(1-p)] + \alpha p[-x_{i2} - r^*]$$
$$= E(R_p) - \alpha p(x_{i2} + r^*) \tag{5.40}$$

在式(5.40)中, $R'_p$ 是盈利证券在避免后悔情绪动机下的投资者估计的预期收益率, $R_p$ 是盈利证券收益率的数学期望值, $\alpha$ 是追求欣喜情绪动机的强度系数。根据式(5.40)有 $E(R'_p) < E(R_p)$。

上述结果表明,前期盈利导致投资者产生了避免后悔的情绪动机,这进一步导致投资者低估了盈利证券的预期收益率。由于证券的预期收益率被低估,导致该证券在"风险-收益"坐标平面上的位置垂直向下移动,这也导致该证券与无风险资产的连接线(资产配置线)向右转动,这导致了资产配置线与无差异曲线的切点向左下移动,投资者持有该证券的权重减少[见图5.5(b),证明过程见附录2]。

上述结果显示,在单一情绪动机下,投资者会增加亏损证券的持有比例,减少盈利证券的持有比例,投资者行为表现出明显的处置效应。本书的结论对"心理账户"假说进行了修正,心理账户假说认为,投资者是因为"追求自豪"的动机导致投资者卖出盈利证券,"避免后悔"的动机导致投资者持有亏损证券。本书根据改进的后悔理论的决策模型(第四章表4.3和第四章第四节)认为,投资者的追求欣喜的动机导致其持有亏损证券,而投资者的避免后悔的动机导致其卖出盈利证券。

### 二、异质情绪动机下的处置效应

在更为一般的情况下,投资者持有的证券可以分为亏损证券和盈利证券两种类型。投资者同时持有这两种证券就会产生不同的预期情绪动机。投资者对盈利证券产生避免后悔的情绪动机,投资者对于亏损证券产生追求欣喜的情绪动机。上述状态被称为异质情绪动机。

假设投资者进行了两期投资,第一期投资已经结束并且投资组合的收益情况产生了分化,一部分证券产生了盈利被称为盈利组合,一部分证券出现亏损被称为亏损组合。现在投资者面临第二期投资的决策,投资者依照风险和收益均衡的原则对于组合进行调整。假设投资者受到第一期投资损益情况的影响对于亏损组合和盈利组合产生了情绪动机,除此之外组合中每个证券收益率的分布与第一期相同。

图5.6(a)显示了第一期投资时的组合情况。图中外侧的双曲线代表全部风险证券的最小方差集合,直线代表资本市场线。点 $A$ 代表投资者

持有的盈利组合,点 $B$ 代表投资者持有的亏损组合。点 $M$ 代表投资者在第一期对于盈利组合和亏损组合的综合持仓情况。由于投资者在第一期没有受到情绪的影响,因此 $M$ 点是图中两条曲线和直线的共同切点。

在第二期投资中,投资者受到情绪动机的影响,对于盈利组合和亏损组合的预期收益进行了不同的修正。假设组合 $A$ 在持有期产生收益,收益率为 $r'$,且 $r'>0$。这可以视为确定性的彩票 $[r', 1]$。设组合未来收益率的分布为 $[x_{A1}, p; -x_{A2}, (1-p)]$。

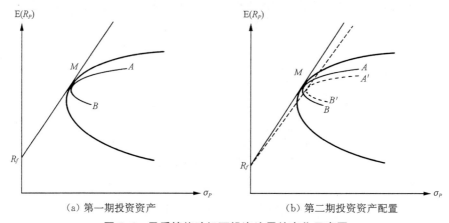

(a) 第一期投资资产　　　　　　　　(b) 第二期投资资产配置

**图 5.6　异质情绪动机下投资边界的变化示意图**

根据表 4.1 的情绪动机判定标准,投资者对于 $A$ 组合的决策动机是避免后悔,因此 $A$ 组合修正后的预期收益率为:

$$x_{A1} \times p - x_{A2} \times (1-p) + \alpha \times (1-p) \times (-x_{A2} - r')$$
$$= \mathrm{E}(r_A) - \alpha \times (1-p) \times (x_{A2} + r')$$
$$= \mathrm{E}(r_A) - \delta_A \tag{5.41}$$

式 (5.41) 中,$\mathrm{E}(r_A)$ 是盈利组合的预期收益率理论值,$\alpha$ 是避免后悔情绪动机的强度系数,$\delta_A = \alpha \times (1-p) \times (x_{A2} + r')$;在避免后悔的情绪动机下,组合 $A$ 的修正后的预期收益率小于理论值。

假设组合 $B$ 在持有期产生亏损,收益率为 $-r''$,且 $-r''<0$。这可以视为确定性的彩票 $[-r'', 1]$,设组合未来收益率的分布为 $[x_{B1}, q; -x_{B2}, (1-q)]$。根据表 4.1 的情绪动机决策原则,投资者对于 $B$ 组合的决策动机是追求欣喜,投资者对于 $B$ 组合修正后的预期收益率为:

$$x_{B1} \times q - x_{B2} \times (1-q) + \beta \times [x_{B1} - (-r'')]$$
$$= \mathrm{E}(r_B) + \beta \times q \times (x_{B1} + r'')$$
$$= \mathrm{E}(r_B) + \delta_B \tag{5.42}$$

式(5.42)中，$E(r_B)$是亏损组合预期收益率的理论值，$\beta$是追求欣喜情绪动机的强度系数，$\delta_B = \alpha \times q \times (x_{B1} + r'')$；在追求欣喜的情绪动机下，组合$B$的修正后的预期收益率大于理论值。

在第一期投资中，由于没有产生情绪动机，因此证券$A$、证券$B$和无风险资产$(r_f)$组成的资产配置线为最小方差集合的切线[见图5.6(a)]，根据计算得到市场组合中组合$A$的权重为：

$$\omega_A = \frac{\sigma_B^2[E(r_A) - r_f] - \sigma_{AB}[E(r_B) - r_f]}{[E(r_A) - r_f](\sigma_B^2 - \sigma_{AB}) + [E(r_B) - r_f](\sigma_A^2 - \sigma_{AB})} \quad (5.43)$$

组合$B$的权重为：

$$\omega_B = \frac{\sigma_A^2[E(r_B) - r_f] - \sigma_{AB}[E(r_A) - r_f]}{[E(r_A) - r_f](\sigma_B^2 - \sigma_{AB}) + [E(r_B) - r_f](\sigma_A^2 - \sigma_{AB})} \quad (5.44)$$

在第二期投资中[见图5.6(b)]，产生情绪动机后，投资者对于证券$A$和证券$B$预期收益率的主观判断发生了改变，根据证券组合原理计算出来的证券$A$在风险组合中的新的权重为：

$$\omega_A' = \frac{\sigma_B^2[E(r_A) - r_f] - \sigma_{AB}[E(r_B) - r_f] - (\delta_A \sigma_B^2 + \delta_B \sigma_{AB})}{\{[E(r_A) - r_f](\sigma_B^2 - \sigma_{AB}) + [E(r_B) - r_f](\sigma_A^2 - \sigma_{AB}) - (\delta_A \sigma_B^2 + \delta_B \sigma_{AB}) + (\delta_A \sigma_{AB} + \delta_B \sigma_A^2)\}}$$

$$(5.45)$$

证券$B$在风险组合中的新的权重为：

$$\omega_B' = \frac{\sigma_A^2[E(r_B) - r_f] - \sigma_{AB}[E(r_A) - r_f] + (\delta_B \sigma_A^2 + \delta_A \sigma_{AB})}{\{[E(r_A) - r_f](\sigma_B^2 - \sigma_{AB}) + [E(r_B) - r_f](\sigma_A^2 - \sigma_{AB}) + (\delta_B \sigma_A^2 + \delta_A \sigma_{AB}) - (\delta_B \sigma_{AB} + \delta_A \sigma_B^2)\}}$$

$$(5.46)$$

可以证明$\omega_A' < \omega_A$并且$\omega_B' > \omega_B$（以上证明过程参见附录2），即在第二期投资中，盈利组合的权重减少了，亏损组合的权重增加了。根据以上证明过程，本书提出以下命题。

命题4：投资者会对亏损的组合产生追求欣喜的投资动机，从而主观高估亏损组合的预期收益率；同时投资者会对盈利的组合产生避免后悔的投资动机，从而主观低估盈利组合的预期收益率；投资者会增加亏损组合的持仓并减少盈利组合的持仓，投资者表现出明显的处置效应。

命题4表明，预期情绪组合理论能够在理论上解释处置效应，这与前景理论对于处置效应的解释具有很大区别。

前景理论把投资者处置效应归因为投资者风险偏好的改变,即在盈利时表现为风险厌恶,在损失时表现为风险喜好;正是由于上述原因,投资者在盈利时更加倾向于持有确定性资产(现金),投资者在损失时更加倾向于持有风险资产。由于前景理论包含了投资者风险喜好的假设,因此无法使用投资组合理论(风险和收益均衡方法)验证前景理论对于处置效应的解释。

预期情绪组合理论把投资者处置效应归因为情绪动机,即在盈利时投资者表现为避免后悔的动机,在损失时投资者表现为追求欣喜的动机;具有不同情绪动机的投资者的风险偏好不变,变化的是投资者对于风险资产预期收益率的高估或低估。预期情绪组合理论没有改变投资者风险厌恶的假设,因此可以借助投资组合理论(风险和收益均衡方法)来演绎对于处置效应的解释。

## 第四节　预期情绪组合理论的数值模拟

本书利用中国股票市场真实的交易数据进行数值模拟。数值模拟的主要内容为:(1)不同情绪动机强度下有效集的变化情况;(2)不同情绪动机强度下有效组合的位置变化;(3)情绪动机强度和投资者风险敏感度对投资组合的影响;(4)情绪动机导致的处置效应;(5)动态投资过程中情绪动机的作用。

本书主要的计算过程采用 MATLAB2018b 试用版的金融软件包完成,主要调用的 MATLAB 程序为:[PortRisk,PortReturn,PortWts]＝portopt(ExpReturn,ExpCovariance,Numports)和 portalloc(PortRisk,PortReturn,PortWts,RisklessRate,BorrowRate,RiskAversion)。

### 一、样本数据的选择与处理

本书选择上证 50 指数成分股在 2016 年 1 月到 2016 年 12 月的月度资本收益率数据作为基础数据,数据来源于瑞思数据库(RESSET)。

首先在数据库中调出上证 50 指数成分股 2016 年度的月度资本收益率数据,然后求出每个成分股的期望收益率和标准差。主要公式为:年期望回报＝月度期望回报×12;年波动单位(标准差)＝月度标准差×$\sqrt{12}$,程序中的 ExpCovariance 采用 MATLAB 内部的 COV 函数求出。最后运行程序得到结果。本书统一选取无风险利率 $R_f = 1.5\%$，绘图点数 $num\,port = 1\,000$。

### 二、比较静态分析的数据模拟结果

为了简化模拟计算的工作量，不失一般性，本书把通过 2016 年度数据计算得出的标准的马科维茨组合边界数据作为理论值，并利用该理论值与其他数据进行比较。

在模拟计算时，假设投资者主要参考上证 50 指数 2016 年度的收益率数据进行情绪效用的评估。根据上证 50 指数 2016 年度的月度收益率数据得到成分股最大和最小预期收益率分别为：$X_{max} = 76.11\%$，$X_{min} = -51.90\%$。

为了验证情绪指数 $\alpha$ 和 $\beta$ 在模型中的作用，本书令 $\alpha$ 和 $\beta$ 的取值分别 0.05、0.1、0.2、0.3、0.4、0.5、0.6、0.7、0.8、0.9 和 1。根据假设条件，投资者的效用函数为二次函数，收益和风险各自独立地作用于效用，因此本书设无差异曲线族方程为 $R_p - \lambda\sigma_p^2 - U_i = 0$。公式中 $\lambda$ 是投资者的风险厌恶系数，也称为投资者的风险敏感度，有 $\lambda > 0$。上述无差异曲线族为统一开口向上的抛物线，主轴方向都平行于纵轴（$R_p$ 轴）。为了进一步考察结论的稳健性，本书对 $\lambda$ 分别取值 10、20、30、40、50、60、70、80、90、100。

当 $\alpha$ 和 $\beta$ 取不同数值时，程序中的 ExpReturn 矩阵发生了改变，而 ExpCovariance 矩阵没有发生改变，本书采用 portalloc 函数绘制出了投资者的组合边界（图 5.7）。

在图 5.7(a) 中，位置最高的曲线（实线）是经典投资组合理论中的投资者的有效集曲线[①]，该曲线与资本市场线相切。在有效集曲线下方的曲线都是受到避免后悔情绪动机影响的投资边界曲线，这些曲线可以被称为"预期情绪下的有效集曲线"。上述曲线从高到低分别对应的 $\alpha$ 值为 0.05、0.1、0.2、0.3、0.4、0.5、0.6、0.7、0.8、0.9 和 1。上述排列顺序表明，避免后悔动机能够导致投资者估计的有效集曲线向下移动，预期情绪动机下的有效集曲线向下移动的距离与情绪动机的强度（$\alpha$ 值）呈正相关。在图 5.7(b) 中，位置最低的曲线（实线）是经典的有效集曲线，该曲线与资本市场线相切。在经典的有效集曲线上方的曲线是受到追求欣喜情绪动机影响的投资边界曲线。上述曲线从低到高分别对应的 $\beta$ 值为 0.05、0.1、

---

① 有效集曲线是最小方差集合的上半部分。理性投资者在有效集曲线上确定自己的投资组合。

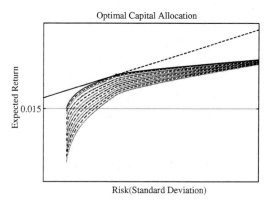

（a）避免后悔动机投资者的组合边界

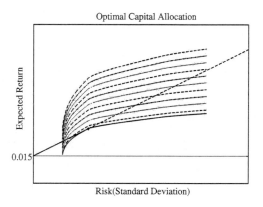

（b）追求欣喜动机投资者的组合边界

**图 5.7　两种情绪动机下投资者的投资边界**

0.2、0.3、0.4、0.5、0.6、0.7、0.8、0.9 和 1。图 5.7(b)表明，追求欣喜
的情绪动机导致投资者估计的有效集曲线向上移动，预期情绪影响下的有
效集曲线垂直移动的距离与情绪动机的强度呈正向关系。上述数据模拟
结果验证了本章的命题 1。

　　本书利用 Matlab 软件分别计算了预期情绪影响下的有效集曲线与资
本市场线的切点，本书把这些切点称为"预期情绪下的有效组合"（简称"情
绪有效组合"）。如果没有预期情绪的影响，投资者的有效组合风险为
0.064 15，收益率为 0.482 8。表 5.4 显示，在避免后悔情绪动机影响下，
投资者的情绪有效组合的风险值和收益率值都大于上述理论值，情绪有效
组合的风险值和收益率值随着避免后悔情绪动机强度（$\alpha$ 值）的增大而增
加。在追求欣喜的情绪动机下，投资者的情绪有效组合的风险值和收益率
值都小于理论值，情绪有效组合的风险和收益率值随着追求欣喜情绪动机

强度（$\beta$ 值）的增大而减少。上述数值模拟结果证明了本章的命题 2。

表 5.4　情绪动机投资者的"有效组合"

| 避免后悔动机的投资者 | | | | | 追求欣喜动机的投资者 | | | | |
|---|---|---|---|---|---|---|---|---|---|
| $\alpha$ | 风险 $(\sigma)$ | $\Delta\sigma/\Delta\alpha$ | 收益率 $(R)$ | $\Delta R/\Delta\alpha$ | $\beta$ | 风险 $(\sigma)$ | $\Delta\sigma/\Delta\beta$ | 收益率 $(R)$ | $\Delta R/\Delta\beta$ |
| 0.05 | 0.064 2 | | 0.482 8 | | 0.05 | 0.064 1 | | 0.482 5 | |
| 0.1 | 0.064 2 | 0.10% | 0.483 0 | 0.31% | 0.1 | 0.064 1 | −0.04% | 0.482 3 | −0.42% |
| 0.2 | 0.065 0 | 0.78% | 0.487 8 | 4.80% | 0.2 | 0.059 2 | −4.83% | 0.441 7 | −40.66% |
| 0.3 | 0.066 5 | 1.46% | 0.494 9 | 7.13% | 0.3 | 0.054 1 | −5.13% | 0.394 9 | −46.82% |
| 0.4 | 0.068 5 | 2.03% | 0.503 7 | 8.82% | 0.4 | 0.050 9 | −3.26% | 0.364 2 | −30.65% |
| 0.5 | 0.071 3 | 2.86% | 0.514 3 | 10.61% | 0.5 | 0.048 9 | −1.97% | 0.344 3 | −19.90% |
| 0.6 | 0.075 4 | 4.09% | 0.527 8 | 13.47% | 0.6 | 0.047 9 | −0.99% | 0.334 0 | −10.35% |
| 0.7 | 0.081 4 | 6.00% | 0.545 4 | 17.64% | 0.7 | 0.047 1 | −0.75% | 0.325 8 | −8.11% |
| 0.8 | 0.090 5 | 9.04% | 0.568 5 | 23.08% | 0.8 | 0.046 6 | −0.58% | 0.319 0 | −6.80% |
| 0.9 | 0.104 6 | 14.13% | 0.595 1 | 26.60% | 0.9 | 0.046 1 | −0.47% | 0.313 5 | −5.56% |
| 1 | 0.128 2 | 23.60% | 0.651 7 | 56.59% | 1 | 0.045 7 | −0.39% | 0.309 0 | −4.50% |

　　表 5.4 还显示，避免后悔情绪动机和追求欣喜情绪动机对于情绪有效组合风险和收益率值的影响具有单调性。无论是在避免后悔还是在追求欣喜的动机下，随着情绪动机强度的增大，情绪动机强度对于情绪有效组合风险值和收益率值的影响逐渐增大。

　　为了检验结果的稳健性，本书综合考虑了在不同情绪动机强度和风险厌恶系数下的情绪有效组合的坐标、投资者的效用以及资产配置比例的情况。图 5.8(a)和图 5.8(b)显示，无论投资者预期情绪动机的类型还是情绪动机强度的大小，投资者选择的情绪有效组合的风险值和收益率值都随着风险厌恶系数（$\lambda$ 值）的增加而减小，不同情绪强度下的数值变化趋势具有一致性。图 5.8(c)显示，随着风险厌恶系数（$\lambda$ 值）的增加投资者的效用降低，在不同情绪状态和不同情绪动机强度下，这种变化规律具有稳定性。图 5.8(d)显示，无论预期情绪动机的类型还是强度系数的大小，投资者对于风险资产的配置比例随着风险厌恶系数（$\lambda$ 值）的增加而降低。图 5.8(e)和图 5.8(f)显示，随着预期后悔动机强度（$\alpha$ 值）的增加，投资者资产配置的总的组合的风险值和收益率值在降低；这表明随着预期后悔动机强度的增加，投资者会降低风险资产的配置比例；在各个不同风险厌恶系数的值上，上述规律

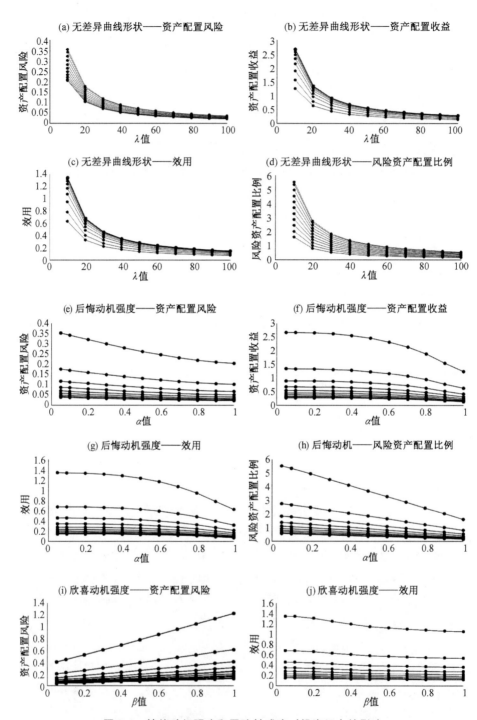

图 5.8　情绪动机强度和风险敏感度对投资组合的影响

保持了稳健性。图 5.8(h)也表明了上述规律。图 5.8(i)表明,随着追求欣喜情绪动机强度的增加,投资者的总的资产组合的风险值增加,这也说明投资者持有的风险组合的比例增加,上述规律在不同风险厌恶强度上具有稳健性。图 5.8(g)和图 5.8(j)表明,无论是追求欣喜还是避免后悔的情绪动机,投资者的效用都会随着情绪动机强度的增加而降低,这说明预期情绪降低了投资者的效用。上述数值模拟结果在不同状态下都显示出了稳健性,这充分证明了本章命题 2 和命题 3 的正确性。

不失一般性,本书把数值模拟期间(2016 年 1 月到 2016 年 12 月)的上证 50 指数成分股划分为盈利组合和亏损组合。软件的计算结果显示,盈利组合的加权平均收益率(期望收益率)为 47.69%,亏损组合收益率的期望值为 54.73%。盈利组合在总的组合中的权重为 91.80%,亏损组合在总的组合中的权重为 8.20%。如果上述数据代表市场均衡状况,并且投资者没有受到预期情绪的影响,上述组合权重将一直保持稳定。为了验证处置效应的结论,本书假设投资者对于盈利组合产生了避免后悔的情绪动机,投资者对盈利组合的期望收益率的估计值减少了 10%,即盈利组合期望收益率的估计值为 37.69%。假设投资者对于亏损组合产生了追求欣喜的情绪动机,投资者对于亏损组合期望收益率的估计值增加了 10%,即亏损组合的期望收益率的估计值为 64.73%。本书根据投资组合的原则计算新的持仓权重,情绪状态下投资者持有的盈利组合的权重下降到 85.40%,投资者持有亏损组合的权重上升到 14.60%,投资者行为表现出了处置效应(表 5.5)。上述结果验证了本章的命题 4。

表 5.5　异质情绪动机下投资组合的权重

| | 盈利组合 | 亏损组合 |
| --- | --- | --- |
| 期望值 | 0.476 9 | 0.547 3 |
| 权重(ω) | 91.80% | 8.20% |
| 修正后的期望值 | 0.376 9 | 0.647 3 |
| 修正后的权重(ω) | 85.40% | 14.60% |

### 三、动态分析的数据模拟结果

为了进一步贴近投资实践,本书根据 2016 年 1 月到 2016 年 8 月上证 50 指数成分股价格真实的变化情况进行了动态投资模拟。本书选择每个月对投资组合调整一次,投资者在每个月都会根据上个月组合的损益情况产生预期情绪动机。如果上个月投资组合亏损,投资者会产生追求欣喜的情绪动机;如果上个月盈利,投资者会产生避免后悔的情绪动机。在情绪动机下,投资者每个月都会对每个成分股的收益率的估计值进行调整。本书利用 Matlab 软件计算每个月的组合权重,并计算每个月的投资损益情况。特别地,2016 年 1 月没有情绪动机,因此每个证券的期望收益率采用前文计算的标准值。本书采用的系数为:$\alpha=0.1,\beta=0.2$。无差异曲线参数 $\lambda=200$。

　　表 5.6 的模拟数据表明,投资者会根据投资的损益情况调整预期情绪动机,并进一步调整风险证券的构成,形成新的有效组合,同时投资者也会调整风险资产的配置比例。数据模拟表明,当前期投资盈利时,投资者具有避免后悔的情绪动机,这会导致投资者在当期调整有效组合的结构构成,表现为情绪有效组合的风险上升,投资者此时也会减少情绪有效组合的持仓比例(例如 2016 年 3 月、4 月、5 月和 7 月)。数据显示,当前期投资出现亏损时,投资者当期的情绪动机为追求欣喜,投资者调整后的情绪有效组合具有较低的风险,同时投资者也会增加情绪有效组合的持仓比例(例如 2016 年 2 月和 6 月)。上述数据结论进一步验证了本章的四个命题。

表 5.6　投资组合的动态调整(2016 年 1 月至 2016 年 8 月)

| 月份 | 组合证券最大收益率 | 组合证券最小收益率 | 组合收益率 | 组合风险 | 投资报酬率 | 情绪动机 | 风险资产配置比例 |
|---|---|---|---|---|---|---|---|
| 1 | −0.891 6 | −4.479 6 | 0.482 8 | 0.064 15 | −107.410 5% | 无情绪 | 28.418 9% |
| 2 | 6.162 0 | −1.753 2 | 1.057 7 | 0.037 5 | 68.234 7% | 追求欣喜 | 185.368 9% |
| 3 | 4.798 8 | −0.338 4 | 0.584 7 | 0.045 4 | 105.482 2% | 避免后悔 | 69.099 4% |
| 4 | 1.917 6 | −1.485 6 | 0.300 4 | 0.067 7 | 21.117 1% | 避免后悔 | 15.567 4% |
| 5 | 2.916 0 | −0.876 0 | 0.302 5 | 0.149 5 | −25.386 7% | 避免后悔 | 3.215 8% |
| 6 | 3.814 8 | −1.356 0 | 0.287 8 | 0.068 7 | 129.472 1% | 追求欣喜 | 14.450 1% |
| 7 | 2.550 0 | −1.080 0 | 0.162 9 | 0.200 8 | 212.760 0% | 避免后悔 | 0.917 0% |
| 8 | 1.473 6 | −1.641 6 | 投资结束 | — | — | — | — |

注:表中的收益率数据已进行年化

# 第五节　预期情绪组合理论的主要结论

## 一、主要结论

　　"预期情绪动机影响投资决策"这个假设条件来源于心理学的预期情绪决策理论。该假设在基础决策领域可以解释决策悖论问题,因而在行为金融学的理论体系中该假设也处于基础假设的地位。

　　"预期情绪动机影响投资决策"这一假设的数学简化表达是：假定投资者在对证券的预期收益率评估时会考虑组合中的证券预期收益率的最大值和最小值，投资者根据最大值和最小值做出比较后再形成对某证券预期收益率的估计值。在上述评估过程中，投资者对于每个证券的预期收益率的估计值比照收益率序列的数学期望出现了不同常数的增减的变化，证券之间收益率序列的协方差没有发生改变。上述数学设定使得预期情绪组合理论能够求得在经典理论坐标系下的显性解。

　　当投资者具有避免后悔的决策动机时，投资者会以组合中证券的最大的预期收益率作为比较值，这导致投资者会低估组合中每个证券的预期收益率。具有避免后悔动机的投资者的有效集会发生垂直向下的位移，这导致该投资者的有效组合"向右漂移"，有效组合具有较大的风险和较高的收益。当投资者具有追求欣喜的投资动机时，投资者会以组合中证券的最小的预期收益率作为比较值，这会导致投资者高估组合中每个证券的预期收益率。具有追求欣喜动机的投资者的有效集曲线向上垂直移动，这导致该投资者的有效组合"向左漂移"，有效组合具有较低的风险和收益。

　　预期情绪动机影响下的投资者会改变资产配置以平衡组合漂移导致的风险和收益的变化。具有避免后悔动机的投资者会降低有效组合的持仓比例，具有追求欣喜动机的投资者会增加有效组合的持仓比例。受到情绪动机的影响，投资者会对组合中亏损和盈利的证券具有不同的情绪动机，投资者会对盈利和亏损证券的预期收益率做出不同的估计。在投资组合的原则下，投资者会表现出明显的处置效应。

　　引入情绪动机后，均值方差组合模型把原来一部分不符合经典理论假设的投资者也纳入组合研究的框架中。从这个意义来讲，均值方差组合模型只是情绪组合模型的一个特例（$\alpha = \beta = 0$）。情绪组合模型仍然沿用了风险和收益均衡的框架。所不同的是，情绪组合模型的投资边界会受到预期情绪的影响而产生扭曲或偏离。情绪组合理论可以在理论上解释投资者的"处置效应"。

### 二、主要贡献

　　本章在金融市场理论上做出了以下贡献。第一，本章提出了"预期情绪动机影响投资者决策"这个假设条件，并提出把该假设条件作为行为金融学研究的基础假设的观点，这丰富了行为金融学理论的基本假设的内容。"预期情绪动机影响投资者决策"这个假设条件把预期后悔和预期欣喜引入投资者行为和投资组合模型的研究中，为行为金融学的情绪研究提供了一个新的思考方向。第二，本章把投资者的预期情绪动机转化为投资者对证券预期收益率的比较行为，提出了不同情绪动机下证券预期收益率的数学表达式，这使得预期情绪影响投资组合的理论能够通过数学演绎法求解。第三，本章在研究中发现了预期情绪动机下投资者行为的普遍规律，总结了有效集移动、情绪有效组合漂移和投资者资产错配等理论结论，本章还给出了处置效应的理论证明。上述研究丰富了行为金融学对于投资者行为的理论认知。第四，有别于行为金融学资产定价研究所采用的证券供给与需求均衡的研究方法，本章采用经典金融学的风险和收益均衡的研究方法，这使得研究结论能够与经典理论相比较，这为行为金融学情绪研究提供了一个在标准理论框架下的研究范例。

### 三、启发和思考

本章在研究中得到了两点启发。第一，行为金融学需要站在较高的视角来解决学科基础假设的问题。具体而言，行为金融学的基础假设需要建立在解决"投资者风险决策问题"这一战略高度上。行为金融学基础假设的确立既需要综合考虑新假设与原有假设理论内涵相融合的问题，也要考虑新假设与经典研究范式相融合的问题。基础假设的确定将有助于行为金融学理论体系的形成。第二，行为金融学的理论研究需要注重与经典理论的比较和融合。作为在经典理论上发展起来的新的学术方向，行为金融学不适合完全抛弃经典理论的研究范式和研究结论而"另起炉灶"。辩证唯物主义方法论认为，人们新的认知是螺旋式上升的，是在否定之否定的基础上通过对旧有认知的"扬弃"而发展起来的。行为金融学的理论只有注重吸收经典金融学的理论精华，对于经典金融理论实现"扬弃"，才能形成一致公认的统一的理论体系。

从发展的角度来看，预期后悔理论与金融学理论的结合具有较多的优势。作为预期效用理论的补充，预期后悔理论与预期效用理论具有良好的契合性。预期后悔理论没有否定"投资者风险厌恶"这一金融学的学科假设，因此把预期后悔理论引入金融学理论体系中可以在不改变研究范式的基础上实现理论的发展。预期后悔理论的这一特点比照前景理论具有非常明显的优势。本章理论研究的尝试，也充分表明了在预期后悔理论的指导下，经典金融学的研究范式和基本结论能够被有效地继承，这初步实现了对于经典金融学理论的"扬弃"。

# 第六章 即时情绪影响下的投资组合和投资者行为

中国证券市场在历史进程中出现过多次"脉冲式"的波动行情,特别是2015年6月出现的"股市异常波动"以及随后出现的由"熔断规则"引发的股价"跳水"事件,都向人们昭示了中国股票市场的系统性风险。尽管上述系统性风险对金融市场造成了巨大的影响,但是理论界仍然没有对股市产生剧烈波动的机理形成统一的认知。

虽然情绪被认为是影响资产定价的重要因素,但是行为金融学的三大假设——外推信念、过度自信和前景理论都没有把情绪作为资产定价模型的重要变量。这导致三大假设缺乏更加深入的机理阐述,也导致情绪与三大假设之间的关系含糊不清。

本章正是在上述问题的启发下展开研究的。本章的主要研究内容是:首先,在文献研究的基础上提出"即时情绪"影响群体投资决策的理论观点;其次,本章结合中国证券市场的特征,系统地分析情绪影响投资决策的心理学机理,总结并明确了情绪影响投资决策的金融学假设;再次,本章通过数理模型演绎法详细地分析了即时情绪影响投资组合和资产定价的理论机制;最后,本章对理论结果进行了实证检验。

## 第一节 即时情绪影响投资决策的心理学机理及金融学假设

### 一、即时情绪影响投资决策的理论机理

社会心理学的主要研究对象就是社会和群体的心理规律。社会心理学对于群体的概念以及群体的行为特点具有清晰的认知和详细的描述。采用社会心理学关于社会群体的理论可以很好地解释中国证券市场投资

者在市场大幅度波动时的行为表现。

### （一）投资者群体的认定

《社会心理学》一书（沙莲香，2015）对于"群体"的定义是："群体是这样的一些人，他们在一定的空间和时间内相互作用，直接或间接地使有效的相互作用在持续性、广泛性和融洽性上达到密切的程度，并自身形成一个内部准则，指导价值的实现。"书中总结了群体的五个特征："一是，群体首先必须是一群人，家庭、小组、公司、国家、民族都可以成为一个群体；二是，群体存在着一个结构，比如角色分工；三是，有一定目标；四是，群体成员要明确意识到自己是属于某个群体的，以及群体的界限；五是，群体有共同的价值和规范。"

股票市场的投资者尽管风险偏好各异，但他们都是以投资盈利作为目标，他们都对证券市场投资者这个身份有所认同。在上述群体里，可以分化出机构投资者、散户、投资分析师以及财经评论家等角色。他们大多认同股票市场的投资规则，对股票的投资价值具有相近的判断。正是由于上述原因，股票市场的投资者符合社会心理学中"群体"的定义。每个投资者都是这个庞大的开放性的社会群体中的一员。

### （二）投资者的群体心理和群体极化现象

中国证券市场中出现的牛市、熊市和异常波动本质上是一种群体心理和群体行为的表现。证券市场中的投资者作为一类社会群体，他们关注的信息高度集中，投资者之间的情绪通过电视、网络、平面媒体以及其他渠道广泛传播。当情绪传播出现共振的时候，就会在市场中出现显著的价格变化；当这种价格变化能够得以持续的时候，价格的变化进一步强化群体情绪，因此市场出现正反馈的交易模式，这就形成了股票市场的趋势性波动（牛市和熊市）。有时候，当投资者的情绪共振非常激烈就会产生集群行为；集群行为的特点是自发性、狂热、非常规和短暂；这种集群行为在市场的最显著例证就是羊群现象和"股灾"。中国证券市场的投资实践表明，市场在趋势性的牛市或熊市行情中，有很多实例符合群体心理的特征规律。

在牛市行情中，投资者群体会产生"单方向群体极化"，这导致投资者对市场方向的判断趋于一致。在中国证券市场 2014 年 7 月至 2015 年 6 月的牛市行情中，2014 年末期的券商策略研究报告对于当时行情是牛市还是反弹有着较大的争议，争议产生的原因就是当时的宏观经济环境并不支持牛市的走势。当市场运行到 2015 年 3 月时，在市场继续上升的环境下，券商的策略分析报告一致地认定是牛市行情，甚至有一些券商把牛市策略发布时间的先后作为研究水平的标志加以推广宣传。产生这种现象的原因在于,券商作为相对理性的投资者在开始时能够以客观的信息进行理智分析,但是其作为社会群体中的成员不可避免地会受到情绪的感染,这导致后期券商对行情出现了一致性的错误判断。

当投资者群体出现单方向极化之后,群体会对市场信息进行选择性接收。上述现象表现为牛市中的反向信息无法对市场运行方向产生影响。在 2005 年 7 月到 2007 年 10 月的牛市行情中,随着市场的上行,投资者的情绪都处在高度的兴奋之中;证监会为了进一步抑制投机,相继推出了诸如投资者教育、扩大股市供给等"利空"政策;中央银行为了吸收市场的流动性也相继推出了"发行 6 000 亿元特别国债,提高存款准备金率"等宏观性的调控政策。这些政策反映在股市中出现了"逆向激励"现象——利空政策出台反而引发股市更大的上涨。勒庞在其著作《乌合之众》中也描述了这样的情况:当心理群体形成后,人们的行为将会有着巨大的合力,外力很难进行干扰(勒庞,2007)。

单方向极化后的投资者的群体心理具有脆弱性,群体的决策会被一些无关的心理暗示所干扰。在 2015 年 6 月出现的股市异常波动中,证监会和各大券商宣誓保护股市的行动以及中国证券金融公司巨额资金救市的行动都没有能够阻止股市的抛售浪潮,直到网上发布了"公安部副部长带队到证监会调查部署严打证券领域犯罪活动"的消息,市场的抛售才戛然而止,出现了反弹行情。正如《证券市场红周刊》专访的业内人士所言:"……在处理任何事情中,警力永远是第一位的。这是一项比较有实质性的利好。"(王博暄,2015)在上述事件中,心理暗示起到了决定性作用。

认知心理学认为,即时情绪是人类在艰苦的原始条件下所形成的快速决策的催化剂。在证券市场中,由于投资者处于群体之中并且投资者都高度关注证券市场,因此投资者的决策既会受到自身即时情绪的影响也会受到即时情绪传播的影响。在即时情绪传播的影响下,投资者的即时情绪会形成短期共振,这将导致证券市场出现大幅度波动;在即时情绪传播的影响下,投资群体会形成群体极化现象,这使得投资者群体出现对证券市场一致的态度,从而导致市场出现一段时间的趋势性变化。

## 二、即时情绪影响投资决策的基础假设

现代金融学的投资组合理论认为,投资者在投资决策时只考虑证券的预期收益率和风险两种因素。正是由于上述原因,即时情绪只有影响了投资者对于预期收益率和风险的判断才能影响投资者的投资决策。根据社

会心理学的理论,当群体心理形成时,群体的认知呈现表象化的特征,因此
投资者更加容易形成对于证券收益率预期的误差。

证券市场中投资者形成预期误差通常需要三个条件。第一个条件是
发生强刺激事件吸引了投资者群体的注意力。强刺激事件包括资产价格
的大幅度变化、突发事件、舆论变化以及其他具有财富效应的事件。第二
个条件是"意见领袖"的出现和前期事件的持续刺激。投资者群体在事件
的激发之下会主动进行讨论,"意见领袖"是讨论中最具有说服力的人物。
此时如果前期事件能够持续发生并且能够佐证"意见领袖"的观点,群体意
见将逐渐趋于统一。第三个条件是"少数派意见"被压制。在投资者预期
误差形成的过程中,少数派的意见会让投资者群体保持理性。上述条件是
即时情绪传播引发投资者群体极化的前提条件。当群体极化形成后,投资
群体会形成对于证券市场预期收益率和风险相对一致的判断,这会导致证
券市场总体行情和投资者行为出现可观察的显著变化。

另外,由于即时情绪的传播会受到环境和时间的影响,因此投资者群
体中具有同质性预期的投资者数量会处在动态变化之中。由于缺乏投资
者数量变化的先验知识,因此即时情绪对投资决策的影响适合在投资者群
体形成相对一致性预期的假设条件下展开研究。

鉴于以上分析,本书提出如下假设:投资环境的变化会导致投资者产
生即时情绪,即时情绪的传播会导致投资者群体出现极化现象,这会导致
投资者对证券收益和风险的预期出现一致性的误差。

上述假设中,投资环境变化中最为重要的因素就是资产价格的变化,
前文中的实例充分说明了上述情况。本书提出的假设条件符合投资者的
经验认知,在行为金融学的学术研究中具有一致性的共识。诸多理论和实
证研究支持这个假设条件的成立,例如林树和俞乔(2010)、张宗新和王海
亮(2013)以及金永红和罗丹(2017)的研究都形成了类似的结论。

## 第二节　即时情绪对投资组合以及投资者行为的影响

为了明确即时情绪影响投资决策的理论机制,本书在经典的马科维茨
均值方差组合模型的框架下引入投资者无差异曲线进行研究。

### 一、数理模型的假设条件

本书保留大部分马科维茨均值方差组合模型的假设条件,对其中的一

个假设条件进行了修改。本书保留原模型有关资本市场的假设，即：
(1)资本市场是有效的；(2)资本市场上的证券是有风险的；(3)证券的供给
具有无限弹性；(4)市场允许卖空。本书保留原模型关于投资者的假设为：
(1)投资者是理性的，也是风险厌恶的；(2)投资者的目标是期望效用最
大化。

　　本书对经典马科维茨均值方差组合模型关于投资者决策行为的一个
假设做出如下修改：投资者在投资中只关注投资收益这个随机变量的两
个特征，即收益率的期望值和方差。投资者会受到情绪的影响，对于收益
率的期望值或方差产生一致性的预期误差。

### 二、一致性的预期误差导致的最小方差集合的变化

　　为了便于区别比较，本书依照马科维茨(Markowitz,1952)论文中的表
达习惯设置变量。假设证券市场中有 $n$ 个证券，每个证券的收益率都是离
散型的随机变量。例如：在市场中，证券 $i$ 的收益率 $R_i$ 的分布为 $(x_1, p_1;$
$x_2, p_2; \cdots; x_i, p_i; \cdots; x_m, p_m)$，其中 $x_i$ 为观测值，$p_i$ 为概率；有
$\mathrm{E}(R_i) = \mu_i$，$\mathrm{Var}(R_i) = \sigma_i^2$。 有以下矩阵：

$$R = \begin{pmatrix} \mu_1 \\ \mu_2 \\ \vdots \\ \mu_n \end{pmatrix}, V = \begin{pmatrix} \sigma_1^2 & \sigma_{12} & \cdots & \sigma_{1n} \\ \sigma_{21} & \sigma_2^2 & \cdots & \sigma_{2n} \\ \vdots & \vdots & \vdots & \vdots \\ \sigma_{n1} & \sigma_{n2} & \cdots & \sigma_n^2 \end{pmatrix}, X = \begin{pmatrix} \omega_1 \\ \omega_2 \\ \vdots \\ \omega_n \end{pmatrix}, I = \begin{pmatrix} 1 \\ 1 \\ \vdots \\ 1 \end{pmatrix}$$

上式中，向量 $R$ 代表组合中每个证券的期望收益率，矩阵 $V$ 是组合的协方
差矩阵，向量 $X$ 是组合中每个证券所占的权重，$I$ 是单位矩阵。若令 $R_p$
代表组合的收益率，$\sigma_p$ 代表投资组合的风险，那么马科维茨投资组合模型
的求解过程可以转化为数学问题，即求组合风险的最小值 $\mathrm{Min}(X^{\mathrm{T}}VX)$，
约束条件为 $\mathrm{E}(R_p) = X^{\mathrm{T}}R$ 和 $X^{\mathrm{T}}I = 1$。 上述问题通过二次规划法求解，得
到经典理论模型的投资者的投资边界（最小方差集合）方程为：

$$\frac{\sigma_p^2}{1/C} - \frac{[\mathrm{E}(R_p) - A/C]^2}{D/C^2} = 1 \tag{6.1}$$

式(6.1)中，$A$、$C$ 和 $D$ 都是常数，$A = R^{\mathrm{T}}V^{-1}I$，$B = R^{\mathrm{T}}V^{-1}R$，$C = I^{\mathrm{T}}V^{-1}I$，$D = BC - A^2$，式 6.1 是双曲线方程，具有金融投资意义的是该双
曲线的右半枝曲线。

　　根据本章的假设条件,投资者群体对于证券的期望收益率产生了一致性的预期误差。本书假设一致性预期误差为常数,这一误差在每个证券都呈现均匀分布。设 $\delta h_0$ 为一致性预期误差。$h_0$ 代表每位投资者对于每个证券预期收益率估计的误差数量,有 $h_0 > 0$。$\delta$ 为符号系数,当投资者对证券市场具有乐观情绪时,投资者会表现为对市场收益率一致性地高估,即 $\delta = +1$;当投资者普遍对证券市场具有悲观情绪时,投资者会表现为对市场收益率一致性地低估,即 $\delta = -1$。

　　设在即时情绪的影响下,投资者估计的每个证券收益率的观测值都比理论计算值相差 $\delta h_0$。例如:证券 $i$ 的估计分布为 $(x_1 + \delta h_0, p_1; x_2 + \delta h_0, p_2; \cdots; x_i + \delta h_0, p_i; \cdots; x_m + \delta h_0, p_m)$,有 $\mathrm{E}(R_i) = \mu_i + \delta h_0$,$\mathrm{Var}(R_i) = \sigma_i^2$。

　　在上述假设下,每个证券之间的协方差矩阵不变,而市场组合的预期收益率 $R_p'$ 为:

$$\mathrm{E}(R_p') = \mathrm{E}(R_p) + \delta h_0 \tag{6.2}$$

原先的投资边界求解问题转化为如下二次规划问题:

$$\begin{cases} \mathrm{Min}\,(X^{\mathrm{T}}VX) \\ s.t. \\ \mathrm{E}(R_p') = X^{\mathrm{T}}R + \delta h_0 I \\ X^{\mathrm{T}}I = 1 \end{cases} \tag{6.3}$$

构建拉格朗日方程并求解,可以得到以下方程(求解步骤参见附录1):

$$\frac{\sigma_p^2}{1/C} - \frac{[\mathrm{E}(R_p) - A/C - \delta h_0]^2}{D/C^2} = 1 \tag{6.4}$$

式(6.4)是在一致性预期偏差下的"新的"投资组合边界,该边界反映了"错误预期下"市场所有投资者投资边界的平均值。

　　组合边界的曲线方程显示,新的组合边界比照经典理论的组合边界发生了垂直方向上的位移。当投资者对于证券市场具有普遍乐观情绪时,投资者一致性高估市场整体的收益率水平,这导致投资者主观的投资边界比照经典理论的边界呈现垂直向上移动;当投资者对于证券市场具有普遍的悲观情绪时,投资者一致性低估市场整体的收益率水平,这导致投资者主观的投资边界比照经典理论的边界呈现垂直向下移动。图 6.1(a)和图 6.1(b)反映了投资边界的垂直移动。在图 6.1 中,实线代表经典理论模型的投资边界,虚线代表情绪组合的投资边界。

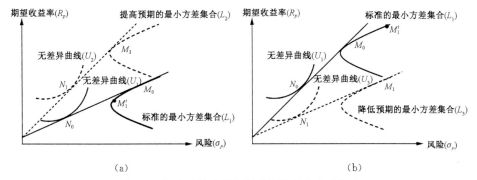

图 6.1　组合收益率预期误差下的最小方差集合

### 三、预期误差导致有效组合的漂移

本书依照金融学原理引入无风险资产，设无风险资产的收益率为 $R_f$。由于无风险资产自身收益率序列的方差为0，无风险资产与其他资产收益率序列的协方差为0，因此引入无风险资产之后，新的投资边界为一条射线，这条射线被称为资产配置线。在图6.1中，显示为实线的射线是经典理论的资产配置线，显示为虚线的射线是情绪状态下的资产配置线。资产配置线与马科维茨组合边界的切点被称为有效组合。由于马科维茨组合边界的移动，有效组合的位置发生了变化。

在经典马科维茨组合边界上，过无风险资产所在的点 $(0, R_f)$ 做经典组合边界的切线，切点的坐标为：

$$E(R_{M0}) = \frac{A}{C} + \frac{\dfrac{D}{C^2}}{\dfrac{A}{C} - R_f} \tag{6.5}$$

$$\sigma_{M0} = \sqrt{\frac{1}{C} \times \left[ 1 + \frac{\dfrac{D}{C^2}}{\left( \dfrac{A}{C} - R_f \right)^2} \right]} \tag{6.6}$$

在情绪状态下，过无风险资产所在的点 $(0, R_f)$ 做情绪组合边界的切线，切点的坐标为：

$$E(R_{M1}) = \frac{A}{C} + \delta h_0 + \frac{\dfrac{D}{C^2}}{\dfrac{A}{C} + \delta h_0 - R_f} \tag{6.7}$$

$$\sigma_{M1} = \sqrt{\frac{1}{C} \times \left[ 1 + \frac{\dfrac{D}{C^2}}{\left(\dfrac{A}{C} + \delta h_0 - R_f\right)^2} \right]} \qquad (6.8)$$

式(6.5)至式(6.8)的结果显示：当投资者对于市场期望收益高估时，$\delta h_0 > 0$，有 $\sigma_{M1} < \sigma_{M0}$，此时情绪状态下的有效组合的风险小于经典理论中的有效组合的风险；当投资者对于市场期望收益低估时，$\delta h_0 < 0$，有 $\sigma_{M1} > \sigma_{M0}$，此时情绪状态下的有效组合的风险大于经典理论中的有效组合的风险。

上述结论的金融学机理可以解释为：由于投资者错误地估计了证券的期望收益率，因此市场构建了新的均衡。在新的均衡条件下，投资者选择了新的有效组合。例如，投资者选择新的有效组合为 $M_1$（图 6.1），$M_1$ 在经典投资组合理论的最小方差集合中对应的点为 $M_1'$，可以证明 $M_1$ 和 $M_1'$ 的证券组合完全相同（证明过程见附录）。假设有一位理性的观察者，这位观察者发现，情绪化的投资者选择的有效组合在经典的最小方差集合曲线中相较于理论值出现了有规律的偏移。根据以上分析，本书得出以下命题。

命题 1：投资者一致性预期的估计误差将导致有效组合发生漂移；当投资者高估预期时，有效组合向左漂移，投资者会选择风险较小的组合进行投资；当投资者低估预期时，有效组合向右漂移，投资者会选择风险较大的组合进行投资。

### 四、即时情绪对于资产价格的影响

资产价格的变化取决于两种因素，一种因素是资产产生的现金流，另一种因素是现金流的折现率。投资者受到情绪的影响会对现金流产生外推信念，这种外推信念叫作现金流外推，这是行为金融学常用的一种资产价格模型。另一种外推信念叫作收益率外推，学术界对于收益率外推产生的机理尚不清晰，本书将通过情绪组合模型揭示折现率与收益率外推的关系。

假设资产产生的现金流不变。考虑到市场经历两个时期，在第 1 时期，市场没有受到情绪的影响，市场在经典投资组合理论的框架下实现了均衡；在第 2 时期，投资者受到即时情绪的影响错误地估计了证券的预期收益率，证券市场实现了新的均衡。在新旧均衡的交替中，由于资产的现金流保持不变，资产现金流的折现率发生了变化，因此本书可以通过投资组合理论对资产价格的变化作出预测。

在时期 1（图 6.1），经典理论框架下的有效组合为 $M_0$，该组合也是 CAPM 理论中的市场组合，组合 $M_0$ 的收益率的随机变量为 $R_{M0}$。投资者把 $M_0$ 组合作为证券定价的基础，表现为每个证券的期望收益率都是以市场组合的期望收益率作为计算依据。根据 CAPM 模型，市场中任一证券 $x$ 的期望收益率为：

$$E(R_x) = R_f + \beta_x [E(R_{M0}) - R_f] \tag{6.9}$$

式(6.9)中，$\beta_x = \dfrac{\mathrm{cov}(R_x, R_{M0})}{\mathrm{var}(R_{M0})}$。$E(R_x)$ 是证券 $x$ 的期望收益率，也叫作证券 $x$ 的必要报酬率，它也是证券 $x$ 的现金流的折现率。

同理，在经典最小方差集合上的组合 $M_1'$ 的期望收益率为：

$$E(R_{M_1'}) = R_f + \beta_{M_1'} [E(R_{M0}) - R_f] \tag{6.10}$$

式(6.10)中，$\beta_{M_1'} = \dfrac{\mathrm{cov}(R_{M_1'}, R_{M0})}{\mathrm{var}(R_{M0})}$。

根据前文计算的结果，$M_1'$ 组合的收益率比照 $M_1$ 相差 $\delta h_0$，$M_1'$ 组合的收益率为：

$$E(R_{M_1'}) = \frac{A}{C} + \frac{\dfrac{D}{C^2}}{\dfrac{A}{C} + \delta h_0 - R_f} \tag{6.11}$$

不失一般性，假设 $\delta h_0 > 0$。有 $E(R_{M_1'}) < E(R_{M0})$，带入式(6.10)，考虑到 $\beta$ 系数的性质可以得到 $0 < \beta_{M_1'} < 1$。

在时期 1 末期，投资者受到即时情绪的影响，错误地估计了证券的预期收益率，这时投资者购买 $M_1$ 组合作为有效组合。由于此时证券的价格尚未开始变化，投资者实际上是投资经典最小方差集合上的 $M_1'$ 组合。投资者把 $M_1'$ 作为市场组合，这时市场中每个证券的必要报酬率将以 $M_1'$ 的期望收益率为基础进行重新确定。

以 $M_1'$ 为基础，证券 $x$ 的期望收益率理论值可以写为：

$$E(R_x) = R_f + \frac{\beta_x}{\beta_{M_1'}} [E(R_{M_1'}) - R_f] \tag{6.12}$$

在时期 1 的均衡中，式(6.9)和式(6.12)可以相互转换，是等价的。由于投资者把 $M_1'$ 组合当作是市场组合，因此投资者以 $M_1'$ 组合作为期望收益率

的衡量标准,因此投资者认为 $\beta_{M_1'} = 1$。 此时,投资者计算的证券 $x$ 的期望报酬率为:

$$E(R'_x) = R_f + \beta_x [E(R_{M_1'}) - R_f] \qquad (6.13)$$

因为 $E(R_{M_1'}) < E(R_{M0})$,所以 $E(R'_x) < E(R_x)$。

上文的比较分析表明,受到情绪影响的投资者低估了证券 $x$ 的必要报酬率。在证券 $x$ 现金流不变的情况下,证券 $x$ 的价格将出现上升。同理,上述结论也可以推广到 $\delta h_o < 0$ 的情况。

我们可以把没有情绪影响的均衡状态理解为市场长期的均衡状态,受到情绪影响的均衡状态是市场阶段性的均衡状态。长期均衡决定了市场中风险和必要报酬率之间的关系保持稳定,短期均衡状态则决定了必要报酬率的计算基准,进而决定了资产估值的标准。根据理论模型演绎的结果而言,投资者错误预期的方向(乐观或者悲观)与资产价格变化的方向一致。根据假设条件,本书得到以下命题。

命题 2:即时情绪所引发的组合漂移会引发投资者对于有效组合必要报酬率的错误估计,从而导致资产价格与投资者情绪同方向变化,这进一步导致了投资者对于资产价格的外推信念。

上述结论给出了投资者外推信念的新的理论解释。本书把外推信念归因为投资者情绪,这使得外推信念可以通过投资者情绪而被观测到,这种理论结果更加符合人们的经验认知。

### 五、即时情绪对于投资者行为的影响

根据均值方差投资组合理论,引入无风险资产后,投资者在有效组合和无风险资产之间进行资产配置,投资者进行两类资产配置的比例与投资者无差异曲线在资产配置曲线的切点相关。

经典均值方差组合理论隐含的假设条件是:投资者的效用曲线是收益和风险的二次函数,并且收益和风险各自独立地影响投资者效用,那么投资者的无差异曲线族可以表示为:

$$2\phi E(R_p) - \alpha \sigma_p^2 - 2\theta \sigma_p + \varepsilon - U_i = 0 \qquad (6.14)$$

式(6.14)中 $U_i$ 是常数,$U_i = U_1, U_2, \cdots, U_n$。

若 $R_f$ 代表无风险利率,经典马科维茨组合理论的资本市场线的方程为:

$$E(R_p) = R_f + K\sigma_p \qquad (6.15)$$

式(6.15)中,经典理论中资本市场线的斜率为:

$$K = \sqrt{C\left[\left(\frac{A}{C} - R_f\right)^2 + \frac{D}{C^2}\right]} \qquad (6.16)$$

通过对无差异曲线求导,得到在无情绪状态下无差异曲线与资本市场线的切点横坐标为:

$$\sigma_{N0} = \frac{\phi K - \theta}{\alpha} \qquad (6.17)$$

在无情绪状态下,投资者投资于风险资产的比例为$\sigma_{N0}/\sigma_{M0}$。

在情绪状态下,资产配置线的方程为:

$$E(R_p) = R_f + K'\sigma_p \qquad (6.18)$$

式(6.18)中,新的资本市场线的斜率为:

$$K' = \sqrt{C\left[\left(\frac{A}{C} + \delta h_0 - R_f\right)^2 + \frac{D}{C^2}\right]} \qquad (6.19)$$

情绪状态下,无差异曲线与资本市场线的切点横坐标为:

$$\sigma_{N1} = \frac{\phi K' - \theta}{\alpha} \qquad (6.20)$$

在情绪状态下,投资者投资于风险资产的比例为$\sigma_{N1}/\sigma_{M1}$。

根据$\delta$符号的性质可以判断出在不同情绪状态下投资者资产配置比例的变化。当投资者高估证券的期望收益率时,即$\delta = +1$,有$\sigma_{M0} > \sigma_{M1}$,又因为此时$K' > K$,得到$\sigma_{N0} < \sigma_{N1}$,进一步得到$\sigma_{N1}/\sigma_{M1}$大于$\sigma_{N0}/\sigma_{M0}$,即投资者比照理论值增加了风险资产的配置比例;当投资者低估证券的期望收益率时,即$\delta = -1$,有$\sigma_{M0} < \sigma_{M1}$,又因为此时$K' < K$,得到$\sigma_{N0} > \sigma_{N1}$,进一步得到$\sigma_{N1}/\sigma_{M1}$小于$\sigma_{N0}/\sigma_{M0}$,即投资者比照理论值减少了风险资产的配置比例。

上述演绎结果表明:投资者群体对于风险资产的投资比例与投资者群体的预期具有正向关系。即当投资者高估证券的预期收益率时,投资者会增加风险资产配置的比例;当投资者低估证券的预期收益率时,投资者会降低风险资产的配置比例。

考虑到有效组合价格随着投资者情绪同向变动,而组合价格又会影响投资者的交易行为,上述理论结论在投资实践中表现为:投资者的乐观预期导致风险资产价格的升高,进一步导致投资者增加风险资产的持有比例,反之亦然;投资者即时情绪导致投资者的正反馈交易。本书得出以下命题。

命题 3:投资者即时情绪与证券收益率具有正反馈关系,即时情绪导致投资者进行正反馈交易。图 6.2 描绘了证券市场正反馈的机理。

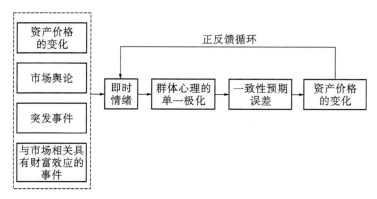

**图 6.2　即时情绪引发的正反馈投资机理的示意图**

### 六、即时情绪影响风险预期下的最小方差集合

假设投资者受到即时情绪的影响,对于投资组合的风险产生了一致性的判断误差。投资者投资组合的参数方程如下,组合的预期收益率为:

$$\text{E}(R_p)=\omega_1 R_1+\omega_2 R_2+\cdots+\omega_n R_n \tag{6.21}$$

投资组合的风险为:

$$\sigma_p=\left(\sum_{i=1}^{n}\sum_{j=1}^{n}\omega_i\omega_j\sigma_{ij}\right)^{\frac{1}{2}}+\delta\sigma_0 \tag{6.22}$$

式(6.22)等号右边前半部分是经典投资组合理论风险的参数方程,$\delta\sigma_0$ 是投资者对组合风险的错误估计。$\sigma_0$ 代表每位投资者对于组合风险错误估计的数量,有 $\sigma_0>0$。$\delta$ 为符号系数,当投资者高估风险时,$\delta=+1$;反之,$\delta=-1$。

式(6.22)可以写作 $\sigma_p-\delta\sigma_0=\left(\sum_{i=1}^{n}\sum_{j=1}^{n}\omega_i\omega_j\sigma_{ij}\right)^{\frac{1}{2}}$。由于 $\delta\sigma_0$ 是常数,因此可以根据坐标变换的原理在 $\sigma_p-\delta\sigma_0$ 和 $R_p$ 坐标系下求解情绪组合的投资边界,并转换为正常坐标。情绪组合下的投资边界方程为:

$$\frac{(\sigma_p-\delta\sigma_0)^2}{1/C}-\frac{[\text{E}(R_p)-A/C]^2}{D/C^2}=1 \tag{6.23}$$

引入无风险资产之后,资本市场线与最小方差集合的切点为①:

$$\mathrm{E}(R_{M2}) = \frac{A}{C} + \frac{D/C^2}{A/C - R_f - D\delta\sigma_0/(A - CR_f)} + \frac{D\delta\sigma_0\sqrt{D/C^2 - \Delta}}{\Delta\sqrt{C}}$$

(6.24)

$$\sigma_{M2} = \delta\sigma_0 + \frac{D/C^2}{D\delta\sigma_0/C + (A/C - R_f)^2} + \frac{(A/C - R_f)\sqrt{C(D/C^2 - \Delta)}}{C\Delta}$$

(6.25)

上述公式中,$\Delta = (D/C)\delta\sigma_0^2 - (A/C - R_f)^2$。若 $\delta\sigma_0 > 0$ 经过比较得到 $\mathrm{E}(R_{M2}) > \mathrm{E}(R_{M0})$,根据有效集单调的性质,可以得到 $\sigma_{M2} > \sigma_{M0}$(参考图 6.3)。

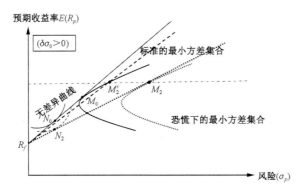

图 6.3 恐慌引起的对组合风险的错误估计

设情绪影响组合风险的状态下资本市场线的切线为 $K''$,可以得到 $K'' < K$ ②。在新的最小方差集合下,投资者无差异曲线与资本市场线的切点横坐标为 $\sigma_{N2} = \frac{\phi K'' - \theta}{\alpha}$,得到 $\sigma_{N2} < \sigma_{N0}$,因为 $\sigma_{M2} > \sigma_{M0}$,所以得到,投资者在情绪状态下会提高对风险的评估,从而减少风险资产的持有比例。

情绪引发的投资者对于风险的错误预期通常具有单向性,即高估市场风险。根据上文的理论分析,高估市场风险会导致市场必要报酬率的升

---

① 本书利用试用版 Mathematica 软件计算得到了式(6.24)和式(6.25)。

② 参考图 6.3。图 6.3 中,$M_2'$ 是情绪影响下有效组合在经典投资边界上的"镜像",过无风险资产点 $F$ 与连线的切线的斜率 $L$ 小于资本市场线的斜率 $K$。最小方差集合向右平移后,新的资本市场线斜率 $K''$ 小于 $L$,因此 $K'' < K$。

高,进一步会导致市场出现大幅度波动。从证券市场的发展历史来看,风险预期误差引发的大幅度波动具有突发性和短期性的特征,并且波动发生的频次较低。本书得到以下命题。

命题 4:即时情绪能够引发投资者群体对于市场的风险产生错误判断,从而引发市场出现短期大幅度下跌。

## 第三节　即时情绪影响下的资产定价模型

即时情绪会导致投资者群体对组合的预期收益率出现一致性的错误估计(信念偏差),这种错误估计将导致市场产生较长时间的趋势性波动。根据前一节的理论分析,即时情绪引发趋势性波动将会导致有效组合出现漂移,这也将在短时间改变资本市场的资产定价关系。

本书不讨论由预期情绪导致的资产定价关系的改变。资产定价模型反映的是较长时间状态下资产收益的关系。由于预期情绪动机会受到投资损益的影响而改变,这种改变在每个交易日都有可能发生,具有明显的易变性。CAPM 是在市场处于均衡状态时的理论模型,因此本书不讨论预期情绪对于资产定价模型的影响。

由于投资者对于预期风险的错误估计会导致市场出现单方向性的"恐慌性下跌",这种资产价格变化具有突发性和短期性的特点,由于资产定价模型反映的是一段时期内资产价格的关系,因此上述资产价格变化也不在本书的讨论范围之内。

### 一、即时情绪影响资产定价的机理和理论假设

投资者的即时情绪会受到市场行情的影响而改变,这会导致投资者对未来的市场行情具有乐观的估计或者悲观的估计。即时情绪通过传播,能够在投资者群体中产生群体极化现象,这表现为投资者群体对于证券的预期收益率出现一致性的错误估计(高估或者低估)。

当投资者群体错误地估计了证券的预期收益率后,投资者估计的风险资产的最小方差集合就会发生垂直移动,同时投资者认定的有效组合也发生了漂移。根据本章第一节的命题 1 和命题 2,投资者认定的市场必要报酬率也发生了改变,进而导致新的有效组合的价格也发生了变化,有效组合价格变化的方向与投资者群体情绪的方向一致。

由于即时情绪的影响导致市场环境在一段时期内发生了改变,因此即

时情绪影响下的资产定价关系将偏离经典的资本资产定价模型(CAPM)。为了确定即时情绪状态下资产定价模型的表达,本书对传统 CAPM 模型的假设条件进行了修改。

本书保留原先 CAPM 模型的一部分假设条件。(1)投资者是风险回避者。这一假设条件是新古典金融学的基础假设之一,本书予以保留。(2)投资期为单期。本书比较讨论了无情绪状态下的 CAPM 模型和即时情绪状态下的资本资产定价模型,这些模型的适用条件都是单期。(3)投资是无限可分的,投资规模不影响资产价格。即时情绪状态下的资产定价模型仍然采用风险和收益均衡的方式确定资产收益率。(4)存在着无风险资产,投资者可以进行无风险借贷。(5)没有交易成本和交易税。(6)所有投资者对于证券收益和风险的预期都相同(一致性预期)。(7)市场组合包含全部的证券。

本书对于部分原先的假设条件进行了修改或者赋予新的说明。(1)投资者会估计证券的预期收益率和方差,并据此进行投资;受到即时情绪的影响,投资者对证券预期收益率的估计会产生一致性的偏差。(2)市场长期处于均衡状态,短期处于动态均衡状态,市场数据呈现出长期均值回复的特征。上述假设条件的理论含义是:在一个相当长期的视角下,市场处于理论上的均衡状态;因此在长期视角下,CAPM 模型仍然能够解释资产定价问题。在短期内,市场价格受到即时情绪的影响可能处于趋势性波动中,这种波动带来了风险证券最小方差集合的变化,也带来了有效组合的漂移;上述变化依然遵循着投资者效用最大化的原则,新的资产配置线依然遵循着与新的最小方差集合相切的关系,这就构成了情绪状态下证券市场的短期均衡。情绪的改变会导致短期均衡的重新构建,因此这类均衡是变动的短期均衡。在短期均衡中,新的有效组合也就是每一时期的市场组合。

## 二、即时情绪影响下的资产定价模型的推导

根据前文的假设条件,市场的长期走势能够反映信息的真实状况,证券市场在长期处于理论中的均衡状态,市场长期遵循着经典的投资组合理论和 CAPM 模型的规律。根据前文的假设条件,在较短的时间内(一年以内),市场会随着投资者情绪的变化而出现短期均衡,这一短期均衡的原因产生于投资者对于证券的预期收益率出现一致性的错误估计,短期均衡表现为投资者主观估计的最小方差集合呈现垂直移动的现象(图 6.4)。在短期均衡中,市场中每个证券的预期收益率与长期均衡的结果都相差

$\delta h_0$，风险不变。

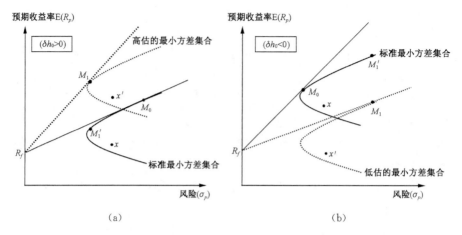

图 6.4　组合漂移与证券的预期误差

　　在实际的市场投资中，长期均衡和短期均衡都是可以在市场数据中观察到的。例如，长期来看，证券收益率数据具有平稳性的特征，通过这种长期数据计算出来的最小方差集合、有效组合、证券的 $\beta$ 系数和期望收益率通常被作为统计研究的标准。上述数据反映了市场长期均衡的情况。从短期来看，市场可能运行在阶段性的牛市或者熊市中。在这个阶段中，证券或组合的收益率序列（例如上证综合指数）将带有阶段性行情的特征，通过这个阶段数据计算得到的最小方差集合、有效组合、证券的 $\beta$ 系数和期望收益率都偏离了长期数据计算的标准。这些数据反映了市场阶段性的特征，属于市场短期均衡的结果。在金融市场数据长期均值回复的假设条件下，长期均衡是市场运行的基准，市场终将由短期均衡回归到长期均衡。

　　在图 6.4 中，长期均衡的最小方差集合采用实线绘出，长期均衡中的有效组合位于 $M_0$，有效组合的收益率为 $R_{M0}$，$R_{M0}$ 为随机变量，有效组合的坐标为 $[\sigma_{M0}, E(R_{M0})]$。在市场中，某证券 $x$ 的收益率为 $R_x$，$R_x$ 是随机变量，证券 $x$ 在经典理论中的坐标为 $[\sigma_x, E(R_x)]$。

　　情绪状态下的短期均衡的最小方差集合采用虚线绘出，短期均衡的有效组合为 $M_1$，有效组合的收益率为 $R_{M1}$，$R_{M1}$ 为随机变量，短期均衡有效组合的坐标为 $[\sigma_{M1}, E(R_{M1})]$。有效组合在经典最小方差集合垂直方向的投影为 $M_1'$，$M_1'$ 的横坐标与 $M_1$ 相等，纵坐标相差 $\delta h_0$。在情绪状态下，投资者对于 $x$ 的估计产生了偏差（位于 $x'$），$x'$ 横纵坐标不变，纵坐标相差 $\delta h_0$。

　　本书在证明过程中使用了 CAPM 模型的实证形式。关于 CAPM 实证形式模型的应用可参考吉本斯（Gibbons，1982）和丁志国、苏治和赵晶（2012）。

### (一) 长期均衡下 CAPM 模型的基本公式

根据经典的资本资产定价模型，证券 $x$ 的收益率的实证形式方程为：

$$R_x = \alpha_x + R_f + \beta_x (R_{M_0} - R_f) + \varepsilon_x \qquad (6.26)$$

式（6.26）中，$R_f$ 为无风险利率，$R_{M0}$ 为有效组合的收益率，$\beta_x$ 为证券 $x$ 的风险补偿系数。$\alpha_x$ 是回归方程的截距，$\alpha_x$ 是常数。$\varepsilon_x$ 是回归方程的残差，根据线性回归残差的性质，$\varepsilon_x$ 与 $R_f$ 和 $R_{M0}$ 不相关，$\varepsilon_x$ 的标准差被称为证券 $x$ 的特质风险。

在经典理论的投资边界下，投影 $M_1'$ 所代表的组合的收益率为：

$$R'_{M_1} = \alpha'_{M_1} + R_f + \beta'_{M_1} (R_{M0} - R_f) + \varepsilon'_{M_1} \qquad (6.27)$$

式（6.27）中，$\alpha'_{M_1}$ 是回归方程截距，$\alpha'_{M_1}$ 是常数。$\varepsilon'_{M_1}$ 是线性回归的残差，$\varepsilon'_{M_1}$ 与 $R_f$ 和 $R_{M0}$ 不相关。

### (二) 短期均衡下的 CAPM 模型公式

在即时情绪的影响下，投资者错误地估计了证券的期望收益率，因此市场形成了新的短期均衡。根据新的均衡的数学假设条件，投资者对于每个证券预期收益率的错误估计都是 $\delta h_0$，并且方向一致。根据前文数学演绎可以得知，短期均衡形成后，新的最小方差集合上的每个点实际上是经典理论中的最小方差集合对应点垂直移动 $\delta h_0$ 距离后形成的结果，例如，组合 $M_1$ 和 $M_1'$ 之间，证券 $x$ 和证券 $x'$ 之间，它们的横坐标一致，纵坐标相差 $\delta h_0$。附录中已经证明，上述在不同均衡状态下最小方差集合相互对应的点所包含的证券组合的结构一致。根据以上数学性质，本书得到以下数学表达式：

$$R_{M_1} = R'_{M_1} + \delta h_0 = \alpha'_{M_1} + R_f + \beta'_{M_1} (R_{M0} - R_f) + \delta h_0 + \varepsilon'_{M_1}$$

$$(6.28)$$

$$R'_x = R_x + \delta h_0 = \alpha_x + R_f + \beta_x (R_{M_0} - R_f) + \delta h_0 + \varepsilon_x \qquad (6.29)$$

在新的均衡条件下，$M_1$ 是市场组合，根据 CAPM 模型，证券 $x'$ 的预期收益为：

$$R'_x = \alpha_x + R_f + \beta'_x (R_{M_1} - R_f) + \varepsilon'_x \qquad (6.30)$$

根据 CAPM 模型的理论内涵，$\beta'_x$ 等于证券 $x'$ 和组合 $M_1$ 之间收益率序列的

协方差除以组合 $M_1$ 收益率序列的方差,有:$\beta_x' = \dfrac{\mathrm{COV}(R_x', R_{M_1})}{\mathrm{VAR}(R_{M_1})}$。 把式

(6.28)和式(6.29)带入上式,考虑到残差项 $\varepsilon_x$ 和 $\varepsilon_M'$ 与有效组合的风险补偿 $(R_{M_1} - R_f)$ 不相关,设 $R_f$ 和 $\delta h_0$ 为常数。考虑到新的有效组合 $M_1$ 与其投影 $M_1'$ 的收益率的每个观测值差距为常数,因此上述两个收益率序列具有相同的标准差,即 $\sigma_{M_1} = \sigma_{M_1}'$;考虑到统计学中协方差与标准差、相关系数的等式,得到:

$$\begin{aligned}
\beta_x' &= \frac{\mathrm{Cov}\begin{bmatrix} \alpha_x + R_f + \beta_x(R_{M_0} - R_f) + \delta h_0 + \varepsilon_x, \alpha_{M_1}' + R_f \\ + \beta_{M_1}'(R_{M0} - R_f) + \delta h_0 + \varepsilon_{M_1}' \end{bmatrix}}{\mathrm{Var}[R_f + \beta_{M_1}'(R_{M0} - R_f) + \delta h_0 + \varepsilon_{M_1}']} \\
&= \frac{\mathrm{Cov}[\beta_x(R_{M_0} - R_f), \beta_{M_1}'(R_{M0} - R_f)] + \mathrm{Cov}(\varepsilon_x, \varepsilon_{M_1}')}{\mathrm{Var}[\beta_{M_1}'(R_{M0} - R_f)] + \mathrm{Var}(\varepsilon_{M_1}')} \\
&= \frac{\beta_x \beta_{M_1}' \sigma_{M_0}^2 + \mathrm{Cov}(\varepsilon_x, \varepsilon_{M_1}')}{\sigma_{M_1}'^2} \\
&= \frac{\beta_x \beta_{M_1}' \sigma_{M_0}^2 + \rho_{x, M_1} \sigma_{\varepsilon x} \sigma_{\varepsilon M_1}}{\sigma_{M_1}^2}
\end{aligned} \qquad (6.31)$$

在短期均衡中,根据 CAPM 模型,证券 $x'$ 期望收益率理论模型为:

$$\mathrm{E}(R_x') = R_f + \beta_x'[\mathrm{E}(R_{M_1}) - R_f] \qquad (6.32)$$

把式(6.31)带入式(6.32)中,令 $\gamma_x = \dfrac{\rho_{x, M_1} \sigma_{\varepsilon x} \sigma_{\varepsilon M_1}}{\sigma_{M_1}^2}$,得到证券 $x'$ 情绪状态下预期收益率的理论公式:

$$\mathrm{E}(R_x) = R_f + \frac{\beta_x \beta_{M_1}' \sigma_{M_0}^2}{\sigma_{M_1}^2} \times [\mathrm{E}(R_{M_1}) - R_f] + \gamma_x \times [\mathrm{E}(R_{M_1}) - R_f]$$

$$(6.33)$$

式(6.33)显示,在短期均衡状态下,影响证券 $x$ 预期收益率的因素包括:长期均衡状态下证券 $x$ 的 $\beta$ 系数,新的有效组合的风险补偿 $\mathrm{E}(R_{M_1}) - R_f$,证券 $x$ 的特质风险 $\sigma_{\varepsilon x}$。

### (三) 长期均衡和短期均衡状态下 CAPM 模型的比较

为了比较两种状态下 CAPM 模型的区别,本书以长期均衡状态下的 CAPM 模型为基础,对短期均衡状态下的 CAPM 模型进行化简。这样处理的主要依据为:首先,短期均衡状态下投资组合的最小方差集合比照长期均衡状态下的最小方差集合进行了垂直移动,已经证明两个最小方差集

合垂直方向上的对应的组合在组合结构上完全一致,只是在预期收益率上相差 $\delta h_0$(证明过程参见附录)。其次,在长期均衡和短期均衡中,每个证券预期收益率的均值都相差 $\delta h_0$,在各个均衡中,每个证券收益率的方差和证券之间收益率的协方差不变。上述性质保证了两种均衡状态相互比较的可行性。

为了把式(6.33)与经典的 CAPM 模型进行对比,本书对上述公式进一步化简。把式(6.27)变化为不带残差项的理论公式,并把 $\beta'_{M_1}$ 解出来,得到:

$$\beta'_{M_1} = \frac{\mathrm{E}(R'_{M_1}) - R_f}{[\mathrm{E}(R_{M_0}) - R_f]} = \frac{\mathrm{E}(R_{M_1}) - R_f - \delta h_0}{[\mathrm{E}(R_{M_0}) - R_f]} \tag{6.34}$$

根据前文中式(6.1)到式(6.8)可以得到:

$$\sigma^2_{M_1} = \frac{1}{C} \times \frac{\mathrm{E}(R_{M_1}) - R_f}{\dfrac{A}{C} + \delta h_0 - R_f} \tag{6.35}$$

在没有即时情绪的影响下 ($\delta h_0 = 0$),经典投资边界有效组合的风险为:

$$\sigma^2_{M_0} = \frac{1}{C} \times \frac{\mathrm{E}(R_{M_0}) - R_f}{\dfrac{A}{C} - R_f} \tag{6.36}$$

为了把 $\mathrm{E}(R_{M_1})$ 转化为与 $\mathrm{E}(R_{M_0})$ 相关的等式,本书对式(6.7)进行泰勒展开。设有函数 $F(X) = X + \dfrac{D/C^2}{X - R_f}$,如果令函数中 $X = \dfrac{A}{C} + \delta h_0$,该函数的表达式就是新的投资边界有效组合的预期收益率[前文中的式(6.7)]。对于函数 $F(X)$ 在 $\dfrac{A}{C}$ 处进行一阶泰勒展开,并把 $X = \dfrac{A}{C} + \delta h_0$ 带入展开式中,得到带皮亚诺余项的表达式为:

$$\mathrm{E}(R_{M_1}) = \left( \frac{A}{C} + \frac{\dfrac{D}{C^2}}{\dfrac{A}{C} - R_f} \right) + \delta h_0 \times \left[ 1 - \frac{\dfrac{D}{C^2}}{\left( \dfrac{A}{C} - R_f \right)^2} \right] + o((\delta h_0)^2)$$

$$\approx \mathrm{E}(R_{M_0}) + \delta h_0 \times \left[ 1 - \frac{\dfrac{D}{C^2}}{\left( \dfrac{A}{C} - R_f \right)^2} \right] \tag{6.37}$$

式(6.37)中，$o((\delta h_0)^2)$是皮亚诺余项，代表高阶无穷小。$E(R_{M0})$是经典投资边界中的有效组合的预期收益率[式(6.5)]。

把式(6.34)、式(6.35)、式(6.36)和式(6.37)带入式(6.33)中，得到：

$$E(R'_x) = R_f + \beta_x \times [E(R_{M_0}) - R_f + \delta h_0] + \gamma_x \times$$

$$\left\{ [E(R_{M_0}) - R_f] + \delta h_0 \times \left[ 1 - \frac{\dfrac{D}{C^2}}{\left(\dfrac{A}{C} - R_f\right)^2} \right] \right\} \tag{6.38}$$

式(6.38)就是在即时情绪影响下的证券 $x$ 的资产定价的解析模型。从解析模型中可以观察到，投资者对市场预期误差的平均值（$\delta h_0$）是影响情绪资产定价模型的关键因素。在情绪资产定价公式中，$\gamma_x$ 是新加入的影响资产定价的情绪因子。$\gamma_x$ 的数学表达式为：

$$\gamma_x = \frac{\rho_{x, M_1} \sigma_{\varepsilon x} \sigma_{\varepsilon M_1}}{\sigma_{M_1}^2} \tag{6.39}$$

上述数学表达式说明：受到预期情绪的影响，原来不参与长期均衡定价的证券的特质风险 $\sigma_{\varepsilon x}$ 也在短期均衡定价中起到了决定性作用。

情绪状态下资产定价的解析模型表明：当情绪状态下的市场出现短期均衡后，证券的期望收益率在统计特征上偏离了理论值。情绪状态下证券的期望收益率的影响因素包括：投资者一致性的预期误差、证券的 $\beta$ 系数、证券的特质风险以及贝塔系数和预期误差的交互项。

对式(6.38)还可以做如下化简，令 $B_x = \beta_x + \gamma_x$，式(6.38)可以化简为：

$$E(R'_x) = R_f + B_x \times [E(R_{M_0}) - R_f + \delta h_0] - \gamma_x \times \delta h_0 \times \frac{\dfrac{D}{C^2}}{\left(\dfrac{A}{C} - R_f\right)^2} \tag{6.40}$$

式(6.40)是情绪状态下的资产定价模型。

情绪状态下短期均衡中的资产定价模型保留了经典模型风险补偿的变量，所不同的是风险补偿变量增加了预期误差项 $\delta h_0$，增加预期误差项之后，变量 $[E(R_{M_0}) - R_f + \delta h_0]$ 可以视为情绪状态下对于经典市场组合的风险补偿。模型中的 $B_x$ 是风险补偿的倍数，它包含经典理论中的 $\beta$ 系数和特质风险因素。模型中的最后一项 $\left(-\gamma_x \times \delta h_0 \times \dfrac{\dfrac{D}{C^2}}{\left(\dfrac{A}{C}-R_f\right)^2}\right)$ 是

调整项，它是由市场组合漂移导致的调整因素。

　　情绪状态下资产定价模型的解析式和正式公式揭示了在实证研究中的"时变 $\beta$ 系数"和"特质风险定价"这两个市场异象的产生机理，即"组合漂移导致的两种不同的线性关系"：如果把理论状态和情绪状态看作是先后两个相邻的时期，在时期 1 中，根据 CAPM 理论形成了证券的 $\beta$ 系数和残差数据。在时期 2 中，因为预期误差导致有效组合发生了漂移，所以在时期 2 中的证券的收益率与新的有效组合具有 CAPM 理论关系；如果采用时期 1 的数据来验证时期 2 的 CAPM 关系，就会产生"特质风险定价"异象。如果在时期 2 仍然采用回归法验证 CAPM 理论，这时得到的回归系数是式（6.36）中的 $B_x$，而不是时期 1 中的 $\beta$ 系数，$B_x$ 受到预期误差的影响，表现为具有时变的特征；这就是 $\beta$ 系数具有时变特征的理论原因。

　　式（6.40）还揭示了特质风险定价符号不确定的原因：虽然包含特质

风险的 $\gamma_x \times \delta h_0 \times \dfrac{\dfrac{D}{C^2}}{\left(\dfrac{A}{C}-R_f\right)^2}$ 在理论公式中的符号为负号，但是 $\gamma_x$ 的表

达式中含有残差之间的相关系数 $\rho_{x,M_1}$，这使得特质风险与资产收益率的回归系数取决于相关系数 $\rho_{x,M_1}$，这导致在实证研究中特质风险与资产收益率的回归系数的符号正负性出现了两种不同的结论。根据上述分析，本书提出以下命题。

　　命题 5：在即时情绪引发的一致性预期误差的前提下，情绪因素系统地影响了资产定价，情绪因素导致"时变 $\beta$ 系数"和"特质风险定价"的发生。

　　新古典金融学理论认为，证券的特征是其收益的期望值和方差。这种简化的表达形式导致证券之间的替代和简单关系。经典的 CAPM 揭示了证券与有效投资组合之间的线性关系。在经典理论中，证券偶尔会偏离与有效投资组合的均衡关系。由于有效投资组合是稳定的，证券会在套利力的作用下恢复均衡。这就导致证券市场均衡的线性关系稳定存在，特质风险只是一种随机扰动，并不参与资产定价。

　　现实的市场状态是资产的价格经常会受到情绪的影响，并且这种影响错综复杂。为了说明机理，本书采用了一种相对简单的设定进行理论模型

的推导,推导的结论可以推广到更加复杂的一般状态。当市场处于情绪状态时,投资者会不断高估或低估证券的预期收益。这就导致投资者估计的最小方差集的变化和有效投资组合的变化,这种变化通过指数的波动表现出来。上述变化的机理就是有效组合的位置发生了漂移,资产定价的基础发生了变化。有效投资组合的变化导致证券与有效投资组合的线性关系发生了重构。特质风险原本是一个随机扰动项,在新的线性关系中参与了CAPM 的构建,即特质风险参与了资产定价。

在理论模型中,包含特质风险因子的 $\gamma_x$ 系数前的符号为负号,虽然特质风险对于资产收益率的影响方向最终取决于资产收益率与市场组合收益率之间的相关系数,但是考虑到市场组合收益率是市场所有资产收益率加权平均后的结果,那么 $\gamma_x$ 系数前的符号可以在一定程度上解释实证研究中特质风险与资产收益率负相关的结果。

本书的理论结论也揭示了时变贝塔系数发生的原因。在 CAPM 模型的实证研究中,回归结果求得的 $\beta$ 系数包含了特质风险因素,由于情绪的变化导致特质风险因素的不断变化,因此实证研究中的 $\beta$ 系数不再稳定,呈现出时变特征。

## 第四节　即时情绪与市场收益率正反馈关系的时序检验

由于理论研究发现投资者情绪引发了组合漂移并导致市场必要报酬率的变化,投资者情绪导致正反馈交易行为,因此本章的实证分析主要聚焦于投资者情绪与市场收益率的正反馈关系、投资者情绪与组合必要报酬率的影响关系。

### 一、方案设计

#### (一) 研究市场的选择

本书以中国 A 股市场和 B 股市场作为研究对象,以上海主板市场作为中国股票市场的代表。同时为了检验实证结果的稳健性,本书以上海 B 股市场数据做辅助研究。中国上海 B 股市场上市股票数量为 48 只,这个市场的上市股票数量长时间保持不变。由于 B 股市场的稳定状态,本书可以较为准确地测量市场必要报酬的变化。因为上海 B 股市场的主要投资者是中国境内投资者,所以两个指数序列都可以采用同样一套情绪指数建模。

### （二）情绪代理变量的选择

本书采用中国投资者保护基金有限责任公司发布的投资者信心指标作为投资者情绪的代理变量。投资者信心指标采用问卷调查法，是独立于投资决策过程之外测量的投资者情绪，这属于即时情绪。投资者信心指标针对国内经济基本面、国内经济政策、国际经济金融环境、股票估值、大盘乐观、大盘反弹、大盘抗跌、买入指数共计八个子指数进行问卷调查，每个子指数取值范围在 0 到 100 之间。上述指数是月度数据，它能够较为准确地反映投资者的情绪和市场信念。本书采用主成分分析的方法，提取上述八个指数的主成分作为投资者情绪的代理变量，情绪指标构建的初始时间为 2008 年 7 月，研究的截止时间为 2017 年 12 月。

### （三）指数收益率

本书以上证指数的月度对数收益率作为指数收益率的代表。同时为了避免由于股票"估值变化导致的组合漂移[①]"问题，本书以上海 B 股市场等权重指数的对数收益率作为稳健性研究的样本。

### （四）必要报酬率的测量

本书采用"磐石类股票"的折现率作为市场必要报酬率的代理变量。"磐石类股票"所代表的上市公司具有以下特征：在考察期间内（2008 年 7 月至 2017 年 12 月），公司主营业务未发生改变，公司经营业绩保持稳定，公司利润分配以分红派息为主。上海主板市场和上海 B 股市场"磐石类股票"是：大众交通（600611）、海欣股份（600851）、耀皮玻璃（600819）、动力新科（600841）、大众 B（900903）、海欣 B（900917）、耀皮 B（900918）和动力B（900920）。

本书首先把每只"磐石类股票"的月收盘价格和年度股息数量做"前复权"处理，即收盘价格和股息数量除以股票历史累计送股和配股比例。然后计算股票历年前复权股息的算术平均值作为股息的期望值。最后利用永续年金计算公式计算股票的必要报酬率，计算公式为：

$$P_{xi} = \frac{\overline{D_x}}{k_{xi}} \tag{6.41}$$

---

① "估值变化导致的组合漂移"是指由于个别股票的价格大幅度变化导致有效组合在构成比例上出现的长时间改变。例如，贵州茅台股票价格的大幅度上升，导致其在中国 A 股指数权重的大幅度上升，这也导致最小方差集合出现扭曲。上述因素引发的组合漂移不是由于情绪变化导致的组合漂移。

式(6.41)中，$P_{xi}$ 是股票 $x$ 在第 $i$ 个月的收盘价格，$\overline{D_x}$ 是股票 $x$ 的股息期望值，$k_{xi}$ 是第 $i$ 个月股票的市场必要报酬率。股票市场的必要报酬率采用全部"磐石类股票"必要报酬率的算术平均值作为计算结果，在实证分析中本书采用该指标的差分值构建模型。

### （五）实证研究采用的模型

考虑到证券市场在不同时期的表现具有明显的差异，因此本书选择马尔科夫区制转移的向量自回归模型（MS-VAR 模型）。MS-VAR 模型认为，经济变量在不同的阶段、状态或者机制下有着不同的特征，影响这种特征的因素被称为"区制变量"并被记为 $s_t$，$s_t$ 通常不可以观测。考虑到经济变量的这种变化特征，原始的 VAR 模型可变化为：

$$y_t - \mu(s_t) = \beta_1(s_t)(y_{t-1} - \mu(s_{t-1})) + \cdots + \beta_p(s_t)(y_{t-p} - \mu(s_{t-p})) + \mu_t$$
(6.42)

式(6.42)中，$s_t$ 是区制变量，区制状态的数量取值范围 $t = [1, 2, \cdots, m]$，$\mu_t \in NID(0, \sum(s_t))$。式(6.42)表明，均值、系数、截距和残差都可能受到区制状态的影响。

区制转移的概率矩阵为：

$$P = \begin{bmatrix} P_{11} & \cdots & P_{1m} \\ \vdots & \vdots & \vdots \\ P_{m1} & \cdots & P_{mn} \end{bmatrix}$$
(6.43)

从区制 $i$ 转移到区制 $j$ 的概率为

$$P_{ij} = \Pr(s_{t+1} = j \mid s_t = i)$$
(6.44)

在检验中，本书还采用格兰杰因果检验和单位根检验来保证结果的可信性。

## 二、实证检验结论

### （一）数据准备和统计描述

本书对 2008 年 7 月至 2017 年 12 月的投资者信心 8 个子指标做主成分分析，KMO 值为 0.78。本书选择方差最大旋转法（varimax rotation），形成的两个主成分能够解释 8 个子指标 85.61% 的方差。旋转后的因子成分矩阵（Rotated Component Matrixa）见表 6.1。根据表 6.1 中情绪因子的成分，FAC1 代表投资者对于市场环境和市场操作方向的看法和态度，

本书命名 $FAC1$ 因子为操作情绪；$FAC2$ 是投资者对于股票估值的态度，本书命名 $FAC2$ 因子为估值情绪。

表 6.1 情绪因子成分矩阵

| | Component | |
|---|---|---|
| | $FAC1$ | $FAC2$ |
| 国内经济基本面 | 0.904 | −0.284 |
| 国内经济政策 | 0.848 | 0.072 |
| 国际经济金融环境 | 0.810 | −0.397 |
| 股票估值 | 0.035 | 0.969 |
| 大盘乐观 | 0.964 | −0.026 |
| 大盘反弹 | 0.835 | −0.447 |
| 大盘抗跌 | 0.887 | 0.029 |
| 买入指数 | 0.904 | 0.203 |

本书对上证指数对数收益率（$SHA$）、上海 A 股必要报酬率（$DSHNRR$）、投资者操作情绪（$FAC1$）和投资者估值情绪（$FAC2$）做探索性分析并进行时间序列单位根检验，上述时间序列数据都具有平稳性（见表 6.2）。

表 6.2 数据描述和时间序列的平稳性检验

| | 样本量 | 最小值 | 最大值 | 均值 | 标准差 | PP 检验 | | ADF 检验 | | 是否平稳 |
|---|---|---|---|---|---|---|---|---|---|---|
| | | | | | | $P$ 值 | $t$ 值 | $P$ 值 | $t$ 值 | |
| $SHA$ | 114 | −0.283 | 0.187 | 0.002 | 0.077 | 0 | −9.602 | 0 | −9.600 | 平稳 |
| $DSHNRR$ | 114 | −0.024 | 0.057 | −0.001 | 0.010 | 0 | −11.469 | 0 | −6.875 | 平稳 |
| $FAC1$ | 114 | −2.292 | 2.136 | 0.028 | 0.982 | 0 | −4.760 | 0 | −4.797 | 平稳 |
| $FAC2$ | 114 | −2.348 | 2.786 | 0.004 | 1.013 | 0.011 | −2.563 | 0.012 | −2.511 | 平稳 |

## （二）格兰杰因果检验

本书文根据 LR、AIC、SC 和 HQ 提供的信息综合判断变量的滞后阶数，并且对变量之间的关系做格兰杰因果检验（见表 6.3）。

表 6.3 变量之间的格兰杰因果检验（上海主板市场）

| 零假设（自由度 3） | 样本量 | $F$ 统计量 | 概率 |
|---|---|---|---|
| $FAC1$ does not Granger Cause $SHA$ | 111 | 1.311 | 0.275 |
| $SHA$ does not Granger Cause $FAC1$ | | 2.428 | 0.070 |
| $FAC2$ does not Granger Cause $SHA$ | 111 | 2.694 | 0.050 |

（续表）

| 零假设（自由度3） | 样本量 | F 统计量 | 概率 |
|---|---|---|---|
| *SHA* does not Granger Cause *FAC2* | | 13.830 | 0.000 |
| *FAC2* does not Granger Cause *FAC1* | 111 | 0.758 | 0.520 |
| *FAC1* does not Granger Cause *FAC2* | | 11.036 | 0.000 |
| *FAC1* does not Granger Cause *DSHNRR* | 111 | 1.793 | 0.153 |
| *DSHNRR* does not Granger Cause *FAC1* | | 1.077 | 0.362 |
| *FAC2* does not Granger Cause *DSHNRR* | 111 | 2.229 | 0.089 |
| *DSHNRR* does not Granger Cause *FAC2* | | 5.823 | 0.001 |
| *FAC2* does not Granger Cause *FAC1* | 111 | 0.758 | 0.520 |
| *FAC1* does not Granger Cause *FAC2* | | 11.036 | 0.000 |

本书发现,投资者估值情绪($FAC2$)和上证指数对数收益率($SHA$)在滞后 3 期模型下具有双向格兰杰因果关系;在滞后 3 期模型下,$FAC2$ 与差分后的必要报酬率($DSHNRR$)具有双向格兰杰因果关系。投资者估值情绪($FAC2$)反映投资者对股票估值的态度,它能够反映投资者对股票预期收益的一致性错误估计。格兰杰因果检验中 $FAC2$ 和 $SHA$、$FAC2$ 和 $DSHNRR$ 的双向格兰杰因果关系反映了情绪状态下投资者存在着正反馈交易行为。

投资者操作情绪（$FAC1$）与 $SHA$ 和 $DSHNRR$ 具有较弱的因果关系,但是 $FAC1$ 是 $FAC2$ 的格兰杰原因,它对投资者估值情绪具有较强的影响。

### （三）指数收益率与投资者情绪的影响关系

本书首先构建了上证指数对数收益率（$SHA$）和情绪因子（$FAC1$ 和 $FAC2$）的 MS-VAR 模型。考虑到信息准则和区制划分的金融学意义,本书构建了 MSM(3)-VAR(1)模型,该模型的主要特征是均值项会受到不同区制的影响。

区制概率图显示(图 6.5),区制 1 代表上海 A 股市场的大幅度下跌期,这段时期主要发生在 2008 年 8 月、2009 年 7 月、2015 年 6 月（股市异常波动）和 2016 年 1 月。区制 2 代表上海 A 股市场盘整时期,这段时期占据了市场大部分时间。区制 3 代表上海 A 股市场上涨时期,主要包括 2009 年 8 月到 2010 年 3 月,2014 年 8 月到 2014 年 11 月。这段时间上海 A 股市场具有强烈的反弹行情或者脉冲式牛市。

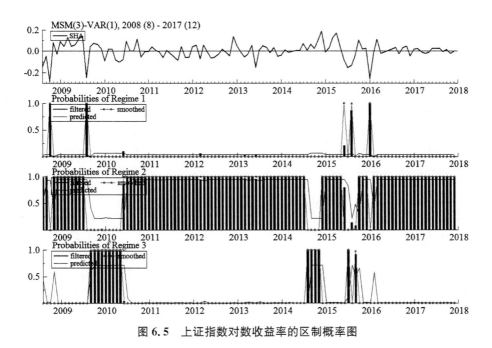

**图 6.5　上证指数对数收益率的区制概率图**

从区制转换概率来看(表 6.4),上海 A 股市场的下跌状态不稳定,容易被转化为盘整状态和上涨状态。当市场处于下跌状态时,该状态转化为盘整状态的概率为 0.406 2,转化为上涨状态的概率为 0.593 8。上海 A 股市场盘整状态较为稳定,在盘整状态中,有 0.945 9 的概率维持该状态,有 0.043 2 的概率转为下跌,有 0.010 9 的概率转为上涨。上海 A 股市场的上涨状态比较稳定,维持上涨状态的概率为 0.718 7,转为盘整状态的概率为 0.216 3,转为下跌的概率为 0.064 5。

**表 6.4　区制转换概率(matrix of transition probabilities)**

|  | Regime 1 | Regime 2 | Regime 3 |
|---|---|---|---|
| Regime 1 | 0 | 0.406 2 | 0.593 8 |
| Regime 2 | 0.043 2 | 0.945 9 | 0.010 9 |
| Regime 3 | 0.064 5 | 0.216 3 | 0.718 7 |

表 6.5 是上海 A 股市场 MSM(3)-VAR(1)模型的系数图和 $t$ 检验值。模型显示:在 $SHA$ 方程中,市场下跌和市场盘整时的方程均值具有显著不同;操作情绪($FAC1$)对于 $SHA$ 具有正向影响,影响系数显著;估值情绪($FAC2$)对于 $SHA$ 也具有正向影响,但是影响系数不显著;上述检验结果说明,即时情绪能够对市场整体行情产生影响。在 $FAC1$ 方程中,市场

上涨和市场下跌使得方程均值具有显著不同,$SHA$ 对于 $FAC1$ 具有正向影响,影响系数显著,这说明 $SHA$ 和 $FAC1$ 之间具有正反馈的影响关系。$FAC2$ 对 $FAC1$ 具有正向影响,但是影响系数不显著。在 $FAC2$ 方程中,市场上涨和市场下跌时方程均值具有显著不同;$SHA$ 对于 $FAC2$ 具有负向影响,影响系数显著,这说明市场行情能够影响投资者的估值情绪;$FAC1$ 对 $FAC2$ 具有负向影响,影响系数显著。上述系数情况初步反映了各因素之间的影响关系,具体影响关系的细节需要借助脉冲响应图进一步确定。

表 6.5　上海 B 股市场 MSM(3)-VAR(1)模型系数

|  | $SHA$ | $FAC1$ | $FAC2$ |
|---|---|---|---|
| Mean (Reg. 1) | $-0.198\ 7^{***}$ | $-0.742\ 9^{***}$ | $-0.676\ 4^{*}$ |
| $t$ | $-8.952\ 8$ | $-2.950\ 1$ | $-1.626\ 3$ |
| Mean (Reg. 2) | $0.009\ 4^{*}$ | $-0.058\ 2$ | $-0.328\ 9$ |
| $t$ | $1.498\ 4$ | $-0.439\ 2$ | $-0.818\ 7$ |
| Mean (Reg. 3) | $0.015\ 4$ | $0.937\ 4^{***}$ | $0.757\ 8^{**}$ |
| $t$ | $1.201\ 4$ | $4.028\ 5$ | $1.826\ 0$ |
| $SHA\_1$ | $-0.142\ 9^{*}$ | $3.769\ 0^{***}$ | $-1.400\ 3^{***}$ |
| $t$ | $-1.517\ 6$ | $3.881\ 6$ | $-3.081\ 9$ |
| $FAC1\_1$ | $0.023\ 2^{***}$ | $0.493\ 2^{***}$ | $-0.223\ 5^{***}$ |
| $t$ | $3.107\ 3$ | $6.677\ 8$ | $-6.320\ 6$ |
| $FAC2\_1$ | $0.005\ 5$ | $0.042\ 1$ | $0.934\ 1^{***}$ |
| $t$ | $0.912\ 9$ | $0.686\ 0$ | $33.742\ 3$ |
| $SE$ | $0.061\ 5$ | $0.626\ 8$ | $0.278\ 2$ |

注:＊代表 10%水平显著,＊＊代表 5%水平显著,＊＊＊代表 1%水平显著

　　脉冲响应图显示(图 6.6):给定 $SHA$ 一个标准差的正向冲击,$FAC1$ 立即作出正向响应,并在第二期达到响应最大,然后 $FAC1$ 快速回落,在第 8 期小幅回落到 0 轴以下,然后缓慢回升,直到第 30 期归 0。$FAC1$ 的响应表明,市场行情会对投资者的操作情绪产生较长时间的正向影响。给定 $SHA$ 一个标准差的正向冲击,$FAC2$ 会立即产生最大的正向响应,然后快速回落,在第 4 期大幅度回落到 0 轴以下,然后快速上升,直到第 30 期归 0。$FAC2$ 的响应表明,市场行情能够正向影响投资者的估值情绪,投资者的估值情绪代表了投资者的信念,这说明市场行情能够导致投资者信念的改变。

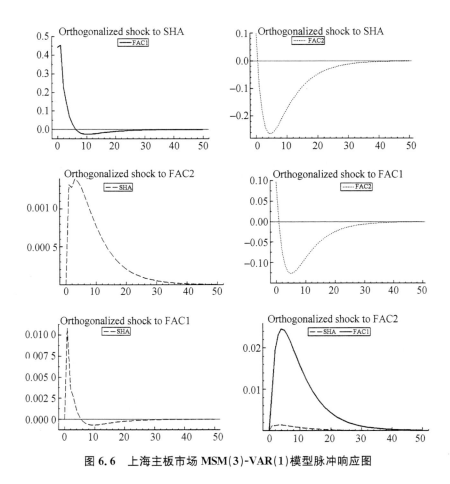

图 6.6 上海主板市场 MSM(3)-VAR(1)模型脉冲响应图

　　给定 $FAC1$ 一个标准差的正向冲击, $FAC2$ 会立即产生最大的正向响应,但是 $FAC2$ 会快速回落,回落的幅度大于正向响应的幅度,这说明估值情绪会受到操作情绪的影响,但是估值情绪具有较强的回复性特征。给定 $FAC1$ 一个标准差的正向冲击, $SHA$ 快速出现正向响应,并在第 2 期达到最大响应,然后快速回落,在第 8 期小幅回落到 0 轴以下,然后在第 20 期归 0。从 $SHA$ 对于 $FAC1$ 的响应周期来看, $FAC1$ 对于 $SHA$ 的影响具有短期性,并且回复性特征较为明显。

　　给定 $FAC2$ 一个标准差的正向冲击, $SHA$ 快速作出正向响应,并在第 4 期达到最大响应,然后快速回落,在第 40 期回落到 0 轴。从 $SHA$ 对于 $FAC2$ 的响应周期来开看, $FAC2$ 对于 $SHA$ 的影响周期较长,没有明显回复性特征。上述脉冲响应表明,投资者的信念变化能够较长时间影响市场的走势,这充分说明理论分析中的“外推信念引发市场行情”推论的正确性。脉冲响应图还显示,给定 $FAC2$ 一个标准差的正向冲击, $FAC1$ 快速正向响应,并在第 4 期达到最大响应,然后在第 40 期归 0。

脉冲响应分析显示:$SHA$、操作情绪($FAC1$)和估值情绪($FAC2$)都具有正向的相互影响关系,这充分说明理论分析中命题 2 和命题 3 的正确性。

### (四) 必要报酬率与投资者情绪的影响关系

本书构建了上海 A 股市场必要报酬率($DSHNRR$)与投资者操作情绪($FAC1$)和估值情绪($FAC2$)的 MSMH(2)-VAR(1)模型。模型的区制概率图显示(图 6.7),区制 1 代表市场必要报酬率处于相对稳定状态,区制 2 代表市场必要报酬率处于大幅度波动状态。

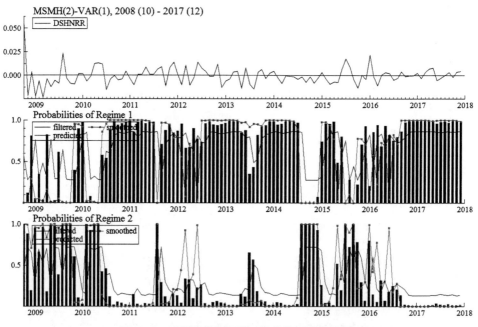

图 6.7　必要报酬率与即时情绪的区制概率图

模型系数和检验结果表明(表 6.6),在 $DSHNRR$ 方程中,操作情绪和估值情绪都对市场必要报酬率($DSHNRR$)具有负向影响,由于市场必要报酬率属于现金流的折现率,因此这种负向影响关系符合理论定义。操作情绪和估值情绪对于市场必要报酬率的影响关系系数不显著。在 $FAC1$ 方程中,市场必要报酬率对于操作情绪($FAC1$)具有负向影响,影响系数显著。在 $FAC2$ 方程中,市场必要报酬率对于估值情绪($FAC2$)具有正向影响,但是影响系数不显著。上述模型系数结果初步说明了即时情绪对于市场必要报酬率具有影响。

表 6.6  必要报酬率和即时情绪的模型系数

|  | DSHNRR | FAC1 | FAC2 |
|---|---|---|---|
| Mean（Reg. 1） | −0.000 6 | 0.043 1 | −0.154 7 |
| t | −0.859 6 | 0.282 0 | −0.325 6 |
| Mean（Reg. 2） | 0.001 3 | 0.210 0 | 0.332 4 |
| t | 0.640 1 | 0.874 5 | 0.665 9 |
| DSHNRR_1 | −0.062 3 | −16.456 6** | 2.407 2 |
| t | −0.614 9 | −2.156 7 | 0.748 7 |
| FAC1_1 | −0.000 4 | 0.557 0*** | −0.227 3*** |
| t | −0.477 0 | 7.659 5 | −8.842 1 |
| FAC2_1 | −0.000 5 | 0.001 7 | 0.947 5*** |
| t | −0.606 8 | 0.025 6 | 35.888 9 |
| SE（Reg. 1） | 0.006 5 | 0.593 6 | 0.184 5 |
| SE（Reg. 2） | 0.014 6 | 0.854 4 | 0.599 6 |

注：* 代表 10% 水平显著，** 代表 5% 水平显著，*** 代表 1% 水平显著

脉冲响应图（图 6.8）反映了两个时间序列真实的影响关系。给定市场必要报酬率（DSHNRR）一个标准差的正向冲击，操作情绪（FAC1）会立即作出最大的负向响应，然后迅速向 0 轴附近回归，在第 10 期归 0。给定市场必要报酬率（DSHNRR）一个标准差的正向冲击，估值情绪（FAC2）迅速作出最大负向响应，然后迅速回归到 0 轴以上，在第 5 期达到正向最大响应，然后在第 60 期缓慢归 0。上述响应关系表明，FAC2 对于市场必要报酬率的反应具有很强的回复特征。

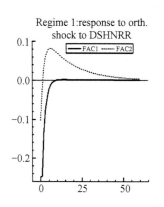
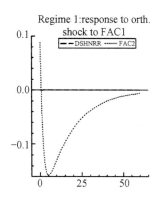

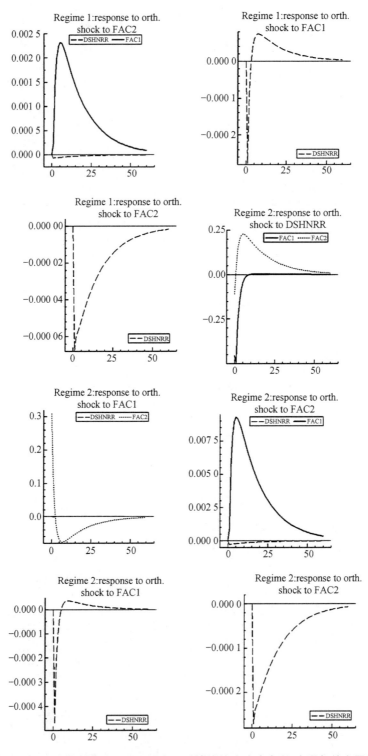

图 6.8　必要报酬率（*DSHNRR*）和即时情绪的脉冲响应图（含局部放大图）

给定操作情绪（$FAC1$）一个标准差的正向冲击,市场必要报酬率（$DSHNRR$）快速作出负向响应,并在第 2 期达到最大负响应,然后快速向 0 轴附近回归,在小幅回归到 0 轴以上之后,在第 60 期归 0。上述响应状态显示,$FAC1$ 对于市场必要报酬率具有较为明显的短期影响,这种短期影响会在较短时间内消除甚至出现小幅的走势回复的特征。给定操作情绪（$FAC1$）一个标准差的正向冲击,估值情绪（$FAC2$）会立即作出最大的正向响应,然后快速地向 0 轴以下回落,在第 5 期达到最大负响应,然后在第 55 期缓慢归 0。在市场必要报酬率（$DSHNRR$）变化平稳时期（区制1）,$FAC2$ 的负向响应幅度较大,这一时期负向响应的幅度超过正向响应幅度的最大值。

给定 $FAC2$ 一个标准差的正向冲击,市场必要报酬率（$DSHNRR$）立即作出负向响应,并在第 2 期达到最大幅响应值,然后 $DSHNRR$ 缓慢向 0 轴回归,在第 75 期附近归 0。从响应的效果来看,$FAC2$ 对于市场必要报酬率（$DSHNRR$）的影响较为长期,$FAC2$ 和 $DSHNRR$ 之间具有较为明显的负反馈机制。给定 $FAC2$ 一个标准差的正向冲击,$FAC1$ 会迅速作出正向响应,响应在第 2 期达到最大值,然后在第 60 期附近缓慢归 0。

上述脉冲响应分析充分说明了即时情绪能够对市场必要报酬率产生影响,上述影响关系符合前文理论的主要结论。

### （五）稳健性检验和实证研究结论

为了检验实证研究结果的稳定性,本书利用上海 B 股市场的数据,计算了上海 B 股市场等权重指数收益率序列值（$SHB$）和上海 B 股市场必要报酬率序列值（$DSZNRR1$）。利用上文的分析方法构造了 $SHB$ 和 $FAC1$、$FAC2$ 的 MSIH(2)-VAR(1)模型,该模型的主要特征是截距项和残差项都受到区制状态的影响。上述检验结果见下面图表。

表 6.7　数据描述和时间序列的平稳性检验

| | 样本量 | 最小值 | 最大值 | 均值 | 标准差 | PP 检验 | | ADF 检验 | | 是否平稳 |
| --- | --- | --- | --- | --- | --- | --- | --- | --- | --- | --- |
| | | | | | | $P$ 值 | $t$ 值 | $P$ 值 | $t$ 值 | |
| $SHB$ | 114 | −0.313 | 0.366 | 0.013 | 0.095 | 0 | −7.940 | 0 | −7.442 | 平稳 |
| $DSHNRR1$ | 114 | −0.239 | 0.476 | 0.002 | 0.107 | 0 | −9.168 | 0 | −7.936 | 平稳 |
| $FAC1$ | 114 | −2.292 | 2.136 | 0.028 | 0.982 | 0 | −4.760 | 0 | −4.797 | 平稳 |
| $FAC2$ | 114 | −2.348 | 2.786 | 0.004 | 1.013 | 0.011 | −2.563 | 0.012 | −2.511 | 平稳 |

本书根据 $LR$、$AIC$、$SC$ 和 $HQ$ 提供的信息综合判断变量的滞后阶数,分别建立了 $SHB$、$FAC1$、$FAC2$ 时间序列 VAR 模型和 $DSHNRR1$、

$FAC1$、$FAC2$ 时间序列 VAR 模型,并且对变量之间的关系进行格兰杰因果检验(见表 6.8)。

本书发现,投资者估值情绪($FAC2$)和上海 B 股等权重指数收益率($SHB$)在滞后 2 期模型下具有双向格兰杰因果关系;在滞后 6 期模型下,$FAC2$ 是差分后的必要报酬率($DSHNRR1$)的格兰杰原因,但是 $DSHNRR$ 不是 $FAC2$ 的格兰杰原因。投资者估值情绪($FAC2$)反映投资者对股票估值的态度,它能够反映投资者对股票预期收益的一致性错误估计。格兰杰因果检验中 $FAC2$ 和 $SHB$ 的双向格兰杰因果关系反映了情绪状态下投资者存在着正反馈交易行为。

投资者操作情绪($FAC1$)与 $SHB$ 和 $DSHNRR1$ 具有较弱的因果关系,但是 $FAC1$ 是 $FAC2$ 的格兰杰原因,它对投资者估值情绪具有较强的影响。

**表 6.8 变量之间的格兰杰因果检验(上海 B 股市场)**

| 因变量:$SHB$ | | | | 因变量:$DSHNRR1$ | | | |
|---|---|---|---|---|---|---|---|
| Excluded | Chi-sq | df | Prob. | Excluded | Chi-sq | df | Prob. |
| $FAC1$ | 4.266 926 | 2 | 0.118 4 | $FAC1$ | 9.757 | 6 | 0.135 |
| $FAC2$ | 5.095 562 | 2 | 0.078 3 | $FAC2$ | 13.625 | 6 | 0.034 |
| All | 6.801 201 | 4 | 0.146 8 | All | 31.082 | 12 | 0.002 |
| 因变量:$FAC1$ | | | | 因变量:$FAC1$ | | | |
| Excluded | Chi-sq | df | Prob. | Excluded | Chi-sq | df | Prob. |
| $SHB$ | 3.577 085 | 2 | 0.167 2 | $DSHNRR1$ | 7.666 | 6 | 0.264 |
| $FAC2$ | 0.885 2 | 2 | 0.642 4 | $FAC2$ | 10.313 | 6 | 0.112 |
| All | 4.735 769 | 4 | 0.315 5 | All | 18.084 | 12 | 0.113 |
| 因变量:$FAC2$ | | | | 因变量:$FAC2$ | | | |
| Excluded | Chi-sq | df | Prob. | Excluded | Chi-sq | df | Prob. |
| $SHB$ | 5.657 822 | 2 | 0.059 1 | $DSHNRR1$ | 3.981 | 6 | 0.679 |
| $FAC1$ | 16.717 2 | 2 | 0.000 2 | $FAC1$ | 14.248 | 6 | 0.027 |
| All | 45.334 42 | 4 | 0 | All | 34.972 | 12 | 0.001 |

区制概率图显示(图 6.9),区制 1 代表上海 B 股市场的盘整时期,这段时期主要时间段是 2010 年 1 月到 2014 年 6 月,2016 年 1 月到 2017 年 12 月。区制 2 代表上海 B 股市场牛市和熊市时期,这段时期包括 2009 年 1 月到 2010 年 1 月的市场大幅度反弹时期,还包括 2014 年 7 月到 2015 年 12 月的牛市时期和股市异常波动时期。上述区制划分与上海 B 股市场运行状态相吻合,这说明了上述 MSIH(2)-VAR(1)模型的可行性。

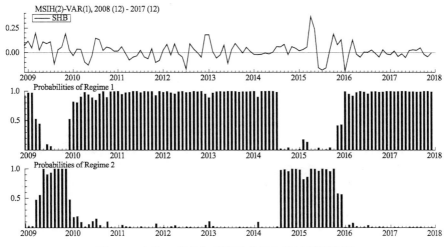

**图6.9　上海B股等权重指数收益率的区制概率图**

　　表6.9是上海B股市场MSIH(2)-VAR(1)模型的系数和 $t$ 检验值。模型显示：在 $SHB$ 方程中，投资者操作情绪($FAC1$)的系数为负，并且具有10%的显著水平，投资者估值情绪的系数为正数，但是 $t$ 检验值不显著；在 $FAC1$ 方程中，滞后一期 $SHB$ 的系数为正数，并且具有1%的显著水平，滞后一期的 $FAC2$ 系数为正，但是 $t$ 检验不显著；在 $FAC2$ 方程中，滞后一期的 $SHB$ 系数为负数，$t$ 检验值不显著，滞后一期 $FAC1$ 值为负数并且系数1%水平显著。

**表6.9　上海B股市场MSIH(2)-VAR(1)模型系数**

| | $SHB$ | $FAC1$ | $FAC2$ |
|---|---|---|---|
| Const(Reg. 1) | 0.001 | −0.151 ** | −0.019 |
| $t$ | (0.124) | (−2.120) | (−0.600) |
| Const(Reg. 2) | 0.062 ** | 0.557 *** | 0.071 |
| $t$ | (2.472) | (3.202) | (0.531) |
| $SHB(-1)$ | 0.225 ** | 2.248 *** | −0.475 |
| $t$ | (2.266) | (2.790) | (−1.102) |
| $FAC1(-1)$ | −0.018 * | 0.409 *** | −0.204 *** |
| $t$ | (−1.705) | (4.571) | (−4.648) |
| $FAC2(-1)$ | 0.008 | 0.001 | 0.901 *** |
| $t$ | (1.025) | (0.018) | (25.702) |
| $SE$(Reg. 1) | 0.065 | 0.608 | 0.267 |
| $SE$(Reg. 2) | 0.116 | 0.719 | 0.640 |

注：* 代表10%水平显著，** 代表5%水平显著，*** 代表1%水平显著

　　脉冲响应图显示（图 6.10）：在两个区制状态下，给定 $SHB$ 一个标准差的正向冲击，操作情绪（$FAC1$）会立即作出最大响应然后快速回落，并在第 6 期回落到 0 值附近。给定 $FAC1$ 一个标准差的正向冲击，$SHB$ 会迅速作出负向响应并在第 2 期达到最大值，然后向 0 值回落。在市场盘整状态下（区制 1），$FAC1$ 冲击对 $SHB$ 的影响会在第 40 期后衰减为 0。在市场震荡状态下（区制 2），$FAC1$ 冲击对 $SHB$ 的影响会在第 6 期后衰减为 0。脉冲响应分析表明，上海 B 股市场行情会影响产生投资者操作情绪，同时市场行情会对操作情绪作出负向反应，市场行情在投资者操作情绪的影响下会呈现出较强的震荡型走势。

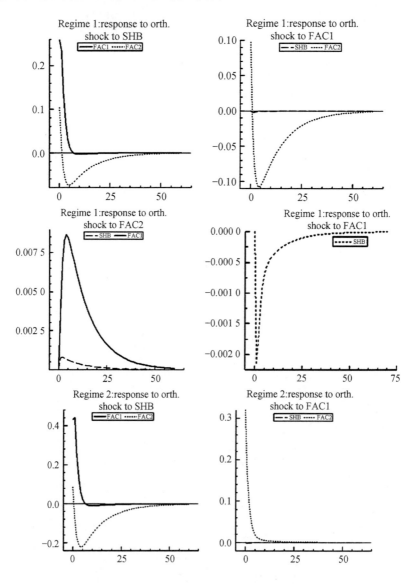

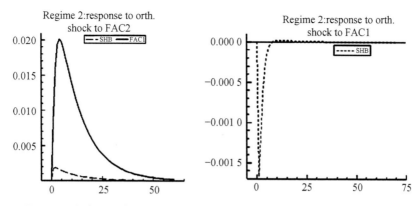

**图 6.10　上海 B 股市场 MSIH(2)-VAR(1)模型脉冲响应图(含局部放大图)**

　　脉冲响应图显示(图 6.10)：在两个区制状态下，给定指数收益率(SHB)一个标准差的正向冲击，投资者估值情绪(FAC2)立即响应并在当期达到最大值，随后 FAC2 快速回落。FAC2 在第 2 期回落到 0 值后继续向下回落，FAC2 到第 4 期回落到负的最大值后缓慢回升，到第 40 期回升到 0 值附近。上述现象表明，投资者估值情绪变化具有比较明显的回复性特征。脉冲响应图显示：给定 FAC2 一个标准差的正向冲击，上海 B 股指数收益率(SHB)会产生正向响应，并在第 2 期达到最大值后缓慢回落，直到第 25 期后回落到 0 值附近。上述分析表明，投资者估值情绪与市场指数收益率具有正反馈影响关系。

　　脉冲响应分析显示，投资者估值情绪(FAC2)能够反映投资者的一致性预期误差，估值情绪与指数收益率具有正反馈变化关系，这个结论验证了理论分析中的命题 3。

　　本书构建了上海 B 股市场必要报酬率(DSHNRR1)和投资者估值情绪(FAC2)的 MSIH(2)-VAR(5)模型。模型中的区制 1 代表市场必要报酬率的变化率处于负数区间，即市场呈现上涨状态；区制 2 代表上海 B 股市场必要报酬率的变化率处于正数区间，即市场呈现下跌状态。

　　模型系数和检验结果表明(表 6.10)，投资者估值情绪(FAC2)对于市场必要报酬率(DSHNRR1)具有显著影响，滞后 1、2、3 和 5 期的影响系数为负数，滞后 4 期的影响系数为正数。市场必要报酬率(DSHNRR1)对于估值情绪也具有显著影响，滞后 1、2、4 和 5 期的影响系数为正数，滞后 3 期的影响系数为负数。

表 6.10　必要报酬率和估值情绪的模型系数(上海 B 股市场)

|  | $DSHNRR1$ | $FAC2$ |  | $DSHNRR1$ | $FAC2$ |
|---|---|---|---|---|---|
| Const(Reg. 1) | −0.083*** | −0.076 | $FAC2(-1)$ | −0.005 | 0.721*** |
| $t$ | (−8.110) | (−1.339) | $t$ | (−0.380) | (7.610) |
| Const(Reg. 2) | 0.070*** | 0.034 | $FAC2(-2)$ | −0.021 | 0.157 |
| $t$ | (8.689) | (0.452) | $t$ | (−1.335) | (1.434) |
| $DSHNRR1(-1)$ | 0.016 | 1.157** | $FAC2(-3)$ | −0.031* | −0.008 |
| $t$ | (0.210) | (2.278) | $t$ | (−1.950) | (−0.069) |
| $DSHNRR1(-2)$ | −0.299*** | 1.112** | $FAC2(-4)$ | 0.035* | 0.043 |
| $t$ | (−5.001) | (2.348) | $t$ | (1.715) | (0.412) |
| $DSHNRR1(-3)$ | −0.241*** | −0.428 | $FAC2(-5)$ | −0.048*** | −0.066 |
| $t$ | (−4.099) | (−0.922) | $t$ | (−3.625) | (−0.797) |
| $DSHNRR1(-4)$ | 0.138** | 0.376 | $SE$(Reg. 1) | 0.054 | 0.302 |
| $t$ | (2.152) | (0.974) | $SE$(Reg. 2) | 0.049 | 0.505 |
| $DSHNRR1(-5)$ | −0.082 | 0.466 |  |  |  |
| $t$ | (−1.433) | (1.217) |  |  |  |

注: * 代表 10% 水平显著, ** 代表 5% 水平显著, *** 代表 1% 水平显著

脉冲响应图(图 6.11)反映了两个时间序列真实的影响关系。给定市场必要报酬率($DSHNRR1$)一个标准差的正向冲击,投资者估值情绪($FAC2$)当期做出负向响应并达到最大负值。在市场上升期(区制 1),$FAC2$ 的响应表现出较强的震荡特征,即 $FAC2$ 的负向响应会快速反转并在第 4 期达到最大正值,然后缓慢回落,直到第 20 期回落到 0 值附近。在市场下降期(区制 2),$FAC2$ 响应后的回复速度较慢,$FAC2$ 直到第 8 期才回复到 0 值附近并产生小幅度的正向响应,然后呈现缓慢衰减直到第 21 期回复到 0 值附近。上述特征表明,在市场上升时期,由市场必要报酬率影响的投资者的估值情绪具有较强的回复特征;在市场下跌时期,投资者的估值情绪具有较强的持续性,上述规律可以解释中国 B 股市场"牛短熊长"的走势特征。

脉冲响应图显示(图 6.11),给定估值情绪($FAC2$)一个标准差的正向冲击,市场必要报酬率($DSHNRR1$)会迅速做出负向响应,$DSHNRR1$ 在第 3 期达到负响应极值后,开始出现大幅度震荡,$DSHNRR1$ 对于 $FAC2$ 的响应具有较强的回复特征。

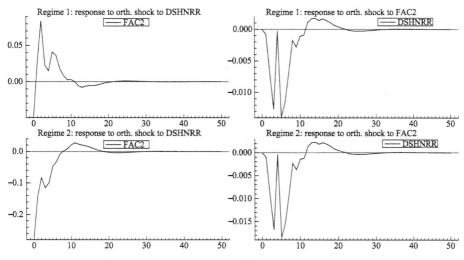

图 6.11　必要报酬率（*DSHNRR*1）和估值情绪（*FAC2*）的脉冲响应图（上海 B 股）

上述检验结果充分表明了无论是 A 股市场还是 B 股市场实证结论都具有稳健性，这也说明了理论研究结论的可信性。

## 第五节　特质风险定价的横截面检验

根据本书理论分析的研究结果，在牛市和熊市中，投资者情绪与资产价格之间具有正反馈关系。情绪状态下的投资者会错误估计证券的预期收益率，从而导致特质风险（IVOL）效应显著。当市场稳定时，投资者对证券预期收益率的估计保持稳定，从而导致 IVOL 效应不显著。

本书利用中国股票市场高波动的特性，通过市场不同波动阶段来认知投资者情绪的效度和唤醒度，进一步考察在情绪作用下 IVOL 效应的变化，用以证明理论结论的正确性。

### 一、实证研究设计

#### （一）研究的时期

本书选择中国上海股票市场自 2006 年 1 月到 2017 年 12 月总计 144 个月的连续时间作为研究期间（图 6.12）。上述期间包含 7 个市场状态：（1）2006 年 1 月到 2007 年 10 月，上证指数大幅度上升，股票市场经历了一轮牛市，这段时间被称为时期 1；（2）2007 年 11 月到 2008 年 11 月，上证指数出现大幅度下降,上海股票市场资产价格泡沫破灭,这段时间被称为时期 2;(3)2008 年 12 月到 2009 年 8 月,上证指数开始出现连续反弹,这段时期被称为时期 3;(4)2009 年 9 月到 2014 年 6 月,上证指数出现长时间下跌,上海股票市场出现漫长的熊市,这段时间被称为时期 4;(5)2014 年 7 月到 2015 年 6 月,上证指数大幅度上升,上海股票市场出现了又一轮牛市,这段时间被称为时期 5;(6)2015 年 7 月到 2016 年 1 月,上证指数快速下降,股市异常波动,这段时间被称为时期 6;(7)2016 年 2 月到 2017 年 12 月,上证指数波动平稳,市场处于长时间盘整期,这段时间被称为时期 7。

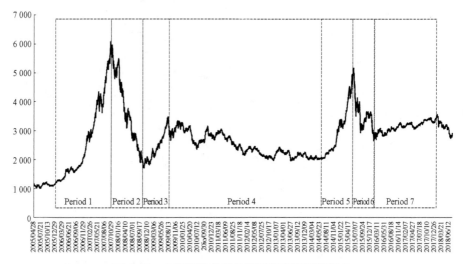

图 6.12    上证指数收盘价格图和研究周期划分

### (二) 情绪代理变量

由于中国股票市场 IPO 数据不连续,因此本书不采用由复合指标构成的情绪代理变量,转而使用单一的情绪指标作为情绪的代理变量。

本书采用封闭式基金折价率作为投资者情绪的代理变量。封闭式基金折价率是一种股票市场的特有现象,目前较多的学者把封闭式基金折价率作为投资者情绪的代理变量。利用封闭式基金折价率可以度量投资者正负面情绪和情绪的强度。通常情况下,封闭式基金折价率是一种负向指标,当折价率为正数时,代表封闭式基金处于折价状态,投资者情绪偏向负面;当折价率为负数时,代表封闭式基金处于溢价状态,投资者情绪偏向正面。封闭式基金折价率绝对值的大小通常可以代表情绪的强度。

本书对封闭式基金折价率做剔除时间趋势处理,先把封闭式基金折价率与时间($t$)做一元线性回归,然后把回归的残差加上回归截距(常数项)作为投资者情绪的代理变量,记作 $CFD$。

本书还采用换手率指标作为情绪唤醒度的代理变量。换手率是衡量投资者情绪强度的有效指标,换手率大小通常与市场波动程度相关。本书采用的月度换手率指标计算公式为:

$$TR_i = \frac{V_i}{TS_i} \tag{6.45}$$

式(6.45)中,$i$ 代表特质风险形成的月度,$TR_i$ 代表特质风险形成月度的换手率,$V_i$ 代该月度的成交股数,$TS_i$ 代表该月度市场平均总流通股数。

本书在分析中,以封闭式基金折价率作为主要研究指标,换手率指标用来验证实证结果的稳健性。

### (三) 特质风险

本书采用回归法度量特质风险,数据的周期为一个月。每个月把上海股票市场每只股票的日收益率减去无风险利率,与上证指数的超额收益率进行回归,具体如下:

$$R_{tx} - R_f = \alpha_t + \beta_{tx}(R_{tm} - R_f) + \varepsilon_{tx} \tag{6.46}$$

式(6.46)中,$t$ 表示估计周期,$R_{tx}$ 是证券的已实现收益率,$\beta_{tx}$ 是证券 $x$ 的风险补偿倍数,$R_f$ 表示无风险利率,$\varepsilon_{tx}$ 是回归的残差。特质波动率的计算公式如下:

$$ivol_{tx} = \sqrt{n} \times std(\varepsilon_{tx}) \tag{6.47}$$

式(6.47)中,$ivol_{tx}$ 表示证券的特质波动率,$n$ 表示样本期间证券交易的天数,$std(\varepsilon_{tx})$ 表示残差的标准差。

### (四) 研究的主要方法

本书的实证检验采用法玛和麦克白(Fama & Macheth,1973)提出的滚动回归方法。该方法的主要核心技巧是利用当期的市场数据,通过回归方法计算出每只股票的贝塔系数和特质风险,并利用下一期的数据检验上述两个变量的定价关系。

每只股票的在特质风险计算完成后,本书采用横截面回归方法对特质风险定价进行检验,在 $t+1$ 期间有:

$$R_{t+1} - R_f = a_{t+1} + b_{t+1} \cdot \beta_{t+1} + \gamma_{t+1} \cdot ivol_{t+1} + \varepsilon_{t+1} \tag{6.48}$$

在式(6.48)中，$\gamma_{t+1}$ 是特质风险因素的系数，该系数是否显著标志着 $t$ 期的特质风险是否参与了下一期的资产定价。

本书首先对上述 7 个不同时期的特质风险定价情况进行交叉列联表检验，考察不同市场时期特质风险参与定价的占比，采用卡方检验和 Fisher's Exact Test 的方法确定不同时期数据差异的显著性。本书还把情绪代理变量按照数值的大小分为 6 组，采用交叉列联表的方法和卡方检验来考察不同组别特质风险参与资产定价程度的差异。

## 二、实证研究的结果

### （一）分组统计检验结果

本书根据不同时期对 CFD 和 TR 进行了分组，同时也按照数值的升序分别把 CFD 和 TR 分成六个数量相等的组别（表 6.11 和表 6.12）。对于 CFD 指标而言，在市场上升状态中，CFD 指标的平均值较低并且为负值，这说明在市场上升状态中，封闭式基金处于溢价状态，例如时期 1、时期 3 和时期 5，CFD 均值分别为 -0.012 3、-0.050 6 和 -0.061 7；在市场下跌状态中，CFD 指标均值较高并且为正值，这说明在市场下跌状态中，封闭式基金处于折价状态，例如时期 2 和时期 4，CFD 均值分别为 0.010 9 和 0.021 4。时期 6 处于股市异常波动状态，这一时期的托市行为导致封闭式基金处于溢价状态，CFD 均值为 -0.061 7；在市场平稳时期，即时期 7 中，CFD 均值为 0.005 5，封闭式基金处于轻微的折价状态。平稳时的 CFD 数据远低于市场下跌状态，这也说明此时投资者情绪的强度很低。

### （二）滚动回归结果的交叉列联表分析

本书总计完成了连续 144 个月的法玛和麦克白滚动回归，时间跨度自 2006 年 1 月到 2017 年 12 月。本书根据滚动回归的结果（见本节后面的表 6.18 到表 6.24），把截面回归中特质风险因素前面的回归系数作为（$\gamma_{t+1}$）研究对象，并且构建了特质风险参与资产定价程度的二元指标。如果 $\gamma_{t+1}$ 检验值具有 10% 以上的显著程度，特质风险参与度指标记为 1，否则就记为 0。

本书把特质风险参与度指标和市场不同时期进行交叉列联表分析，采用卡方检验和 Fisher 精确检验的方法验证分析结论的显著性。数据显示（表 6.13），在市场处于大幅度上升状态时，特质风险参与资产定价的比率较高，例如在市场大幅上升状态中的时期 1、时期 3 和时期 5，特质风险参与定价的比率分别为 63.64%、66.67% 和 83.33%；在市场处于大幅度下

表6.11　情绪代理变量按照市场不同时期分组结果

| | | N | Mean | Std. Deviation | Median | Minimum | Maximum | Kurtosis | Skewness | Average group |
|---|---|---|---|---|---|---|---|---|---|---|
| period 1 | CFD | 22 | -0.0123 | 0.0435 | -0.0273 | -0.0728 | 0.0698 | -1.397 | 0.319 | 2.95 |
| | TR | 22 | 0.4312 | 0.1729 | 0.4 | 0.164 | 0.825 | -0.192 | 0.667 | 5.14 |
| period 2 | CFD | 13 | 0.0109 | 0.0463 | 0.0049 | -0.07 | 0.0888 | -0.725 | 0.002 | 4 |
| | TR | 13 | 0.2081 | 0.0487 | 0.2079 | 0.137 | 0.297 | -0.913 | 0.264 | 2.62 |
| period 3 | CFD | 9 | -0.0506 | 0.022 | -0.0563 | -0.0825 | -0.0182 | -1.398 | 0.048 | 1.44 |
| | TR | 9 | 0.3988 | 0.0837 | 0.4068 | 0.298 | 0.551 | -0.274 | 0.476 | 5.33 |
| period 4 | CFD | 58 | 0.0214 | 0.0316 | 0.0189 | -0.0679 | 0.0958 | 0.887 | 0.127 | 4.41 |
| | TR | 58 | 0.1902 | 0.073 | 0.1738 | 0.085 | 0.417 | 1.241 | 1.183 | 2.34 |
| period 5 | CFD | 7 | -0.0617 | 0.0306 | -0.0509 | -0.1008 | -0.0303 | -1.997 | -0.409 | 2.17 |
| | TR | 7 | 0.4945 | 0.1144 | 0.5143 | 0.338 | 0.679 | 0.061 | 0.096 | 4.5 |
| period 6 | CFD | 7 | -0.0617 | 0.0306 | -0.0509 | -0.1008 | -0.0303 | -1.997 | -0.409 | 1.29 |
| | TR | 7 | 0.4945 | 0.1144 | 0.5143 | 0.338 | 0.679 | 0.061 | 0.096 | 5.71 |
| period 7 | CFD | 23 | 0.0055 | 0.01 | 0.0036 | -0.0162 | 0.0202 | -0.613 | -0.227 | 3.61 |
| | TR | 23 | 0.2414 | 0.0467 | 0.2303 | 0.178 | 0.332 | -0.967 | 0.553 | 3.43 |
| total | CFD | 144 | 0 | 0.0407 | 0.0037 | -0.1115 | 0.0958 | 0.092 | -0.193 | — |
| | TR | 144 | 0.2785 | 0.1446 | 0.2342 | 0.085 | 0.825 | 1.574 | 1.326 | — |

表 6.12　情绪代理变量按照数值大小分组

| CFD Group 1 | N | Mean | Median | Std. Deviation | Minimum | Maximum |
|---|---|---|---|---|---|---|
| | 24 | −0.064 3 | −0.058 3 | 0.019 0 | −0.111 5 | −0.041 2 |
| CFD Group 2 | N | Mean | Median | Std. Deviation | Minimum | Maximum |
| | 24 | −0.027 2 | −0.030 1 | 0.008 7 | −0.039 2 | −0.011 5 |
| CFD Group 3 | N | Mean | Median | Std. Deviation | Minimum | Maximum |
| | 24 | −0.002 6 | −0.003 0 | 0.004 3 | −0.011 4 | 0.003 6 |
| CFD Group 4 | N | Mean | Median | Std. Deviation | Minimum | Maximum |
| | 24 | 0.010 9 | 0.010 9 | 0.003 8 | 0.003 8 | 0.017 2 |
| CFD Group 5 | N | Mean | Median | Std. Deviation | Minimum | Maximum |
| | 24 | 0.024 7 | 0.023 1 | 0.005 2 | 0.017 3 | 0.033 3 |
| CFD Group 6 | N | Mean | Median | Std. Deviation | Minimum | Maximum |
| | 24 | 0.058 5 | 0.054 8 | 0.019 7 | 0.033 4 | 0.095 8 |
| TR Group 1 | N | Mean | Median | Std. Deviation | Minimum | Maximum |
| | 24 | 0.129 0 | 0.132 8 | 0.020 4 | 0.085 0 | 0.153 0 |
| TR Group 2 | N | Mean | Median | Std. Deviation | Minimum | Maximum |
| | 24 | 0.174 6 | 0.174 4 | 0.012 1 | 0.155 0 | 0.194 0 |
| TR Group 3 | N | Mean | Median | Std. Deviation | Minimum | Maximum |
| | 24 | 0.214 3 | 0.211 0 | 0.012 7 | 0.196 0 | 0.234 0 |
| TR Group 4 | N | Mean | Median | Std. Deviation | Minimum | Maximum |
| | 24 | 0.266 6 | 0.269 2 | 0.020 9 | 0.234 0 | 0.297 0 |
| TR Group 5 | N | Mean | Median | Std. Deviation | Minimum | Maximum |
| | 24 | 0.342 3 | 0.335 2 | 0.032 1 | 0.298 0 | 0.410 0 |
| TR Group 6 | N | Mean | Median | Std. Deviation | Minimum | Maximum |
| | 24 | 0.544 1 | 0.520 9 | 0.104 7 | 0.417 0 | 0.825 0 |

跌状态时,特质风险参与资产定价的比率也比较高,例如时期 2 和时期 6,特质风险参与资产定价的比率分别为 61.54% 和 85.71%。在市场处于缓慢下跌的状态中,特质风险参与资产定价的比率较低,例如时期 4,特质风险参与资产定价的比率为 58.62%。在市场盘整期特质风险参与资产定价的程度最低,例如时期 7,特质风险参与资产定价的比率为 47.83%。由于市场大幅度上升和大幅度下降时期,投资者情绪强度较大,而在市场比较平稳时期,投资者情绪强度较小,上述数据初步表明特质风险参与资产定价的程度与投资者情绪的强度具有一定的关联。

表 6.13　不同时期特质风险参与定价的程度

| | period 1 | period 2 | period 3 | period 4 | period 5 | period 6 | period 7 | Total |
|---|---|---|---|---|---|---|---|---|
| Not significant (0) | 8 | 5 | 3 | 24 | 2 | 1 | 12 | 55 |
| | 36.36% | 38.46% | 33.33% | 41.38% | 16.67% | 14.29% | 52.17% | 38.19% |
| Significant(1) | 14 | 8 | 6 | 34 | 10 | 6 | 11 | 89 |
| | 63.64% | 61.54% | 66.67% | 58.62% | 83.33% | 85.71% | 47.83% | 61.81% |
| Total | 22 | 13 | 9 | 58 | 12 | 7 | 23 | 144 |
| Pearson Chi-Square | Value (6.326) | | | | Exact Sig. (0.398) | | | |
| Fisher's Exact Test | Value (6.060) | | | | Exact Sig. (0.419) | | | |

为了进一步验证特质风险定价与投资者情绪强度的关联性,本书把反映投资者情绪强度的封闭式基金折价率按照数值升序分为 6 个相等的组别,每个组别 24 个样本。数据显示(本节后面的表 6.25),在市场大幅度上升时期,封闭式基金折价率多数为负值。这一时期的封闭式基金折价率多数位于第 1 组和第 2 组,例如时期 1、时期 3 和时期 5。在股市异常波动时期,即时期 6,由于护盘资金的作用,封闭式基金折价率也出现负值,这一时期的折价率多数处于第 1 组和第 2 组。在市场下跌时期,封闭式基金折价率多数为正值,折价率多数位于第 5 组和第 6 组,例如时期 2 和时期 4。在市场盘整阶段,封闭式基金折价率多数为绝对值较小的负值,折价率多数位于第 3 组和第 4 组,例如时期 7。上述分组结果表明,封闭式基金折价率能够充分反映投资者情绪和市场的整体走势,这与实证研究设计时的预期一致。

把每个月特质风险参与度指标与封闭式基金折价率分组进行交叉列联表检验,数据显示,特质风险参与度在分组中呈现出中间低两头高的特点。组别 4 中,特质风险参与资产定价的占比为 41.7%,这一数值显著低于其他组别(表 6.14)。各组之间的差距在卡方检验和 Fisher's Exact Test 下都达到了 10% 的显著水平。上述数据表明,特质风险参与资产定价的程度与投资者情绪具有关联:当投资者具有正向情绪或负向情绪都会导致特质风险较多地参与资产定价;当投资者没有正向或负向情绪时,特质风险参与资产定价的程度较低。

表 6.14　封闭式基金折价率分组下的特质风险参与定价情况

| | Group 1 | Group 2 | Group 3 | Group 4 | Group 5 | Group 6 | Total |
|---|---|---|---|---|---|---|---|
| Not significant(0) | 8 | 4 | 10 | 14 | 9 | 10 | 55 |
| | 0.333 | 0.167 | 0.417 | 0.583 | 0.375 | 0.417 | 0.382 |
| Significant(1) | 16 | 20 | 14 | 10 | 15 | 14 | 89 |
| | 0.667 | 0.833 | 0.583 | 0.417 | 0.625 | 0.583 | 0.618 |
| Total | 24 | 24 | 24 | 24 | 24 | 24 | 144 |
| Pearson Chi-Square | Value (9.325) | | | Exact Sig. (0.102) | | | |
| Fisher's Exact Test | Value (9.424) | | | Exact Sig. (0.095) | | | |

本书进一步对截面回归中特质风险因素前的系数进行 $t$ 检验,数据显示在具有正面情绪的低组别中和具有负面情绪的高组别中,该系数 $t$ 检验都呈现 1% 的显著水平,而在没有情绪的中组别中,该系数 $t$ 检验不显著。上述结果进一步说明,投资者情绪加强了特质风险参与资产定价的程度(表 6.15)。

表 6.15　特质风险项系数的分组统计(封闭式基金折价率分组)

| | Group 1 | Group 2 | Group 3 | Group 4 | Group 5 | Group 6 | Total |
|---|---|---|---|---|---|---|---|
| Mean | −0.051 12 *** | −0.072 26 *** | −0.003 74 | −0.003 72 | −0.043 14 *** | −0.056 29 *** | −0.038 38 *** |
| $t$ | −2.481 | −2.499 | −0.095 | −0.087 | 2.398 | −2.805 | −3.152 |
| Std. Deviation | 0.100 9 | 0.141 7 | 0.192 7 | 0.209 | 0.088 | 0.098 33 | 0.146 1 |
| $n$ | 24 | 24 | 24 | 24 | 24 | 24 | 144 |

## (三) 稳健性检验

本书采用 $TR$ 指标对于实证结果进行稳健性检验。对于 $TR$ 指标而言,按照不同时的分组结果显示(表 6.11):在市场大幅度上升时期,平均 $TR$ 值较高,例如时期 1、时期 3 和时期 5 属于市场大幅上升时期,上述时期平均 $TR$ 值分别为 0.431 2、0.398 8 和 0.494 5;在市场下跌时期,平均 $TR$ 值较低,例如时期 2 和时期 4,平均 $TR$ 值分别为 0.208 1 和 0.190 2;在市场下跌时期的 $TR$ 值说明,投资者的负面情绪表现为情绪的唤醒度较低;时期 6 虽然也是市场下跌时期,但是这一时期较为特殊,这一时期出现了股市异常波动,管理层组织的护盘资金对市场进行"托市",导致这一时期换手率很高,这一时期的平均换手率为 0.494 5;在市场平稳期,例如时期 7,换手率均值处于中间水平为 0.241 4。上述区别也可以通过 $TR$ 分组后在不同时期组别的均值反映出来,例如时期 7 的组别均值为 3.43,属于换手率分组的中间位置。

为了进一步验证特质风险定价与投资者情绪强度的关联性,本书把反映投资者情绪强度的换手率指标按照升序分为 6 个数量相同的组。不同市场时期换手率的组别具有差别,市场大幅上升时换手率多位于较高的组,市场不同时期平均组别数值也能够反映上述特点,例如在时期 1、时期 3 和时期 5,平均组别分别为 5.14、5.33 和 4.50(表 6.11),上述时期换手率多数位于第 5 组和第 6 组。市场在异常波动时期受到护盘资金的影响换手率很大,因此这一时期的换手率多数位于第 6 组。市场在下跌时期,换手率多位于较低的组别,例如时期 2 和时期 4,换手率多数位于第 1 组和第 2 组。在市场盘整时期,换手率水平处于中间位置,例如在时期 7,换手率多数位于第 3 组。上述分组结果表明,由低换手率构成的组代表投资者处于负面情绪中,由高换手率构成的组代表投资者处于正面情绪中,由中等换手率构成的组代表投资者没有情绪。

交叉列联表分析数据表明,第 3 组数据中,特质风险参与资产定价的程度较低,比率为 33.3%,远低于其他组别(表 6.16)。其他组别中特质风险参与资产定价的程度较高,并且占比大体相当。交叉表中的数据呈现出中间低两边高的状态。组别之间数据的差异经过卡方检验和 Fisher's Exact Test,结果具有 10% 的显著水平。上述结果表明,当投资者没有情绪时,特质风险参与资产定价的程度较低;而投资者无论具有负面情绪还是具有正面情绪,都能够显著增加特质风险参与资产定价的程度。这一结果与前文实证检验的结果一致。

表 6.16 特质风险定价与换手率的关系

| | Group 1 | Group 2 | Group 3 | Group 4 | Group 5 | Group 6 | Total |
|---|---|---|---|---|---|---|---|
| Not significant(0) | 9 | 8 | 16 | 6 | 9 | 7 | 55 |
| | 0.375 | 0.333 | 0.667 | 0.25 | 0.375 | 0.292 | 0.382 |
| significant(1) | 15 | 16 | 8 | 18 | 15 | 17 | 89 |
| | 0.625 | 0.667 | 0.333 | 0.75 | 0.625 | 0.708 | 0.618 |
| Total | 24 | 24 | 24 | 24 | 24 | 24 | 144 |
| Pearson Chi-Square | Value (11.091) | | | Exact Sig. (0.053) | | | |
| Fisher's Exact Test | Value (10.588) | | | Exact Sig. (0.058) | | | |

本书对截面回归中特质风险前面的系数做分组 $t$ 检验。结果发现,高组别的系数显著性较强(表 6.17)。这说明投资者的正向情绪对于特质风险参与定价影响更加强烈。

表 6.17　特质风险项系数的分组统计(换手率分组)

| | Group 1 | Group 2 | Group 3 | Group 4 | Group 5 | Group 6 | Total |
|---|---|---|---|---|---|---|---|
| Mean | −0.006 3 | −0.026 21 | −0.014 4 | −0.047 9* | −0.083 19*** | −0.065 23*** | −0.038 38*** |
| t | −0.168 | −1.03 | −0.036 | −1.874 | −3.438 | −3.115 | −3.152 |
| Std. Deviation | 0.183 4 | 0.124 7 | 0.194 2 | 0.125 2 | −0.118 5 | 0.102 6 | 0.146 1 |
| n | 24 | 24 | 24 | 24 | 24 | 24 | 144 |

### 三、实证研究的主要结论

实证研究结果表明,投资者情绪能够显著增加特质风险参与资产定价的程度。当投资者处于较为明显的正向情绪和负向情绪时,市场通常表现为大幅度上升和大幅度下降,此时特质风险参与资产定价的程度较高。当投资者没有情绪时,市场通常表现为盘整走势,此时特质风险参与资产定价的程度较低。这一结果与理论结论具有良好的呼应。

理论演绎结果表明,投资者情绪会导致投资者群体出现对证券预期收益率估计的一致性误差,这进一步导致在情绪状态下的最小方差集合和市场组合发生了变化。当市场组合发生漂移后,原先形成的资产收益率与市场组合收益率的线性关系发生改变,形成了另一个有资产收益率和新的市场组合构成的新的线性关系。上述情况导致在原来的线性关系中不参与资产定价的特质风险,在新的线性关系中参与了资产定价。也就是说,投资者情绪导致的组合漂移是特质风险参与定价的原因。

本书的实证研究结果证实了上述理论结论。在投资者情绪较为明显的时期,特质风险参与资产定价的程度较高,在投资者情绪平静时期,特质风险参与资产定价的程度较低。

本书的理论和实证研究为特质风险定价问题提供了一个新的理论解释。本书在理论演绎中采用了经典金融学均值方差组合模型和 CAPM 理论,这在研究范式上尝试了经典金融学和行为金融学相互融合,这将有助于行为金融学理论体系的发展和完善。

表 6.18　特质风险回归(上海 A 股市场 200601—200710)

| | 贝塔系数 | t | sig | IVOL | t | sig | 换手率 |
|---|---|---|---|---|---|---|---|
| 200601 | 0.032 4 | 0.892 0 | 0.372 7 | −0.130 0 | −3.574 7 | 0.000 4 | 0.164 |
| 200602 | −0.072 7 | −1.969 6 | 0.049 3 | −0.047 8 | −1.293 5 | 0.196 2 | 0.331 |
| 200603 | 0.119 5 | 3.231 8 | 0.001 3 | 0.110 2 | 2.979 5 | 0.003 0 | 0.297 4 |
| 200604 | −0.004 4 | −0.116 7 | 0.907 1 | 0.100 1 | 2.683 1 | 0.007 5 | 0.240 6 |
| 200605 | 0.012 3 | 0.317 9 | 0.750 6 | −0.130 6 | −3.368 3 | 0.000 8 | 0.460 1 |

（续表）

| | 贝塔系数 | t | sig | IVOL | t | sig | 换手率 |
|---|---|---|---|---|---|---|---|
| 200606 | −0.024 4 | −0.638 7 | 0.523 3 | **−0.066 8** | **−1.747 3** | **0.081 0** | 0.677 9 |
| 200607 | −0.014 5 | −0.382 1 | 0.702 5 | 0.015 6 | 0.410 8 | 0.681 4 | 0.423 2 |
| 200608 | 0.043 2 | 1.147 0 | 0.251 8 | **0.103 3** | **2.745 0** | **0.006 2** | 0.381 3 |
| 200609 | −0.035 9 | −0.991 3 | 0.321 8 | −0.004 7 | −0.130 6 | 0.896 1 | 0.221 1 |
| 200610 | −0.057 3 | −1.546 5 | 0.122 4 | **−0.166 3** | **−4.487 2** | **0.000 0** | 0.274 5 |
| 200611 | −0.079 8 | −2.206 4 | 0.027 7 | **−0.077 2** | **−2.136 4** | **0.033 0** | 0.309 5 |
| 200612 | 0.068 0 | 1.844 8 | 0.065 5 | −0.023 7 | −0.643 1 | 0.520 3 | 0.322 4 |
| 200701 | −0.036 0 | −0.970 7 | 0.332 0 | −0.017 5 | −0.471 0 | 0.637 8 | 0.418 6 |
| 200702 | 0.056 6 | 1.564 7 | 0.118 1 | **−0.116 3** | **−3.214 2** | **0.001 4** | 0.606 9 |
| 200703 | −0.069 4 | −1.877 6 | 0.060 8 | **−0.147 3** | **−3.986 6** | **0.000 1** | 0.49 |
| 200704 | 0.065 2 | 1.750 5 | 0.080 5 | **0.062 9** | **1.687 8** | **0.091 9** | 0.548 4 |
| 200705 | −0.016 0 | −0.422 0 | 0.673 0 | **−0.082 0** | **−2.192 0** | **0.029 0** | 0.713 6 |
| 200706 | 0.011 7 | 0.317 5 | 0.750 9 | **−0.224 9** | **−6.111 9** | **0.000 0** | 0.824 7 |
| 200707 | 0.284 7 | 7.920 0 | 0.000 0 | 0.012 7 | 0.354 0 | 0.723 5 | 0.620 7 |
| 200708 | −0.110 7 | −3.002 5 | 0.002 8 | **−0.162 7** | **−4.410 6** | **0.000 0** | 0.339 6 |
| 200709 | 0.089 9 | 2.390 5 | 0.017 1 | −0.033 7 | −0.894 4 | 0.371 4 | 0.456 9 |
| 200710 | −0.005 2 | −0.139 5 | 0.889 1 | −0.039 8 | −1.062 2 | 0.288 5 | 0.363 3 |
| 合计 | 换手率均值为 0.431 1,特质风险参与定价时期占比为 63.64% | | | | | | |

表 6.19  特质风险回归(上海 A 股市场 200711—200811)

| | 贝塔系数 | t | sig | IVOL | t | sig | 换手率 |
|---|---|---|---|---|---|---|---|
| 200711 | −0.069 6 | −1.861 5 | 0.063 1 | **−0.085 9** | **−2.294 9** | **0.022 0** | 0.261 |
| 200712 | 0.079 0 | 2.099 9 | 0.036 1 | **0.077 1** | **2.048 5** | **0.040 9** | 0.151 5 |
| 200801 | −0.054 6 | −1.438 8 | 0.150 7 | **−0.095 1** | **−2.506 7** | **0.012 4** | 0.190 7 |
| 200802 | 0.125 0 | 3.309 5 | 0.001 0 | **0.144 6** | **3.830 3** | **0.000 1** | 0.296 6 |
| 200803 | −0.022 6 | −0.584 2 | 0.559 3 | **−0.071 9** | **−1.856 4** | **0.063 8** | 0.207 9 |
| 200804 | −0.004 5 | −0.114 7 | 0.908 7 | −0.019 2 | −0.493 6 | 0.621 8 | 0.228 1 |
| 200805 | −0.055 5 | −1.463 1 | 0.143 9 | −0.002 0 | −0.051 9 | 0.958 6 | 0.229 1 |
| 200806 | −0.035 7 | −0.935 1 | 0.350 0 | −0.062 1 | −1.627 1 | 0.104 2 | 0.263 6 |
| 200807 | 0.078 6 | 2.089 7 | 0.037 0 | 0.039 6 | 1.053 7 | 0.292 4 | 0.174 |
| 200808 | 0.024 9 | 0.688 0 | 0.491 7 | **−0.264 8** | **−7.320 6** | **0.000 0** | 0.233 5 |
| 200809 | −0.019 1 | −0.557 1 | 0.577 6 | **−0.157 5** | **−4.588 6** | **0.000 0** | 0.136 8 |
| 200810 | 0.047 8 | 1.369 1 | 0.171 3 | −0.038 9 | −1.114 2 | 0.265 5 | 0.164 6 |
| 200811 | 0.018 7 | 0.536 1 | 0.592 1 | **−0.082 5** | **−2.367 8** | **0.018 1** | 0.167 2 |
| 合计 | 换手率均值为 0.211 4,特质风险参与定价时期占比为 58.33% | | | | | | |

表 6. 20　特质风险回归(上海 A 股市场 200812—200908)

| | 贝塔系数 | $t$ | $sig$ | IVOL | $t$ | $sig$ | 换手率 |
|---|---|---|---|---|---|---|---|
| 200812 | 0.060 8 | 1.743 2 | 0.081 7 | −0.010 7 | −0.307 1 | 0.758 9 | 0.301 8 |
| 200901 | 0.039 3 | 1.134 0 | 0.257 1 | −0.031 1 | −0.897 9 | 0.369 5 | 0.330 9 |
| 200902 | 0.095 2 | 2.743 4 | 0.006 2 | 0.044 3 | 1.277 9 | 0.201 6 | 0.297 6 |
| 200903 | −0.046 4 | −1.338 0 | 0.181 3 | −0.065 3 | −1.885 5 | 0.059 7 | 0.551 4 |
| 200904 | 0.059 0 | 1.695 2 | 0.090 4 | −0.066 7 | −1.916 9 | 0.055 6 | 0.410 3 |
| 200905 | 0.028 8 | 0.822 5 | 0.411 0 | −0.081 8 | −2.333 1 | 0.019 9 | 0.464 5 |
| 200906 | 0.098 4 | 2.813 1 | 0.005 0 | −0.091 2 | −2.607 3 | 0.009 3 | 0.406 8 |
| 200907 | −0.038 6 | −1.101 7 | 0.270 9 | −0.140 8 | −4.016 5 | 0.000 1 | 0.370 8 |
| 200908 | −0.008 7 | −0.251 1 | 0.801 8 | −0.188 5 | −5.470 2 | 0.000 0 | 0.455 |
| 合计 | 换手率均值为 0.398 7,特质风险参与定价时期占比为 66.67% | | | | | | |

表 6. 21　特质风险回归(上海 A 股市场 200908—201406)

| | 贝塔系数 | $t$ | $sig$ | IVOL | $t$ | $sig$ | 换手率 |
|---|---|---|---|---|---|---|---|
| 200908 | −0.008 7 | −0.251 1 | 0.801 8 | −0.188 5 | −5.470 2 | 0.000 0 | 0.455 |
| 200909 | 0.071 9 | 2.056 5 | 0.040 1 | 0.008 4 | 0.241 3 | 0.809 4 | 0.356 |
| 200910 | 0.054 9 | 1.602 2 | 0.109 5 | −0.172 0 | −5.020 8 | 0.000 0 | 0.323 3 |
| 200911 | −0.008 0 | −0.231 3 | 0.817 2 | −0.118 0 | −3.410 9 | 0.000 7 | 0.281 7 |
| 200912 | −0.013 0 | −0.372 6 | 0.709 6 | 0.016 7 | 0.478 8 | 0.632 2 | 0.367 3 |
| 201001 | 0.067 9 | 1.994 6 | 0.046 4 | 0.170 7 | 5.014 8 | 0.000 0 | 0.255 |
| 201002 | 0.008 6 | 0.248 5 | 0.803 8 | −0.126 2 | −3.662 7 | 0.000 3 | 0.270 4 |
| 201003 | 0.051 0 | 1.489 8 | 0.136 6 | −0.152 0 | −4.437 4 | 0.000 0 | 0.184 9 |
| 201004 | −0.024 3 | −0.704 9 | 0.481 1 | 0.091 3 | 2.647 2 | 0.008 3 | 0.211 4 |
| 201005 | −0.109 6 | −3.228 3 | 0.001 3 | −0.169 1 | −4.981 2 | 0.000 0 | 0.276 3 |
| 201006 | 0.074 7 | 2.164 6 | 0.030 7 | 0.055 4 | 1.604 9 | 0.108 9 | 0.197 4 |
| 201007 | 0.041 3 | 1.198 7 | 0.231 0 | 0.113 3 | 3.285 5 | 0.001 1 | 0.172 9 |
| 201008 | 0.044 9 | 1.294 9 | 0.195 7 | 0.053 1 | 1.531 8 | 0.126 0 | 0.192 7 |
| 201009 | 0.178 4 | 5.198 2 | 0.000 0 | −0.015 0 | −0.438 1 | 0.661 5 | 0.260 4 |
| 201010 | −0.048 0 | −1.396 5 | 0.162 9 | −0.114 0 | −3.317 7 | 0.000 9 | 0.267 9 |
| 201011 | 0.071 7 | 2.080 6 | 0.037 8 | −0.074 4 | −2.159 9 | 0.031 1 | 0.417 2 |
| 201012 | −0.035 8 | −1.039 7 | 0.298 8 | −0.109 3 | −3.178 6 | 0.001 5 | 0.361 5 |
| 201101 | 0.110 5 | 3.245 7 | 0.001 2 | 0.008 9 | 0.261 0 | 0.794 1 | 0.197 5 |
| 201102 | 0.072 1 | 2.134 9 | 0.033 1 | −0.174 0 | −5.151 4 | 0.000 0 | 0.156 |
| 201103 | −0.063 9 | −1.866 0 | 0.062 4 | −0.053 3 | −1.556 0 | 0.120 1 | 0.219 3 |

（续表）

| | 贝塔系数 | $t$ | sig | IVOL | $t$ | sig | 换手率 |
|---|---|---|---|---|---|---|---|
| 201104 | −0.067 0 | −1.943 0 | 0.052 4 | 0.014 0 | 0.404 6 | 0.685 8 | 0.234 3 |
| 201105 | 0.120 0 | 3.544 7 | 0.000 4 | 0.013 8 | 0.406 9 | 0.684 2 | 0.202 5 |
| 201106 | 0.016 4 | 0.485 3 | 0.627 6 | **−0.102 4** | **−3.029 1** | **0.002 5** | 0.139 2 |
| 201107 | −0.017 0 | −0.500 3 | 0.617 0 | −0.009 6 | −0.280 8 | 0.778 9 | 0.130 6 |
| 201108 | −0.068 6 | −2.104 3 | 0.035 6 | **−0.275 9** | **−8.461 3** | **0.000 0** | 0.174 7 |
| 201109 | −0.053 0 | −1.570 4 | 0.116 7 | 0.004 7 | 0.138 0 | 0.890 3 | 0.142 8 |
| 201110 | −0.070 2 | −2.091 3 | 0.036 8 | **−0.067 0** | **−1.997 7** | **0.046 1** | 0.100 5 |
| 201111 | −0.024 8 | −0.750 4 | 0.453 2 | **−0.209 6** | **−6.354 2** | **0.000 0** | 0.124 7 |
| 201112 | 0.141 0 | 4.262 0 | 0.000 0 | **−0.100 0** | **−3.014 0** | **0.003 0** | 0.142 1 |
| 201201 | 0.072 8 | 2.193 0 | 0.028 6 | **0.145 1** | **4.370 3** | **0.000 0** | 0.091 9 |
| 201202 | 0.008 5 | 0.256 7 | 0.797 5 | **−0.226 4** | **−6.819 3** | **0.000 0** | 0.113 4 |
| 201203 | 0.001 1 | 0.031 6 | 0.974 8 | 0.029 5 | 0.869 3 | 0.384 9 | 0.154 8 |
| 201204 | 0.084 2 | 2.502 4 | 0.012 5 | −0.042 4 | −1.260 0 | 0.208 0 | 0.168 6 |
| 201205 | −0.146 1 | −4.408 7 | 0.000 0 | **−0.076 3** | **−2.301 8** | **0.021 6** | 0.152 3 |
| 201206 | −0.055 8 | −1.678 4 | 0.093 6 | **−0.085 3** | **−2.565 6** | **0.010 5** | 0.149 6 |
| 201207 | −0.014 2 | −0.427 2 | 0.669 3 | −0.047 8 | −1.441 0 | 0.149 9 | 0.116 1 |
| 201208 | 0.063 1 | 1.898 1 | 0.058 0 | 0.001 8 | 0.053 3 | 0.957 5 | 0.115 9 |
| 201209 | −0.021 2 | −0.635 9 | 0.525 0 | **−0.089 0** | **−2.676 2** | **0.007 6** | 0.110 5 |
| 201210 | −0.034 3 | −1.034 8 | 0.301 0 | −0.040 8 | −1.231 9 | 0.218 3 | 0.122 7 |
| 201211 | 0.112 5 | 3.428 8 | 0.000 6 | **0.087 4** | **2.662 6** | **0.007 9** | 0.106 3 |
| 201212 | 0.017 8 | 0.538 7 | 0.590 3 | **−0.135 6** | **−4.098 8** | **0.000 0** | 0.085 2 |
| 201301 | −0.007 3 | −0.220 3 | 0.825 7 | **0.121 3** | **3.637 8** | **0.000 3** | 0.153 2 |
| 201302 | −0.018 8 | −0.566 4 | 0.571 3 | −0.052 0 | −1.566 8 | 0.117 5 | 0.198 5 |
| 201303 | −0.035 0 | −1.047 6 | 0.295 1 | −0.040 2 | −1.201 8 | 0.229 8 | 0.18 |
| 201304 | 0.016 1 | 0.483 5 | 0.628 9 | **0.106 4** | **3.204 6** | **0.001 4** | 0.168 6 |
| 201305 | −0.131 1 | −3.939 7 | 0.000 1 | 0.046 9 | 1.409 1 | 0.159 2 | 0.134 9 |
| 201306 | −0.000 1 | −0.002 1 | 0.998 3 | **0.114 7** | **3.441 1** | **0.000 6** | 0.187 3 |
| 201307 | 0.083 1 | 2.494 2 | 0.012 8 | **0.133 7** | **4.010 3** | **0.000 1** | 0.160 3 |
| 201308 | −0.004 1 | −0.121 9 | 0.903 0 | **−0.097 1** | **−2.917 6** | **0.003 6** | 0.181 5 |
| 201309 | −0.018 6 | −0.556 9 | 0.577 7 | 0.025 9 | 0.775 4 | 0.438 3 | 0.195 7 |
| 201310 | 0.087 0 | 2.595 5 | 0.009 6 | **−0.223 5** | **−6.663 7** | **0.000 0** | 0.224 1 |
| 201311 | 0.151 1 | 4.212 5 | 0.000 0 | 0.032 7 | 0.910 8 | 0.362 6 | 0.215 8 |
| 201312 | −0.012 8 | −0.393 2 | 0.694 3 | **−0.228 7** | **−7.013 1** | **0.000 0** | 0.167 7 |

（续表）

|  | 贝塔系数 | t | sig | IVOL | t | sig | 换手率 |
|---|---|---|---|---|---|---|---|
| 201401 | 0.002 3 | 0.072 6 | 0.942 1 | **0.260 1** | **8.040 7** | **0.000 0** | 0.155 6 |
| 201402 | −0.058 0 | −1.730 0 | 0.084 0 | 0.019 4 | 0.579 7 | 0.562 3 | 0.153 |
| 201403 | −0.043 1 | −1.345 0 | 0.179 0 | **−0.293 9** | **−9.173 4** | **0.000 0** | 0.248 5 |
| 201404 | −0.076 2 | −2.287 1 | 0.022 4 | **−0.060 8** | **−1.825 0** | **0.068 3** | 0.182 |
| 201405 | 0.082 9 | 2.418 6 | 0.015 8 | −0.024 9 | −0.727 7 | 0.467 0 | 0.151 9 |
| 201406 | 0.016 0 | 0.463 8 | 0.642 9 | −0.012 8 | −0.370 6 | 0.711 0 | 0.125 5 |
| 合计 | 换手率均值为 0.194 7,特质风险参与定价时期占比为 57.63% | | | | | | |

表 6.22　特质风险回归(上海 A 股市场 201407—201506)

|  | 贝塔系数 | t | sig | IVOL | t | sig | 换手率 |
|---|---|---|---|---|---|---|---|
| 201407 | 0.019 1 | 4.429 6 | 0.000 0 | **0.730 3** | **10.778 7** | **0.000 0** | 0.144 6 |
| 201408 | 0.000 0 | −0.006 9 | 0.994 5 | **0.828 4** | **13.401 4** | **0.000 0** | 0.199 2 |
| 201409 | −0.023 4 | −0.445 3 | 0.656 3 | **0.089 7** | **1.707 3** | **0.088 3** | 0.238 7 |
| 201410 | −0.117 2 | −2.238 1 | 0.025 6 | **−0.086 5** | **−1.651 0** | **0.099 3** | 0.285 5 |
| 201411 | 0.308 8 | 5.414 2 | 0.000 0 | **−0.245 6** | **−4.306 4** | **0.000 0** | 0.273 8 |
| 201412 | 0.600 2 | 5.671 2 | 0.000 0 | **−0.460 0** | **−4.347 0** | **0.000 0** | 0.315 4 |
| 201501 | −0.309 2 | −4.793 7 | 0.000 0 | 0.003 8 | 0.059 2 | 0.952 8 | 0.485 1 |
| 201502 | −0.206 2 | −5.197 5 | 0.000 0 | **0.078 1** | **1.968 0** | **0.049 5** | 0.361 7 |
| 201503 | −0.121 3 | −2.194 5 | 0.028 7 | **0.094 5** | **1.710 5** | **0.087 9** | 0.281 4 |
| 201504 | 0.083 2 | 1.254 9 | 0.210 6 | 0.066 7 | 1.006 5 | 0.315 0 | 0.475 5 |
| 201505 | 0.048 3 | 0.976 3 | 0.329 4 | **0.204 5** | **4.136 3** | **0.000 0** | 0.613 3 |
| 201506 | 0.167 5 | 4.833 5 | 0.000 0 | **−0.282 0** | **−8.139 4** | **0.000 0** | 0.599 6 |
| 合计 | 换手率均值为 0.356 1,特质风险参与定价时期占比为 83.33% | | | | | | |

表 6.23　特质风险回归(上海 A 股市场 201507—201601)

|  | 贝塔系数 | t | sig | IVOL | t | sig | 换手率 |
|---|---|---|---|---|---|---|---|
| 201507 | 0.035 6 | 1.024 5 | 0.305 9 | **−0.126 0** | **−3.626 8** | **0.000 3** | 0.678 6 |
| 201508 | 0.079 6 | 2.291 5 | 0.022 2 | **−0.078 3** | **−2.253 5** | **0.024 5** | 0.547 4 |
| 201509 | 0.084 8 | 2.414 5 | 0.016 0 | **−0.111 1** | **−3.163 1** | **0.001 6** | 0.514 3 |
| 201510 | 0.074 6 | 3.126 7 | 0.001 8 | **−0.067 4** | **−2.824 9** | **0.004 8** | 0.338 4 |
| 201511 | 0.047 7 | 2.035 7 | 0.041 9 | **−0.110 2** | **−4.706 3** | **0.000 0** | 0.487 |
| 201512 | −0.137 2 | −4.220 3 | 0.000 0 | 0.005 0 | 0.155 1 | 0.876 8 | 0.527 5 |
| 201601 | 0.079 7 | 3.543 7 | 0.000 4 | **−0.095 5** | **−4.246 5** | **0.000 0** | 0.368 1 |
| 合计 | 换手率均值为 0.494 4,特质风险参与定价时期占比为 85.71% | | | | | | |

表 6.24 特质风险回归(上海 A 股市场 201602—201712)

| | 贝塔系数 | $t$ | sig | IVOL | $t$ | sig | 换手率 |
|---|---|---|---|---|---|---|---|
| 201602 | 0.138 4 | 6.182 3 | 0.000 0 | −0.041 9 | −1.870 5 | 0.061 6 | 0.281 4 |
| 201603 | 0.284 1 | 7.984 0 | 0.000 0 | 0.008 4 | 0.236 7 | 0.812 9 | 0.297 1 |
| 201604 | −0.021 2 | −0.546 7 | 0.584 7 | −0.034 8 | −0.897 5 | 0.369 7 | 0.331 9 |
| 201605 | 0.016 6 | 0.396 0 | 0.692 3 | −0.150 0 | −3.587 5 | 0.000 4 | 0.308 8 |
| 201606 | 0.151 9 | 4.061 3 | 0.000 1 | 0.014 1 | 0.377 0 | 0.706 2 | 0.234 |
| 201607 | −0.140 3 | −3.335 3 | 0.000 9 | −0.245 1 | −5.825 0 | 0.000 0 | 0.304 8 |
| 201608 | 0.097 2 | 2.040 8 | 0.041 7 | −0.221 5 | −4.648 9 | 0.000 0 | 0.313 6 |
| 201609 | −0.189 9 | −3.533 2 | 0.000 4 | −0.005 9 | −0.109 7 | 0.912 6 | 0.244 9 |
| 201610 | 0.089 8 | 1.877 9 | 0.060 8 | −0.053 2 | −1.113 5 | 0.265 9 | 0.204 4 |
| 201611 | −0.125 4 | −1.248 0 | 0.213 1 | −0.009 8 | −0.097 9 | 0.922 1 | 0.237 4 |
| 201612 | 0.004 0 | 0.048 9 | 0.961 0 | −0.146 5 | −1.787 6 | 0.074 6 | 0.292 7 |
| 201701 | −0.184 8 | −3.796 2 | 0.000 2 | −0.037 4 | −0.768 0 | 0.442 7 | 0.208 6 |
| 201702 | 0.060 9 | 0.836 1 | 0.403 5 | 0.055 0 | 0.754 8 | 0.450 7 | 0.178 1 |
| 201703 | −0.040 6 | −1.343 4 | 0.179 4 | −0.022 7 | −0.752 3 | 0.452 1 | 0.208 6 |
| 201704 | −0.106 6 | −3.603 4 | 0.000 3 | −0.032 3 | −1.090 4 | 0.275 8 | 0.229 8 |
| 201705 | 0.102 0 | 3.552 0 | 0.000 0 | −0.195 0 | −6.801 0 | 0.000 0 | 0.236 1 |
| 201706 | 0.099 0 | 3.401 0 | 0.001 0 | −0.079 0 | −2.707 0 | 0.007 0 | 0.190 7 |
| 201707 | −0.044 0 | −1.511 0 | 0.131 0 | −0.059 0 | −2.030 0 | 0.043 0 | 0.179 2 |
| 201708 | 0.062 0 | 2.184 0 | 0.029 0 | −0.073 0 | −2.546 0 | 0.011 0 | 0.210 5 |
| 201709 | −0.121 0 | −4.312 0 | 0.000 0 | −0.136 0 | −4.853 0 | 0.000 0 | 0.224 2 |
| 201710 | −0.050 0 | −1.777 0 | 0.076 0 | 0.021 0 | 0.744 0 | 0.457 0 | 0.230 3 |
| 201711 | −0.025 0 | −0.879 0 | 0.379 0 | 0.021 0 | 0.743 0 | 0.458 0 | 0.194 1 |
| 201712 | −0.097 0 | −3.508 0 | 0.000 0 | −0.080 0 | −2.887 0 | 0.004 0 | 0.210 5 |
| 合计 | 换手率均值为 0.241 3,特质风险参与定价时期占比为 47.82% | | | | | | |

表 6.25 封闭式基金折价率分组中不同时期的占比情况

| | 组 1 | 组 2 | 组 3 | 组 4 | 组 5 | 组 6 | 合计 |
|---|---|---|---|---|---|---|---|
| period 1 | 9 | 3 | 1 | 1 | 5 | 3 | 22 |
| | 40.90% | 13.60% | 4.50% | 4.50% | 22.70% | 13.60% | 100.00% |

（续表）

| | 组1 | 组2 | 组3 | 组4 | 组5 | 组6 | 合计 |
|---|---|---|---|---|---|---|---|
| period 2 | 1 | 3 | 2 | 1 | 1 | 5 | 13 |
| | 7.70% | 23.10% | 15.40% | 7.70% | 7.70% | 38.50% | 100.00% |
| period 3 | 5 | 4 | 0 | 0 | 0 | 0 | 9 |
| | 55.60% | 44.40% | 0.00% | 0.00% | 0.00% | 0.00% | 100.00% |
| period 4 | 2 | 4 | 8 | 14 | 14 | 16 | 58 |
| | 3.40% | 6.90% | 13.80% | 24.10% | 24.10% | 27.60% | 100.00% |
| period 5 | 2 | 7 | 2 | 1 | 0 | 0 | 12 |
| | 16.70% | 58.30% | 16.70% | 8.30% | 0.00% | 0.00% | 100.00% |
| period 6 | 5 | 2 | 0 | 0 | 0 | 0 | 7 |
| | 71.40% | 28.60% | 0.00% | 0.00% | 0.00% | 0.00% | 100.00% |
| period 7 | 0 | 1 | 11 | 7 | 4 | 0 | 23 |
| | 0.00% | 4.30% | 47.80% | 30.40% | 17.40% | 0.00% | 100.00% |
| total | 24 | 24 | 24 | 24 | 24 | 24 | 144 |
| | 16.70% | 16.70% | 16.70% | 16.70% | 16.70% | 16.70% | 100.00% |

表6.26　换手率分组中不同时期市场占比情况

| | 组1 | 组2 | 组3 | 组4 | 组5 | 组6 | 合计 |
|---|---|---|---|---|---|---|---|
| period 1 | 0 | 1 | 1 | 3 | 6 | 11 | 22 |
| | 0.00% | 4.50% | 4.50% | 13.60% | 27.30% | 50.00% | 100.00% |
| period 2 | 2 | 4 | 4 | 3 | 0 | 0 | 13 |
| | 15.40% | 30.80% | 30.80% | 23.10% | 0.00% | 0.00% | 100.00% |
| period 3 | 0 | 0 | 0 | 0 | 6 | 3 | 9 |
| | 0.00% | 0.00% | 0.00% | 0.00% | 66.70% | 33.30% | 100.00% |
| period 4 | 21 | 15 | 9 | 8 | 4 | 1 | 58 |
| | 36.20% | 25.90% | 15.50% | 13.80% | 6.90% | 1.70% | 100.00% |
| period 5 | 1 | 0 | 1 | 4 | 2 | 4 | 12 |
| | 8.30% | 0.00% | 8.30% | 33.30% | 16.70% | 33.30% | 100.00% |
| period 6 | 0 | 0 | 0 | 0 | 2 | 5 | 7 |
| | 0.00% | 0.00% | 0.00% | 0.00% | 28.60% | 71.40% | 100.00% |
| period 7 | 0 | 4 | 9 | 6 | 4 | 0 | 23 |
| | 0.00% | 17.40% | 39.10% | 26.10% | 17.40% | 0.00% | 100.00% |
| total | 24 | 24 | 24 | 24 | 24 | 24 | 144 |
| | 16.70% | 16.70% | 16.70% | 16.70% | 16.70% | 16.70% | 100.00% |

## 第六节　即时情绪对于多因子定价异象的解释

即时情绪导致的投资者群体对于证券收益率的错误估计也可能仅仅发生在部分证券之中。例如：中国证券市场投资者比较"偏爱"资产重组类股票，资产重组类信息通常会导致股票价格的大幅度波动。中国证券市场经常流行各种投资"概念"，"概念"投资的原因也是即时情绪影响了投资者对于相关证券组合的预期。本书认为，投资者群体对于部分证券产生的错误预期（信念）是"多因子定价异象"的原因。

### 一、微观因子参与资产定价的理论机理

证券价格在交易中不停地波动，市场综合指数受到每个证券市值的影响，其组成结构也在不停地变动，组合漂移现象随时都在发生。正是由于上述原因，实证研究中需要累积相当时长的交易数据才能估计出经典理论上的最小方差集合。

在实证研究中，学界通过历史数据来推测每个证券收益率的期望值，这种信息采集方式与证券投资者在实际投资中的行为非常相似。由于证券未来的收益率取决于该证券未来产生的现金流，因此投资者经常会对这一信息产生错误的估计。具体而言，一些能够影响上市公司经营绩效的信息未能被投资者充分认知，例如：公司规模、公司估值、投资水平和盈利水平等信息。投资者对于关键信息的忽视来源于投资者群体对于投资对象的刻板印象①。这种刻板印象是群体极化的一种表现形式，也被称为群体心理定势。

不失一般性，本书以"公司规模"指标为例，解释多因子定价发生的原因。假设投资者群体低估了大市值公司的预期收益率，这导致资本市场的最小方差集合发生了扭曲，也导致有效组合的漂移。由于在投资实践中，大市值公司的真实收益率高于投资者预期，也就是说经过风险调整后的大市值公司出现了超额收益率，市场将表现出"规模效应"。在实证研究中"公司规模"指标"参与"了资产定价。

为了验证上述假说的存在性，本书以上海证券市场 2011 年到 2020 年

---

① 刻板印象是心理学名词。它是指人们对于认知对象形成的一种固定的看法，并把这种看法推而广之，从而忽视了认知对象的其他特征。

的 A 股作为研究对象,通过统计分析的方法来验证市场对于不同规模上
市公司的不同定价。本书按照每一年年末上市公司市价总值[^①]从小到大
的顺序把上市公司分为 10 个组别。按照 CAPM 模型的实证形式[式
(6.26)]计算每个上市公司的年度 $\alpha$ 值。本书通过每组上市公司 $\alpha$ 值的中
位数和非参数检验的方法来验证市场对于不同规模公司的不同定价。

根据 CAPM 模型的实证形式,如果回归模型的截距项 $\alpha$ 值大于 0,代
表该上市公司收益率被市场低估,该上市公司在样本期内具有正的超额收
益率;如果回归模型的截距项 $\alpha$ 值小于 0,代表该上市公司的收益率被市场
高估,该上市公司在样本期内具有负的超额收益率。

如果市场不存在与上市公司规模有关的收益率估计误差,上述按照规
模划分的 10 个组的上市公司的 $\alpha$ 值的分布应该没有显著差别。如果非参
数检验发现,10 个组别的 $\alpha$ 值的分布具有显著差别,则代表市场对于不同
规模上市公司的收益率估计具有差别。本书采用 K-W 检验、Median 检验
和 J-T 检验的方法来确定各组 $\alpha$ 值分布的差异。本书还采用直观的折线
图展示不同规模上市公司的估值差异。

统计分析结果显示,除了 2012 年和 2014 年以外,其他年度的不同组
别的 $\alpha$ 值的分布具有显著差别,这说明在大部分时间中,市场对不同规模
的上市公司给予的超额收益率具有显著差别(表 6.27)。折线图显示(图
6.13),有 6 个年份(2011 年、2013 年、2017 年、2018 年、2019 年和 2020 年)
市场给予大市值股票较高的超额收益率;在上述年份中,有 5 年(2011 年、
2017 年、2018 年、2019 年和 2020 年)市场给予最大市值的股票正的超额
收益率,给予最小市值的股票负的超额收益率。折线图还显示,有 2 个年
份(2015 年和 2016 年)市场给予大市值股票较低的超额收益率,这充分反
映了市场存在着风格轮动效应。

上述数据分析结果说明不同规模的股票具有不同的超额收益率。由
于股票的超额收益率来源于股票收益率的估计值和股票收益率的真实值
之差,因此上述结果也说明市场投资者对于不同规模股票收益率的估计具
有误差,前文提出的假设具有实证依据。

从总体来看,由于投资者群体对于信息认知的不充分,他们对于关键
信息的忽视可以长期存在,因此多因子模型在较长时间的检验中能够保持
稳定。投资者群体也能够调整对信息的认知,因此一些曾经表现显著的定
价因子会失去定价功能。

---

[^①] 市价总值的计算方法为:年末收盘价乘以年末总股本。

表 6.27　上海 A 股按照规模分组的 $\alpha$ 值中位数(2011—2020 年)

| 分组 | 2011 | 2012 | 2013 | 2014 | 2015 | 2016 | 2017 | 2018 | 2019 | 2020 |
|---|---|---|---|---|---|---|---|---|---|---|
| 1 | −7.76E-04 | −2.32E-05 | 7.08E-04 | 3.91E-04 | 2.32E-03 | 4.81E-04 | −2.40E-03 | −5.66E-04 | −6.68E-04 | −1.08E-03 |
| 2 | −2.53E-05 | −1.93E-04 | 5.40E-04 | −1.26E-04 | 1.79E-03 | 3.65E-04 | −1.92E-03 | −4.81E-04 | −3.39E-04 | −7.69E-04 |
| 3 | −3.92E-04 | −1.42E-04 | 6.15E-04 | 1.05E-04 | 2.07E-03 | 6.27E-04 | −1.58E-03 | −3.52E-04 | −3.75E-04 | −4.90E-04 |
| 4 | −3.69E-04 | 2.40E-05 | 6.75E-04 | 1.72E-04 | 1.58E-03 | 3.27E-04 | −1.52E-03 | −4.28E-04 | −4.50E-04 | −4.82E-04 |
| 5 | −2.95E-04 | −1.96E-04 | 7.70E-04 | 2.63E-04 | 2.82E-03 | 4.60E-04 | −1.31E-03 | −4.23E-04 | −2.01E-04 | −3.29E-04 |
| 6 | −3.32E-04 | 7.93E-05 | 7.21E-04 | −1.37E-04 | 1.82E-03 | −1.71E-04 | −9.79E-04 | −5.23E-04 | −1.03E-04 | −1.65E-04 |
| 7 | −3.00E-04 | −1.01E-04 | 1.10E-03 | 1.60E-05 | 1.84E-03 | −1.43E-04 | −1.05E-03 | −7.92E-05 | −3.10E-04 | −1.00E-04 |
| 8 | −2.83E-04 | −1.27E-04 | 1.05E-03 | 3.93E-04 | 1.79E-03 | 1.99E-04 | −4.94E-04 | −1.90E-04 | −2.55E-04 | −1.97E-04 |
| 9 | −1.84E-04 | −1.60E-04 | 1.12E-03 | 1.09E-04 | 1.52E-03 | 1.53E-04 | −3.26E-04 | 2.10E-04 | −1.22E-04 | 2.19E-04 |
| 10 | 9.90E-07 | 1.48E-04 | 5.22E-04 | 3.76E-05 | 8.32E-04 | 2.50E-05 | 4.71E-04 | 1.76E-04 | 1.39E-04 | 1.01E-03 |
| K-W 检验 | 0.001 | 0.338 | 0.047 | 0.198 | 0.000 | 0.000 | 0.000 | 0.000 | 0.000 | 0.000 |
| Median 检验 | 0.001 | 0.499 | 0.628 | 0.137 | 0.000 | 0.000 | 0.000 | 0.000 | 0.000 | 0.000 |
| J-T 检验 | 0.000 | 0.139 | 0.022 | 0.253 | 0.000 | 0.000 | 0.000 | 0.000 | 0.000 | 0.000 |
| 样本量 | 850 | 877 | 880 | 921 | 1 008 | 1 102 | 1 312 | 1 365 | 1 415 | 1 501 |

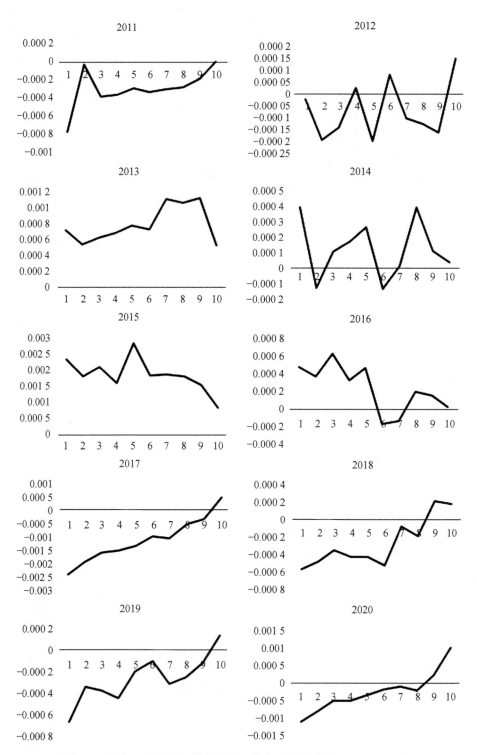

图 6.13　上海 A 股按照规模分组的 $\alpha$ 值中位数折线图（2011—2020 年）

### 二、错误信念导致的最小方差集合的变化

不失一般性,本书假设投资者对于"公司规模"指标产生了错误信念,投资者低估了大市值公司的收益率。假设市场中存在两种投资组合,分别是小市值组合和大市值组合。大市值组合收益率变量为 $R_A$,其收益率的期望值和风险分别为 $\mathrm{E}(R_A)$ 和 $\sigma_A$;小市值组合收益率变量为 $R_B$,其收益率的期望值和风险分别为 $\mathrm{E}(R_B)$ 和 $\sigma_B$。 假设投资者低估了大市值组合的收益率,低估的数量为 $\delta_A(\delta_A > 0)$,$\delta_A$ 均匀分布在 $R_A$ 的每个观测值中。投资者低估后的大市值组合的期望收益率和风险分别为 $\mathrm{E}(R_A) - \delta_A$ 和 $\sigma_A$。 二次规划下求解的相关矩阵为:

$$R_P = \begin{pmatrix} R_A \\ R_B \end{pmatrix}, \quad V = \begin{pmatrix} \sigma_A^2 & \sigma_{AB} \\ \sigma_{AB} & \sigma_B^2 \end{pmatrix}, \quad \Omega = \begin{pmatrix} \omega_A \\ \omega_B \end{pmatrix},$$

$$R_P' = \begin{pmatrix} R_A - \delta_A \\ R_B \end{pmatrix}, \quad \Omega' = \begin{pmatrix} \omega_A' \\ \omega_B' \end{pmatrix}$$

在正常估计的情况下,小市值组合和大市值组合构成的最小方差集合方程为:

$$\frac{\sigma_P^2}{1/C} - \frac{(R_P - A/C^2)}{D/C^2} = 1 \tag{6.49}$$

引入无风险资产 $R_f$ 后,有效组合的坐标为:

$$\mathrm{E}(R_P) = \frac{A}{C} + \frac{\dfrac{D}{C^2}}{\dfrac{A}{C} - R_f} \tag{6.50}$$

$$\sigma_P = \sqrt{\frac{1}{C} \times \left[ 1 + \frac{\dfrac{D}{C^2}}{\left( \dfrac{A}{C} - R_f \right)^2} \right]} \tag{6.51}$$

其中:

$$C = \frac{\sigma_A^2 + \sigma_B^2 - 2\sigma_{AB}}{\sigma_A^2 \sigma_B^2 - \sigma_{AB}^2} \tag{6.52}$$

$$A/C = \frac{\mathrm{E}(R_B)(\sigma_A^2 - \sigma_{AB}) + \mathrm{E}(R_A)(\sigma_B^2 - \sigma_{AB})}{\sigma_A^2 + \sigma_B^2 - 2\sigma_{AB}} \tag{6.53}$$

$$A/C^2 = \frac{\left[E(R_B)(\sigma_{AB} - \sigma_A^2) + E(R_A)(\sigma_{AB} - \sigma_B^2)\right](\sigma_{AB}^2 - \sigma_A^2\sigma_B^2)}{(\sigma_A^2 + \sigma_B^2 - 2\sigma_{AB})^2}$$

(6.54)

$$D/C^2 = \frac{\left[E(R_A) - E(R_B)\right]^2(\sigma_A^2\sigma_B^2 - \sigma_{AB}^2)}{(\sigma_A^2 + \sigma_B^2 - 2\sigma_{AB})^2}$$ (6.55)

在低估大市值公司的情况下,两个组合构成的最小方差集合的方程为:

$$\frac{\sigma_P^2}{1/C'} - \frac{(R_P - A'/C'^2)}{D'/C'^2} = 1$$ (6.56)

在低估状态下有效组合的坐标为:

$$E(R'_P) = \frac{A'}{C'} + \frac{\dfrac{D'}{C'^2}}{\dfrac{A'}{C'} - R_f}$$ (6.57)

$$\sigma'_P = \sqrt{\frac{1}{C'} \times \left[1 + \frac{\dfrac{D'}{C'^2}}{\left(\dfrac{A'}{C'} - R_f\right)^2}\right]}$$ (6.58)

根据组合的风险分布,有 $C' = C$。 其他参数的方程为:

$$A'/C' = A/C - \frac{\delta_A(\sigma_B^2 - \sigma_{AB})}{\sigma_A^2 + \sigma_B^2 - 2\sigma_{AB}}$$ (6.59)

$$A'/C'^2 = A/C^2 - \frac{\delta_A(\sigma_{AB} - \sigma_B^2)(\sigma_{AB}^2 - \sigma_A^2\sigma_B^2)}{(\sigma_A^2 + \sigma_B^2 - 2\sigma_{AB})^2}$$ (6.60)

$$D'/C'^2 = D/C^2 - \frac{\delta_A\{-2E(R_B)\sigma_{AB} + [2E(R_A - \delta_A)]\sigma_B^2\}}{\sigma_A^2 + \sigma_B^2 - 2\sigma_{AB}}$$ (6.61)

上述结果显示,构成双曲线的参数发生了变化,双曲线形状发生了改变。以上结果说明:在低估大市值公司的情况下,最小方差集合产生了扭曲,这将导致有效组合的位置产生漂移,有效组合的构成结构也将发生变化。

### 三、错误信念导致的有效组合的变化

根据投资组合原理,在正常估计的情况下,有效组合的期望收益率和风险为:

$$E(R_P) = \omega_A E(R_R) + \omega_B E(R_B) \tag{6.62}$$

$$\sigma_P = (\omega_A^2 \sigma_A^2 + \omega_B^2 \sigma_B^2 + 2\omega_A \omega_B \sigma_{AB})^{1/2} \tag{6.63}$$

上式中,$R_P$ 代表有效组合的收益率,$\sigma_P$ 代表有效组合的风险。两种组合的权重分别为(证明过程参见附录2):

$$\omega_A = \frac{\sigma_B^2 [E(r_A) - r_f] - \sigma_{AB}[E(r_B) - r_f]}{[E(r_A) - r_f](\sigma_B^2 - \sigma_{AB}) + [E(r_B) - r_f](\sigma_A^2 - \sigma_{AB})} \tag{6.64}$$

和

$$\omega_B = \frac{\sigma_A^2 [E(r_B) - r_f] - \sigma_{AB}[E(r_A) - r_f]}{[E(r_A) - r_f](\sigma_B^2 - \sigma_{AB}) + [E(r_B) - r_f](\sigma_A^2 - \sigma_{AB})} \tag{6.65}$$

在对大市值组合进行低估的情况下,最小方差集合产生了扭曲,有效组合的位置产生了漂移。设 $R'_P$ 是新的有效组合的收益率,$\sigma'_P$ 是新的有效组合的风险,新的有效组合的期望收益率和风险为:

$$E(R'_P) = \omega'_A [E(R_R) - \delta] + \omega'_B E(R_B) \tag{6.66}$$

$$\sigma'_P = (\omega_A'^2 \sigma_A^2 + \omega_B'^2 \sigma_B^2 + 2\omega'_A \omega'_B \sigma_{AB})^{1/2} \tag{6.67}$$

式(6.66)和式(6.67)中的权重值为(求解过程参见附录2):

$$\omega'_A = \frac{\sigma_B^2 [E(r_A) - r_f] - \sigma_{AB}[E(r_B) - r_f] - \delta_A \sigma_B^2}{[E(r_A) - r_f](\sigma_B^2 - \sigma_{AB}) + [E(r_B) - r_f](\sigma_A^2 - \sigma_{AB}) - \delta_A \sigma_B^2 + \delta_A \sigma_{AB}} \tag{6.68}$$

和

$$\omega'_B = \frac{\sigma_A^2 [E(r_B) - r_f] - \sigma_{AB}[E(r_A) - r_f] + \delta_A \sigma_{AB}}{[E(r_A) - r_f](\sigma_B^2 - \sigma_{AB}) + [E(r_B) - r_f](\sigma_A^2 - \sigma_{AB}) + \delta_A \sigma_{AB} - \delta_A \sigma_B^2} \tag{6.69}$$

可以证明 $\omega'_A < \omega_A$(证明过程参见附录2)。

上述结果表明:当投资者低估了大市值组合的收益率时,有效组合结构的特点是大市值组合的权重低于理论值。

由于市场组合是按照证券的总市值加权计算的每个证券的权重,因此

市场组合充分反映了以上公式中对于大市值组合的低估状态,即上述低估后的权重,就是市场组合的权重。尽管投资者对于大市值公司的错误估计将会导致市场未来对于均衡状态进行调整,但是在均衡状态调整以前,证券之间的线性关系仍然存在[①],市场仍然维持着"名义上"的风险和收益均衡。鉴于上述原因,根据 CAPM 理论,市场组合就是有效组合。

### 四、错误信念导致的超额收益率

在投资者低估大市值公司收益率的情况下,由于市场具有"名义上"的风险和收益均衡关系,因此市场组合(有效组合)与大市值公司满足 CAPM 模型的线性关系:

$$E(R'_A) = R_f + \beta'_A [E(R'_P) - R_f] \qquad (6.70)$$

式(6.70)中,$E(R'_A)$ 是被低估的大市值组合的期望收益率,$R_f$ 是无风险利率,$E(R'_P)$ 是市场组合的期望收益率,$\beta'_A$ 是被低估的大市值组合的风险补偿倍数。

由于 $E(R'_A) = E(R_A) - \delta$,带入到式(6.69)中,有:

$$E(R_A) = \delta + R_f + \beta'_A [E(R'_P) - R_f] \qquad (6.71)$$

式(6.71)中,由于 $\delta > 0$,这说明在实际投资中将会发现大市值组合被低估,大市值组合具有超额收益率。

大市值股票具有超额收益率表明市场将出现"规模异象":在经过式(6.70)风险平衡后,大市值股票的收益率将显著超过大市值股票的必要报酬率。由于这种不同规模股票的必要报酬率的差异长期存在,因此大市值股票和小市值股票收益率的差值成为资产定价模型的新的变量,这也意味着上述差值成为影响资产定价的新的系统性风险。

虽然上述分析是以市值规模信息作为样本,但是分析结论可以推广到其他关键信息上。本书据此得出以下命题:

命题6:投资者对于关键信息的忽视,导致投资者对市场中的部分相关组合的收益率出现错误预期,上述错误预期导致资产定价的实证研究出现系统性偏差,这是实证研究中出现多因子定价的原因。

---

① 因为新古典金融学假设投资者只关注证券收益率这个随机变量的两个特征——均值和方差,因此证券之间可以完全相互替代,它们表现为线性关系。本书沿用了新古典金融学这个假设。

# 第七节　即时情绪组合理论的主要结论

## 一、主要结论

投资者在证券市场交易中会受到外界信息和市场环境的影响产生即时情绪。在一定的条件下，个体投资者的即时情绪通过情绪分享和情绪感染演变成为整个投资群体的情绪。在群体情绪的影响下，投资者对于证券收益期望值的估计将在经典理论中数学期望值的基础上产生偏差。

在即时情绪影响下，每位投资者的有效组合比照经典理论出现了有规律的"组合漂移"现象。当投资者高估市场的预期收益率时，投资者倾向于选择风险较小的证券进行投资；当投资者低估市场的预期收益率时，投资者倾向于选择风险较大的证券进行投资。即时情绪引发的"组合漂移"会导致投资者出现趋势外推的信念，也会导致投资者进行正反馈交易。

在即时情绪的影响下，投资者群体会错误地估计证券市场的风险，这导致情绪化的最小方差集合向右移动，这进一步导致有效组合向右漂移，并导致投资者减少风险资产的持有比例。从中国证券市场的表现来看，情绪导致的风险预期误差具有突发性，发生的频率较低，这类市场表现通常被称为"异常波动"。

当即时情绪通过传播成为投资者群体情绪时，投资者群体的正反馈交易行为将导致证券市场出现趋势性的行情波动或"脉冲式"的剧烈波动。投资者群体的"组合漂移"现象导致新的有效组合与每个证券的相关性发生了改变，这进一步导致实证检验中出现的"特质风险定价"和"时变 $\beta$ 系数"的市场异象。理论模型显示了"特质风险定价"和"时变 $\beta$ 系数"是即时情绪引发的"组合漂移"问题的两种不同的表现形式。上述两种市场异象并未否定资本资产定价模型的理论机制。实证研究表明：当"组合漂移"现象消失时，"特质风险定价"异象也会消失。

当投资者对于市场中的部分组合产生错误的信念，CAPM 模型将不能准确计算该组合的期望收益率。错误的信念将导致这类组合在 CAPM 模型的计算下出现超额收益率。当上述现象长期存在，将导致市场出现横截面收益异象，这也是实证研究中发现"多因子定价模型"的原因。

## 二、主要贡献

本章较为全面地讨论了即时情绪对于投资组合的影响。本书所做出的研究贡献和创新在于：第一,本书把影响投资者群体情绪的因素归因为心理学中的即时情绪,分析了即时情绪对投资者群体心理的影响特征及形成条件,总结并明确了即时情绪影响投资决策的金融学假设;第二,有别于行为金融学通常采用的证券供需均衡的研究框架,本书沿袭了经典投资组合理论中风险和收益局部均衡的研究框架,上述研究框架使得本书的研究结论能够较好地与经典理论相契合,获得经典理论的支持;第三,本书通过理论分析和数理模型演绎得到了即时情绪导致"组合漂移"的结论,并进一步给出了行为金融学关于投资者"外推信念"假设以及投资者"正反馈交易"的新的理论解释,还在实证研究阶段对上述理论结论进行了验证;第四,本书对即时情绪影响下的资产定价模型进行了演绎,给出了一个关于"特质波动率之谜"和"时变 $\beta$ 系数"的理论解释;第五,本章在理论上给出了股票横截面收益异象和多因子定价现象的解释;第六,本章采用"磐石类股票"的折现率作为市场必要报酬率的代理指标,这在实证研究中是一个新的解决方案。

### 三、启发和思考

本章的研究吸收了心理学关于即时情绪的基本定义,在经典的投资组合理论框架下展开了演绎推理,得到的研究结论具有较为坚实的理论基础。本章的研究结论揭示了中国证券市场产生大规模波动的基本原因,也适用于对其他国家证券市场的大规模波动的研究。本章研究的有关"即时情绪""一致性预期偏差"以及"正反馈投资"等市场现象有助于证券市场对于系统性风险的防范。

从研究发展的角度而言,本章提出的"组合漂移"现象和"特质风险定价的理论解释"有待进一步达成共识,这个研究方向尚需要更多的理论和实证研究的关注。本章认为,值得进一步研究的思考方向是：在实证研究中把贝塔系数与情绪因子相分离[式(6.39)],进一步正式确立情绪因子在资产定价模型中的地位。

# 第七章　两种情绪影响下的投资组合和投资者行为

预期情绪和即时情绪对于投资者行为的影响具有不同的理论机制。理论演绎显示，预期情绪导致投资者产生处置效应，即时情绪导致投资者群体产生正反馈交易。本章将综合考虑两种情绪对于投资组合和投资者行为的影响，并进一步研究两种情绪代理变量的设计问题。

## 第一节　两种情绪影响下的投资组合模型

### 一、预期情绪和即时情绪在投资者决策中的不同作用

由于预期情绪和即时情绪分别属于两种不同类型的情绪，因此在投资决策中两种情绪在认知机理、传播特性、影响时间和代理变量上具有显著区别（见表7.1）。

表 7.1　预期情绪和即时情绪在投资决策中作用机理的区别

| | 即时情绪 | 预期情绪 |
|---|---|---|
| 认知机理 | 即时情绪可以不通过认知评估中介直接影响投资决策。即时情绪下的投资者通常采用启发式决策，这种决策就是所谓的"自上而下"的决策模式。投资者通常对证券市场整体做出上涨或者下跌的判断，然后再对具体的投资组合做出买卖决定。 | 预期情绪改变了投资者投资决策的"算法"，投资者对于组合中证券收益率的分布结构更加敏感。预期情绪起到了辅助决策的作用，它需要经过投资者的认知评估才能影响决策。预期情绪导致投资者产生"自下而上"的决策模式。 |
| 传播特性 | 即时情绪不依赖于投资决策过程，它可以在群体中广泛传播。在适当条件下，即时情绪通过传播会形成投资者的群体情绪，这将导致市场出现大规模的价格波动。 | 预期情绪依赖于投资决策过程，因此预期情绪又被称为"决策过程情绪"。当决策完成后，预期情绪将消失，预期情绪的这种特性导致其不能在群体中传播。 |

（续表）

| | 即时情绪 | 预期情绪 |
|---|---|---|
| 影响时间 | 即时情绪虽然也会带来短期的交易行为,但是即时情绪可以通过情绪传播上升为群体情绪,这会引发市场的大规模波动(牛市或熊市),因此即时情绪能够引发中长期的投资行为。 | 对于预期情绪而言,由于证券组合的收益结构时常会发生变化,这导致投资者的预期情绪动机也随之改变,因此预期情绪动机所引发的交易行为属于短期行为并且具有易变性。 |
| 代理变量 | 采用问卷调查法直接测量的投资者情绪指标可以较好地消除预期情绪的影响。例如:投资者信心指数、巨潮投资者指数等。 | 反映市场交易结构的指标,例如:涨跌比率指标、阿姆斯指数、腾落指数等。 |

### 二、两种情绪影响下的投资组合模型

投资者在进行投资决策的时候,既受到预期情绪的影响对组合中每个证券的期望收益率进行相互比较,又受到即时情绪的影响对组合的期望收益率进行错误的估计。遵照本书前文的设定习惯,设组合中证券期望收益率的最值为 $R_m$,其中的最大的期望收益率为 $R_{max}$,证券的最小期望收益率为 $R_{min}$。投资者对组合中每个证券期望收益率的估计误差都为 $\delta h_0$,投资者对组合期望收益率估计的误差也为 $\delta h_0$。设组合的协方差矩阵为 $V$,投资权重矩阵为 $X$,证券期望收益率矩阵为 $R$,单位矩阵为 $I$。投资者预期情绪强度的系数为 $\pi$。$\pi$ 是一个二选一的系数:投资者避免后悔的强度系数为 $\alpha$,追求欣喜的强度系数为 $\beta$。

投资者在组合投资中的目标函数为:

$$\min(X^T V X) \tag{7.1}$$

约束条件为:

$$\begin{cases} E(R_P) = X^T[R + \pi(R - R_m I) + \delta h_0 I] \\ X^T I = 1 \end{cases} \tag{7.2}$$

在约束条件中,$R_P$ 的表达式是对经典约束条件 $R_P = X^T R$ 的线性变形,这种线性变形可以采用坐标变换的形式求解。设

$$E(R') = E(R) + \pi[E(R) - R_m I] + \delta h_0 I \tag{7.3}$$

则约束条件第一项变化为:

$$E(R_P) = X^T R' \tag{7.4}$$

利用二次规划方法,可以求得在 $\sigma_P - R'_P$ 坐标系下,最小方差集合的

方程为：

$$\frac{\sigma_P^2}{1/C'} - \frac{[\mathrm{E}(R_P') - A'/C']^2}{D'/C'^2} = 1 \qquad (7.5)$$

在方程（7.5）中，$A' = R'^{\mathrm{T}}V^{-1}I$，$B = R'^{\mathrm{T}}V^{-1}R'$，$C = I^{\mathrm{T}}V^{-1}I$，$D'^2 = B'C' - A'^2$，把方程（7.5）转化为 $\sigma_P - R_P$ 坐标系下，得到：

$$\frac{\sigma_P^2}{1/C} - \frac{\{[\mathrm{E}(R_P) + \pi X_{\mathrm{m}} - \delta h_0]/(1+\pi) - A/C\}^2}{D/C^2} = 1 \qquad (7.6)$$

方程（7.6）是在两种情绪影响下最小方差集合的统一方程。

当投资者具有避免后悔的情绪动机时，最小方差集合方程为：

$$\frac{\sigma_P^2}{1/C} - \frac{\{[\mathrm{E}(R_P) + \alpha X_{\max} - \delta h_0]/(1+\alpha) - A/C\}^2}{D/C^2} = 1 \qquad (7.7)$$

当投资者具有追求欣喜的情绪动机时，最小方差集合方程为：

$$\frac{\sigma_P^2}{1/C} - \frac{\{[\mathrm{E}(R_P) + \beta X_{\min} - \delta h_0]/(1+\beta) - A/C\}^2}{D/C^2} = 1 \qquad (7.8)$$

### 三、两种情绪状态下的模型数值模拟设计

投资者受到两种情绪影响下的最小方差集合具有较为复杂的变化形式。为了更加清晰地确定两种情绪对投资组合的影响，本书通过数值模拟的方式来研究组合的各种变化。

本书以上证 50 指数 2015 年 1 月 5 日到 2019 年 12 月 31 日的交易数据为基础，采用 MATLAB2020a 试用版软件绘制了最小方差集合曲线。本书设定无风险利率 $R_f = 1.5\%$，资本市场线与最小方差集合的切点（有效组合）的坐标为（4.504 3，0.414 6）。经过计算，最小方差集合曲线上，全局最小组合（曲线上风险最小的点）的坐标为（1.901 3，0.086 2）。最小方差集合曲线方程中：$C = 0.276\ 6$，$D/C^2 = 0.023\ 4$。最小方差集合曲线形状见图 7.1。

理论和实证分析表明，投资者群体在即时情绪的影响下会产生群体极化现象。在投资者形成单一极化后，组合价格、即时情绪和投资者对组合收益率估计误差具有正反馈循环关系（参见第六章第二节命题 1、命题 2 和命题 3）。鉴于上述原因，本书采用一种简单的方式来确定预期误差。当组合收益率为正数时（$Y_{i-1} > 0$），投资者对组合收益率估计的误差为：

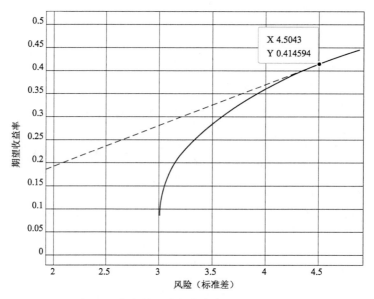

**图 7.1 上证 50 指数最小方差集合(2015.1.5—2019.12.31)**

$$\delta h_i = f(\eta Y_{i-1}) \tag{7.9}$$

式(7.9)中，$f()$ 代表收益率对预期误差影响强度的函数，$Y_{i-1}$ 代表上一期组合的价格收益率，$Y_{i-1} = (P_{i-1} - P_{i-2})/P_{i-2}$，其中 $P_i$ 是组合在第 $i$ 期的价格。

考虑到最小方差集合的金融学含义，全局最小组合在即时情绪的影响下，当组合收益率为负数时 $(Y_{i-1} < 0)$，向下漂移后的位置不应该低于无风险利率(1.5%)，投资者对组合收益率的估计误差为：

$$\delta h_i = -0.0712 \times (1 - 0.1^{-\eta \cdot Y_{i-1}}) \tag{7.10}$$

式(7.10)中，0.0712 是全局最小组合纵坐标到无风险资产纵坐标(1.5%)的距离，0.1 是经验参数，$\eta$ 代表收益率对预期误差的影响强度，$Y_{i-1}$ 代表上一期组合的价格收益率。上述公式设计可以保证全局最小方差集合不低于无风险利率。

不失一般性，假设市场中每个证券每期产生的现金流均为 1，现金流是永续年金，那么有效组合的理论价格为：

$$P_1 = \frac{1}{E(R_{M1})} \tag{7.11}$$

式(7.11)中，$R_{M1}$ 是有效组合的必要报酬率，它是经典最小方差集合与资本市场线的切点的纵坐标,在模拟数据中 $R_{M1}=41.46\%$,有效组合理论价格为 $P_1=2.412\,0$。

假设在时刻2,每个证券的永续现金流增加到1.1;那么在时刻2,有效组合的价格为:

$$P_2 = \frac{1.1}{E(R_{M2})} \qquad (7.12)$$

由于时刻2投资者没有产生即时情绪,因此时刻2的必要报酬率 $E(R_{M2})=E(R_{M1})=41.46\%$,有效组合的理论价格为 $P_2=2.653$。

由于有效组合价格发生变化,因此在时刻3投资者产生了即时情绪,进而投资者对于组合收益率进行了错误的估计,最终导致有效组合的必要报酬率发生改变。投资者对于组合预期收益率估计的误差 $\delta h_i$ 取值遵照式(7.10)。有效组合必要报酬率的计算公式为:

$$E(R'_{M3}) = \frac{A}{C} + \frac{\dfrac{D}{C^2}}{\dfrac{A}{C} + \delta h_3 - R_f} \qquad (7.13)$$

式(7.13)是即时情绪影响下有效组合必要报酬率的计算公式,其基本原理可参考第六章第二节的理论证明。在时刻3有效组合的理论价格为:

$$P_3 = \frac{1.1}{E(R_{M3})} \qquad (7.14)$$

依此类推,在时刻 $i$,有效组合报酬率为:

$$E(R'_{Mi}) = \frac{A}{C} + \frac{\dfrac{D}{C^2}}{\dfrac{A}{C} + \delta h_i - R_f} \qquad (7.15)$$

式(7.15)中 $\delta h_i$ 的计算遵循式(7.9)和式(7.10)。

## 四、即时情绪与反应过度和反应不足

本书根据上文中对于即时情绪和必要报酬率的计算公式对于组合的价格进行了模拟计算。模拟结果分为两种类型,当即时情绪强度系数($\eta$)在 0.25 以下时,组合的价格波动呈现收敛状态(图 7.2),当即时情绪强度系数($\eta$)在 0.25 以上时,组合价格波动不收敛(图 7.3)。图 7.2 反映了组合价格波动收敛时的状态。在图 7.2 中,如果没有即时情绪,组合的价格

在时刻 1 是 2.412,在时刻 2 价格上升到 2.653,以后价格一致维持在
2.653。考虑到即时情绪的影响,组合价格由 2.412 上升到 2.653 之后,即
时情绪导致组合的价格进一步上升,组合的最高价格显著高于理论价格
(2.653),并且持续较长时间后才回落到理论价格附近。由于即时情绪的
存在,组合价格回落到理论价格之后会继续向下回落,然后价格再开始返
回。在价格收敛状态之下,组合价格需要经历多次振荡才能最终收敛到理
论价格。从图 7.2 可见,组合价格的振荡幅度和收敛前的振荡次数与即时情
绪强度呈正向关系。在图 7.3 组合价格不收敛的状态中,本书也发现了即时
情绪导致的组合价格高估的状态,并且组合价格会一直维持振荡状态。上述
模拟分析结果表明,即时情绪能够导致组合价格出现反应过度的现象。

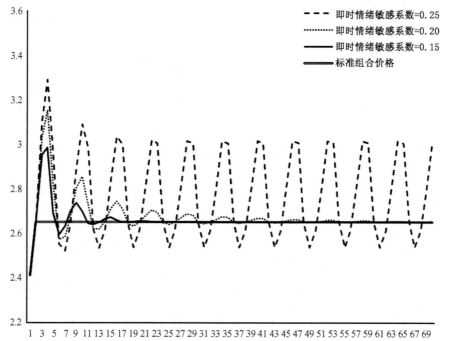

**图 7.2　即时情绪对组合价格的影响(组合价格收敛)**

本书进一步把组合产生的现金流在第 7 期以后提升到 1.20,在不考虑
即时情绪的情况下,第 7 期以后组合的理论价格为 2.873。

在价格收敛的状态中(图 7.4),由于即时情绪引发的组合价格震荡在
第 6 期处于低估值的谷底阶段,因此在第 7 期受到即时情绪影响的组合价
格低于理论价格,这种现象在第 8 期才出现修正。模拟数据还显示,价格偏
离理论价格的幅度与情绪强度呈正向关系。数值模拟显示了一个短暂
的反应不足现象。

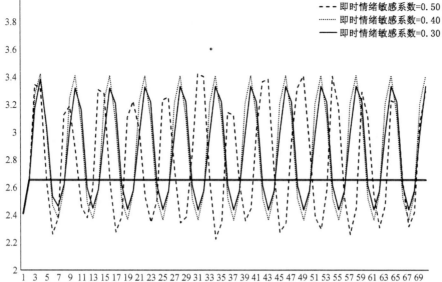

图 7.3 即时情绪对组合价格的影响(组合价格不收敛)

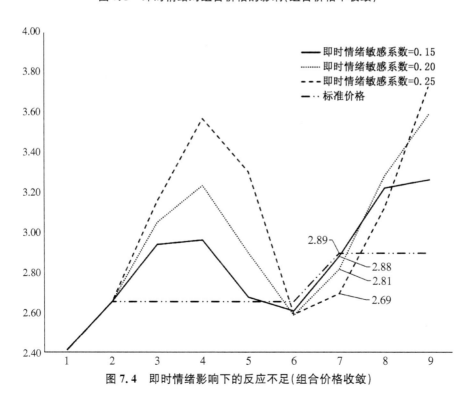

图 7.4 即时情绪影响下的反应不足(组合价格收敛)

在价格不收敛的状态中(图 7.5),反应不足现象持续的时间更长,在即时情绪强度系数是 0.9 和 1.0 的情况下,反应不足时间达到了 3 期。反应不足的持续时间长度与情绪强度系数呈现正向关系。

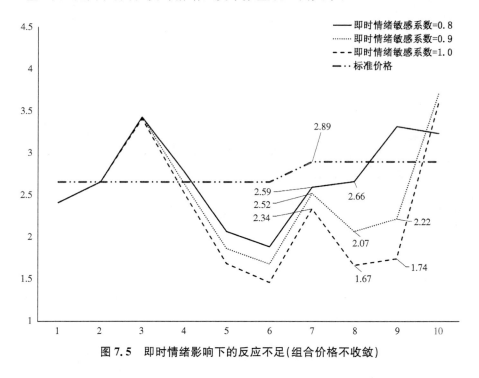

图 7.5　即时情绪影响下的反应不足（组合价格不收敛）

　　行为金融学有关反应不足的理论解释较多，最符合人们经验认知的解释是信息未被充分认知。本书的数据模拟显示出了反应不足现象的一个新的理论解释——即时情绪能够引发反应不足。

　　由于即时情绪与组合价格具有正反馈变化的关系（详见第六章命题2），即时情绪还能够影响投资者对于组合预期收益率的估计误差（详见第六章命题1），因而组合价格在即时情绪的影响下将会出现持续性变化。数据模拟显示，给定组合价格一个向上的扰动因素，组合价格不但能够向上达到理论价格，还会在即时情绪的影响下继续上升，最终使得组合价格出现高估。组合价格出现高估的原因在于投资者受到即时情绪的影响，错误地估计了有效组合的必要报酬率。数据模拟显示出在金融市场实证研究中出现的反应过度现象。

　　数据模拟显示，即时情绪影响的组合价格走势具有持续性。当组合价格受到即时情绪的影响出现持续性运动时，如果组合出现与价格运动方向相反的基本面信息，组合价格对基本面信息的反应出现滞后，滞后的时间随着即时情绪的强度而增加。上述价格滞后现象显示出金融市场实证研究中的反应不足现象。根据上述分析，本书得出以下命题：

命题1：当组合出现基本面信息变化时，即时情绪会导致组合价格出现持续性变化，组合价格会出现反应过度现象。在即时情绪引发的组合价格持续性变化中，当出现反向的基本面信息时，组合价格会出现反应不足的现象。

### 五、即时情绪与收益率的可预测性

在早期的市场异象研究中，学界发现股票的收益率经常出现短期的动量效应(Jegadeesh & Titman，1993)和长期的逆转现象(Thaler & Bondt，1985)。本书将通过有效组合价格模拟来研究上述现象。

从数据模拟图可以看出(图7.2和图7.3)，尽管影响股价的信息仅仅随机出现一次，但是在即时情绪的影响下，投资者的信念发生了改变，这导致有效组合的价格出现了持续性的运动。从模拟组合价格走势图来看，预期情绪影响下的组合价格在较短期限内呈现出趋势性波动，在较长期限内呈现围绕理论值的往复运动。在上述价格运动模式下，投资者可以采用短期动量策略和长期反转策略获得盈利。

本书采用两种方法对于组合价格的收益率序列的可预测性进行检验，这两种方法分别是时间序列的自相关检验和构建移动自回归模型。本书首先对图7.2和图7.3中的模拟价格数据进行对数差分(对数收益率)，然后进行时间序列的平稳性检验。通过对6个模拟价格的对数收益率进行DAF和PP检验发现(表7.2)，无论是组合价格收敛的收益率序列还是组合价格不收敛的收益率序列都具有平稳性。

表7.2　模拟组合价格对数收益率的平稳性检验

| | $\delta$ | 样本量 | ADF 检验 | | PP 检验 | |
|---|---|---|---|---|---|---|
| | | | $t$ | 概率值 | $t$ | 概率值 |
| 组合价格收敛 | 0.150 | 69 | −5.860 0 | 0 | −9.746 | 0 |
| | 0.200 | 69 | −14.380 | 0 | −7.128 | 0 |
| | 0.250 | 69 | −14.938 | 0 | −5.364 | 0 |
| 组合价格不收敛 | 0.300 | 69 | −3.106 0 | 0.002 4 | −5.442 | 0 |
| | 0.400 | 69 | −13.337 | 0 | −7.087 | 0 |
| | 0.500 | 69 | −10.817 | 0 | −7.527 | 0 |

根据组合收益率的自相关和偏自相关数据(图7.6)可知，在即时情绪的影响下，有效组合的对数收益率具有明显的自相关性。收益率的自相关具有以下特征：首先，收益率序列的自相关随着即时情绪强度的增强而增

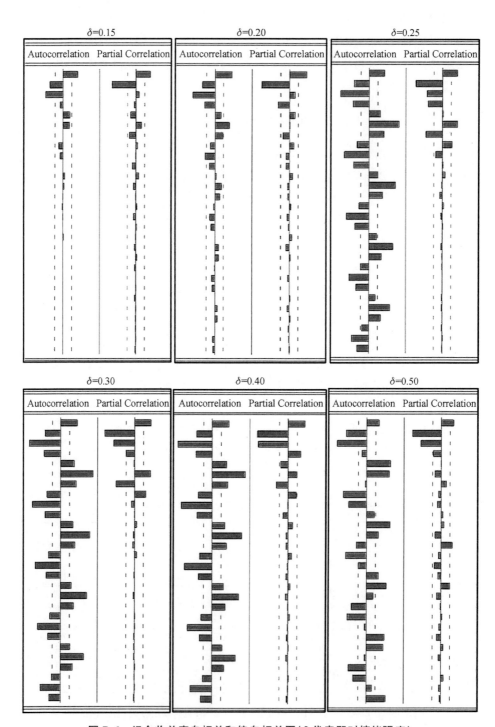

图 7.6　组合收益率自相关和偏自相关图($\delta$ 代表即时情绪强度)

加,当即时情绪强度足够大时,收益率的自相关程度表现为周期性波动。在剔除各个滞后期序列之间的相互影响后,偏自相关数据也显示着自相关的程度随着即时情绪强度的增加而增大。其次,自相关和偏自相关图显示,组合的收益率在短期内表现为正自相关,在相对较长的时期内表现出负自相关,上述规律不随着即时情绪强度的变化而改变。最后,当即时情绪强度较大时,正自相关和负自相关交替出现,这反映出组合的价格在做"冲高—回落"的往复运动。

本书对组合的对数收益率序列构建 AR($p$)模型,通过 LM 检验确定模型残差的时序关联。检验结果表明(表 7.3),构建的 6 个自回归方程都有效。这说明上述 6 个收益率序列都可以通过简单的时间序列模型进行预测。

数据模拟试验结果表明,即时情绪能够放大市场的价格波动,把随机出现的影响证券价格的信息转化为证券价格的短期趋势性波动,并进一步带来证券价格的往复性运动。正是由于上述原因,即时情绪影响下的证券价格和收益率可以通过时间序列模型预测,投资者也可以建立相应的投资策略获利。

本书通过数据模拟试验的方式解释了证券价格具有可预测性的原因,同时也解释了证券价格短期具有动量效应以及长期产生逆转现象的原因。

### 六、两种情绪与股价的过度波动

在早期的证券市场异象的研究中,席勒(Shiller,1981)、勒罗伊和波特(LeRoy & Porter,1981)发现了股票价格的过度波动异象。上市公司业绩的变化无法解释股票价格的波动。这也是目前困扰行为金融学理论的异象之一。本书将通过对即时情绪和预期情绪影响下有效组合价格的模拟来解释过度波动异象。

根据预期情绪动机的判断方法(第四章表 4.3),当前一期组合收益率为正数时,本期的预期情绪是避免后悔,预期情绪强度系数为 $\alpha$,考虑到避免后悔动机和即时情绪影响的有效组合必要报酬率为:

$$E(R_{M_i}) = \frac{(1+\alpha)A - \alpha \cdot C \cdot R_{i\max} + \delta h_i \cdot C}{C} + \frac{(1+\alpha)^2 \cdot D/C^2}{A(1+\alpha)/C - (R_f + \alpha R_{i\max}) + \delta h_i} \quad (7.16)$$

当前一期组合收益率为负数时,本期的预期情绪动机是追求欣喜,考虑到预期情绪和即时情绪的共同影响,组合的必要报酬率为:

表 7.3　模拟的组合收益率序列移动自回归结果

| δ | 0.150 系数 | 0.150 t | 0.200 系数 | 0.200 t | 0.250 系数 | 0.250 t | 0.300 系数 | 0.300 t | 0.400 系数 | 0.400 t | 0.500 系数 | 0.500 t |
|---|---|---|---|---|---|---|---|---|---|---|---|---|
| C | -0.002 | -1.482 | 0.000 | -1.336 | 0.000 | -1.103 | 0.000 | 0.992 | 0.000 | 1.547 | -0.001 | -0.113 |
| $R_{t-1}$ | 0.144 | 1.337 | 0.149 | 0.951 | 0.337 | 2.262 | 0.224 | 1.333 | 0.135 | 0.628 | -0.324 | -2.022 |
| $R_{t-2}$ | -0.810 | -8.577 | -0.446 | -2.710 | -0.317 | -2.529 | 0.543 | 2.085 | -1.974 | -7.946 | -0.827 | -5.123 |
| $R_{t-3}$ | -0.969 | -6.604 | -0.075 | -0.364 | 0.329 | 1.687 | -0.101 | -0.656 | 0.617 | 1.611 | -1.095 | -5.397 |
| $R_{t-4}$ | | | -0.318 | -1.436 | -0.287 | -1.841 | 0.077 | 0.243 | -1.410 | -4.305 | -0.907 | -3.375 |
| $R_{t-5}$ | | | 0.970 | 4.561 | 0.442 | 2.232 | -0.648 | -2.643 | -1.432 | -4.711 | -0.689 | -2.424 |
| $R_{t-6}$ | | | 2.411 | 11.166 | 3.569 | 21.488 | 6.117 | 13.224 | 0.529 | 1.411 | -0.991 | -3.273 |
| $R_{t-7}$ | | | -0.002 | -0.005 | -1.052 | -2.348 | -2.374 | -3.041 | -3.259 | -6.251 | -0.469 | -1.384 |
| $R_{t-8}$ | | | 0.233 | 0.634 | -0.403 | -0.959 | -3.271 | -3.029 | 2.482 | 2.729 | -0.665 | -2.014 |
| $R_{t-9}$ | | | 0.075 | 0.179 | -1.041 | -2.134 | -0.936 | -1.440 | -5.678 | -9.979 | -0.636 | -1.903 |
| $R_{t-10}$ | | | 0.255 | 0.550 | -0.431 | -0.999 | -1.318 | -0.926 | -0.833 | -0.631 | -0.439 | -1.300 |
| $R_{t-11}$ | | | -1.600 | -3.477 | -1.159 | -2.451 | 0.365 | 0.342 | -0.819 | -0.728 | -0.137 | -0.459 |
| $R_{t-12}$ | | | -1.877 | -4.657 | -3.288 | -7.932 | -18.097 | -9.183 | -1.755 | -1.677 | -0.697 | -2.447 |
| $R_{t-13}$ | | | | | | | 5.536 | 3.227 | 0.881 | 0.736 | -0.177 | -0.663 |
| $R_{t-14}$ | | | | | | | 6.115 | 3.186 | -2.760 | -5.751 | -0.298 | -1.497 |
| $R_{t-15}$ | | | | | | | 4.421 | 2.771 | 2.835 | 2.601 | -0.264 | -1.732 |
| $R_{t-16}$ | | | | | | | 4.628 | 2.095 | | | -0.259 | -1.681 |
| $R_{t-17}$ | | | | | | | 3.669 | 1.986 | | | | |
| $R_{t-18}$ | | | | | | | 16.366 | 6.311 | | | | |
| $R^2$ | 0.866 | | 0.998 | | 1.000 | | 1.000 | | 1.000 | | 0.933 | |
| D.W. | 2.234 | | 1.779 | | 1.543 | | 2.164 | | 2.410 | | 1.721 | |
| F-statistic | 0.520 | | 0.229 | | 1.370 | | 0.403 | | 1.436 | | 0.302 | |
| Prob. F(2,60) | 0.597 | | 0.747 | | 0.265 | | 0.672 | | 0.251 | | 0.742 | |
| Obs * R-squared | 1.125 | | 0.616 | | 3.491 | | 1.334 | | 3.989 | | 0.924 | |
| Prob. Chi-Square(2) | 0.570 | | 0.735 | | 0.175 | | 0.513 | | 0.136 | | 0.630 | |

注：深色格代表系数通过了 10%水平统计检验

$$\mathrm{E}(R_{M_i}) = \frac{(1+\beta)A - \beta \cdot C \cdot X_{i\min} + \delta h_i \cdot C}{C} +$$

$$\frac{(1+\beta)^2 \cdot D/C^2}{A(1+\beta)/C - (R_f + \beta X_{i\min}) + \delta h_i} \tag{7.17}$$

式(7.16)和式(7.17)是在两种情绪影响下组合的最小方差集合和资本市场线切点纵坐标的方程，根据第四章的理论设定，有 $\alpha > \beta > 0$，本书选择 $\beta = 0.9\alpha$。

本书绘制了两种情绪影响下的有效组合价格曲线图(图7.7和图7.8)和两种情绪影响下的三维价格曲线图(图7.9)。

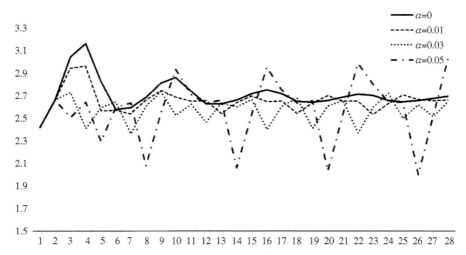

图 7.7　预期情绪强度与组合价格(即时情绪强度 $\delta = 0.2$)

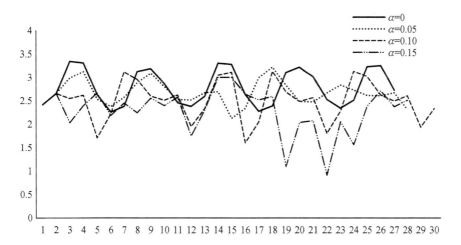

图 7.8　预期情绪强度与组合价格(即时情绪强度系数 $\delta = 0.5$)

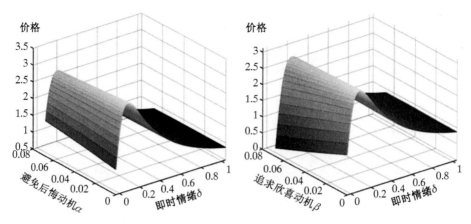

图7.9　预期情绪、即时情绪和组合价格三维图

　　本书首先选择即时情绪强度较低时（$\delta = 0.20$）和即时情绪强度较高
时（$\delta = 0.50$）两种状态，然后添加不同强度的预期情绪。在上述两种情绪
的综合作用下，本书绘出了有效组合的价格曲线。添加了预期情绪之后，
两种情绪对组合价格的影响呈现以下特征。（1）在一定即时情绪强度的情
况下，适当强度的预期情绪能够降低组合价格运动的峰值，这时预期情绪
能够起到平抑价格波动的作用。上述情况可见于图7.7中的 $\alpha = 0.01$ 和
$\alpha = 0.03$ 所对应的曲线，也可见于图7.8中的 $\alpha = 0.05$ 所对应的曲线。
（2）在一定的即时情绪情况下，强度较大的预期情绪能够迅速改变有效组
合的价格走势，甚至能够产生更大的价格反趋势运动。上述情况可见于图
7.7中 $\alpha = 0.05$ 所对应的价格曲线，和图7.8中 $\alpha = 0.10$ 和 $\alpha = 0.15$ 所对
应的价格曲线。本书得到以下命题：

　　命题2：预期情绪能够导致组合价格出现"反趋势"变化。当预期情绪
强度较低时，预期情绪能够减小价格波动幅度，促使组合价格的变化收敛。
当预期情绪强度较大时，预期情绪能够引发组合价格的大幅度波动。

　　本书认为，在资产价格泡沫末期的时候，预期情绪将起到"终结"价格
泡沫的关键作用。正是由于预期情绪的存在，任何资产价格泡沫都具有
"自我破灭"的特征。

表7.4　有效收益率序列的标准差

| $\delta =$ | 0 | 0.15 | 0.20 | 0.25 | 0.30 | 0.40 | 0.50 |
|---|---|---|---|---|---|---|---|
| 标准差（$n = 69$） | 0.011 | 0.023 | 0.030 | 0.074 | 0.119 | 0.140 | 0.157 |
| | $\delta = 0.20$ | | | $\delta = 0.50$ | | | |
| $\alpha =$ | 0.01 | 0.03 | 0.05 | 0.05 | 0.1 | 0.15 | |
| 标准差（$n = 30$） | 0.047 | 0.074 | 0.151 | 0.107 | 0.244 | 0.352 | |

本书测算了组合收益率序列的标准差。数据显示(表 7.4):当没有情绪影响时,由基本面信息带来的收益率变化的标准差为 0.011;当收益率受到即时情绪的影响后,标准差显著增加;即时情绪强度越大,标准差越大。上述情况说明即时情绪引发的价格趋势性波动导致组合的风险上升。当收益率受到预期情绪和即时情绪的共同影响后,如果预期情绪比较小时,预期情绪能够减小标准差;如果预期情绪较大时,收益率的标准差比单独在即时情绪的影响下更大。产生上述情况的原因在于,预期情绪导致的价格波动方向具有反趋势性,强度较小的预期情绪能够平抑价格波动,导致其标准差小于单纯即时情绪影响下的标准差;由于预期情绪动机具有易变性并且能够导致处置效应,因此预期情绪强度过大将导致波动率增加,此时预期情绪成为收益波动的主要原因。上述分析表明,两种情绪都是组合价格和收益率波动的主要原因。本书据此得到以下命题:

命题 3:即时情绪和预期情绪都能够导致股票价格和收益率出现较大的波动,即时情绪和预期情绪是市场波动率异象的主要原因。

### 七、两种情绪与资产价格泡沫

在世界范围内的股票市场中,资产价格泡沫都是常见现象。概括而言,资产价格泡沫主要体现在价格的趋势性上升、成交量的异常扩大和投资者的投机行为方面。巴贝尔斯(Barberis,2018)总结了资产泡沫的 6 个特征:(1)资产价格在一段时间内急剧上升,然后下降并逆转了大部分上升趋势;(2)在价格上涨期间,资产价格被高估的报道不绝于耳;(3)资产价格上涨并达到峰值时,资产的交易量异常增高;(4)泡沫期间,许多投资者对资产的收益有高度外推预期;(5)在泡沫期间,即使是老练的投资者也增加了对资产头寸的敞口;(6)通常在价格上涨初期,资产的基本面具有积极的信息。

现有的行为金融学关于投资者外推信念的理论假说能够解释资产价格趋势性上升的特征,行为金融学关于投资者异质信念的设定也能够解释泡沫期间投资者的投机行为,但是资产价格泡沫中成交量异常扩大的现象只能采用投资者过度自信的假说进行解释。上述两种假说都相互独立、无法兼容,这说明行为金融学需要一个适合的理论体系来解释资产价格泡沫所造成的异象。

#### (一) 资产价格走势和投资者行为的理论机理

前文讨论的预期情绪组合理论和即时情绪组合理论可以解释泡沫期

间的资产价格走势和投资者行为。

引发投资者关注的资产价格变动因素是多方面的,可能是政策面因素、基本面因素以及其他具有财富效应的因素(见第六章图 6.2)。当资产价格变化较为显著时,投资者将会通过信息网络进行意见交流,这一交流过程是投资者即时情绪的传递过程。在适当条件下,投资者群体达成共识,即投资者群体产生了"群体极化"现象(见第六章第二节七),这表现为投资者群体对资产收益率的一致性的预期误差。投资者对资产收益率的信念偏差导致风险资产最小方差集合发生移动,进一步导致有效组合位置和市场必要报酬率的变化(第六章第二节命题 1 和命题 2)。市场必要报酬率的变化导致资产价格呈现与错误预期方向一致的运动,这进一步强化了"群体极化"现象并导致进一步的预期误差。如此循环往复,投资者形成了外推预期(第六章第二节命题 2)。在这一过程中,处于"极化"状态的投资者群体会排斥相反意见,所以负面信息通常无法改变资产价格的运动趋势。

在资产价格的趋势性运动中,预期情绪也起到了相应作用。预期情绪导致投资者避免后悔的投资动机和追求欣喜的投资动机。在资产价格泡沫中,持有资产的投资者多数处于盈利状态,因此投资者在避免后悔投资动机的驱动下错误地估计了最小方差集合的位置,所不同的是预期情绪产生的错误估计方向与即时情绪相反(第五章第二节命题 1 和命题 2)。这表现在市场上,预期情绪能够减缓资产价格运动的幅度,甚至能够导致资产价格运动方向的反转(第七章第一节七)。

资产价格泡沫中的投资者在即时情绪的影响下,会采用正反馈的投资方式(第六章第二节命题 3)。部分经验丰富的投资者能够预判这种情况,他们将会在资产价格泡沫中采用较为积极的投资策略甚至不惜裸露投资头寸。

### (二)泡沫期间投资者资产配置变化的理论机理

泡沫期间投资者的资产配置遵循着两个机制。首先,投资者的即时情绪在资产价格的泡沫中起到了关键作用,即时情绪引发投资者产生了对资产收益率的预期误差,这导致情绪状态下的最小方差集合发生了垂直移动,有效组合的位置发生了变化,资本市场线的斜率发生了改变,资本市场线与投资者无差异曲线的切点位置发生了变化,这说明投资者持有风险资产的比例发生了变化。由于即时情绪和资产价格之间具有正反馈循环的特征,因此在资产价格泡沫期间投资者持有风险资产的比例会不断增加。

预期情绪能够导致投资者产生处置效应,在资产价格泡沫中的投资者行为如下：由于投资者在资产价格泡沫中通常处于盈利状态，因此投资者在避免后悔动机的作用下会减少风险证券的持仓比例。如果投资者在交易中处于亏损状态，投资者将在追求欣喜的投资动机下增加风险证券的持仓比例（参见第五章第三节）。投资者的预期情绪动机随着资产价格的走势而变化，这导致投资者经常调整风险证券的持仓比例。

预期情绪产生了处置效应并导致资产配置变化是一种普遍现象，这种现象不仅出现在资产价格泡沫中，也出现在资产价格相对平稳的状态之中。所不同的是：资产价格平稳时，投资者盈利或损失的幅度较小，因此投资者预期情绪的强度较弱，引发的处置效应强度较小，资产配置的变化较小。当资产价格产生泡沫时，投资者盈利和损失时产生的预期情绪较为强烈，引发的处置效应强度较大，资产配置的变化较大。

把处置效应引入资产价格泡沫的研究中是最近行为金融学研究的新的突破。廖景池（音）、彭和朱宁（Liao，Peng，& Zhu，2022）把资产价格泡沫中的投资者行为归因为外推信念和处置效应，在他们的论文中提出了投资者在资产价格泡沫中不断地卖出盈利组合，然后受到外推预期的影响不断构建新的组合的假说，上述假说在他们的论文中得到了中国股票市场数据的支持。另外，刘帅、肖琳、房勇等（2021）也对中国股票市场进行了检验，证明了处置效应广泛存在于投资者的交易行为中。

### （三）相关数理模型

在两种情绪的作用下，根据最小方差集合的曲线公式［式（7.6）］，设无风险收益率为 $R_f$，资本市场线与最小方差集合切点的坐标为：

$$
E(R_P) = \frac{(1+\pi)A - \pi_i C R_{im} + C\delta h_i}{C}
$$
$$
+ \frac{(1+\pi_i)^2 D/C^2}{A(1+\pi_i)/C - (R_f + \pi_i R_{im} - \delta h_i)} \tag{7.18}
$$

$$
\sigma_P = \sqrt{\frac{1}{C}} \cdot \sqrt{1 + \frac{D/C^2}{[A/C - (R_f + \pi_i R_{im} - \delta h_i)/(1+\pi_i)]^2}} \tag{7.19}
$$

式中，$\delta h_i$ 是即时情绪变量，代表投资者对于每个证券期望收益率估计的误差都是 $\delta h_i$。下标 $i$ 代表模型的时间。$R_{im}$ 是这个时期组合的最大值或者最小值，下标 $i$ 代表模型的时间。

引入无风险资产后，资本市场线切线的斜率为：

$$K_i = \sqrt{C\{[A/C - (R_f + \pi_i R_{im} - \delta h_i)/(1+\pi_i)]^2 + D/C^2\}}$$

$$(7.20)$$

资本市场线方程为：

$$\mathrm{E}(R) = R_f + K_i \sigma \qquad (7.21)$$

设无差异曲线族方程为：

$$2\phi \mathrm{E}(R) - \eta \sigma^2 - 2\theta\sigma + \varepsilon - U_1 = 0 \qquad (7.22)$$

式(7.22)中,参数 $\eta > 0, \phi > 0, \theta > 0$,参数设置反映出收益率对于效用的正向影响和方差对于效用负向影响。$U_1$ 是曲线沿着纵轴线平行移动的距离,$U_1$ 取值为实数。

资本市场线与无差异曲线族切点横坐标为：

$$\sigma_N = \frac{\phi K_i - \theta}{\eta} \qquad (7.23)$$

根据式(7.19)、式(7.20)和式(7.23),得到在两种情绪作用下投资于风险资产的比例 $Y$ 为：

$$Y_i = \frac{\phi C}{\eta} \cdot \left[\frac{A}{C} - \frac{(R_f + \pi_i R_{im} - \delta h_i)}{1+\pi_i}\right] - \frac{\theta\sqrt{C}}{\eta} \cdot$$

$$\frac{\left[\dfrac{A}{C} - \dfrac{(R_f + \pi_i R_{im} - \delta h_i)}{1+\pi_i}\right]}{\sqrt{\left[\dfrac{A}{C} - \dfrac{(R_f + \pi_i R_{im} - \delta h_i)}{(1+\pi_i)}\right]^2 + \dfrac{D}{C^2}}} \qquad (7.24)$$

令 $F = \dfrac{A}{C} - \dfrac{(R_f + \pi R_{im} - \delta h_i)}{1+\pi}$, 式(7.24)可转化为：

$$Y_i = \frac{\phi C}{\eta} \cdot F - \frac{\theta\sqrt{C}}{\eta} \cdot \frac{F}{\sqrt{F^2 + \dfrac{D}{C^2}}} \qquad (7.25)$$

对式(7.25)在 $F = 0$ 处进行一阶泰勒展开,有：

$$Y_i = \frac{1}{2}\left(\frac{\phi C}{\eta} - \frac{\theta\sqrt{C^5}}{\eta\sqrt{D}}\right)F + o((F)^2) \qquad (7.26)$$

省略皮亚诺余项 $o((F)^2)$，令 $\dfrac{1}{2}\left(\dfrac{\phi C}{\eta}-\dfrac{\theta\sqrt{C^5}}{\eta\sqrt{D}}\right)=\Psi$，得到时刻 $i$ 比时刻 $i-1$ 增加的风险资产的持仓比例为：

$$\Delta Y_i=\Psi\cdot\left[\frac{(R_f+\pi_i R_{im}-\delta h_i)}{1+\pi_i}-\frac{(R_f+\pi_{i-1}R_{i-1m}-\delta h_{i-1})}{1+\pi_{i-1}}\right]$$

$$(7.27)$$

式(7.27)表明，投资者风险资产的交易数量与即时情绪强度和预期情绪具有直接关联，这与前文机制分析得到的结论一致。

### （四）数值模拟

本书采用数值模拟的方法，考察在两种情况下投资者对于风险资产持仓比例的变化。第一种情况是市场平稳期，它的特点是证券市场呈现小幅随机波动状态，这种状态不会引发即时情绪，主要由预期情绪产生的处置效应发生作用。第二种是资产价格泡沫期，它的特点是市场出现趋势性波动，即时情绪和预期情绪全部发生作用的情况。本书通过比较两种情况下持仓比例的变化情况来验证理论假说。

在市场平稳期，假设投资者对于组合收益率的预期误差是一组随机数据。本书通过 excel 表格中的随机数发生函数 rand() 产生一组 0 到 1 之间的随机数据，对该数据进行标准差标准化并乘以 0.01，得到的随机数据作为投资者的预期误差。当前一期组合收益率为正数时，本期的预期情绪是避免后悔，预期情绪强度系数为 $\alpha$，当前一起组合收益率为负数时，本期的预期情绪是追求欣喜，预期情绪强度为 $\beta$，设 $\beta=0.9\alpha$。本书采用式(7.18)、式(7.19)和式(7.27)进行计算。

在资产价格泡沫期，本书采用前文的式(7.09)到式(7.15)以及式(7.18)、式(7.19)和式(7.27)进行计算。

本书假设投资者的无差异曲线族的方程为：

$$\mathrm{E}(R)-0.02\sigma^2-0.02\sigma+U_i=0 \qquad (7.28)$$

数值模拟的其他参数与本章前文的数据一致。

本书把预期情绪强度系数自 $\alpha=0.001$ 逐渐增强到 $\alpha=0.03$，采用组合图绘制了两种情况的风险资产持仓比例变化值（图 7.10）；在市场平稳期的持仓比例变化值采用面积曲线绘制，在资产价格泡沫期采用柱状图绘制，两组数据的坐标轴相同。通过数值模拟发现，预期情绪强度系数的提高能够增加投资者资产配置比例的变化。在模拟数据下，资产泡沫期投资者调整资产配置比例的程度远高于市场平稳时期,这说明即时情绪是投资者调整资产配置的主要原因。数值实验的结果与理论分析相吻合。本书据此得到以下结论:

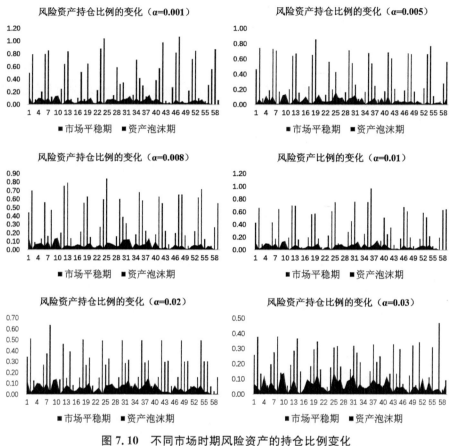

图 7.10　不同市场时期风险资产的持仓比例变化

命题 4:即时情绪导致的投资者外推信念是资产价格泡沫的重要原因,即时情绪和预期情绪所引发的最小方差集合的变化是投资者调整资产配置比例的原因。

命题 4 在经典投资组合理论的框架下探讨了资产价格泡沫的成因和投资者在资产价格泡沫期间的异常交易行为。实际上,上述结论与资产价格泡沫期间的成交量增加具有很强的关联性。考虑到市场的真实情况,市场中的每个投资者由预期情绪产生的动机强度不同(预期情绪组合理论中的 $\alpha$ 和 $\beta$ 值不同),市场中每个投资者在即时情绪影响下对风险资产收益率估计的误差不同(每个投资者的 $\delta h_0$ 不同),证券市场的总体变化反映的就是大部分投资者对于风险资产的综合预期结果。市场中的部分投资者可以看作是随机交易者,他们提供了市场中连续交易的对手盘。在资产价格泡沫的市场环境下,大部分投资者可以通过市场交易来完成资产配置的调整,这就是成交量增加的主要原因。有关资产价格泡沫期间交易量增加的理论机制描述可以参考廖景池(音)、彭和朱宁(Liao,Peng,& Zhu,2022)发表的论文,该论文认为投资者都具有异质性,但是他们普遍表现出来的相同特征就是外推信念和处置效应。

行为金融学为了解释资产价格泡沫中成交量异象采用了投资者过度自信的假设,但是这个假设与投资者外推预期假设不相融合。正如巴贝尔斯(Barberis,2018)所言:"基于过度自信的分歧可以揭示有关交易量和资产价格的一些事实。然而,这个框架的一个方面限制了它的范围:虽然过度自信会导致人们持有完全不同的信念,但它并没有确切地说这些信念将是什么。"正是由于上述原因,以即时情绪和预期情绪来理解成交量异常在理论上具有一致性。

通过投资者即时情绪和预期情绪来解释资产价格泡沫时期的市场异象,在理论假设上与解释投资者外推预期市场异象相呼应。投资者行为异常和外推预期都是以投资者即时情绪作为基础假设,这保证了基础理论的统一性。


## 第二节　预期情绪代理变量分析

由于预期情绪属于决策过程情绪,并且难以直接观测,因此预期情绪只能通过它在市场中产生的处置效应进行间接观察。本章用涨跌比率指标作为预期情绪的代理变量,通过频谱分析和时间序列建模的方式研究预期情绪代理变量和指数收益率的关系。

### 一、预期情绪代理变量的选取

根据预期情绪理论,投资者的情绪动机与他们的投资损益状况具有直接关联。当投资者获得收益时,他们表现为避免后悔的动机;当投资者出现损失时,它们表现为追求欣喜的动机;上述投资动机的改变,使得投资者表现出明显的处置效应。正是由于上述原因,处置效应是投资者预期情绪的直接结果,也可以作为投资者预期情绪的观测指标。

在证券市场研究中,只有市场中大多数投资者表现出相同的处置效应时才能观察到市场的显著变化,因此整个市场的表现决定了投资者的盈亏状况,也决定了投资者的预期情绪动机。具体而言,当市场中大部分证券都上涨时,多数投资者实现了盈利,这时投资者倾向于卖出盈利的证券;当证券市场大部分证券下跌时,大多数投资者出现亏损,这时投资者倾向于继续持有亏损的证券。市场中,证券的损益结构指标能够预测投资者的处置效应,同时也能够作为投资者预期情绪的代理变量(见图 7.11)。

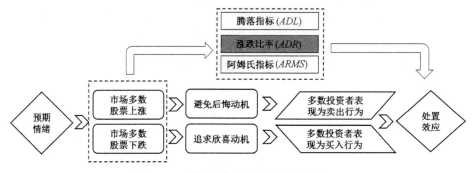

图 7.11    预期情绪代理变量选择的原理

能够衡量市场整体损益结构的常见指标有:腾落指数($ADL$)、涨跌比率指标($ADR$)和阿姆氏指数($ARMS$)。考虑到数据的平稳性,本书选择涨跌比率指标($ADR$)作为预期情绪的代理变量。

为了保证数据的平稳性,本书以 5 日涨跌比率作为预期情绪的代理变量。5 日涨跌比率计算公式为:

$$ADR^5 = \frac{5\ 日累计股票上涨数量}{5\ 日累计股票下跌数量} \tag{7.29}$$

本书选择 2005 年 1 月 4 日到 2019 年 6 月 28 日的市场数据构建代理变量,基础数据来源于 RESST 数据库。本书选择上述相同日期的上证指数收益率($ZS$)[①]作为市场变量,该数据来源于瑞思数据库(RESSET)。

**二、预期情绪代理变量的频谱特征**

本书首先对 $ADR^5$ 和 $ZS$ 进行探索性分析和平稳性检验,$ADR^5$ 和 $ZS$ 都具有平稳性,检验的数据见表 7.5。

---

① 由于本书是以指数为研究对象,指数没有投资组合常见的因为分红派息出现的"价格除权"现象,因此本书并没有采用学界在衡量持仓组合损益状态中常用的"购买者持有期超额收益率(BHAR)"。鉴于上述原因,本书采用数据库中常用的指数收益率作为研究变量。

表 7.5    变量的探索性分析和平稳性检验

| | 探索性分析 | | | | | ADF 检验 | | |
|---|---|---|---|---|---|---|---|---|
| | 样本量 | 最小值 | 最大值 | 标准差 | 均值 | $t$ 值 | 概率 | 结论 |
| 指数收益率<br>（ZS） | 3 520 | −0.09 | 0.09 | 0.02 | 0.00 | −58.10 | 0.000 | 平稳 |
| 预期情绪<br>代理变量<br>（$ADR^5$） | 3 520 | 0.10 | 6.03 | 0.74 | 1.28 | −3.21 | 0.001 | 平稳 |

本书对上述两个时间序列做功率谱分析。为了消除噪声带来的干扰，本书选择 MUSIC 方法对变量进行功率谱估计。在 MATLAB2021a 试用版软件调用的程序是 pmusic(_,8)。上证指数收益率（ZS）功率谱显示（图 7.12），指数收益率在低频、中频和高频部分具有三个明显的周期性波动。在低频处，功率谱峰值处的归一化频率 $0.140\,6\pi$，对应周期为 14 天；在中频处，功率谱峰值处的归一化频率 $0.50\pi$，对应周期 4 天，在高频处，功率谱峰值处的归一化频率 $0.906\,3\pi$，对应周期为 2 天。

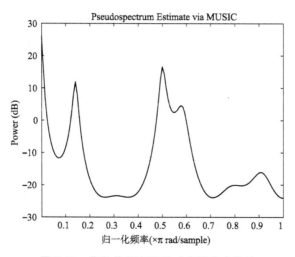

图 7.12    指数收益率（ZS）功率谱密度估计

5 日涨跌比率（$ADR^5$）在低频处具有两个峰值（图 7.13），分别位于归一化频率 $0.148\pi$，对应周期 14 天；归一化频率 $0.250\pi$，对应周期 8 天。在中频处数据有一个峰值，对应归一化频率为 $0.570\pi$，对应周期为 4 天。5 日涨跌比率功率谱总体呈现明显的下降走势，说明数据的波动程度明显减缓。这一现象的原因在于股票市场上市公司数量大幅度增加，导致涨跌比率指标波动幅度减缓。

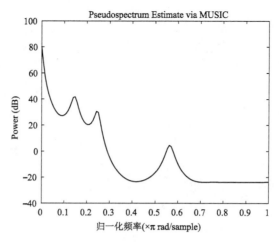

**图 7.13　5 日涨跌比率（$ADR^5$）功率谱密度估计**

### 三、5 日涨跌比率与指数收益率相干谱和相位特征

由于指数收益率和 5 日涨跌比率在低频和中频上具有相近的周期，因此本书采用相干分析和相位分析的方法确定两个变量的相互影响强度和领先滞后周期。首先采用傅里叶变换的方法求出两个时间序列的互谱：

$$P_{xy}(\omega) = \sum_{m=-\infty}^{\infty} r_{xy}(m) e^{-j\omega m} \qquad (7.30)$$

式（7.30）中，$r_{xy}$ 是两个时间序列的协方差矩阵，$P_{xy}(\omega)$ 是傅里叶变换后的互谱，$P_{xy}(\omega)$ 是复数。相干系数为：

$$C_{xy}(\omega) = \mid P_{xy}(\omega) \mid^2 / [P_{xx}(\omega) P_{yy}(\omega)] \qquad (7.31)$$

式（7.31）中，$P_{xx}(\omega)$ 和 $P_{yy}(\omega)$ 是两个时间序列自协方差序列傅里叶变换的模。相位角的公式为：

$$\Psi_{xy}(\omega) = \arctan[-Q_{xy}(\omega)/P_{xy}(\omega)] \qquad (7.32)$$

式（7.32）中，$Q_{xy}(\omega)$ 是两个时间序列互谱的实部，$P_{xy}(\omega)$ 是互谱的虚部。领先滞后周期为 $2\pi/\omega$。本书采用 MATLAB2020a 试用版调用内部函数完成这个过程。调用的函数为：

mscohere（ZS，ZDBL5，hamming（512），[ ]，7040）

指数收益率（ZS）和 5 日涨跌比率（$ADR^5$）的相干谱显示（图 7.14），两个变量在低频（$0 \sim 0.25\pi$）、中频（$0.5\pi \sim 0.7\pi$）和高频（$0.9\pi \sim \pi$）上具有很强的相干性，这说明两个变量之间的相互影响关系非常显著。

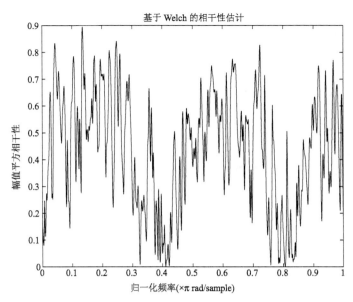

基于 Welch 的相干性估计

图 7.14　指数收益率($ZS$)和 5 日涨跌比率($ADR^5$)相干谱

　　为了较为准确地测定上述数据,本书把相干系数在 0.7 以上的数据进行了收集整理,详见表 7.6。数据显示,上证指数收益率($ZS$)和 5 日涨跌比率在 36～50 天、14 天、11 天、8 天和 3 天周期上具有很强的相干性,在上述时间段两个时间序列数据在同一个周期范围内领先和滞后天数的分布多数呈现双峰状态,双峰状态的两个众数分别为正数和负数,这表明两个序列具有交互领先的关系特征。

表 7.6　相干系数和领先滞后关系

| 相干系数<br>(均值) | 归一化频率范围 | 周期范围<br>(天) | 领先滞后周期<br>众数第一峰值(天) | 领先滞后周期<br>众数第二峰值(天) |
|---|---|---|---|---|
| 0.742 | 0.127～0.171 | 49.6～36.7 | −15 | 5 |
| 0.719 | 0.423～0.439 | 14.9～14.3 | −3 | 3 |
| 0.7 | 0.556～0.559 | 11.3～11.2 | −4.5 | 3 |
| 0.715 | 0.622～0.644 | 10.1～9.8 | −1.75 | 2.5 |
| 0.711 | 0.776～0.787 | 8.1～8.0 | −1 | |
| 0.738 | 1.989～2.024 | 3.2～3.1 | −1 | 0.5 |

## 四、5 日涨跌比率和指数收益率在时域上的关系

　　本书首先利用格兰杰因果检验验证两个时间序列的相互关系。通过 AIC、SC 和 LR 信息准则,本书选择滞后 6 期的格兰杰检验。检验结果发

现(表7.7),5日涨跌比率与指数收益率因果关系通过了10%水平显著性检验,5日涨跌比率是指数收益率的格兰杰原因。指数收益率和5日涨跌比率的关系通过了1%水平显著性检验,指数收益率是5日涨跌比率的格兰杰原因。

表 7.7 指数收益率和 5 日涨跌比率格兰杰因果检验

| 因变量: ZS | | | |
| --- | --- | --- | --- |
| 自变量 | 卡方值 | 自由度 | 概率($P$) |
| $ADR^5$ | 12.028 | 6 | 0.0613 |
| 因变量: $ADR^5$ | | | |
| 自变量 | 卡方值 | 自由度 | 概率($P$) |
| ZS | 704.019 | 6 | 0.000 |

为了进一步验证两个时间序列的关系,本书采用三区制 MSIH(3)-VAR(6)模型,这个模型的特点是截距可变并且残差可变,变量的滞后周期为6期。

从区制概率转换图来看(图7.15),三个区制分别对应上海证券市场大幅度上涨期、盘整期和大幅度下跌期。上述时期中,上海证券市场大幅度上涨期主要集中在2006年1月到2007年10月、2014年7月到2015年6月,市场盘整期占据了样本期间的大多数时间,市场大幅下跌期则散落分布在各个时期。

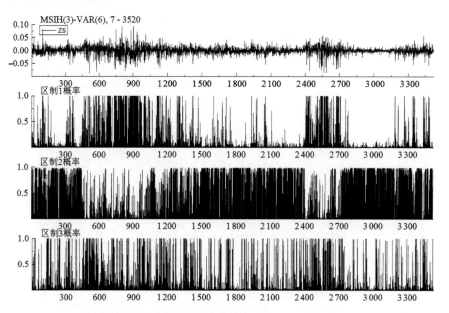

图 7.15 区制概率图(指数收益率和 5 日涨跌比率)

模型回归数据显示（表 7.8），指数收益率（$ZS$）和 5 日涨跌比率（$ADR^5$）之间具有显著的线性关系。在以 $ZS$ 为因变量的方程中，滞后 1 期、滞后 4 期和滞后 5 期的 $ADR^5$ 系数检验显著，特别是滞后 1 期和滞后 4 期的系数为负数，滞后期代表涨跌比率对指数收益率具有负面影响，这与理论结论中预期情绪能够平抑股价波动相符合。在以 $ADR^5$ 为因变量的方程中，滞后 1 期到滞后 5 期的 $ZS$ 系数显著，上述系数除了滞后五期的以外均为正数，这表明指数涨跌与涨跌比率之间具有正向影响关系。

表 7.8　指数收益率和 5 日涨跌比率 MSIH(3)-VAR(6) 模型

| | $ZS$ | | $ADR^5$ | |
| --- | --- | --- | --- | --- |
| | 系数 | $t$ 值 | 系数 | $t$ 值 |
| 常数（区制 1） | −0.001 71 | −1.210 1 | 0.392 194 *** | 15.654 2 |
| 常数（区制 2） | 0.001 99 *** | 2.771 9 | 0.384 018 *** | 22.414 7 |
| 常数（区制 3） | 0.014 671 *** | 13.299 2 | 0.914 346 *** | 23.209 1 |
| $ZS(-1)$ | −0.012 59 | −0.657 6 | 2.429 128 *** | 6.154 2 |
| $ZS(-2)$ | −0.056 1 *** | −3.077 3 | 2.344 948 *** | 6.212 |
| $ZS(-3)$ | −0.002 07 | −0.115 5 | 3.575 142 *** | 9.150 6 |
| $ZS(-4)$ | 0.030 728 ** | 1.682 7 | 4.104 293 *** | 10.222 3 |
| $ZS(-5)$ | 0.137 699 *** | 7.465 5 | −7.192 57 *** | −17.154 2 |
| $ZS(-6)$ | −0.067 71 *** | −3.765 3 | −0.263 32 | −0.637 9 |
| $ADR^5(-1)$ | −0.004 05 *** | −6.278 3 | 0.621 678 *** | 30.271 4 |
| $ADR^5(-2)$ | 0.000 612 | 0.900 1 | −0.024 29 | −1.300 2 |
| $ADR^5(-3)$ | 0.000 141 | 0.238 | 0.015 135 | 1.034 3 |
| $ADR^5(-4)$ | −0.001 53 *** | −2.556 5 | −0.023 8 ** | −1.711 1 |
| $ADR^5(-5)$ | 0.001 668 *** | 2.776 1 | −0.065 84 *** | −4.635 6 |
| $ADR^5(-6)$ | 0.000 176 | 0.373 9 | 0.077 297 *** | 7.193 7 |
| SE（区制 1） | 0.027 511 | | 0.300 713 | |
| SE（区制 2） | 0.009 46 | | 0.214 859 | |
| SE（区制 3） | 0.011 629 | | 0.649 784 | |

注：* 、** 、*** 分别代表 10%、5% 和 1% 水平显著

脉冲响应函数图显示（图 7.16），指数收益率对于 5 日涨跌比率具有正向影响关系，相反 5 日涨跌比率对于指数收益率具有反向影响关系。给定指数收益率一个标准差的正向冲击，5 日涨跌比率立即做出正向响应。在市场上涨时期（区制 1），5 日涨跌比率做出正向响应之后其响应幅度在高位持续 4 期才迅速回落；在市场盘整期（区制 2）和市场下跌期（区制 3），5

　　日涨跌比率在当期达到最大响应后迅速回落。上述三个时期都在第 5 期
回落到 0 值以下,然后在第 8 期附近回升到 0 值,响应结束。上述响应过
程进一步揭示了指数收益率对涨跌比率的正向影响关系,这与格兰杰因果
检验和模型系数检验的结论相同。

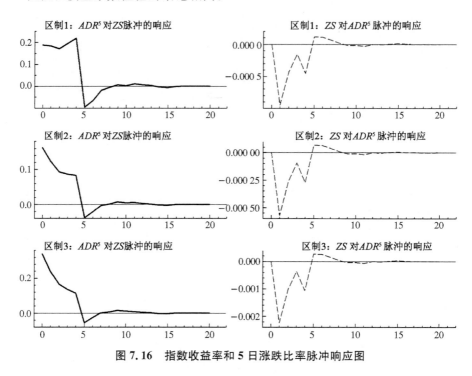

**图 7.16　指数收益率和 5 日涨跌比率脉冲响应图**

　　脉冲响应图显示(图 7.16),给定 5 日涨跌比率一个标准差的正向冲
击,指数收益率做出负向响应,并在第 1 期达到最大负响应,然后指数收益
率呈现振荡回升。指数收益率在第 5 期小幅回升到 0 值以上,然后再第 16
期归 0,结束响应。上述响应过程验证了 5 日涨跌比率对于指数收益率的
负向关系,也验证了本章命题 2 中关于“预期情绪导致组合价格反向变化”
的结论。

## 第三节　即时情绪代理变量分析

　　在目前关于投资者情绪的研究中,使用的情绪代理变量多数属于月度
数据,月度数据并不能够充分反映投资者即时的情绪变化。本书将设计一
种新的日度数据组合来反映投资者的即时情绪。

### 一、即时情绪代理变量的设计

本书通过市场交易数据来设计即时情绪观测指标。即时情绪观测指标有：

（1）隔夜情绪。隔夜情绪反映的是前一天收市后到当天开盘前市场综合信息导致的投资者情绪。隔夜情绪计算公式为：

$$隔夜情绪 = \frac{当日开盘指数}{前一日收盘指数} \tag{7.33}$$

（2）市场日换手率。市场换手率反映的是当日即时情绪的唤醒度。本书采用日流通市值加权法计算市场换手率。

（3）情绪分歧度。情绪分歧度是即时情绪变化的预测指标，通常情绪分歧度越大，即时情绪反转的可能性越大。情绪分歧度指标计算公式如下：

$$情绪分歧度 = \frac{当日最高指数 - 当日最低指数}{\left| 当日收盘指数 - 当日开盘指数 \right|} \tag{7.34}$$

（4）60 日均线指标。60 日均线指标是即时情绪中期效度的指标，在市场波动中，60 日均线通常是中短期走势的支撑线和压力线。60 日均线的涨跌能够影响市场短期的走势。60 日均线指标的计算公式为：

$$60 日均线指标 = 当日指数 60 日均值线 - 上一个交易日指数 60 日均线值 \tag{7.35}$$

本书对上述四个即时情绪代理变量进行主成分分析，采用正交旋转法，形成了两个主成分（见表 7.9），本书对两个主成分相加形成了即时情绪代理变量（$JSQX$）。本书对即时情绪代理变量进行了探索性分析和单位根检验，该序列具有平稳性（见表 7.10）。

表 7.9　即时情绪代理变量主成分分析

| | 主成分 1 | 主成分 2 |
|---|---|---|
| 市场日换手率 | 0.822 | −0.013 |
| 隔夜情绪 | 0.408 | −0.619 |
| 情绪分歧度 | 0.285 | 0.795 |
| 60 日均线指标 | 0.817 | 0.05 |

表 7.10　即时情绪代理变量探索性分析和平稳性检验

| | 探索性分析 | | | | | ADF 检验 | | |
|---|---|---|---|---|---|---|---|---|
| | 样本量 | 最小值 | 最大值 | 标准差 | 均值 | $t$ 值 | 概率 | 结论 |
| 即时情绪<br>（$JSQX$） | 3 520 | −4.359 | 6.122 | 1.414 | 1.059 | −5.060 | 0.000 | 平稳 |

## 二、即时情绪代理变量的频谱特征

即时情绪代理变量频谱图显示（图 7.17），即时情绪在高频处具有三个功率谱峰值，三个峰值的归一化频率分别为 $0.633\pi$、$0.781\pi$ 和 $0.891\pi$，对应周期分别为 2.7 天、2.6 天和 2.2 天。上述周期表明，即时情绪代理变量具有 2 至 3 天的短时波动周期。

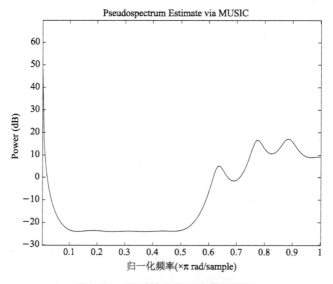

图 7.17　即时情绪代理变量频谱图

## 三、即时情绪代理变量与指数收益率的相干性分析

指数收益率和即时情绪代理变量的相干谱显示（图 7.18），两个变量在低频和高频处具有较强的相干性。数据分析显示（表 7.11），两个时间序列在大于 78 天、10 天、4 天、3 天和 2 天周期上具有强相干，上述周期相干系数均超过 0.60。相位谱显示，除了最低频以外，领先滞后周期都呈现双峰分布，这说明两个时间序列具有交替的领先和滞后关系。上述结果与理论分析相吻合。

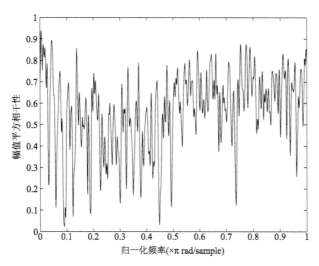

图 7.18　指数收益率和即时情绪相干谱

表 7.11　指数收益率和即时情绪的相位关系

| 相干系数<br>（均值） | 归一化频<br>率范围 | 周期范围<br>（天） | 领先滞后周期<br>众数第一峰值（天） | 领先滞后周期<br>众数第二峰值（天） |
|---|---|---|---|---|
| 0.726 | 0～0.080 | 7 040～78.2 | 0 | |
| 0.65 | 0.000～0.250 | 28.2～25.1 | −10 | 6 |
| 0.622 | 0.627～0.657 | 10.1～9.6 | −3.5 | 2 |
| 0.601 | 1.499～1.504 | 4.2 | −0.5 | 1.5 |
| 0.642 | 1.581～1.636 | 3.9～3.8 | −1 | 1 |
| 0.661 | 1.696～1.814 | 3.7～3.5 | −1 | 1 |
| 0.672 | 1.846～1.849 | 3.4～3.3 | −0.5 | 1 |
| 0.618 | 1.904～1.971 | 3.3～3.2 | −0.5 | 1 |
| 0.697 | 1.988～2.096 | 3.2～3.0 | −0.5 | 1.5 |
| 0.632 | 2.159～2.189 | 2.9 | −0.5 | 1.5 |
| 0.638 | 2.204～2.244 | 2.9～2.8 | −0.25 | 1 |
| 0.666 | 2.339～3.142 | 2.7～2.0 | −1 | 0.5 |

## 四、即时情绪代理变量与指数收益率的时域模型

本书首先对指数收益率和即时情绪代理变量进行格兰杰因果检验,根据信息准则,本书建立了两个时间序列滞后 8 期的检验模型。模型显示

（表 7.12），指数收益率和即时情绪互为格兰杰原因，检验结果在 1％水平
显著。

表 7.12　指数收益率和即时情绪代理变量格兰杰因果检验

| 因变量：ZS | | | |
| --- | --- | --- | --- |
| 自变量 | 卡方值 | 自由度 | 概率（$P$） |
| $JSQX$ | 20.833 | 8 | 0.007 6 |
| 因变量：JSQX | | | |
| 自变量 | 卡方值 | 自由度 | 概率（$P$） |
| $ZS$ | 121.773 | 8 | 0.000 |

　　本书构建了指数收益率和即时情绪代理变量的 MSIH(3)-VAR(8)模
型，采用三区制变截距并且变残差的转换模型，滞后阶数为 8 期。模型的
区制概率图显示（图 7.19），区制 1 代表市场大幅度上涨时期，区制 2 代表
市场盘整时期，区制 3 代表市场大幅度下跌时期。

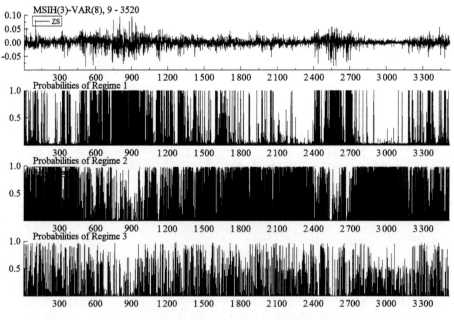

图 7.19　指数收益收益率和即时情绪区制概率图

　　从模型的系数来看（表 7.13），指数收益率和即时情绪变量具有双向
的相互影响关系。在指数收益率方程中，即时情绪变量在滞后 1 期、滞后 3
期和滞后 5 期系数显著。在即时情绪方程中，指数收益率在滞后 1 期、滞
后 2 期、滞后 3 期、滞后 5 期、滞后 6 期和滞后 8 期系数显著。方程中两个

变量之间的具体影响关系需要通过脉冲响应图进一步确定。

表 7.13　指数收益率和即时情绪变量模型系数

| | ZS | | JSQX | |
|---|---|---|---|---|
| | 系数 | t 值 | 系数 | t 值 |
| 常数（区制 1） | −0.003 825 *** | −4.574 | −0.209 984 *** | −4.826 5 |
| 常数（区制 2） | −0.001 137 *** | −4.766 | −0.232 163 *** | −7.551 5 |
| 常数（区制 3） | 0.013 691 *** | 21.938 3 | 1.254 043 *** | 43.355 5 |
| ZS(−1) | 0.024 468 | 1.209 4 | −15.249 066 *** | −10.511 5 |
| ZS(−2) | 0.017 499 | 0.913 6 | 4.416 876 *** | 3.093 5 |
| ZS(−3) | 0.037 145 ** | 2.053 4 | 3.465 082 ** | 2.458 3 |
| ZS(−4) | 0.018 38 | 1.024 3 | −0.685 396 | −0.490 2 |
| ZS(−5) | −0.004 333 | −0.237 8 | −2.843 707 ** | −2.029 9 |
| ZS(−6) | −0.043 304 ** | −2.316 8 | −2.274 343 * | −1.635 2 |
| ZS(−7) | 0.046 286 ** | 2.618 6 | −0.998 713 | −0.736 9 |
| ZS(−8) | −0.020 735 | −1.296 6 | −3.920 944 *** | −3.174 6 |
| JSQX(−1) | 0.000 526 ** | 2.361 8 | 0.092 302 *** | 4.814 2 |
| JSQX(−2) | 0.000 213 | 1.005 | 0.128 879 *** | 6.877 1 |
| JSQX(−3) | 0.000 392 * | 1.813 4 | 0.138 263 *** | 7.299 8 |
| JSQX(−4) | −0.000 113 | −0.543 4 | 0.104 261 *** | 5.591 9 |
| JSQX(−5) | 0.000 381 * | 1.828 9 | 0.143 368 *** | 7.744 5 |
| JSQX(−6) | 0.000 315 | 1.441 | 0.103 756 *** | 5.436 9 |
| JSQX(−7) | −0.000 315 | −1.505 1 | 0.100 834 *** | 5.526 1 |
| JSQX(−8) | 0.000 255 | 1.345 1 | 0.119 448 *** | 7.044 1 |
| SE（区制 1） | 0.025 289 | | 1.160 556 | |
| SE（区制 2） | 0.006 833 | | 0.874 218 | |
| SE（区制 3） | 0.008 324 | | 0.353 815 | |

　　脉冲响应图显示（图 7.20），给定指数收益率一个标准差的正向冲击，即时情绪变量立即响应并达到最大值，然后即时情绪变量快速回落并在第 1 期回落到负值，然后快速回升到 0 值附近（正值）小幅振荡，最后在第 125 期左右响应结束。数据显示即时情绪变量具有极强的均值回复特征，这与即时情绪变量中具有 60 日均线成分有关。通常情况下，指数 60 日均线具有很强的平滑性，指数价格的冲击对 60 日均线造成的影响不显著。

　　脉冲响应图显示（图 7.20），给定即时情绪一个标准差的正向冲击，指数收益率快速正向响应，在第 1 期达到正向响应峰值后持续上下振荡，并

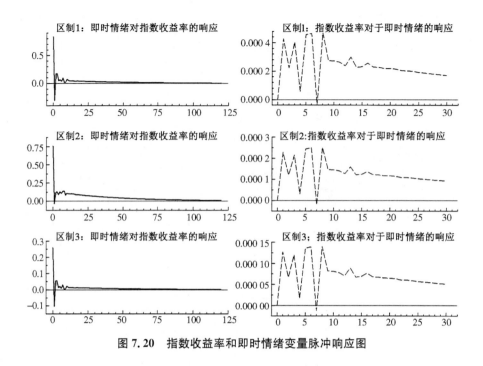

**图 7. 20　指数收益率和即时情绪变量脉冲响应图**

且多次触及峰值。指数收益率直到第 180 期才结束响应。这说明即时情绪对与指数收益率的影响具有长期性。

上述脉冲响应结果表明,指数收益率和即时情绪具有正反馈关系,这充分验证了第六章的理论结论,同时也说明了本书所设计的即时情绪代理变量的合理性。

## 第四节　两种情绪对指数收益率和换手率的影响分析

本书设计了预期情绪和即时情绪的代理变量,并通过时间序列频域分析和时域分析两种方法验证了上述代理变量的适合性。本节将进一步把两种情绪代理变量放在一起,验证情绪与指数收益率的关系,验证情绪与市场换手率的关系。

### 一、两种情绪与指数收益率的时域模型

为了进一步验证即时情绪和预期情绪对指数收益率的综合影响关系,本书构建了指数收益率、预期情绪和即时情绪的区制转换马尔科夫模型。模型采用 3 区制截距可变并且残差的 VAR 模型,即 MSIH(3)-VAR(6)模

型,模型的滞后阶数为 6 阶。

区制概率图显示(图 7.21),区制 1 代表市场上涨时期,区制 2 代表市场盘整时期,区制 3 代表市场下跌时期。本次构建模型划分的区制概率图与前文相近,这反映出区制划分的稳健性。

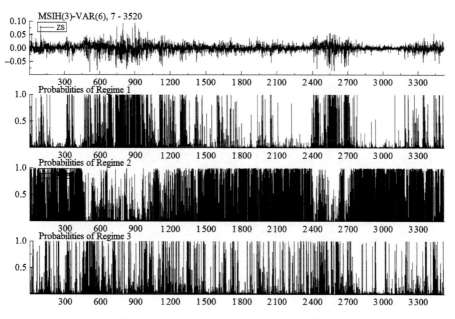

图 7.21 指数收益率、预期情绪和即时情绪模型的区制概率图

模型系数数据显示(表 7.14),以各个变量为因变量的方程中,多数自变量的不同滞后序列的回归系数显著,这说明各个变量之间具有显著的线性关系。由于每个方程属于多元回归,因此各个变量之间的相互影响关系需要通过脉冲响应图进一步分析。

表 7.14 指数收益率、即时情绪和预期情绪模型系数图

|  | ZS | t 值 | JSQX | t 值 | ADR[5] | t 值 |
|---|---|---|---|---|---|---|
| Const(区制 1) | −0.003 1** | −2.266 3 | 0.115 6 | 1.425 7 | 0.379 1*** | 15.609 7 |
| Const(区制 2) | 0.002 3*** | 3.637 9 | 0.274 3*** | 4.906 2 | 0.391 4*** | 23.355 3 |
| Const(区制 3) | 0.013 0*** | 12.774 6 | 1.191 8*** | 14.085 3 | 0.878 4*** | 22.729 1 |
| ZS(−1) | −0.001 2 | −0.051 5 | −16.754 0*** | −10.237 6 | 2.014 7*** | 4.410 1 |
| ZS(−2) | −0.013 9 | −0.610 1 | 2.235 3 | 1.342 3 | 1.864 6*** | 4.032 5 |
| ZS(−3) | −0.005 6 | −0.268 3 | 0.735 4 | 0.455 3 | 2.649 1*** | 5.538 5 |
| ZS(−4) | 0.051 1** | 2.431 6 | 0.149 4 | 0.092 9 | 3.527 3*** | 7.207 8 |
| ZS(−5) | 0.046 4** | 2.250 2 | 1.053 4 | 0.656 6 | −4.960 2*** | −9.998 2 |

(续表)

| | ZS | t 值 | JSQX | t 值 | ADR$^5$ | t 值 |
|---|---|---|---|---|---|---|
| $ZS(-6)$ | $-0.0345^*$ | $-1.6517$ | $-1.0675$ | $-0.6713$ | $-0.5811$ | $-1.2051$ |
| $JSQX(-1)$ | $0.0006^{**}$ | $2.1705$ | $0.0832^{***}$ | $3.5772$ | $0.0216^{***}$ | $3.4879$ |
| $JSQX(-2)$ | $0.0003$ | $1.0879$ | $0.1763^{***}$ | $7.9128$ | $0.0266^{***}$ | $4.5504$ |
| $JSQX(-3)$ | $0.0007^{**}$ | $2.9340$ | $0.2099^{***}$ | $9.5254$ | $0.0315^{***}$ | $5.2603$ |
| $JSQX(-4)$ | $-0.0001$ | $-0.5460$ | $0.1823^{***}$ | $8.3844$ | $0.0157^{**}$ | $2.6059$ |
| $JSQX(-5)$ | $0.0008^{***}$ | $3.0989$ | $0.2213$ | $10.1253$ | $-0.0515^{***}$ | $-8.4414$ |
| $JSQX(-6)$ | $-0.0004^*$ | $-1.7974$ | $0.0600^{**}$ | $2.8190$ | $-0.0164^{**}$ | $-2.7295$ |
| $ADR5(-1)$ | $-0.0042^{***}$ | $-6.8651$ | $-0.3749^{***}$ | $-7.8101$ | $0.6225^{***}$ | $31.4104$ |
| $ADR5(-2)$ | $0.0017^{**}$ | $2.5848$ | $0.0088$ | $0.1616$ | $-0.0096$ | $-0.5057$ |
| $ADR5(-3)$ | $-0.0001$ | $-0.2180$ | $0.0070$ | $0.1441$ | $0.0106$ | $0.7345$ |
| $ADR5(-4)$ | $-0.0010^*$ | $-1.9008$ | $-0.0952^{**}$ | $-1.9744$ | $-0.0189$ | $-1.3949$ |
| $ADR5(-5)$ | $0.0010^*$ | $1.8410$ | $0.0980^{**}$ | $1.9968$ | $-0.0535^{**}$ | $-3.9124$ |
| $ADR5(-6)$ | $0.0002$ | $0.4849$ | $0.0160$ | $0.4253$ | $0.0609^{**}$ | $5.9715$ |
| SE(区制1) | $0.0277$ | | $1.1998$ | | $0.3184$ | |
| SE(区制2) | $0.0088$ | | $0.9769$ | | $0.2148$ | |
| SE(区制3) | $0.0117$ | | $0.8539$ | | $0.6645$ | |

脉冲响应图显示(图 7.22),给定指数收益率一个标准差的正向冲击,

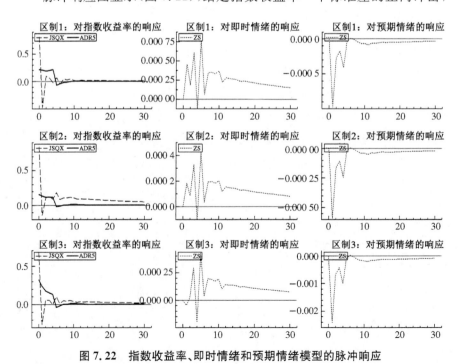

图 7.22　指数收益率、即时情绪和预期情绪模型的脉冲响应

即时情绪和预期情绪都会立即做出正向响应,这说明指数收益率对于两种情绪变量具有正向影响关系。给定即时情绪一个标准差的正向冲击,指数会做出正向响应,然后指数多次快速上下振荡,并在第 4 期达到峰值。上述表现说明即时情绪对于指数具有正向影响关系,即时情绪和指数收益率产生了正反馈循环。给定预期情绪一个标准差的正向冲击,指数快速做出负向响应,并在第 1 期达到负向峰值,然后指数收益率快速回复;这说明预期情绪对指数收益率具有负向影响关系。

由三个变量构建模型的脉冲响应图揭示的变量之间的关系与情绪变量单独和指数收益率建模得到的影响关系一致,这说明模型检验结果具有稳健性。实证研究充分证实了理论研究中的相关命题。

### 二、两种情绪与市场换手率的影响

本章的命题 4 认为,预期情绪和即时情绪是市场泡沫时期成交量增加的主要原因,本节将采用时间序列条件异方差模型(GARCH 模型)来验证上述结论。

由于本书设计的日度即时情绪指标包含换手率因素,不能采用本书设计的日度即时情绪指标建立时序模型,因此本书采用在第六章使用的投资者情绪指数[①]来构建模型。在第六章,本书对于投资者情绪指数的 8 个子指数进行了主成分分析,得到投资者操作情绪($FAC1$)和投资者估值情绪($FAC2$)两个主成分。上述两个主成分作为投资者即时情绪代理变量。

预期情绪采用月度累积涨跌比率指标。月度累积涨跌比率指标的计算方法是把当月的每日涨跌比率与前一个交易日的涨跌比率的差值的绝对值进行累加,得到的累加之和就是当月的累积涨跌比率指标,这一指标涵盖了在月度范围内的预期情绪的变化频率及幅度。本书采用 5 日 ADR指标进行累积计算,月度累积涨跌比率指标的一阶差分值作为检验变量,记为 $DSADR$。

市场成交量指标采用总市值加权的月换手率指标,本书对该指标进行了一阶差分,记为 $DTURN$。上述涨跌比率指标和月换手率指标的基础数据来源于锐思数据库(RESSET)。

本书首先对上述四个变量进行单位根检验,采用 ADF 检验和 PP 检验,上述四个变量都是平稳序列。

---

① 该指数是由投资者保护基金公司发布,本书数据来源于国泰安数据库。指数具体情况详见第六章。

表 7.15　变量的单位根检验

| | | ADF 检验 | | PP 检验 | | |
|---|---|---|---|---|---|---|
| | | $t$ | $p$ | $t$ | $p$ | 结论 |
| 预期情绪<br>代理变量 | DTURN | −12.654 | 0 | −12.484 | 0 | 平稳 |
| 即时情绪<br>代理变量 | FAC1 | −5.211 | 0 | −5.274 | 0 | 平稳 |
| | FAC2 | −2.158 | 0.0303 | −2.387 | 0.0171 | 平稳 |
| 换手率变量 | DSADR | −10.306 | 0 | −48.202 | 0 | 平稳 |

本书以换手率作为因变量,以预期情绪代理变量和即时情绪代理变量作为自变量,每个代理变量和因变量分别构建模型,然后因变量和两个自变量构建综合模型。根据变量关系和残差的性质,本书构建了以下 GARCH(1,1) 模型:

模型一:

$$DTURN_t = \beta_1 DSADR_t + \mu_t \tag{7.36}$$

$$\sigma_t^2 = c + \alpha\mu_{t-1}^2 + \lambda\sigma_{t-1}^2 \tag{7.37}$$

模型二:

$$DTURN_t = \beta_2 FAC_1^t + \beta_3 FAC_2^t + \mu_t \tag{7.38}$$

$$\sigma_t^2 = c + \alpha\mu_{t-1}^2 + \lambda\sigma_{t-1}^2 \tag{7.39}$$

模型三:

$$DTURN_t = \beta_1 DSADR_t + \beta_2 FAC_1^t + \beta_3 FAC_2^t + \mu_t \tag{7.40}$$

$$\sigma_t^2 = c + \alpha\mu_{t-1}^2 + \lambda\sigma_{t-1}^2 \tag{7.41}$$

本书分别建立上述三个 GARCH(1,1) 模型,重点观察模型的拟合优度、自变量的稳健性等因素。

模型的估计结果显示,上述三个 GARCH(1,1) 模型中 $\mu_{t-1}^2$ 和 $\sigma_{t-1}^2$ 的系数都通过了统计检验,三个模型的残差也不存在 ARCH 效应,这说明三个模型成立。从拟合优度来看,代表预期情绪的 DSADR 在模型中能够解释因变量 6% 的方差,代表即时情绪的 FAC1 和 FAC2 能够解释因变量的 13.5% 的方差;模型三显示,预期情绪和即时情绪总计能够解释因变量 17.5% 的方差。上述结果说明,预期情绪和即时情绪是市场月度换手率的重要影响因素;即时情绪比预期情绪对于月度换手率的影响更大,这与本章第一节第七小节中的数据模拟结果一致。从自变量的系数来看,三个方程的自变量系数都通过了统计检验,自变量系数的符号和数值大体相当,这说明了模型结果具有稳健性。

表 7.16 模型系数表

|  | 模型一 | 模型二 | 模型三 |
|---|---|---|---|
| DSADR 系数<br>(z) | 0.372 7 **<br>(2.540) |  | 0.350 ***<br>(3.025) |
| FAC1 系数<br>(z) |  | 2.040 ***<br>(5.514) | 1.985 ***<br>(5.911) |
| FAC2 系数<br>(z) |  | −1.160 ***<br>(−3.038) | −1.298 ***<br>(−3.349) |
| $\mu_{t-1}^2$ 系数<br>(z) | 0.458 ***<br>(4.730) | 0.336 **<br>(0.019) | 0.303 **<br>(2.309) |
| $\sigma_{t-1}^2$ 系数<br>(z) | 0.484 ***<br>(4.111) | 0.573 ***<br>(3.358) | 0.613 ***<br>(3.892) |
| 调整的 $R^2$ | 0.060 | 0.135 | 0.175 |
| DW 值 | 2.134 | 2.293 | 2.263 |
| F 统计量 | 1.722 | 0.249 | 0.698 |
| 概率值 $F(3,106)$ | 0.167 | 0.862 | 0.556 |
| $T \times R^2$ 统计量 | 5.111 | 0.771 | 2.130 |
| 概率值 | 0.164 | 0.857 | 0.546 |

上述统计结果进一步验证了本章的命题 4,即时情绪和预期情绪是成交量的重要影响因素。

# 第五节 理论研究的总结和深入思考

本书较为全面地研究了预期情绪和即时情绪对投资组合的影响以及对投资者行为所起到的作用。本节将系统总结上述研究的理论脉络和主要结论。本书采用传统金融学"风险和收益均衡"的研究范式,这种研究范式是否在情绪因素下适用,以及研究范式回归的意义等问题也将在本节进行深入讨论。本节还对未来理论研究发展进行了展望。

## 一、理论脉络和理论结论

目前行为金融学没有发展出一致公认的理论体系。行为金融学对市场异象的各种解释,以及行为金融学发展出来的诸多资产定价模型是建立在不同理论假设的基础上的。产生上述现象的原因在于前景理论未能承担起行为金融学基础假设的重担。前景理论的定性属性及其对金融学二级假设的否定,导致行为金融学在基础理论这个关键环节上存在缺失。正是由于上述原因,行为金融学理论突破的首要目标就是寻找新的风险决策理论以解决行为金融学基础理论缺失的问题。虽然预期情绪理论群中的后悔理论一直被学术界视为前景理论的替代品,但是该理论一直被学术界所忽视。后悔理论对于预期效用理论的继承和补充,符合唯物辩证法事物发展的规律,因此后悔理论在解决上述问题中具有较大的价值。

借助新制度经济学关于人们"生态理性"的假设,可以把后悔理论引入经济学的研究中。后悔理论模型高度数学化的设定不符合人们真实的决策过程。改进后的后悔理论把人们的决策过程划分为两个动机——避免后悔动机和追求欣喜动机。避免后悔的决策者会更加注重决策对象"不利"的价值,从而产生负的附加效用;追求欣喜的决策者会更加注重决策对象"有利"的价值,从而产生正的附加效用。本研究简化了后悔理论并且给出了具体的关于价值、概率和决策动机的判别模型。

简化后的后悔理论可以作为情绪影响投资者行为的基础假设。假设投资者在进行组合投资时会受到避免后悔或者追求欣喜情绪动机的影响,这种影响导致投资者错误地估计每个证券的期望收益率,也导致投资者的总效用发生了改变。在风险和收益均衡的框架下,组合结构和投资者行为发生了有规律的变化。(1)具有情绪动机的投资者所判断的最小方差集合曲线出现了垂直方向的偏移。比照经典理论,具有避免后悔动机投资者的最小方差集合向下偏移,具有追求欣喜动机投资者的最小方差集合向上偏移。(2)具有避免后悔动机的投资者会选择高风险组合投资,并且这类投资者会减少风险组合的投资比例。(3)具有追求欣喜动机的投资者会选择低风险组合进行投资,这类投资者会增加风险组合的投资比例。(4)投资者在不同损益状态下的动机不同,根据投资动机判别标准,当投资者盈利时动机表现为避免后悔,当投资者亏损时动机表现为追求欣喜。在两种动机的作用下,投资者会增加亏损组合的持有比例,减少盈利组合的持有比例,表现出明显的处置效应。由于后悔情绪属于心理学中的预期情绪,因此上述理论可以被称为"预期情绪投资组合"理论。本研究提出了基本假设并论证了上述理论假说。

心理学中的即时情绪是另一个影响投资组合和投资者行为的关键因素。由于即时情绪具有良好的传播特性,因此它可以成为投资者的群体情绪。根据投资组合原理,即时情绪影响投资者的基础假设被设定为"即时情绪导致投资者群体对组合期望收益率和风险的错误估计"。在上述假设下,通过理论演绎得出以下结论:(1)即时情绪引发有效组合发生漂移;(2)即时情绪导致市场必要报酬率产生变化,这进一步导致组合价格随着即时情绪同向变化;(3)即时情绪导致投资者持有风险证券的比例发生变化,投资者表现出正反馈投资行为和趋势外推信念;(4)即时情绪导致资产定价模型的改变,它是特质风险定价异象和时变 $\beta$ 系数异象的主要原因;(5)即时情绪所导致的投资者群体对部分组合预期收益率的错误信念是市场出现多因子定价的主要原因。本研究结合心理学理论总结了上述假设,论证了上述理论结论。

预期情绪和即时情绪属于心理学中两种不同类型的情绪,在投资决策中它们作用的机理也不相同。综合考虑上述两种情绪的作用可以得出以下结论。(1)即时情绪能够导致市场出现反应过度和反应不足现象。(2)即时情绪能够导致组合价格出现趋势性波动和反转性运动,它是资产价格可以预测的主要原因。(3)即时情绪增加了组合的波动性;强度较小的预期情绪能够促进组合价格波动收敛;强度较大的预期情绪会导致组合价格出现剧烈反转,从而增加组合的波动性;即时情绪和预期情绪是市场"过度波动异象"的主要原因。(4)即时情绪和预期情绪是市场泡沫期间投资者资产配置比例发生变化的主要原因。

本研究系统地借鉴了心理学中关于情绪的决策理论,提出了预期情绪和即时情绪影响投资组合的假设,上述假设可以作为行为金融学情绪研究的基础假设。本研究通过演绎法得到了两种情绪影响下投资组合和投资者行为变化的系列结论,在理论上解释了处置效应、正反馈交易、投资者外推信念、特质风险定价、时变 $\beta$ 系数、多因子定价、反应过度与反应不足、市场过度波动和资产价格泡沫等市场异象。上述研究实现了对证券市场深层次问题的理论解释,其结果都是建立在传统的"风险和收益均衡"的金融学研究范式下,上述研究是对经典市场金融学理论和行为金融学理论的继承和扬弃。

## 二、理论研究的可行性和研究的意义

### (一)采用经典金融学研究范式的可行性

经典金融学在投资者风险厌恶的基础假设下,在投资者一致性预期的设定下,投资组合理论所构建的模型具有数学上的必然性和理论上的唯一性。在数学上,组合中各个证券之间稳定的方差和协方差关系是模型具有显性解的必要条件。本研究在情绪理论设定方面，充分考虑到了上述关系的稳定性。无论是预期情绪导致的比较效应，还是即时情绪导致的估计误差，在数学上都体现为常数，这不影响证券之间的协方差矩阵。正是由于上述原因，情绪组合理论能够得到数学上的显性解。数据模拟结果也显示了显性解的真实存在。

在理论唯一性方面，经典投资组合理论被视为市场均衡状态下的唯一结果。上述结果的唯一性依赖于投资者对于组合期望收益率和组合风险进行估计的算法。也就是说，当算法发生改进后，得到的理论结果也会发生变化。情绪组合理论仍然把经典理论的结论作为市场均衡的唯一结果，情绪组合理论则把各种结论作为特定条件下的数学解。情绪组合理论揭示了投资者算法变化所产生的偏差，经典理论结论作为唯一的标准起到了基准的作用。

情绪组合理论适用于受到情绪影响的投资者，当然上述投资者既可能是个别投资者，也可能是整个投资者群体。当投资者群体表现为情绪化的状态时，投资者估计的必要报酬率发生了变化，导致证券价格出现了非理性波动。证券价格的波动虽然会在短时间内改变收益率的分布状态，但是在长时间内收益率的分布具有稳定性。正是由于上述原因，经典理论的结论仍然是长期均衡的结果，也是市场短期波动终将到达的归宿。

综上所述，情绪组合理论并不违背经典组合理论的结论，它是经典组合理论的扩展，它能够使经典理论更加适用于复杂多变的市场情况。

### （二）采用经典金融学研究范式的必要性

经典金融市场理论抓住了证券投资中收益和风险这两个主要矛盾，因此经典理论较为成功地解决了投资决策问题，这也导致新古典金融学围绕着风险和收益均衡的研究范式建立了理论体系。

新发展出来的行为金融学理论最初旨在解释金融"市场异象"，随之而产生的诸多资产定价模型逐渐弱化了对金融投资决策主要矛盾的关注，转而尝试解决新的问题。原有的新古典金融学的研究范式被放弃，经济学的供需均衡范式成为行为金融学模型演绎的主要选择。从解释金融"市场异象"的角度来讲，诸多的行为金融模型是成功的，但是从理论发展的角度来讲，上述行为金融学模型未能达到形成公认的理论体系的目标。

辩证唯物主义方法论指出，人们对客观规律的认知是螺旋式发展的，新的知识体系是在对旧的知识体系"扬弃"的基础上产生的。对于旧的知识体系的"扬弃"包括吸收旧知识体系合理的理论，也包括对原有理论的更新和改革。以金融学知识发展来看,新古典金融学"风险和收益均衡的研究范式"是旧知识体系中的精华,是解决投资决策问题的有效方法,这是需要保留和发展的重要内容。正是由于上述原因,研究范式的回归有助于经典理论的传承,有助于新理论体系的形成,行为金融学研究范式的回归有着很强的必要性。

### (三) 采用经典金融学研究范式的意义

在过去 20 多年的时间里面,经典金融学者一直对行为金融学提出批评。法玛(Fama,1998)就预见性地批评"我们很快就会在金融领域看到大量的心理假设——三十种不同的假设来解释 30 个不同的事实"。巴贝尔斯(Barberis,2018)对法玛的说法进行了反驳,巴贝尔斯认为目前行为金融学理论假设集中于趋势外推、过度自信和前景理论(得失效用)三个方面,巴贝尔斯也承认上述三个理论假设并不能够相互融合。实际上,三十种假设到三种假设的进展并不能够从根本上解决行为金融学理论体系"碎片化"的问题。产生上述问题的根源在于行为金融学抛弃了传统金融学的研究范式,但是未能全面借鉴和吸收心理学的相关理论。现有的行为金融学理论假设只是在心理学实验结论上进行优化演绎,这很难实现根本上的理论突破。

本书的情绪组合理论全面地引入了心理学中关于情绪的研究成果,更为重要的是研究范式回归于传统金融学范式,这使得理论研究在实现创新的基础上还能够继承传统理论的重要结论,这为行为金融学理论的统一发展奠定了基础。巴贝尔斯(Barberis,2018)对未来行为金融学模型提出了期望:"行为金融研究的一个长期目标是集中在一个统一的基于心理学的投资者行为模型上,该模型以一种简洁的方式,对信念和偏好做出心理上现实的假设,并具有广泛的解释力。现在知道这个模型会是什么样子还为时过早,但迄今为止的研究使推测它的形式成为可能。"实际上,情绪组合理论已经通过研究范式的回归和情绪变量的引入成功地实现了把趋势外推、过度自信和前景理论结合在一起的愿望,这将为行为金融学理论体系的形成提供一个可以借鉴的理论样本。正是由于上述原因,金融学研究范式的回归具有重要的理论意义。

### 三、理论研究的前景展望

本书提出的情绪组合理论对于现有的行为金融学三大理论假设都有所涉及。首先,预期情绪理论是作为前景理论的替代者被提出的。相较于前景理论,预期情绪理论能够契合经典金融学的基础假设,也能够解释诸多的投资者行为和市场异象,因此预期情绪组合理论可以较好地替代前景理论,成为行为金融学的基础假设之一。其次,即时情绪组合理论能够与行为金融学的"外推预期假设"实现良好的结合。即时情绪组合理论给出了"外推预期假设"在心理学和金融学上的理论依据,并且在一个金融学研究框架下解释了一系列的市场异象。即时情绪组合理论实现了对行为金融学"外推预期假设"的理论升华。最后,情绪组合理论能够较好地解释金融市场"成交量异象",而行为金融学中的"投资者过度自信假设"是专门用于解释此类异象的。情绪组合理论能够替代"投资者过度自信"假说,并且能够完整地解释"资产价格泡沫异象"。

本书提出的情绪组合理论能够涵盖现有的行为金融学的三大理论假设,能够实现在统一的理论框架下对诸多金融市场异象的解释。情绪组合理论有助于行为金融学统一理论体系的形成。

本书虽然对于情绪组合理论构建了一个相对完整的理论框架,但是仍然有部分市场异象有待于更加完整的认知,例如本书对于封闭式基金折价之谜的假说,仍然需要更多的实验证据以表明基金持有者和股票持有者偏好的差异。受到研究范围的限制,上述市场异象有待今后进一步的研究和发掘。

在理论验证方面,计算金融的 Agent 技术能够在计算机模拟投资者的交易行为,这将是验证情绪组合理论最有效的方法。这一领域的发展具有着较大的理论价值。

情绪组合理论认为即时情绪的传播导致市场趋势性波动。即时情绪的传播规律和市场反应仍然是金融市场学的未知领域,这一领域的探索需要借鉴心理学、神经科学的相关知识,这将有助于市场投资操作和市场行政监管。

# 第三篇

## 理论的应用

本篇首先给出一个基于情绪组合理论的投资策略，然后提出基于情绪组合理论的监管建议。

# 第八章 情绪组合理论在投资实践和 市场监管中的应用

理论研究的重要目的是指导实践。本章首先验证情绪组合理论在投资实践中的有用性。本章将根据预期情绪理论构造一个投资策略并采用中国市场数据验证该策略的效果。然后,本章根据情绪组合理论提出关于市场监管的政策策略。

## 第一节 基于预期情绪的量化投资策略分析

### 一、预期情绪投资策略的基本原理

理论研究和数据模拟发现,预期情绪能够导致投资者动机、市场有效组合位置和有效组合价格发生改变。当投资者处于盈利状态时,该投资者表现为避免后悔的投资动机,投资者估计的有效组合向右漂移,投资者估计的有效组合的必要报酬率升高。当投资者处于亏损状态时,投资者表现为追求欣喜的投资动机,投资者估计的有效组合向左漂移,投资者估计的有效组合的必要报酬率降低(见图 8.1)。

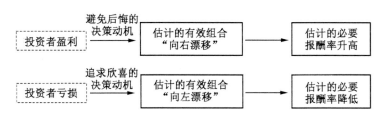

**图 8.1 预期情绪下投资者决策动机和估计误差**

当证券市场中大多数股票都处于上涨状态时,市场中大部分投资者都处于盈利状态,这时避免后悔的决策动机成为市场投资决策的主导力量。

组合的必要报酬率被多数投资者高估,这种高估可以被视为整个市场投资者的平均态度。在风险和收益的权衡下,整个市场对于必要报酬率的高估,导致组合价格未来将出现下降。同理,当证券市场中大多数股票下跌时,市场中的大多数投资者处于亏损状态,这时追求欣喜成为投资者决策的主要动机。市场表现为投资者整体对组合的必要报酬率低估,这将导致组合价格在未来出现上升。预期情绪导致组合价格呈现回复性走势。

在上述分析中,证券市场中多数股票的涨跌状态可以预测未来组合的价格走势。在证券市场中,反映多数股票价格涨跌的指标就是"涨跌比率"指标,涨跌比率指标能够较好地预测股票价格的回复性。根据第七章分析的结果,本书选择上证指数 A 股 5 日涨跌比率作为投资策略的主要参考指标。考虑到操作的可执行性,本书采用沪深 300 指数作为量化操作的标的。

## 二、涨跌比率指标和指数收益率关系的探索性分析

本书以上证指数 5 日涨跌比率（$ADR^5$）为原因变量,以未来 5 个交易日最大收盘报酬率和最小收盘报酬率为结果变量,考察当 $ADR^5$ 取不同阈值时,最大报酬率和最小报酬率的分布状况。未来 5 日最大报酬率等于:

$$Y_i^{\max} = \max\left[\left(\frac{P_{i+1}^{\max}}{P_i} - 1\right),\ \left(\frac{P_{i+2}^{\max}}{P_i} - 1\right),\ \left(\frac{P_{i+3}^{\max}}{P_i} - 1\right),\ \cdots,\ \left(\frac{P_{i+5}^{\max}}{P_i} - 1\right)\right]$$

$$(8.1)$$

未来 5 日最小报酬率等于:

$$Y_i^{\min} = \min\left[\left(\frac{P_{i+1}^{\min}}{P_i} - 1\right),\ \left(\frac{P_{i+2}^{\min}}{P_i} - 1\right),\ \left(\frac{P_{i+3}^{\min}}{P_i} - 1\right),\ \cdots,\ \left(\frac{P_{i+5}^{\min}}{P_i} - 1\right)\right]$$

$$(8.2)$$

式(8.1)和式(8.2)中,$P_i$ 代表指数收盘值,其中下标 $i$ 代表时间。式中,$P_{i+1}^{\max}$ 代表第 $i+1$ 天指数的最高值,$P_{i+1}^{\min}$ 代表第 $i+1$ 天指数的最低值,依此类推。公式中,$Y_i^{\max}$ 代表第 $i$ 个交易日后,未来 5 个交易日指数的最大报酬率;$Y_i^{\min}$ 代表第 $i$ 个交易日后,未来 5 个交易日指数最低报酬率。本书的数据来源于 2011 年 1 月 4 日到 2022 年 12 月 30 日期间上证指数 5日 ADR 数据和沪深 300 指数的交易数据。

本书把上述两个报酬率数据用 5 日涨跌比率进行分类,然后进行非参数检验,用以确定不同类别变量是否具有显著区别。因为涨跌比率过高意味着指数未来的下跌,因此根据经验认知,本书选择 5 日涨跌比率分别为

2、2.5、3、3.5和4作为阈值,用来对未来5日最低报酬率进行分类。例如,选择5日涨跌比率类别变量为3,那么$ADR^5 \geqslant 3$时的最低报酬率被分为第一组,$ADR^5 < 3$的最低报酬率被分为第二组。同理,涨跌比率低意味着未来指数将上升,因此本书选择5日涨跌比率分别为0.3、0.5、0.8和1.0作为最高报酬率分类变量。

较高的5日涨跌比率对应未来较低的报酬率。非参数检验发现,当5日涨跌比率阈值设定在2、2.5、3、3.5和4时,未来5日最小报酬率分布在不同组别之间都检验出了显著区别(表8.1)。较低的5日涨跌比率对应未来较高的投资报酬率。非参数检验表明,当5日涨跌比率阈值设定在0.3、0.5、0.8和1.0时,两个不同组别的未来5日最大报酬率分布都检验出了显著区别(表8.2)。

本书分别选取5日涨跌比率等于2.6和0.8时的最小报酬率和最大报酬率进行了比率分析(表8.3)。5日最小报酬率样本的均值为-0.011,5日最大报酬率样本均值为0.012,数据初步说明了以涨跌比率为触发条件的交易策略的可行性。

**表8.1　对5日最小报酬率的非参数检验**

|  | 检验 | 独立样本曼-惠特尼U检验 | 独立样本K-S检验 | 独立样本K-W检验 |
|---|---|---|---|---|
| 5日涨跌比率=2.0 | 显著性 | 0.004 | 0.004 | 0.348 |
|  | 决策 | 拒绝原假设 | 拒绝原假设 | 保留原假设 |
| 5日涨跌比率=2.5 | 显著性 | 0.001 | 0.001 | 0.686 |
|  | 决策 | 拒绝原假设 | 拒绝原假设 | 保留原假设 |
| 5日涨跌比率=3.0 | 显著性 | 0 | 0 | 0.354 |
|  | 决策 | 拒绝原假设 | 拒绝原假设 | 保留原假设 |
| 5日涨跌比率=3.5 | 显著性 | 0.016 | 0.019 | 0.675 |
|  | 决策 | 拒绝原假设 | 拒绝原假设 | 保留原假设 |
| 5日涨跌比率=4.0 | 显著性 | 0.029 | 0.099 | 0.597 |
|  | 决策 | 拒绝原假设 | 拒绝原假设 | 保留原假设 |

**表8.2　对5日最大报酬率的非参数检验**

|  | 检验 | 独立样本曼-惠特尼U检验 | 独立样本K-S检验 | 独立样本K-W检验 |
|---|---|---|---|---|
| 5日涨跌比率=1.0 | 显著性 | 0 | 0 | 0.544 |
|  | 决策 | 拒绝原假设 | 拒绝原假设 | 保留原假设 |

（续表）

| 检验 | 独立样本曼-惠特尼U检验 | 独立样本K-S检验 | 独立样本K-W检验 |
|---|---|---|---|---|
| 5日涨跌比率=0.8 | 显著性 | 0 | 0 | 0.912 |
| | 决策 | 拒绝原假设 | 拒绝原假设 | 保留原假设 |
| 5日涨跌比率=0.5 | 显著性 | 0 | 0 | 0.688 |
| | 决策 | 拒绝原假设 | 拒绝原假设 | 保留原假设 |
| 5日涨跌比率=0.3 | 显著性 | 0.060 | 0.079 | 0.137 |
| | 决策 | 拒绝原假设 | 拒绝原假设 | 保留原假设 |

表 8.3　5日最小、最大报酬率的探索性分析

| | | 5日最大收益率 | 5日最小收益率 |
|---|---|---|---|
| 均值 | | 0.012 | −0.011 |
| 中位数 | | 0.009 | −0.008 |
| 标准偏差 | | −0.980 | −0.978 |
| 最小值 | | −0.087 | −0.217 |
| 最大值 | | 0.150 | 0.064 |
| 偏度 | | 0.012 | −2.701 |
| 峰度 | | 2.762 | 7.463 |
| 百分位数 | 5 | −0.014 | −0.048 |
| | 10 | −0.008 | −0.035 |
| | 25 | −0.001 | −0.020 |
| | 50 | 0.009 | −0.008 |
| | 75 | 0.021 | 0.001 |
| | 90 | 0.035 | 0.011 |
| | 95 | 0.047 | 0.018 |

### 三、投资策略效果检验

本书首先考虑做多策略，在诸多参数调试下，本书披露以下参数条件作为投资策略的参考。做多策略的触发条件是5日涨跌比率达到0.80以下。当触发条件发生后，投资者以当天收盘价格买入沪深300指数基金，投资者持有基金的最长时间是5个交易日。在投资者持有指数基金的时间内，当指数报酬率达到事先设定的阈值时，投资者卖出指数基金；如果指数在5个交易日内报酬率没有达到阈值，投资者以最后一个交易日指数基金收盘价卖出。考虑实际交易情况，当5日ADR连续出现交易信号时，

在相邻的 5 个交易日内只有第一次信号出现时进行交易。不考虑交易成本,本书选择结算的阈值为 2%、4%、6% 和 8%。

　　数据结果显示(图 8.2),选择 5 日涨跌比率小于 0.80 作为触发条件,在 2011 年 1 月 4 日到 2022 年 12 月 30 日期间,总计触发 181 次多头指数交易。在不考虑交易成本的情况下,阈值为 2%、4%、6% 和 8% 的交易设定分别实现累计报酬率为 −7.5%、45.8%、80.6% 和 101.3%。而同期沪深 300 指数收益率为 21.38%。最大连续回撤数据显示(表 8.4),做多策略的最大回撤为 −16.259%。上述数据说明做多策略能够带来较为稳定的报酬率。

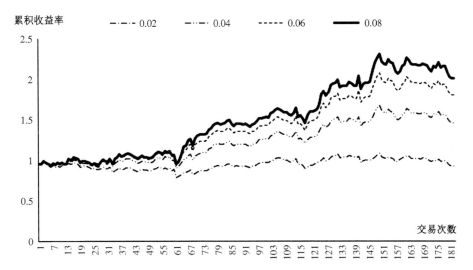

图 8.2　做多策略累积报酬率($ADR^5 \leqslant 0.80$,阈值为 2%、4%、6% 和 8%)

表 8.4　做多策略的最大连续回撤

| 阈值 | 2% | 4% | 6% | 8% |
|---|---|---|---|---|
| 最大连续回撤 | −9.447% | −12.227% | −14.791% | −16.259% |

　　在诸多参数调试下,本书披露选择 5 日涨跌比率大于 2.6 作为做空策略的触发条件,达到触发条件时,投资者以当日收盘价格做空沪深 300 指数基金,总计实现 117 次交易(图 8.3)。设结算阈值分别为 −1%、−3%、−5%、−7% 和 −9%。在不考虑交易成本的前提下,做空策略的累积报酬率分别为 16.260%、27.281%、46.052%、49.595% 和 51.447%。在上述结算阈值下,全部参数都达到了正累计收益率。

　　从最大连续回撤水平来看(表 8.5),最大连续回撤为 −8.660%,该数值小于做多策略的最大值,这说明做空策略比做多策略更加稳健。

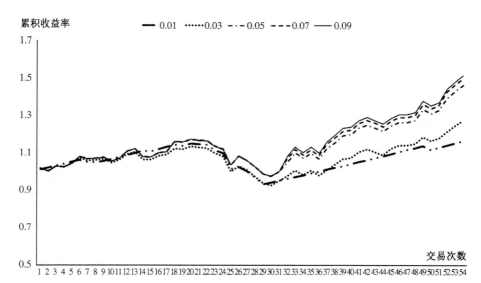

图 8.3 做空策略的累积报酬率($ADR^5 > 2.6$,阈值为 $1\%$、$3\%$、$5\%$、$7\%$和 $9\%$)

表 8.5 做空策略最大连续回撤

| 阈值 | $1\%$ | $3\%$ | $5\%$ | $7\%$ | $9\%$ |
|------|-------|-------|-------|-------|-------|
| 最大连续回撤 | $-8.494\%$ | $-8.373\%$ | $-8.655\%$ | $-8.660\%$ | $-8.660\%$ |

## 四、敏感性分析

本书披露的参数为收益率较高的策略参数。为了精确测定最优参数,本书通过模拟实验的方法对参数进行了敏感性测试。

本书首先检验了触发条件参数的敏感性。在多头策略中,多头交易触发条件(5 日 $ADR$ 数值)被设定为从 $0.2$ 到 $1.1$,每个触发条件参数包含的交易阈值均为 $1\%$ 到 $20\%$,图 8.4 显示了不同触发条件、多种阈值下,多头策略最大的收益率值。图 8.4 表明,虽然 5 日 $ADR$ 值从 $0.2$ 到 $1.1$ 分别作为多头策略的触发条件多数能够获得正向的累计收益率,但是累积收益率具有很大差别,数据显示 5 日 $ADR$ 值为 $0.8$ 时,多头策略累积收益率达到最大值。5 日 $ADR$ 等于 $0.8$ 是多头策略最优参数,$0.7$、$0.9$ 和 $1.0$ 可以作为多头策略次优参数。在多头触发条件参数为 $0.8$ 的设置下,多头策略的阈值从 $1\%$ 到 $20\%$。图 8.5 的测试结果显示,多头策略的最优阈值为大于 $9\%$,此时产生的累积收益率为 $104\%$。阈值大于 $9\%$ 时,多头策略的收益率高并且稳定,因此多头策略实际上可以简化为在第五日收盘进行交易结算。

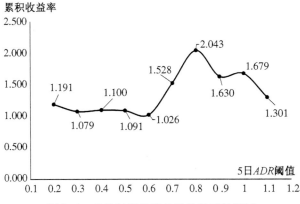

图 8.4　多头触发条件参数的敏感性测试

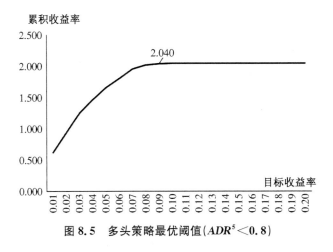

图 8.5　多头策略最优阈值（$ADR^5 < 0.8$）

在空头策略触发条件的敏感性测试中，本书选择了 5 日 $ADR$ 值分别大于 1.4、1.6、1.8、2.0、2.2、2.4、2.6、2.8、3、3.5、4、4.5、5、5.5 和 6 作为触发条件。图 8.6 显示，空头策略最优触发参数为 2.6，次优参数为 2 和 2.8。图 8.6 显示，空头策略的最优交易阈值为 6％，在该阈值下，空头策略可以获得 50.90％的累积收益率。

### 五、投资策略分析总结

采用预期情绪代理变量（5 日涨跌比率指标）构造的多空策略较为有效。策略分析表明，预期情绪能够帮助市场投资者识别股市短期反转走势，通过策略构造能够在量化交易中实现较大的正向收益。

目前流行的基于处置效应的交易策略都比较复杂。陈智颖、陈苗臻和

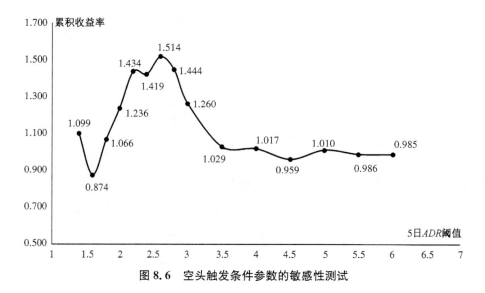

图 8.6 　空头触发条件参数的敏感性测试

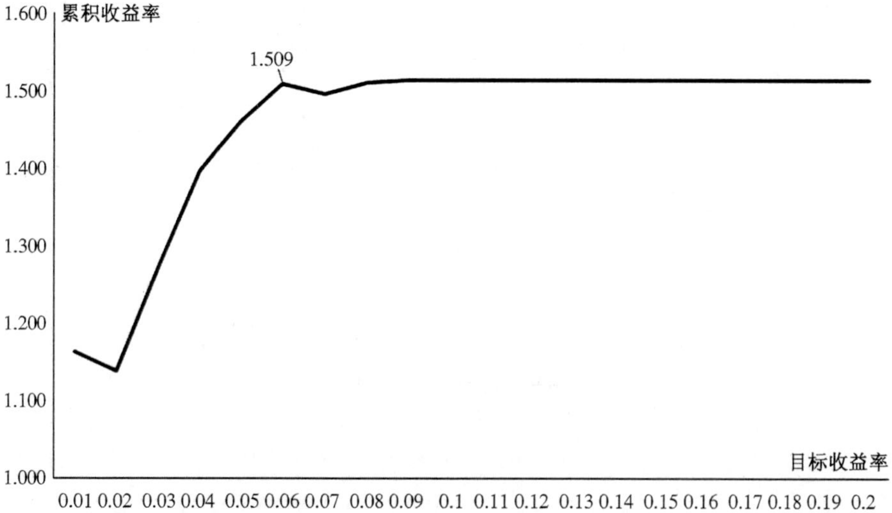

图 8.7 　空头策略最优阈值($ADR^5 > 2.6$)

许林(2019)采用锚定-处置复合交易策略,这一策略采用赢家组合和输家
组合对冲交易的方式,本质上是利用市场的反转效应实现投资盈利的。上
述策略最大的年化收益率达到 23.92%。刘帅,肖琳、房勇等(2021)构建
了基于反转效应和处置效应的复合交易策略,上述策略最大能够实现
0.25% 到 0.63% 的周收益率。本书所提供的交易策略是多头和空头分开
实施,如果考虑到多头和空头累积收益率,本书的策略能够达到 12.5% 的
年均收益率,这一收益率水平低于陈智颖、陈苗臻、许林(2019)的策略,与
刘帅、肖琳、房勇等(2021)的策略相当。本书提供的交易策略的优点是这

个策略较为简单,属于单一指标交易策略,这种策略有利于人工智能交易手段的实施。

本节披露的交易策略的原始数据表附在本章末尾。本书披露的交易策略仅仅是所有可行策略的一隅,更多基于两种情绪的交易策略有待开发,这也是本领域在未来的实践方向。

## 第二节　中国股票市场的环境与存在的问题

中国大陆股票市场(简称中国股票市场)迄今为止已经累积 32 年的历史,它的主体从一个"袖珍型市场"已经成长为今天的包含 3 个场内交易所、7 个交易板块①、超过 4 700 家上市公司的大型资本市场。中国股票市场为国家的改革开放做出了重要的贡献,但是这一市场由于设立的初始条件、监管模式和发展历程而具有很多自身独立的特征。本节将以宏观和微观的视角来分析中国证券市场的特征,发现中国证券市场存在的问题。

### 一、中国股票市场的自然环境

#### (一)市场规模较大

中国股票市场已经成长为世界第二大股票市场(表 8.6)。截至 2022 年 2 月 25 日,中国股票市场拥有上市股票 4 722 只,市价总值达到 839 226.80 亿元人民币。中国股票市场规模的现状及增长速度与中国大陆经济增长的态势相吻合,同时中国股票市场也为中国大陆的经济增长做出了重要贡献。

表 8.6　各国股票市场规模

|  | 上市证券(只) | 总市值(亿美元) |
| --- | --- | --- |
| 美国 | 6 235 | 617 863 |
| 中国大陆 | 4 722 | 132 854 |
| 英国 | 2 165 | 62 116 |
| 日本 | 3 921 | 62 075 |
| 中国香港 | 18 480 | 53 953 |

数据来源:万得(wind)数据库

---

① 7 个交易板块主要包括:上海主板 A 股、上海科创板、深圳主板 A 股、深圳创业板、北交所、上海 B 股、深圳 B 股。

中国股票市场虽然规模较大,但是仍然具有一些值得关注的问题。首先,中国股票市场发展速度过快,这导致其在参与者结构、上市公司质量和监管模式上需要不断与社会经济和人民生活长期磨合。其次,作为一个大型资本市场,中国股票市场仅是有限度地对国际资本开放,这不利于中国股票市场的进一步成长。最后,由于经济禀赋不同,中国股票市场上市公司的结构与其他国家(地区)大型股票市场具有差别(图8.8),这导致中国股票市场具有较为独特的价格特征和风险特征。

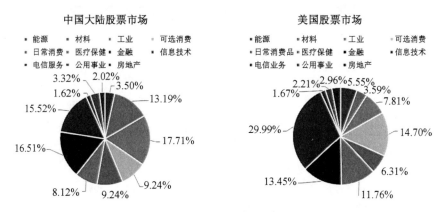

图8.8　中美两国股票市场行业结构

数据来源:万得(wind)数据库

## (二) 中国股票市场个人投资者参与比重较大

根据上海证券交易所2020年的统计数据(上海证券交易所,2020),上海证券交易所拥有股票持仓的个人账户总计4 181.61万户,持仓市值占上海证券交易所全部股票流通市值的22.93%。专业机构持仓占上海证券交易所流通总市值的17.72%,其中证券投资基金持仓占比6.10%。一般法人持仓占比为55.97%。上述数据显示,在市场活跃的投资者中,个人投资者持仓数量超过机构投资者,个人投资者参与的比重较大。统计数据是在市场平稳期得到的结果,根据市场交易经验,当证券市场出现牛市时,个人投资者的持仓比重将会进一步上升。

证券市场中的个人投资者易受到即时情绪的影响,而产生群体性的预期偏差。由于证券市场个人投资者持仓比重较大,个人投资者的投资行为将会影响股票市场的价格走势,从而导致整个市场投资者群体的一致性预期偏差。正是由于上述原因,中国证券市场的波动较为频繁,市场中的个人投资者在波动中起到了推波助澜的作用。

### （三）缺乏较大的机构参与者

在中国股票二级市场中，机构持仓比例较低。中国股票市场缺乏具有较大持仓规模的投资机构。中美两国股票市场机构持仓数据表明（表8.7），美国最大的投资机构持仓之和占总市值的比例能够达到7.33％，美国市场前9家最大投资机构持仓之和占总市值比例达到30.42％。上述机构持仓比例结构能够保证美国股票市场实现长期稳定繁荣。

数据显示，中国最大的投资机构持仓占总市值的比例仅达到0.78％。中国前9家最大投资机构持仓之和占总市值比例仅为4.43％。上述持仓比例导致中国投资机构的投资决策呈现"散户化"特征，最为明显的例证就是机构投资者的羊群行为，例如在2020年开始出现的"茅台类"股票的集中式投资。机构投资者"散户化"的特征不利于中国证券市场的稳定发展，不利于通过投资管理的方法引导中国股票市场走向繁荣。

表 8.7    中美两国股票市场大型机构持仓比例（2021 年 9 月 30 日）

| 美国股票市场 | | | 中国股票市场① | | |
|---|---|---|---|---|---|
| | 持有证券市值（百万美元） | 占总市值比重 | | 持有证券市值（亿元人民币） | 占总市值比重 |
| CASTLEVIEW PARTNERS, LLC | 4 526 753 | 7.33％ | 易方达基金管理公司 | 6 505 | 0.78％ |
| 先锋领航 | 4 247 599 | 6.87％ | 华夏基金管理公司 | 4 798 | 0.57％ |
| 贝莱德 | 3 647 510 | 5.90％ | 广发基金管理公司 | 4 658 | 0.56％ |
| 道富银行 | 2 024 688 | 3.28％ | 中欧基金管理公司 | 3 949 | 0.47％ |
| FMR LLC | 1 256 978 | 2.03％ | 汇添富基金管理公司 | 3 931 | 0.47％ |
| PRICE T ROWE ASSOCIATES INC MD | 1 071 278 | 1.73％ | 富国基金管理公司 | 3 857 | 0.46％ |
| GEODE CAPITAL MANAGEMENT LLC | 806 483 | 1.31％ | 南方基金管理公司 | 3 487 | 0.42％ |
| CAPITAL WORLD INVESTORS | 610 253 | 0.99％ | 嘉实基金管理公司 | 3 011 | 0.36％ |
| 摩根大通 | 605 244 | 0.98％ | 招商基金管理公司 | 2 823 | 0.34％ |

数据来源：万得（wind）数据库

---

①  中国证券基金管理公司持有股票的规模按照基金公司旗下全部股票型基金和混合型基金资产净值之和计算。

### （四）缺乏足够的对冲机制

中国大陆金融衍生品市场规模远小于商品衍生品市场规模，相较于世界最大规模的商品衍生品市场，中国大陆金融衍生品市场无论从交易品种还是成交规模上都属于"袖珍型"市场。目前中国大陆金融期货仅开出了中证 500 指数、沪深 300 指数、上证 50 指数和国债类期货品种，金融期权仅开出了上证 50ETF 基金期权、沪深 300ETF 基金期权和沪深 300 指数期权。上述金融衍生品种市场规模较小，难以承担较大规模的风险对冲。

中国大陆金融市场缺乏场外金融衍生产品交易市场。作为场内交易市场的有效补充，场外金融衍生产品市场能够定制多样化的风险对冲工具，它是一个国家金融市场成熟的标志。由于缺乏金融衍生品高端人才，中国监管部门对这一领域采取了谨慎的监管态度。例如，在 2015 年的市场风险中，监管部门采取了对股指期货限制开仓的措施，这说明中国衍生品市场尚处于发展的初级阶段。

弱小的金融衍生产品市场，制约了中国本土金融投资机构的发展，这是中国股票市场没有出现大型投资机构的重要原因。

### （五）投资管理市场缺乏足够的竞争

中国大陆的投资管理市场以公募投资基金为主，实行较为严格的准入制。公募投资基金可以公开向社会募集投资，因而发展较为顺畅。例如：根据万得数据库 2022 年 2 月 27 日数据显示，中国最大的易方达基金管理公司拥有 281 只基金，管理资产规模达到 16 696 亿元。

中国大陆的私募基金一直作为公募基金的补充而存在。私募基金采取注册登记制度，但是禁止对不特定投资者公开募集。在基金营销上，私募基金只能采用业绩指标作为产品的标志，这在客观上造成了私募基金过分注重投资业绩而忽略了稳健成长。上述情况造成私募基金管理公司的规模普遍较小，无法与公募基金展开有效竞争。

缺乏足够竞争的投资管理市场在产品创新中较为保守。公募基金在信息和人力资源充沛的条件下其业绩未能表现出足够的优势，这在客观上制约了投资管理行业的进一步成长。上述情况是前文提及的中国股票"市场缺乏大的机构参与者"的主要原因。

## 二、中国股票市场存在的问题

### （一）中国股票市场具有过度情绪化的投资特征

在中国大陆股票市场的历史中，"脉冲式"指数走势经常出现，最为典

型的例子就是 2006 年到 2008 年的走势和 2014 年到 2015 年的走势
(图 8.9)。"脉冲式"走势是资产价格快速泡沫化并且泡沫迅速破灭的过
程。在这一过程中伴随着成交量的急速放大,也伴随着资产价格的大幅度
波动。在 2015 年 6 月的股市异常波动中,股票价格的暴跌影响了金融系
统的稳定,引发了机构投资者集体救市的行为,也影响了管理层对股票市
场的预期。

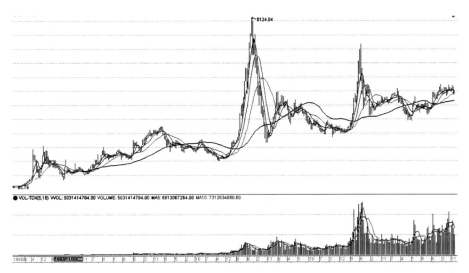

**图 8.9    上证指数月 K 线图**

虽然国际股票市场也会出现"脉冲式"走势,例如美国纳斯达克股票市
场出现的网络股泡沫行情,但是这类走势极少发生。中国的"脉冲式"行情
发生得非常频繁。自中国证券市场开市以来,"脉冲式"走势出现过六次,
其发生频率远高于国际成熟的股票市场。"脉冲式"行情具有明显的情绪
化特征,投资者群体在即时情绪的影响下形成了对股票市场一致性的错误
预期。相关理论分析参见第六章内容。

### (二) 股票市场未能反映出经济发展的成果

股票市场的回报没有反映中国经济增长的成就。以中国股票市场中
最具代表性的上证指数为例,从 2000 年 1 月 4 日到 2021 年 12 月 31 日这
段时间,上证指数的复利增长率仅为 4.41%,远低于中国宏观经济的平均
增长水平。中国股票市场较低的指数增长率与美国证券市场长期牛市的
走势形成了较大的反差。

产生上述现象的原因在于代表中国经济增长动力的新型企业大多数
在海外证券市场上市,这背后有着外资股权资本的诉求。根据刘晓东和卢

晶(2015)提供的资料显示(表 8.8),中国新兴互联网行业的代表性企业大多获得了海外风险投资基金的支持,因而这类企业在资本的意志下选择在海外上市。

新兴企业具有良好的成长性,但是这一成长并未被中国大陆投资者所享有,因而中国大陆股票市场的投资回报与中国经济增长的实际情况相脱离。

表 8.8　近年来国内著名公司在境外(含香港)上市情况

| 公司简称 | 风险投资基金 | 上市地点 | 上市时间 |
|---|---|---|---|
| 腾讯 | IDG、香港盈科、MIH | 香港主板 | 2004 年 |
| 百度 | DFJ、IDG、GOOGLE、IP、PCF | NASDAQ | 2005 年 |
| 新东方 | 联想集团 | NYSE | 2006 年 |
| 金山软件 | 新加坡 GIC、英特尔投资、新宏远创投基金、JAFCO | 香港主板 | 2007 年 |
| 当当网 | 老虎基金、DCM、科文公司、卢森堡剑桥、华登国际、IDG、亚洲科技 | NYSE | 2010 年 |
| 唯品会 | 红杉资本、DCM、 | NYSE | 2012 年 |
| 58 同城 | 软银赛富 | NYSE | 2013 年 |
| 京东商城 | 今日资本、雄牛资本、俄罗斯 DST、老虎基金、加拿大安大略教师退休基金 | NASDAQ | 2014 年 |
| 聚美优品 | 红杉资本、险峰华星创投 | NYSE | 2014 年 |
| 阿里巴巴 | 日本软银集团、中投、中信、国开 | NYSE | 2014 年 |

资料来源:刘晓东和卢晶(2015)

### (三)证券市场的投资理念有待完善

有别于衍生产品市场,股票市场的投资回报从根本上来源于上市公司的经营成果。正是由于上述原因,股票投资较为科学的方法是基本面投资。尽管各方面管理者都在对投资者进行基本面投资的教育,但是中国投资者仍然未能树立牢固的基本面投资理念。这表现为中国大陆股票市场"概念股"盛行,以获取交易利润为目标的量化投资获得青睐。近年来,中国股票市场的成交量明显增加,市场普遍认为这是以获取交易利润为目标的量化基金造成的结果。

产生上述现象的原因在于,首先,中国大陆股票市场机构投资者规模较小,它们没有形成影响投资者投资理念的影响力,也没有取得具有说服力的投资业绩。其次,中国证券市场相较于经济增长表现为低回报,这在客观上打击了投资者基本面投资的信心。最后,上市公司质量良莠不齐,个别上市公司财务造假严重,这给基本面投资者带来了较大的风险。

## 第三节　基于情绪组合理论的股票市场监管对策

从长期来看,中国股票市场的监管目标应该是坚持改善股票市场的投资环境,实现市场长期稳定的繁荣。中国股票市场需要解决的问题是如何给投资者提供长期稳定的优质回报。在这方面,美国股票市场给我们提供了良好的借鉴。

以美国纳斯达克市场为例,纳斯达克指数从 2009 年 3 月 8 日的 1 265.52 点持续上升到 2022 年 1 月 4 日的 15 622.72 点,指数上涨幅度达到 1 124.49%;在此期间,纳斯达克市场的市盈率从 11.10 上升到 38.51,升幅为 264.94%,市净率从 1.51 上升到 6.10,升幅为 303.97%。上述数据表明,美国纳斯达克市场的长期牛市是上市公司业绩提升和资产价格泡沫共同作用的结果。值得注意的是,美国股票市场维持了长期牛市,市场并未因为价格泡沫而出现崩盘。产生上述现象的原因在于,美国证券市场的管理者和参与者擅长营造稳定的投资预期,这表现为美国股票市场长期稳定的牛市和短期急速的市场风险释放走势。

中国股票市场上市公司的业绩逐渐提升,市场估值处于较低的位置,投资者信心正在逐渐恢复,上述情况能够保证中国证券市场出现良好的走势。在这一过程中,管理层需要关注投资者情绪这一关键要素,积极促进中国股票市场的稳定繁荣。

### 一、基于即时情绪的投资者预期引导

根据理论分析的结论,即时情绪通过引发投资者群体对股票组合收益率的错误预期而影响股票市场的走势。尽管即时情绪影响的市场走势通常表现为股票价格在较长时间内的大幅度涨跌,但是证券市场管理者可以引导投资者群体的即时情绪,从而形成有利于市场发展的良性的长期预期。理论研究还发现,即时情绪也会影响投资者对于风险的错误预期,这种错误预期通常表现为短暂而剧烈的价格下跌,这种现象需要监管者积极介入管理。

#### (一)引导投资者的长期预期

1. 设立新的成分指数以取代上证指数的地位

建立投资者对中国股票市场的长期预期,首先需要重新构建能够反映中国经济成长的新的股票成分指数。现有的上证指数是对全部上海证券交易所主板上市公司按照总市值加权后形成的价格指数,由于未能即时剔

除业绩较差的上市公司,再加上缺乏成长性的周期型公司权重过大,导致上证指数上涨乏力。新设定的成分指数既需要能够较好地代表上市公司的全貌,又需要注重反映中国经济的发展成果,新设定的成分指数应该由相当数量的成长型公司作为重要组成部分。

新设定的指数由于具有良好的成长性,因此它将长期保持稳定的增长态势。投资者在即时情绪的影响下,将会建立对于中国股票市场良性的长期预期,这将有利于改变中国股票市场的投资回报,有利于投资者建立积极和理性的投资理念。

### 2. 建立行业公信机制

中国长期经济改革和社会治理的经验启示我们,在金融业这种由政府监管的特许行业中,金融机构和上市公司不但需要保证自身经济指标的增长还需要承担应尽的社会责任。企业的社会责任是公司金融的前沿课题,它也是金融行业改革的关键突破点。根据中国证券市场的环境特征,本书提出以下具体操作建议。

(1) 建立证券公司公开评价上司公司业绩的社会责任

证券研究机构公开评价上市公司的业绩,本质上是创建一种有利于企业努力经营的社会文化环境,这种文化环境可以遏制损害股东利益的各种公司欺诈行为的发生。

具体而言,由于股票投资的利润本质上来源于上市公司的经营成果,因此证券投资机构和个体投资者是利润分享关系而不是竞争关系。正是由于上述原因,证券投资机构的研发信息可以通过公开媒体和投资顾问的方式与个体投资者分享。具有特许经营资格的证券投资机构应该把上述行为作为企业的社会责任纳入日常运营目标中。

监管者需要培养一批形象良好、作风正派的证券投资机构。这类机构可以通过公益性质的活动与广大投资者建立起值得信赖的投资顾问和信息沟通的关系。证券监管者也可以把证券投资机构的公益服务作为等级评价的标准之一。公信机制的建立,有助于培养投资者正确的投资理念,培养投资者长期预期的稳定,这是市场长期繁荣的前提条件。当证券市场发生突发性事件时,具有公信力的机构也能够影响投资者预期,从而保证证券市场的平稳运行。

(2) 建立证券机构维护上市公司估值的社会责任机制

证券公司的业务活动离不开对于上市公司市场价值的评估,例如在公司IPO、上市公司再融资以及上市公司融资并购等业务活动中,证券机构都需要根据上市公司的市场价值给出相应的解决方案。可以说,对于上市公司的准确估值是证券公司业务活动的核心竞争能力。

要坚决杜绝在公司 IPO、上市公司再融资以及上市公司融资并购等业务活动中出现的估值误导和估值操纵行为,在上述业务活动中的主办证券机构应向市场公开出具估值分析报告,并以此作为该证券机构相关业务能力考评的重要依据。

上述责任机制的建立,其目的是维护证券市场价值评价标准,杜绝为了短期利益损毁长期价值的企业行为,杜绝通过估值诱导以操纵市场的机构行为,建立证券市场良好的估值文化,确保证券市场的健康发展。

(3) 建立上市公司尊重股东权益的社会责任意识

虽然公司法明文规定了股份有限公司股东的权利和义务,但是上市公司运营的主要执行人是公司的高管人员,如果高管人员的目标与公司股东的利益发生冲突,就会产生代理成本。近年来,我国上市公司出现的大股东股权质押、财务欺诈以及违规担保等行为,严重地损害了中小股东的利益,影响了中国证券市场的健康发展。

上市公司获得了证券市场的资金支持,理所应当要对证券市场的健康发展承担社会责任。上市公司在进行资产重组、重大投资和重要的企业财务行为时,需要聘请独立的证券机构对这一活动影响股票价格的情况进行评估,上市公司需要根据评估结果制定相应的市场稳定政策。

上述机制的建立是为了在制度环境上确保股东利益不受侵害。证券监管部门可以通过制定制度和明确规则的方法确保上述措施得以实施。

### (二) 积极管理投资者短期预期

投资者短期预期的变化特别是对于市场风险预期的变化通常会引起股票市场的剧烈波动(理论详见第六章第二节第六小节)。例如,美国股票市场在 1987 年 11 月 19 日发生的"黑色星期一",中国股票市场在 2015 年 6 月出现的股市异常波动都是由于投资者对于风险预期的改变而产生的。对于市场风险的短期预期的改变通常对证券市场长期走势具有破坏作用,因此监管者需要对投资者的短期预期进行积极管理。

对于投资者短期预期管理的有效手段就是舆情监测。当前方兴未艾的大数据技术能够有效统计投资者对于证券市场所表达的即时情绪。当即时情绪达到阈值时,管理者需要采取针对性措施化解情绪、平稳预期。管理者也可以通过公信机构及时做出干预,保证证券市场不出现大规模系统性风险。

　　证券市场舆情管理是一个新兴课题,它需要运用金融市场学、新闻传播学和情绪心理学的专业知识,上述课题的研究和成果应用将有助于金融市场的平稳运行。

## 二、基于预期情绪的市场风险防范

　　理论分析表明预期情绪通过决策动机表现为投资者对组合的操作,当投资者处于盈利状态时,他们倾向于卖出盈利的证券;当投资者处于亏损状态时,他们倾向于继续持有亏损的证券。上述投资者行为被称为"处置效应",这是预期情绪对投资者行为的直接影响。数据模拟表明,预期情绪引发的决策动机随着投资者的损益状态而变化,具有短期变化的特征。预期情绪引发的组合价格变化与组合前期的价格走势相反,预期情绪在一定程度上有助于组合价格波动的收敛(理论内容见第五章)。

　　预期情绪对于股票市场也有不利的一面。数据模拟显示,当预期情绪强度系数较高时,预期情绪所引发的处置效应会导致股票价格出现剧烈反转。当上述价格反转出现在股票价格泡沫较高的时期,预期情绪将会导致泡沫破灭并引发证券市场的系统性风险。历史上诸多的投机泡沫破灭时的共同特征就是投资者普遍获利并且投资者的卖出动机强烈。正是由于上述原因,预期情绪所带来的市场风险需要管理者高度关注。

　　由于投资者预期情绪是一个新的概念,因此对于投资者预期情绪的管理也是一个新的课题。对于上述问题的研究,我们可以参考美国股票市场的走势,从中借鉴有用的经验。在 2008 年次级贷款危机以后,美国纳斯达克指数走出了长达十年之久的牛市行情。在投资者巨大的盈利状态下,美国股市较为成功地避免了投资者处置效应所引发的股价反转,纳斯达克指数呈现出稳定的上升走势。为了揭开美国股市牛市的秘密,本书把纳斯达克指数上升期间的收益率利用重标极差法计算赫斯特指数(H),并与中国上证指数在牛市期间的赫斯特指数(H)进行了比较,比较结果见表 8.9。

表 8.9　上证指数和纳斯达克指数的重标极差检验

| | 期间 | 赫斯特指数 (H) | 噪声性质 | 数据特征 |
|---|---|---|---|---|
| 美国纳斯达克指数 | 2009.02.25—2015.06.19 | 0.489 8 | 接近白噪声 | 随机游走 |
| | 2016.03.09—2018.10.09 | 0.437 2 | 粉红噪声 | 均值回复 |

（续表）

|  | 期间 | 赫斯特指数（H） | 噪声性质 | 数据特征 |
|---|---|---|---|---|
| 美国纳斯达克指数 | 2020.03.31—2021.02.12 | 0.5065 | 白噪声 | 随机游走 |
|  | 2009.01.02—2021.05.25 | 0.4899 | 接近白噪声 | 随机游走 |
| 中国上证指数 | 2005.12.14—2007.11.06 | 0.5531 | 黑色噪声 | 长期记忆特征 |
|  | 2014.07.03—2015.06.10 | 0.5710 | 黑色噪声 | 长期记忆特征 |
|  | 2005.01.04—2019.06.28 | 0.6631 | 黑色噪声 | 长期记忆特征 |

数据来源：Wind 咨询数据库

数据显示，美国纳斯达克指数在牛市上涨阶段指数收益率大多数显示为具有随机游走特征的白噪声信号（H 指数在 0.5 附近），上述数据中仅有一期数据显示为具有均值回复特征的粉红噪声信号（H 指数小于 0.5）。上述数据显示，尽管美国纳斯达克市场具有明显的长期趋势，但是纳斯达克市场的"日度"收益率数据却表现为明显的随机游走特征。随机游走的"日度"收益率数据表明，投资者在短期内无法获得稳定的投资损益结果，从而投资者也不会形成较为强烈的预期情绪动机，这是纳斯达克市场"牛市"走势稳定的根本原因。

数据显示，中国上证指数"日度"收益率序列在牛市期间表现为具有长期记忆特征的黑色噪声（H 指数大于 0.5），特别是 2005 年 1 月 1 日到 2019 年 6 月 28 日期间，上证指数收益率序列的赫斯特指数达到 0.6631，这表明中国股票市场的运行会在短期内给投资者造成较为明显的投资损益结果。根据预期情绪理论，投资者明显的损益结果会导致投资者的处置效应，这也是中国股票市场"牛市"时间较短的主要原因。

鉴于上述分析，基于预期情绪的管理原则是"鼓励投资者的长线持仓，控制投资者的短线交易"。投资者的短线交易既受到预期情绪所导致的处置效应的影响，也受到即时情绪导致的长期预期的影响。在市场长期"牛市"运行中，如果能够对投资者的短期交易冲动进行控制，那么投资者的长期预期将会促使投资者继续持仓，这将为股票市场带来长期稳定的"牛市"繁荣。

# 参 考 文 献

阿克洛夫,席勒,2016.动物精神[M].黄志强,等,译.北京:中信出版社.

陈浪南,熊伟,欧阳艳艳,2016.股市特质风险因子与噪声交易[J].系统工程理论与践,
　　36(11):2752-2753.

陈其安,朱敏,赖琴,2012.基于投资者情绪的投资组合模型研究[J].中国管理科学,
　　20(03):47-56.

陈奇超,2016.基于演化范式的金融危机形成机理研究[D/OL].长春:东北师范大学:
　　39.[2015-5-16].https://kns.cnki.net/kcms2/article/abstract?v=3uoqIhG8C4
　　47WN1SO36whLpCgh0R0Z-ifBI1L3ks338rpyhinzvy7EtordVfMXqSgRv6wZlNPwI
　　eqZ4xj41LgRgpBUv0CDsf&uniplatform=NZKPT.

陈彦斌,2005.情绪波动和资产价格波动[J].经济研究(3):36-45.

陈智颖,陈苗臻,许林,2019.基于前景理论的股票反转交易策略及其有效性检验[J].
　　商业研究(12):116-125.

丁志国,苏治,赵晶,2012.资产系统性风险跨期时变的内生性:由理论证明到实证检验
　　[J].中国社会科学(04):83-102+206-207.

丁志国,苏治,2005.投资者情绪、内在价值估计与证券价格波动——市场情绪指数假
　　说[J].管理世界(2):143-145.

董志勇,2006.行为经济学原理[M].北京:北京大学出版社:40-41.

傅小兰,2016.情绪心理学[M].上海:华东师范大学出版社:330-338.

郭立夫,李北伟,2006.决策理论与方法[M].北京:高等教育出版社:57.

贺京同,郝身永,那艺,2013.论行为经济学的理论内核与其"支离破碎"的表象[J].南
　　开学报:哲学社会科学版(2):139-149.

胡支军,黄登仕,2006.基于一般失望模型的证券组合投资分析[J].管理工程学报,20
　　(3):78-81.

蒋玉梅,王明照,2010.投资者情绪与股票收益:总体效应与横截面效应的实证研究
　　[J].南开管理评论(3):150-160.

金永红,罗丹,2017.异质信念、投资者情绪与资产定价研究综述[J].外国经济与管理,
　　39(5):100-114.

卡尼曼,2012.思考快与慢[M].胡晓姣,李爱民,等,译.北京:中信出版社:1-86.

勒庞,2007.乌合之众：大众心理研究[M].冯克利,译.桂林：广西师范大学出版社：1.

雷震,杨明高,田森,等,2016.股市谣言与股价波动：来自行为实验的证据[J].经济研究,51(9)：118-131.

李腊生,翟淑萍,关敏芳,2011.证券市场收益率分布时变性的经济学分析及其我国的经验证据[J].统计研究,28(11)：66-78.

李婧,马皑,罗大华,2015.案件无关情绪和案件相关情绪对法官量刑决策影响的实验研究[J].心理科学,38(1)：196-202.

李纾,毕研玲,梁竹苑,等,2009.无限理性还是有限理性？——"齐当别"抉择模型在经济行为中的应用[J].管理评论,21(5)：103-114.

李纾,2001.艾勒悖论(Allais Paradox)另释[J].心理学报,33(2)：176-181.

李纾,2005.确定、不确定及风险状态下选择反转："齐当别"选择方式的解释[J].心理学报,37(4)：427-433.

李小平,葛明贵,崔立中,等,2009.决策中损益值大小效应的发生条件及机制再探——一种"齐当别"视角及兼对视角本身的一些探讨[J].心理学报,41(3)：196-207.

梁哲,李纾,许洁虹,2007.预期理论权重函π的由来、质疑及 Tversky 的阐释[J].经济数学,24(4)：331-340.

林树,俞乔,2010.有限理性、动物精神及市场崩溃：对情绪波动与交易行为的实验研究[J].经济研究,45(8)：115-127.

刘帅,肖琳,房勇,等,2021.基于处置效应及反转效应的融资融券业务投资策略[J].计量经济学报,1(3)：560-576.

刘维奇,邢红卫,张信东,2014.投资偏好与"特质波动率之谜"——以中国股票市场 A 股为研究对象[J].中国管理科学,22(8)：10-20.

刘晓东,卢晶,2015.优质上市公司资源的流失与中国风险投资基金组织模式的选择[J].金融经济(下半月)(1)：3.

刘晓峰,2013.情绪管理的内涵及其研究现状[J].江苏师范大学学报(哲学社会科学版),39(6)：141-146.

陆蓉,杨康,2019.有限关注与特质波动率之谜：来自行为金融学新证据[J].统计研究,36(6)：54-67.

罗斯,2009.新古典金融学[M].宋逢明,高峰,译.北京：中国人民大学出版社.

罗琰,刘晓星,2016.基于投资者情绪的均值-方差投资组合选择研究[J].湖南财政经济学院学报,32(5)：14-20.

迈尔斯,2016.社会心理学[M].侯玉波,乐国安,张志勇,等,译.北京：人民邮电出版社：284-295.

孟昭兰,2005.情绪心理学[M].北京：北京大学出版社：1-20.

苗强,刘秀文,万中,2008.证券组合投资的一般失望模型的改进[J].重庆理工大学学报(自然科学),22(1)：59-64.

饶育蕾,盛虎,2010.行为金融学[M].北京：机械工业出版社：222.

热叙阿,巴拉鲁斯,维特里,等,2012.经济学辞典[M].郭庆岚,陈淑仁,张浩,等,译.北京:社会科学文献出版社:623.

沙莲香,2015.社会心理学(第四版)[M].北京:中国人民大学出版社:195+270-285.

上海证券交易所,2020.上海证券交易所统计年鉴 2020[M],北京:中国金融出版社:565.

舍夫林,2005.超越恐惧和贪婪:行为金融学与投资心理诠释[M].贺学会,译.上海财经大学出版社:1-16.

史永东,王镇,2015.投资者情绪影响动量效应吗?——来自上证 A 股的经验证据[J].投资研究(9):90-103.

宋逢明,1999.金融工程原理——无套利均衡分析[M].北京:清华大学出版社:序言VIII.

孙彦,李纾,殷晓莉,2007.决策与推理的双系统——启发式系统和分析系统[J].心理科学进展,15(5):721-845.

泰勒,2017.行为金融学新进展(Ⅱ)[M].贺京同,等,译.北京:中国人民大学出版社:1-2,16.

万谍,杨晓光,2019.中国股市正反馈交易涨强不对称的定价能力[J].系统工程理论与实践.(39):11-18.

汪祚军,李纾,2012.对整合模型和占优启发式模型的检验:基于信息加工过程的眼动研究的证据[J].心理学报,44(2):179-198.

王博暄,2015.多空逐鹿,救市仍需加码[J].证券市场红周刊(54):7.

王金山,李伟兵,2014.差分-等级依赖效用模型研究[J].数学的实践与认识,44(23):81-86.

王雷,2013.基于系统动力学的群体情绪传播机制与影响因素研究[D].北京:首都师范大学.

王美今,孙建军,2004.中国股市收益、收益波动与投资者情绪[J].经济研究(10):75-83.

王宗润,何瑭瑭,2021."失望"与"后悔"情绪下的投资组合选择研究[J].系统工程学报,36(6):766-776.

威廉姆森,2002.资本主义经济制度:论企业签约与市场签约[M]段毅才,王伟,译.上海:商务印书馆:66-94.

吴海燕,杨朝军,2012.金融市场投资者情绪研究述评[J].现代管理科学(2):12-14.

西蒙,1988.管理行为:管理组织决策过程的研究[M].北京:北京经济学院出版社:61-106.

席勒,2016.非理性繁荣[M].李心丹,译.北京:中国人民大学出版社.

谢军,杨春鹏,2015.投资者情绪影响下资本资产定价的区制性[J].系统工程,33(1):24-30.

谢军,2012.情绪投资组合研究[D].广州:华南理工大学.

张春兴,2012. 心理学原理[M]. 杭州：浙江教育出版社：365.

张奇勇,卢家楣,闫志英,等,2016. 情绪感染的发生机制[J]. 心理学报,48(11)：1423-1433.

张强,杨淑娥,2008. 中国股市横截面收益特征与投资者情绪的实证研究[J]. 系统工程,26(7)：22-28.

张顺明,叶军,2009. 后悔理论述评[J]. 系统工程,27(2)：45-50.

张一喆,2013. 基于改进一般失望模型的投资组合与资产定价研究[D/OL]. 哈尔滨：哈尔滨工业大学. [2013-11-16]. https://kns. cnki. net/kcms2/article/abstract? v＝3uoqIhG8C447WN1SO36whHG-SvTYjkCc7Djwn_daf9c2-IbmsiYfKvxmwxim OWkiVbA_pMnx-3U9YlLCzAuhPwUEZ_ThQwB6&uniplatform＝NZKPT.

张玉龙,李怡宗,2014. 特质波动率策略中的流动性[J]. 金融学季刊(1)：57-87.

张宗新,王海亮,2013. 投资者情绪、主观信念调整与市场波动[J]. 金融研究(4)：142-155.

赵庆,王志强,2015. 现代投资组合理论应用及发展综述[J]. 浙江工商大学学报(1)：82-91.

郑振龙,陈志英,2012. 现代投资组合理论最新进展评述[J]. 厦门大学学报(哲学社会科学版)(2)：17-24.

朱书尚,李端,周迅宇,等,2004. 论投资组合与金融优化——对理论研究和实践的分析与反思[J]. 管理科学学报,7(6)：1-12.

左浩苗,郑鸣,张翼,2011. 股票特质波动率与横截面收益：对中国股市"特质波动率之谜"的解释[J]. 世界经济(5)：117-135.

左世江,王芳,石霞飞,等,2014. 简单情绪感染及其研究困境[J]. 心理科学进展,22(5)：791-801.

ABDELLAOUI M, 2000. Parameter-free elicitation of utility and probability weighting functions[J]. Management science, 46(11)：1497-1512.

ANDERSON E W, GHYSELS E, JUERGENS J L, 2009. The impact of risk and uncertainty on expected returns[J]. Journal of financial economics, 94(2)：233-263.

ANG A, HODRICK R J, XING Y, et al, 2006. The cross-section of volatility and expected returns[J]. The journal of finance,61(1)：259-299.

ANGIE A D, CONNELLY S, WAPLES E P, et al, 2011. The influence of discrete emotions on judgement and decision-making：a meta-analytic review[J]. Cognition & emotion,25(8)：1393-1422.

ARNOLD M, 1960. Emotion and personality[M]. Columbia University Press.

ARZAC E R, BAWA V S, 1977. Portfolio choice and equilibrium in capital markets with safety-first investors[J]. Journal of financial economics, 4(3)：277-288.

BAKER M, WURGLER J, 2006. Investor sentiment and the cross-section of stock returns[J]. Economic management journal, 61(4): 1645-1680.

BARBERIS N, SHLEIFER A, VISHNY R, 1998. A Model of Investor Sentiment[J]. Journal of financial economics,49(3): 307-343.

BARBERIS N, GREENWOOD R, JIN L, et al. , 2018. Extrapolation and bubbles[J]. Journal of financial economics,129(2): 203-227.

BARBERIS N, GREENWOOD R, JIN L, et al, 2015. X-CAPM: an extrapolative capital asset pricing model[J]. Journal of financial economics,115(1): 1-24.

BARBERIS N, HUANG M, 2008. Stocks as lotteries: the implications of probability weighting for security prices[J]. American economic review,98(5): 2066-2100.

BARBERIS N, JIN L J, WANG B, 2021. Prospect theory and stock market anomalies [J]. The journal of finance,76(5): 2083-2085.

BARBERIS N,XIONG W, 2009. What drives the disposition effect? An analysis of a long-standing preference-based explanation [J]. Journal of finance, 64 (2): 751-784.

BARBERIS N, 2018. Psychology-based models of asset prices and trading volume[J]. Handbook of behavioral economics: applications and foundations1(1): 79-175.

BARRETT S, 2007. Being emotional during decision making — good or bad? an empirical investigation[J]. Academy of management journal,50(4): 923-940.

BELL D E, 1985. Disappointment in decision making under uncertainty[J]. Operations research,33(1): 1-27.

BELL D E, 1982. Regret in decision making under uncertainty [J]. Operations research,30(5): 961-981.

BERNARD V L, THOMAS J K, 1989. Post-earnings-announcement drift: delayed price response or risk premium? [J]. Journal of accounting research,27: 1-36.

BLACK F, SCHOLES M, 1973. The pricing of options and corporate liabilities[J]. Journal of political economy, 81(3): 637-654.

BLEICHRODT H, CILLO A, DIECIDUE E, 2010. A quantitative measurement of regret theory[J]. Management Science,56(1): 161-175.

BLUME M E, 1975. Betas and their regression tendencies[J]. The journal of finance, 30(3): 785-795.

BRANDSTATTER E, GIGERENZER G, HERTWIG R, 2006. The Priority Heuristic: Making choices without trade-offs[J]. Psychological review, 113(2): 409-432.

BROWN G W, CLIFF M T, 2004. Investor sentiment and the near-term stock market [J]. Journal of empirical finance,11(1): 1-27.

BROWN G W, CLIFF M T, 2005. Investor sentiment and asset valuation[J]. The journal of business,78(2): 405-440.

BUTLER J C, DYER J S, JIA J, 2005. An empirical investigation of the assumptions of risk-value models[J]. Journal of risk & uncertainty,30(2): 133-156.

CAMERER C, WEBER M, 1992. Recent developments in modeling preferences: uncertainty and ambiguity[J]. Journal of risk and uncertainty,5(4): 325-370.

CARVER C S, HARMON-JONES E, 2009. Anger is an approach-related affect: evidence and implications[J]. Psychological bulletin,135(2): 183-204.

CHAE J, LEE E J, 2018. Distribution uncertainty and expected stock returns[J]. Finance research letters, 25: 55-61.

CHANG L J, SANFEY A G, 2008. Emotion, decision-making and the brain[J]. Advances in health economics & health services research, 20(8): 31.

CLORE G L, SCHWARZ N, CONWAY M, 1994. Affective causes and consequences of social information processing[J]. Handbook of social cognition,1: 323-417.

COGET J F, HAAG C, GIBSON D E, 2011. Anger and fear in decision-making: the case of film directors on set[J]. European management journal,29(6): 476-490.

CONNOLLY T, BUTLER D, 2006. Regret in economic and psychological theories of choice[J]. Journal of behavioral decision making,19(2): 139-154.

CUTHBERTSON K, NITZSCHE D,2008. 数量金融经济学[M]. 朱波,译. 成都: 西南财经大学出版社: 115-116.

DAI Z M, YANG D C, 2018. Positive feedback trading and investor sentiment[J]. Emerging markets finance and trade,54(10-12): 2400-2408.

DANIEL K, HIRSHLEIFER D, SUBRAHMANYAM A, 1998. Investor psychology and security market under-and overreactions[J]. The journal of finance,53(6): 1839-1885.

DAVVETAS V, DIAMANTOPOULOS A, 2017. Regretting your brand-self? the moderating role of consumer-brand identification on consumer responses to purchase regret[J]. Journal of business research,80(11): 218-227.

DE BONDT W F M, THALER R, 1985. Does the stock market overreact? [J]. The Journal of finance,40(3): 793-805.

DELONG J B, SHLEIFER A, SUMMERS L H, et al, 1990. Positive feedback investment strategies and destabilizing rational speculation[J]. Journal of finance, 45(2): 379-395.

DEUSKAR P, PAN D, WU F, et al, 2020. How does regret affect investor behaviour? evidence from chinese stock markets[J]. Accounting and finance, 61 (6).

EGOZCUE M, 2012. Gains from diversification: a regret theory approach[J]. Economics bulletin, 32(1): 204-219.

EKMAN P, FRIESEN W V, O'SULLIVAN M, et al. , 1987. Universals and cultural differences in the judgments of facial expressions of emotion[J]. Journal of personality and social psychology, 53(4): 712-717.

ELLSBERG D, 1961. Risk, ambiguity, and the savage axioms[J]. Quarterly journal of economics, 75(4): 643-669.

EPSTEIN S, 1994. Integration of the cognitive and the psychodynamic unconscious [J]. American psychologist, 49(8): 709-724.

EYSTER E, RABIN M, VAYANOS D, 2019. Financial markets where traders neglect the informational content of prices[J]. The journal of finance, 74(1): 371-399.

FAMA E, FRENCH K R, 2015. A five-factor asset pricing model[J]. Journal of financial economics, 116(1): 1-22.

FAMA E, FRENCH K R, 2004. The capital asset pricing model: theory and evidence [J]. Journal of economic perspectives, 18(3): 25-46.

FAMA E, 1963. Mandelbrot and the stable paretian hypothesis[J]. The Journal of business, 36(4): 420-429.

FAMA E, FRENCH K, 1992. The cross-section of expected stock returns[J]. Journal of finance, 47(2): 427-465.

FAMA E, 1970. Efficient capital markets: a review of theory and empirical work[J]. Journal of finance, 25(2): 383-417.

FAMA E, 1998. Market efficiency, long-term returns, and behavioral finance[J]. Journal of financial economics, 49: 283-306.

FISHBURN P C, 1977. Mean-riskanalysis with risk associated with below-target returns[J]. The American economic review, 67(2): 116-126.

FISHER K L, STATMAN M, 2003. Consumer confidence and stock returns[J]. The Journal of portfolio anagement, 30(1): 115-127.

FONTANA G, GERRARD B, 2004. A post keynesian theory of decision making under uncertainty[J]. Journal of economic psychology, 25(5): 619-637.

FORGAS J P, 1995. Mood and judgment: The affect infusion model (AIM) [J]. Psychological bulletin, 117(1): 39-66.

FORGAS J P, 1992. On mood and peculiar people: affect and person typicality in impression formation[J]. Journal of personality and social psychology, 62(5): 863-875.

FU C, JACOBY G, WANG Y, 2015. Investor sentiment and portfolio selection[J]. Finance research letters, 15: 266-273.

FU F, 2009. Idiosyncratic risk and the cross-section of expected stock returns[J]. Journal of financial economics, 91(1): 24-37.

FUSTER A, LAIBSON D, MENDEL B, 2010. Natural expectations and macroeconomic fluctuations[J]. Journal of economic perspectives,24(4): 67-84.

GIBBONS M R, 1982. Multivariate tests of financial models: a new approach[J]. Journal of financial economics,10(1): 3-27.

GIGERENZER G, TODD P M, 1999. Simple heuristics that make us smart[M]. Oxford: Oxford University Press,USA.

GLAESER E, NATHANSON C, 2017. An extrapolative model of house price dynamics[J]. Journal of financial economics,126(1): 147-170.

GREENWOOD R, HANSON S, 2015. Waves in ship prices and investment[J]. Quarterly journal of economics,130(1),55-109.

GUTHRIE C, 1999. Better settle than sorry: the regret aversion theory of litigation behavior[J]. University of Illinois Law Review,51(1): 43-90.

HAN S, LERNER J S, KELTNER D, 2007. Feelings and consumer decision making: the appraisal-tendency framework[J]. Journal of consumer psychology,17(3): 181-187.

HEMENOVER S, ZHANG S, 2004. Anger, personality, and optimistic stress appraisals[J]. Cognition & emotion,18(3): 363-382.

HONG H, STEIN J C, 1999. A unified theory of underreaction,momentum trading, and overreaction in asset markets[J]. The Journal of finance,54(6): 2143-2184.

HUA F, WANG J, 2018. How investor sentiment impacts financial decision-making behavior: from a cognitive neuroscience perspective[J]. Neuroquantology,16(5): 567-573.

HUR T, ROESE N J, NAMKOONG J E, 2009. Regrets in the east and west: role of intrapersonal versus interpersonal norms[J]. Asian journal of social psychology, 12(2): 151-156.

JEGADEESH N, TITMAN S, 1993. Returns to buying winners and selling losers: implications for stock market efficiency[J]. Journal of finance,48(1): 65-91.

JIA J,DYER J S, BUTLER J C, 2001. Generalized disappointment models[J]. Journal of risk & uncertainty,22(1): 59-78.

JIA J, DYER J S, 1996. A standard measure of risk and risk-value models[J]. Management science, 42 (12): 1691-1705.

KAHNEMAN D, TVERSKY A, 1979. Prospect theory: an analysis of decision under risk[J]. Econometrica, 47(2): 263-291.

KARMARKAR U S, 1978. Subjectively weighted utility: a descriptive extension of the expected utility model[J]. Organizational behavior & human performance,21(1): 61-72.

KATAOKA S, 1963. On stochastic programming. iii. a stochastic programming model[J]. Econometrica, 31(1/2): 181-196.

KNIGHT F H，1921. Risk，uncertainty and profit［J］. Social science electronic publishing，(4)：682-690.

KONNO H，SHIRAKAWA H，YAMAZAKI H，1993. A mean-absolute deviation-skewness portfolio optimization model［J］. Annals of operations research，45(1)：205-220.

KONNO H，YAMAZAKI H，1991. Mean-absolute deviation portfolio optimization model and its applications to tokyo stock market［J］. Management science，37(5)：519-531.

KUMAR A，LEE M C，2006. Retail investor sentiment and return co-movements［J］. Journal of portfolio management，30(1)：115-127.

KUROV A，2008. Investor sentiment，trading behavior and informational efficiency in index futures markets ［J］. Financial review，43(1)：107-127.

LERNER J S，GOLDBERG J H，TETLOCK P E，1998. Sober second thought：the effects of accountability，anger，and authoritarianism on attributions of responsibility［J］. Personality & social psychology bulletin，24(6)：563-574.

LERNER J S，KELTNER D，2000. Beyond valence：toward a model of emotion-specific influences on judgement and choice［J］. Cognition & emotion，14(4)：473-493.

LEROY S F，PORTER R D，1981. The present-value relation：Tests based on implied variance bounds［J］. Econometrica，49(3)：97-113.

LEWELLEN J，NAGEL S，2006. The conditional capm does not explain asset-pricing anomalies［J］. Journal of financial economics，82(2)：289-314.

LI S，1994. Equate-to-differentiate theory：a coherent bi-choice model across certainty，uncertainty and risk unpublished doctoral dissertation［D］. Sydney：University of New South Wales.

LI S，1995. Is there a decision weight $\pi$ ［J］. Journal of economic behavior & organization，27(3)：453-463.

LI Y，YANG L，2013. Prospect theory，the disposition effect，and asset prices［J］. Journal of financial economics，107：715-739.

LIAO J，Peng C，2018. Price and volume dynamics in bubbles. Working paper.

LIAO J，PENG C，ZHU N，2022. Extrapolative bubbles and trading volume［J］. The Review of financial studies，35(4)：1682-1722.

LICHTENSTEIN S，SLOVIC P，1971. Reversals of preference between bids and choices in gambling decisions［J］. Journal of experimental psychology，89(1)：46.

LINTNER J，1965. Security prices，risk and maximal gains from diversification［J］. Journal of finance，20(4)：587-615.

LIU J，STAMBAUGH R F，YUAN Y，2018. Absolving beta of volatility's effects

[J]. Journal of financial economics, 128(1): 1-15.

LOEWENSTEIN G F, WEBER E U, HSEE C K, et al, 2001. Risk as feelings[J]. Psychological bulletin, 127(2): 267.

LOOMES G, SUGDEN R, 1986. Disappointment and dynamic consistency in choice under uncertainty[J]. The review of economic studies, 53(2): 271-282.

LOOMES G, SUGDEN R, 1982. Regret theory: an alternative theory of rational choice under uncertainty [J]. The economic journal, 92(368): 805-824.

LOOMES G, SUGDEN R, 1987. Some implications of a more general form of regret theory[J]. Journal of economic Theory, 41(2): 270-287.

LOOMES G, 1988. Further evidence of the impact of regret and disappointment in choice under uncertainty[J]. Economica, 55(217): 47-62.

LOOMES G, 1999. Some lessons from past experiments and some challenges for the future[J]. The economic journal, 109(453): 35-45.

LOPES L L, 1987. Between hope and fear: the psychology of risk[J]. Advances in experimental social psychology, 20(3): 255-295.

LUMINET IV O, BOUTS P, DELIE F, et al, 2000. Social Sharing of emotion following exposure to a negatively valenced situation[J]. Cognition & emotion, 14 (5): 661-688.

MACHINA M J, 1987. Choice under uncertainty: problems solved and unsolved[J]. Journal of economic perspectives, 1(1): 121-154.

MACHINA M J, 1982. Expected utility analysis without the independence axiom[J]. Econometrica, 50(2): 277-323.

MARKOWITZ H, 1952. Portfolio selection[J]. The journal of finance, 7(1): 77-91.

MARKOWITZ H, 2011. Portfolio theory[J]. International encyclopedia of statistical science: 1078-1080.

MCALISTER I L, 1994. Do coupon expiration dates affect consumer behavior[J]. Journal of marketing research, 31(3): 423-428.

MCLEAN R D, PONTIFF J, 2016. Does academic research destroy stock return predictability? [J]. The journal of finance, 71(1): 5-32.

MCQUEEN P, 2017. The role of regret in medical decision-making [J]. Ethical theory & moral practice, 20(5): 1051-1065.

MEHRA R, SAH R, 2002. Mood fluctuations, projection bias, and volatility of equity prices[J]. Journal of economic dynamics & control, 26(5): 869-887.

MELLERS B, SCHWARTZ A, HO K, et al, 1997. Elation and disappointment: emotional responses to risky options[J]. Psychological science, 8(6): 423-29.

MELLERS B, SCHWARTZ A, RITOV I, 1999. Emotion-based choice[J]. Journal of experimental psychology: general, 128(3): 332-345.

MENDEL B, SHLEIFER A, 2012. Chasing noise[J]. Journal of financial economics,
104(2): 303-320.

MICHENAUD S, SOLNIK B, 2008. Applying regret theory to investment choices:
currency hedging decisions[J]. Journal of international money and finance,27(5):
677-694.

MOSSIN J, 1966. Equilibrium in a capital asset market[J]. Econometrica,34(4):
768-783.

MUERMANN A, MITCHELL O S, VOLKMAN J M, 2006. Regret, portfolio
choice, and guarantees in defined contribution schemes [J]. Insurance:
mathematics and economics,39(2): 219-229.

MUERMANN A, VOLKMAN J M, 2006. Regret, pride, and the disposition effect
[EB/OL] [2006-7-1],Working paper. https://repository. upenn. edu/handle/
20. 500. 14332/42302.

NOFSINGER J R, 2005. Social mood and financial economics[J]. The journal of
behavioral finance, 6(3): 144-160.

ODEAN T, 1998 Are investors reluctant to realize their losses[J]. The journal of
finance, 53(5): 1775-1798.

QIN J, 2015. A model of regret,investor behavior,and market turbulence[J]. Journal
of economic theory,160: 150-174.

QUIGGIN J, 1982. A theory of anticipated utility[J]. Journal of economic behavior &
organization, 3(4): 323-343.

QUIGGIN J, 1994. Regret Theory with general choice sets[J]. Journal of risk &
uncertainty, 8(2): 153-165.

REID H, 2001. Emotions in juror's decisions [J]. Brooklyn law review, 66 (4):
991-1009.

RIME B, MESQUITA B, BOCA S, et al, 1991. Beyond the emotional event: six
studies on the social sharing of emotion[J]. Cognition & emotion, 5 (5-6):
435-465.

RIMÉ B, PHILIPPOT P, BOCA S, et al, 1992. Long-lasting cognitive and social
consequences of emotion: social sharing and rumination[J]. European review of
social psychology,3(1): 225-258.

ROY A D, 1952. Safety first and the holding of assets[J]. Econometrica,20(3): 431-
449.

SCHEINKMAN J, XIONG W, 2003. Over confidence and speculative bubble[J].
Journal of political economy, 111(6): 1183-1219.

SCHWARZ N, CLORE G L, 2003. Mood as information: 20 years later [J].
Psychological inquiry,14(3-4): 296-303.

SHARPE W F, 1964. Capital asset prices: a theory of market equilibrium under conditions of risk[J]. The journal of finance,19(3): 425-442.

SHEFRIN H, 2000. Beyond greed and fear: understanding behavioral finance and the psychology of investing[M]. Boston: Harvard Business School Press, 2000.

SHEFRIN H, STATMAN M, 2000. Behavioral portfolio theory[J]. Journal of financial and quantitative analysis,35(2): 127-151.

SHEFRIN H, STATMAN M, 1985. The disposition to sell winners too early and ride losers too long: theory and evidence[J]. Journal of finance,40(3): 771-790.

SHILLER R J, 2003. From efficient markets theory to behavioral finance[J]. Journal of economic perspectives,17(17): 83-104.

SHILLER R, 1981. Do stock prices move too much to be justified by subsequent changes in dividends? [J]. American Economic Review,71(6): 421-436.

SIMON H A, 1955. A behavioral model of rational choice[J]. The quarterly journal of economics,69(1): 99-118.

SIMON H A, 1956. Rational choice and the structure of the environment[J]. Psychological review, 63(2): 129-138.

SLOVIC P, FINUCANE M L, PETERS E, et al, 2007. The affect heuristic[J]. European journal of operational research, 177(3): 1333-1352.

SLOVIC P, LICHTENSTEIN S, 1968. Relative importance of probabilities and payoffs in risk taking[J]. Journal of experimental psychology,78(78): 1-18.

SUNG S, 2007. The effect of pride and regret on investors' trading behavior [EB/OL]. (2007-5) Wharton Research Scholars. http://repository.upenn.edu/wharton_research_scholars/44.

TELSER L G, 1955. Safety first and hedging[J]. Review of economic studies,23(23): 1-16.

THALER R H, BONDT D, 1985. Does the stock market over-react[J]. The journal of finance, 40(3): 793-805.

THALER R H, JOHNSON E J, 1990. Gambling with the house money and trying to break even: the effects of prior outcomes on risky choice[J]. Management science,36(6): 643-660.

THALER R H, SUNSTEIN C R, 2008. Nudge: improving decisions about health, wealth,and happiness[M]. New Haven: Yale University Press.

THALER R, 1980. Toward a positive theory of consumer choice[J]. Journal of economic behavior & organization, 1(1): 39-60.

THORSTEN H, MARTIN V, 2011. Does prospect theory explain the disposition effect[J]. Journal of behavioral finance,12(3): 141-157.

TREYNOR J, 1965. How to rate management of investment funds[J]. Harward

Business Review, 43(1): 63-75.

TVERSKY A, KAHNEMAN D, 2000. Choices, values and frames[M]. London: Cambridge University Press.

TVERSKY A, KAHNEMAN D, 1992. Advances in prospect theory: cumulative representation of uncertainty[J]. Journal of risk & uncertainty, 5(4): 297-323.

TVERSKY A, KAHNEMAN D, 1981. The framing of decisions and the psychology of choice[J]. Science, 211(4481): 453-458.

WANG Y, KESWANI A, TAYLOR S J, 2006. The relationships between sentiment, returns and volatility[J]. International journal of forecasting, 22(1): 109-123.

WEBER M, CAMERER C F, 1998. The disposition effect in securities trading: an experimental analysis[J]. Journal of economic behavior & organization, 33(2): 167-184.

WURGLER J A, BAKER M P, 2006. Investor sentiment and the cross-section of stock returns[J]. The journal of finance, 61(4): 1645-1680.

WYER R S, CLORE G L, ISBELL L M, 1999. Affect and information processing[J]. Advances in experimental social psychology, 31: 1-77.

YAARI M E, 1987. The dual theory of choice under risk[J]. Econometrica, 55(1): 95-115.

YAN H, HAN L, 2019 . Empirical distributions of stock returns: mixed normal or kernel density[J]. Physica a: statistical mechanics and its applications, 514(1): 473-486.

YANG Q, ZHOU S, GU R, et al, 2020. How do different kinds of incidental emotions influence risk decision make[J]. Biological psychology, 154(3): 107920.

YOUNG P, 1973. Feeling and emotion[M]. In Wolman B. Handbook of General Psychology, Englewood Cliffs, New Jersey: Prentice-Hall.

ZAJONC R B, 1980. Feeling and thinking: preferences need no inferences[J]. American psychologist, 35(2): 151.

ZEELENBERG M, PIETERS R, 2007. A theory of regret regulation 1. 0[J]. Journal of consumer psychology, 17(1): 3-18.

ZUCHEL H, 2001. What drives the disposition effect [D/OL]. Sonderforschungsbereich 504 Publications, University of Mannheim. https:// www. researchgate. net/publication/23753117_What_Drives_the_Disposition_ Effect/citation/download.

# 附录 1  二次规划法求解最小方差集合

## 一、预期情绪下的投资者最小方差集合

以下是预期情绪动机下根据二次规划方法最小方差集合的求解过程：

设组合中有 $n$ 只证券，各只证券期望收益率矩阵为 $R$，各个证券收益率序列的协方差矩阵为 $V$，证券的权重矩阵为 $\Omega$，单位矩阵为 $I$，组合中所有证券最大的期望收益率为 $R_{\max}$，所有证券最小的期望收益率为 $R_{\min}$，有：

$$R = \begin{pmatrix} R_1 \\ R_2 \\ \vdots \\ R_n \end{pmatrix}, \quad V = \begin{pmatrix} \sigma_1^2 & \sigma_{12} & \cdots & \sigma_{1n} \\ \sigma_{21} & \sigma_2^2 & \cdots & \sigma_{2n} \\ \vdots & \vdots & \vdots & \vdots \\ \sigma_{n1} & \sigma_{n2} & \cdots & \sigma_n^2 \end{pmatrix}, \quad X = \begin{pmatrix} \omega_1 \\ \omega_2 \\ \vdots \\ \omega_n \end{pmatrix}, \quad I = \begin{pmatrix} 1 \\ 1 \\ \vdots \\ 1 \end{pmatrix},$$

在避免后悔的情绪动机下，二次规划问题为：

$$\min \sigma_P^2 = X^{\mathrm{T}} V X \tag{1}$$

约束条件为：

$$X^{\mathrm{T}} I = 1 \tag{2}$$

$$\mathrm{E}(R_P) = X^{\mathrm{T}}[R + \alpha(R - R_{\max} I)] \tag{3}$$

构建拉格朗日函数：

$$L = X^{\mathrm{T}} V X - \lambda_1(X^{\mathrm{T}} I - 1) - \lambda_2\{X^{\mathrm{T}}[R + \alpha(R - R_{\max} I)] - R_P\} \tag{4}$$

函数 $L$ 的一阶条件为：

$$\frac{\partial L}{\partial X} = 2VX - \lambda_1 I - \lambda_2[R + \alpha(R - R_{\max} I)] = 0 \tag{5}$$

$$\frac{\partial L}{\partial \lambda_1} = X^{\mathrm{T}} I - 1 = 0 \tag{6}$$

$$\frac{\partial L}{\partial \lambda_2} = X^{\mathrm{T}}[R + \alpha(R - R_{\max} I)] - \mathrm{E}(R_P) = 0 \tag{7}$$

由式(5)得到：

$$X = \frac{1}{2}\lambda_1 V^{-1} I + \frac{1}{2}\lambda_2 V^{-1}[R + \alpha(R - R_{\max} I)] \tag{8}$$

$$X^{\mathrm{T}} = \frac{1}{2}\lambda_1 I^{\mathrm{T}} V^{-1} + \frac{1}{2}\lambda_2(1+\alpha) R^{\mathrm{T}} V^{-1} - \frac{1}{2}\lambda_2 \alpha R_{\max} I^{\mathrm{T}} V^{-1} \tag{9}$$

将式(9)带入到式(6)和式(7)中，得到：

$$\frac{1}{2}(\lambda_1 - \alpha\lambda_2 R_{\max}) C + \frac{1}{2}\lambda_2(1+\alpha) A - 1 = 0 \tag{10}$$

$$R_P = \left[\frac{1}{2}\lambda_1(1+\alpha) - \lambda_2\alpha(1+\alpha) R_{\max}\right] A +$$

$$\frac{1}{2}\lambda_2(1+\alpha)^2 B + \frac{1}{2}(\lambda_2 \alpha^2 R_{\max}^2 - \alpha R_{\max}\lambda_1) C \tag{11}$$

公式中：设 $A = R^{\mathrm{T}} V^{-1} I$，$B = R^{\mathrm{T}} V^{-1} R$，$C = I^{\mathrm{T}} V^{-1} I$，设 $D^2 = BC - A^2$，联立方程(8)、(10)和(11)，消去 $\lambda_1$、$\lambda_2$ 和 $X$ 得到：

$$\frac{\sigma_P^2}{1/C} - \frac{\{[\mathrm{E}(R_P) + \alpha R_{\max}]/(1+\alpha) - A/C\}^2}{D/C^2} = 1 \tag{12}$$

式(12)就是在避免后悔情绪动机下，投资者的最小方差集合。

在追求欣喜的投资动机下，投资者目标和约束条件为：

$$\min \sigma_P^2 = X^{\mathrm{T}} V X \tag{13}$$

约束条件为：

$$X^{\mathrm{T}} I = 1 \tag{14}$$

$$\mathrm{E}(R_P) = X^{\mathrm{T}}[R + \beta(R - R_{\min} I)] \tag{15}$$

可以上文解法得到追求欣喜投资者的最小方差集合：

$$\frac{\sigma_P^2}{1/C} - \frac{\{[\mathrm{E}(R_P) + \beta R_{\max}]/(1+\beta) - A/C\}^2}{D/C^2} = 1 \tag{16}$$

## 二、即时情绪下投资者的最小方差集合(即时情绪影响预期收益率)

即时情绪导致投资者群体对于证券的预期收益率进行了错误的估计，

错误的估计值为 $\delta h_0$。投资者的投资目标为：

$$\min \sigma_P^2 = X^{\mathrm{T}} V X \tag{17}$$

约束条件为：

$$X^{\mathrm{T}} I = 1 \tag{18}$$

$$\mathrm{E}(R_P) = X^{\mathrm{T}} R + \delta h_0 \tag{19}$$

构建拉格朗日函数：

$$L' = X^{\mathrm{T}} V X - \lambda_1 (X^{\mathrm{T}} I - 1) - \lambda_2 (X^{\mathrm{T}} R + \delta h_0 - R_P) \tag{20}$$

拉格朗日函数的一阶条件为：

$$\frac{\partial L'}{\partial X} = 2 V X - \lambda_1 I - \lambda_2 R = 0 \tag{21}$$

$$\frac{\partial L}{\partial \lambda_1} = X^{\mathrm{T}} I - 1 = 0 \tag{22}$$

$$\frac{\partial L}{\partial \lambda_2} = X^{\mathrm{T}} R + \delta h_0 - \mathrm{E}(R_P) = 0 \tag{23}$$

由式(21)得到：

$$X = \frac{1}{2} \lambda_1 V^{-1} I + \frac{1}{2} \lambda_2 V^{-1} R \tag{24}$$

$$X^{\mathrm{T}} = \frac{1}{2} \lambda_1 I^{\mathrm{T}} V^{-1} + \frac{1}{2} \lambda_2 R^{\mathrm{T}} V^{-1} \tag{25}$$

把式(24)带入到式(22)和式(23)，得到：

$$R_P = \frac{1}{2} \lambda_2 b + \frac{1}{2} \lambda_1 a + \delta h_0 \tag{26}$$

$$2 = \lambda_2 a + \lambda_1 c \tag{27}$$

联立方程(24)、(26)和(27)，得到：

$$\frac{\sigma_P^2}{1/C} - \frac{[\mathrm{E}(R_P) - A/C - \delta h_0]^2}{D/C^2} = 1 \tag{28}$$

方程(28)就是即时情绪影响预期收益率下的最小方差集合方程。

# 附录 2　基于情绪组合理论的
# 处置效应的理论证明

## 一、单一情绪动机下投资比例的证明

在追求欣喜的决策动机下,证券 $i$ 修正后的预期收益率为:

$$\mathrm{E}(\widetilde{r}_P) = \mathrm{E}(r_P) + \beta p(x_{i1} + r^*) \tag{1}$$

式(1)中, $\beta p(x_{i1} + r^*) > 0$, 因此 $\mathrm{E}(\widetilde{r}_P) > \mathrm{E}(r_P)$。上式表明,考虑到情绪动机后,投资者新的资产配置线向左转动。设原来的资产配置线方程为:

$$\mathrm{E}(R_P) = R_f + K\sigma_P \tag{2}$$

引入情绪动机后的新的资产配置线方程为:

$$\mathrm{E}(R_P) = R_f + K'\sigma_P \tag{3}$$

式中 $K' > K$。

投资者的无差异曲线族一般表达式为:

$$2\phi\mathrm{E}(R_P) - \eta\sigma_P^2 - 2(\theta - \rho\cos\psi)\sigma_P - \alpha\rho^2(\cos\psi)^2 - \\ 2\theta\rho\cos\psi + 2\phi\rho\sin\psi + \varepsilon - U_2 = 0 \tag{4}$$

式(4)中, $\rho$ 是无差异曲线上的点平行移动的距离, $\psi$ 是移动方向与横轴之间夹角。假设收益和风险各自独立地影响效用,由于无差异曲线族中的每条曲线不能相交,因此式(4)的曲线应该沿着主轴移动(即, $\psi = \pi/2$)。

分别计算直线(2)和直线(3)与曲线(4)的切点,得到原来资本市场线与无差异曲线的切点横坐标为:

$$\sigma_{M0} = \frac{\phi K - \theta}{\eta} \tag{5}$$

引入情绪动机后新的资产配置线与无差异曲线的切点横坐标为：

$$\sigma_{M1} = \frac{\phi K' - \theta}{\eta} \tag{6}$$

可以得到 $\sigma_{M1} > \sigma_{M0}$，这表明在追求欣喜的动机下，投资者增加了证券的投资比例。

在避免后悔的决策动机下，证券 $i$ 修正后的预期收益率为：

$$\mathrm{E}(\tilde{r}_P) = \mathrm{E}(r_P) - \alpha p(x_{i2} + r^*) \tag{7}$$

式(7)中，$-\alpha p(x_{i2} + r^*) < 0$，因此 $\mathrm{E}(\tilde{r}_P) < \mathrm{E}(r_P)$。上式表明，考虑到情绪动机后，投资者新的资产配置线向右转动。

引入情绪动机后的新的资产配置线方程为：

$$\mathrm{E}(R_P) = R_f + K'' \sigma_P \tag{8}$$

公式中 $K'' < K$。

引入情绪动机后新的资产配置线与无差异曲线的切点横坐标为：

$$\sigma_{M2} = \frac{\phi K'' - \theta}{\eta} \tag{9}$$

可以得到 $\sigma_{M2} < \sigma_{M0}$，这表明在追求欣喜的动机下，投资者减少了证券的投资比例。

## 二、异质情绪动机下组合的权重变化证明

证明过程参照《数量金融经济学》(第二版)(Cuthbertson，Nitzsche，2008)通过尺度变换求解市场组合的数学方法。相关变量为：

$$\omega = \begin{bmatrix} \omega_A \\ \omega_B \end{bmatrix}, \quad \Omega = \begin{bmatrix} \sigma_A^2 & \sigma_{AB} \\ \sigma_{AB} & \sigma_B^2 \end{bmatrix}, \quad e = \begin{bmatrix} 1 \\ 1 \end{bmatrix},$$

$$\mathrm{E}(R_P) = \begin{bmatrix} R_A \\ R_B \end{bmatrix}, \quad \Delta = \begin{bmatrix} -\delta_A \\ \delta_B \end{bmatrix}$$

$\omega$ 是盈利组合和亏损组合的权重矩阵，$\Omega$ 是盈利组合和亏损组合的协方差矩阵，$\mathrm{E}(R_P)$ 是盈利组合和亏损组合的期望收益率矩阵，$\Delta$ 是情绪动机对期望收益率的修正矩阵，设无风险利率为 $r_f$。

过无风险利率一点与风险组合构成的新的组合是一条直线，直线切点的斜率为：

$$\theta = \frac{\omega'[\mathrm{E}(R_P) - r_f e]}{(\omega' \Omega \omega)^{1/2}} \tag{10}$$

资本市场线是过无风险利率一点与风险组合外边界的切线，也是式(10)的极大值。因此有：

$$\frac{\mathrm{d}\theta}{\mathrm{d}\omega} = [\mathrm{E}(R_P) - r_f \cdot e](\omega' \Omega \omega)^{-1/2} -$$

$$\frac{1}{2}\omega'[\mathrm{E}(R_P) - r_f \cdot e](\omega' \Omega \omega)^{-3/2}(2\Omega \omega) = 0 \tag{11}$$

两边同时乘以 $(\omega' \Omega \omega)^{1/2}$，得到：

$$\mathrm{E}(R_P) - r_f \cdot e = \{\omega'[\mathrm{E}(R_P) - r_f \cdot e](\omega' \Omega \omega)^{-1}\}(\Omega \omega) = 0 \tag{12}$$

式(11)中，$\omega'(ER - r \cdot e)(\omega' \Omega \omega)^{-1}$ 实际上是市场组合的预期收益率与市场组合的风险之商，被称为单位风险价格，是一个常数，记为 $\eta$，令 $z = \eta \cdot \omega$，有：

$$z = \Omega^{-1}[\mathrm{E}(R_P) - r_f \cdot e] \tag{13}$$

最优市场组合的权重为：

$$\omega^* = \frac{z}{e'z} = \frac{\Omega^{-1}[\mathrm{E}(R_P) - r_f \cdot e]}{e' \cdot \Omega^{-1}[\mathrm{E}(R_P) - r_f \cdot e]} \tag{14}$$

根据以上尺度变换的求解过程，将相关变量带入到式(14)中，则不考虑情绪动机市场组合的权重为：

$$\omega_A = \frac{\sigma_B^2[\mathrm{E}(r_A) - r_f] - \sigma_{AB}[\mathrm{E}(r_B) - r_f]}{[\mathrm{E}(r_A) - r_f](\sigma_B^2 - \sigma_{AB}) + [\mathrm{E}(r_B) - r_f](\sigma_A^2 - \sigma_{AB})} \tag{15}$$

和

$$\omega_B = \frac{\sigma_A^2[\mathrm{E}(r_B) - r_f] - \sigma_{AB}[\mathrm{E}(r_A) - r_f]}{[\mathrm{E}(r_A) - r_f](\sigma_B^2 - \sigma_{AB}) + [\mathrm{E}(r_B) - r_f](\sigma_A^2 - \sigma_{AB})} \tag{16}$$

考虑到情绪动机带来的修正效应，令 $r_A' = r_A - \delta_A$，$r_B' = r_B - \delta_B$，带入到式(14)并进行换元，得到在异质情绪动机下的市场组合权重配比：

$$\omega_A' = \frac{\sigma_B^2[\mathrm{E}(r_A) - r_f] - \sigma_{AB}[\mathrm{E}(r_B) - r_f] - (\delta_A \sigma_B^2 + \delta_B \sigma_{AB})}{\{[\mathrm{E}(r_A) - r_f](\sigma_B^2 - \sigma_{AB}) + [\mathrm{E}(r_B) - r_f](\sigma_A^2 - \sigma_{AB}) - (\delta_A \sigma_B^2 + \delta_B \sigma_{AB})}$$

$$+ (\delta_A \sigma_{AB} + \delta_B \sigma_A^2)\}$$

$$\tag{17}$$

和

$$\omega'_B = \frac{\sigma_A^2\left[\mathrm{E}(r_B) - r_f\right] - \sigma_{AB}\left[\mathrm{E}(r_A) - r_f\right] + (\delta_B\sigma_A^2 + \delta_A\sigma_{AB})}{\{\left[\mathrm{E}(r_A) - r_f\right](\sigma_B^2 - \sigma_{AB}) + \left[\mathrm{E}(r_B) - r_f\right](\sigma_A^2 - \sigma_{AB}) + (\delta_B\sigma_A^2 + \delta_A\sigma_{AB}) - (\delta_B\sigma_{AB} + \delta_A\sigma_B^2)\}} \quad (18)$$

上述公式中有：$\omega_A + \omega_B = 1$ 和 $\omega'_A + \omega'_B = 1$。对于式(17)进行分析，式(17)大于式(15)的充分条件是：

$$\frac{\delta_B\sigma_A^2 + \delta_A\sigma_{AB}}{\sigma_A^2\left[\mathrm{E}(r_B) - r_f\right] - \sigma_{AB}\left[\mathrm{E}(r_A) - r_f\right]}$$
$$> \frac{(\delta_B\sigma_A^2 + \delta_A\sigma_{AB}) - (\delta_B\sigma_{AB} + \delta_A\sigma_B^2)}{\left[\mathrm{E}(r_A) - r_f\right](\sigma_B^2 - \sigma_{AB}) + \left[\mathrm{E}(r_B) - r_f\right](\sigma_A^2 - \sigma_{AB})} \quad (19)$$

计算以下算式得到：

$$\frac{\delta_B\sigma_A^2 + \delta_A\sigma_{AB}}{\sigma_A^2\left[\mathrm{E}(r_B) - r_f\right] - \sigma_{AB}\left[\mathrm{E}(r_A) - r_f\right]} -$$
$$\frac{(\delta_B\sigma_A^2 + \delta_A\sigma_{AB}) - (\delta_B\sigma_{AB} + \delta_A\sigma_B^2)}{\left[\mathrm{E}(r_A) - r_f\right](\sigma_B^2 - \sigma_{AB}) + \left[\mathrm{E}(r_B) - r_f\right](\sigma_A^2 - \sigma_{AB})}$$
$$= \frac{\{(\delta_B\sigma_A^2 + \delta_A\sigma_{AB}) \cdot \{\left[\mathrm{E}(r_A) - r_f\right](\sigma_B^2 - \sigma_{AB}) + \left[\mathrm{E}(r_B) - r_f\right](\sigma_A^2 - \sigma_{AB})\} - \left[(\delta_B\sigma_A^2 + \delta_A\sigma_{AB}) - (\delta_B\sigma_{AB} + \delta_A\sigma_B^2)\right] \cdot \{\sigma_A^2\left[\mathrm{E}(r_B) - r_f\right] - \sigma_{AB}\left[\mathrm{E}(r_A) - r_f\right]\}\}}{\{\sigma_A^2\left[\mathrm{E}(r_B) - r_f\right] - \sigma_{AB}\left[\mathrm{E}(r_A) - r_f\right]\} \cdot \{\left[\mathrm{E}(r_A) - r_f\right](\sigma_B^2 - \sigma_{AB}) + \left[\mathrm{E}(r_B) - r_f\right](\sigma_A^2 - \sigma_{AB})\}}$$
$$\quad (20)$$

对于式(20)的分子展开化简合并得到：

$$\delta_B\left[\mathrm{E}(r_A) - r_f\right](\sigma_A^2\sigma_B^2 - \sigma_{AB}^2) + \delta_A\left[\mathrm{E}(r_B) - r_f\right](\sigma_A^2\sigma_B^2 - \sigma_{AB}^2) \quad (21)$$

由于 $\sigma_{AB} = \sigma_A\sigma_B\rho_{AB}$，令 $\rho_{AB} \neq \pm 1$，根据风险和收益的市场属性有：$\mathrm{E}(r_A) - r_f > 0$，且 $\mathrm{E}(r_B) - r_f > 0$，得到：

$$\delta_B\left[\mathrm{E}(r_A) - r_f\right](\sigma_A^2\sigma_B^2 - \sigma_{AB}^2) + \delta_A\left[\mathrm{E}(r_B) - r_f\right](\sigma_A^2\sigma_B^2 - \sigma_{AB}^2) > 0 \quad (22)$$

式(22)的结论表明，式(19)成立，得到 $\omega'_B > \omega_B$ 和 $\omega'_A < \omega_A$。

# 附录3 不同均衡条件下组合结构的稳定性证明

由即时情绪所引发的均衡的改变：$M_0$ 是经典投资组合理论中的有效组合，$M_1$ 是新的均衡下的有效组合，$M_1'$ 是 $M_1$ 在经典最小方差集合的垂直投影。在新的均衡下，所有证券比照经典均衡下的预期收益率都增加了 $\delta h_0$。求证 $M_1$ 和 $M_1'$ 所代表的组合结构完全一致。

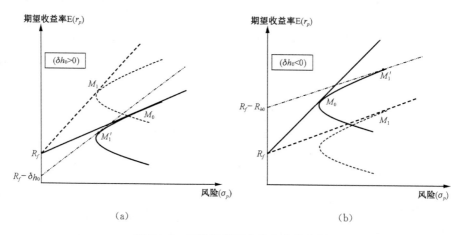

(a)                                    (b)

**图 3A. 1　两种均衡下有效组合示意图**

设组合中有 $n$ 只证券，各只证券期望收益率矩阵为 $E(R_P)$，各个证券收益率序列的协方差矩阵为 $\Omega$，证券的权重矩阵为 $\omega$，单位矩阵为 $e$，投资者对于每个证券预期收益率估计的误差为 $\delta h_0$，无风险利率为 $r_f$。

$$
E(R_P) = \begin{pmatrix} R_1 \\ R_2 \\ \vdots \\ R_n \end{pmatrix}, \quad
\Omega = \begin{pmatrix} \sigma_1^2 & \sigma_{12} & \cdots & \sigma_{1n} \\ \sigma_{21} & \sigma_2^2 & \cdots & \sigma_{2n} \\ \vdots & \vdots & \vdots & \vdots \\ \sigma_{n1} & \sigma_{n2} & \cdots & \sigma_n^2 \end{pmatrix}, \quad
\omega = \begin{pmatrix} \omega_1 \\ \omega_2 \\ \vdots \\ \omega_n \end{pmatrix}, \quad
e = \begin{pmatrix} 1 \\ 1 \\ \vdots \\ 1 \end{pmatrix},
$$

过无风险利率一点与风险组合构成的新的组合是一条直线，直线切点的斜率为：

$$\theta = \frac{\omega'[\mathrm{E}(R_P) - r_f e]}{(\omega'\Omega\omega)^{1/2}} \tag{1}$$

资本市场线是过无风险利率一点与风险组合外边界的切线，也是式(1)的极大值。因此有：

$$\frac{\mathrm{d}\theta}{\mathrm{d}\omega} = [\mathrm{E}(R_P) - r_f \cdot e](\omega'\Omega\omega)^{-1/2} -$$

$$\frac{1}{2}\omega'[\mathrm{E}(R_P) - r_f \cdot e](\omega'\Omega\omega)^{-3/2}(2\Omega\omega) = 0 \tag{2}$$

两边同时乘以 $(\omega'\Omega\omega)^{1/2}$，得到：

$$\mathrm{E}(R_P) - r_f \cdot e = \{\omega'[\mathrm{E}(R_P) - r_f \cdot e](\omega'\Omega\omega)^{-1}\}(\Omega\omega) = 0 \tag{3}$$

式(3)中，$\omega'(\mathrm{E}R - r \cdot e)(\omega'\Omega\omega)^{-1}$ 实际上是市场组合的预期收益率与市场组合的风险之商，被称为单位风险价格，是一个常数，记为 $\eta$，令 $z = \eta \cdot \omega$，有：

$$z = \Omega^{-1}[\mathrm{E}(R_P) - r_f \cdot e] \tag{4}$$

最优市场组合的权重为：

$$\omega^* = \frac{z}{e'z} = \frac{\Omega^{-1}[\mathrm{E}(R_P) - r_f \cdot e]}{e' \cdot \Omega^{-1}[\mathrm{E}(R_P) - r_f \cdot e]} \tag{5}$$

式(5)可以作为投资组合理论有效组合权重构成的一般性公式。在公式中，$\mathrm{E}(R_P)$ 是投资者估计的构成组合的每个证券的期望收益率矩阵，$r_f$ 是无风险利率。

当投资者错误估计了股票的预期收益率时（图 3A.1），组合中每个股票的期望收益率矩阵变为 $\mathrm{E}(R_P) + \delta h_0 e$。把这一公式带入到式(5)中，得到在情绪影响下，新的有效组合的权重构成为：

$$\omega' = \frac{z}{e'z} = \frac{\Omega^{-1}[\mathrm{E}(R_P) + \delta h_0 e - r_f \cdot e]}{e' \cdot \Omega^{-1}[\mathrm{E}(R_P) + \delta h_0 e - r_f \cdot e]} \tag{6}$$

在新的均衡中，有效组合 $M_1$ 的坐标为：

$$\mathrm{E}(R_{M1}) = \frac{A}{C} + \delta h_0 + \frac{\dfrac{D}{C^2}}{\dfrac{A}{C} - R_f + \delta h_0} \tag{7}$$

$$\sigma_{M1} = \sqrt{\frac{1}{C} \times \left[1 + \frac{\frac{D}{C^2}}{\left(\frac{A}{C} - R_f\right)^2}\right]} \tag{8}$$

$M_1$ 在经典最小方差集合上的投影为 $M_1'$，$M_1'$ 的横坐标与 $M_1$ 相同，即 $\sigma_{M_1} = \sigma_{M_1'}$。$M_1'$ 的纵坐标可以通过经典最小方差集合的方程求出，得到：

$$E(R_{M'1}) = \frac{A}{C} + \frac{\frac{D}{C^2}}{\frac{A}{C} - R_f + \delta h_0} \tag{9}$$

假设在经典最小方差集合的均衡中，无风险利率变为 $r_f - \delta h_0$，此时资本市场线与最小方差集合切点的坐标为：

$$E(R_{M'1}) = \frac{A}{C} + \frac{\frac{D}{C^2}}{\frac{A}{C} - R_f + \delta h_0} \tag{10}$$

$$\sigma_{M1} = \sqrt{\frac{1}{C} \times \left[1 + \frac{\frac{D}{C^2}}{\left(\frac{A}{C} - R_f\right)^2}\right]} \tag{11}$$

可以看出，此时的切点就是 $M_1'$。

这样一来，我们可以利用上文尺度变换的方法，求得 $M_1'$ 的组合结构。设无风险利率为 $r_f - \delta h_0$，把 $r_f - \delta h_0$ 带入到公式(5)中，得到：

$$\omega'' = \frac{z}{e'z} = \frac{\Omega^{-1}[E(R_P) + \delta h_0 e - r_f \cdot e]}{e' \cdot \Omega^{-1}[E(R_P) + \delta h_0 e - r_f \cdot e]} \tag{12}$$

以上得到 $\omega' = \omega''$。

所以得到以下结论：新的均衡的有效组合与其在经典最小方差集合上的投影的组合结构相同。

附表 1　预期情绪投资策略的基本数据(做空策略)

累积收益率

| 年 | 月 | 日 | 沪深300指数收盘 | 5日ADR | P2/P1 | P3/P1 | P4/P1 | P5/P1 | max | min | 0.01 | 0.02 | 0.03 | 0.04 | 0.05 | 0.06 | 0.07 | 0.08 | 0.09 | 0.1 | 0.11 | 0.12 | 0.13 | 0.14 | 0.15 | 0.16 | 0.17 | 0.18 | 0.19 | 0.2 |
|---|---|---|---|---|---|---|---|---|---|---|---|---|---|---|---|---|---|---|---|---|---|---|---|---|---|---|---|---|---|---|
| 2011 | 1 | 5 | 3 175.66 | 2.91 | 0.995 | 0.997 | 0.979 | 0.984 | 0.997 | 0.979 | 1.010 | 1.020 | 1.016 | 1.016 | 1.016 | 1.016 | 1.016 | 1.016 | 1.016 | 1.016 | 1.016 | 1.016 | 1.016 | 1.016 | 1.016 | 1.016 | 1.016 | 1.016 | 1.016 | 1.016 |
| 2011 | 1 | 31 | 3 076.51 | 2.87 | 1.000 | 0.988 | 1.009 | 1.014 | 1.014 | 0.988 | 1.020 | 1.005 | 1.001 | 1.001 | 1.001 | 1.001 | 1.001 | 1.001 | 1.001 | 1.001 | 1.001 | 1.001 | 1.001 | 1.001 | 1.001 | 1.001 | 1.001 | 1.001 | 1.001 | 1.001 |
| 2011 | 2 | 16 | 3 248.53 | 3.48 | 0.999 | 0.989 | 1.003 | 0.974 | 1.003 | 0.974 | 1.030 | 1.025 | 1.027 | 1.027 | 1.027 | 1.027 | 1.027 | 1.027 | 1.027 | 1.027 | 1.027 | 1.027 | 1.027 | 1.027 | 1.027 | 1.027 | 1.027 | 1.027 | 1.027 | 1.027 |
| 2011 | 6 | 27 | 3 036.49 | 4.17 | 1.002 | 0.988 | 1.003 | 1.004 | 1.004 | 0.988 | 1.041 | 1.021 | 1.023 | 1.023 | 1.023 | 1.023 | 1.023 | 1.023 | 1.023 | 1.023 | 1.023 | 1.023 | 1.023 | 1.023 | 1.023 | 1.023 | 1.023 | 1.023 | 1.023 | 1.023 |
| 2011 | 7 | 6 | 3 113.71 | 2.69 | 0.996 | 0.999 | 1.000 | 0.982 | 1.000 | 0.982 | 1.051 | 1.040 | 1.042 | 1.042 | 1.042 | 1.042 | 1.042 | 1.042 | 1.042 | 1.042 | 1.042 | 1.042 | 1.042 | 1.042 | 1.042 | 1.042 | 1.042 | 1.042 | 1.042 | 1.042 |
| 2011 | 7 | 15 | 2 917.88 | 3.33 | 0.993 | 0.989 | 0.971 | 0.962 | 0.993 | 0.962 | 1.062 | 1.060 | 1.073 | 1.081 | 1.081 | 1.081 | 1.081 | 1.081 | 1.081 | 1.081 | 1.081 | 1.081 | 1.081 | 1.081 | 1.081 | 1.081 | 1.081 | 1.081 | 1.081 | 1.081 |
| 2011 | 8 | 28 | 2 709.02 | 4.97 | 0.995 | 0.996 | 1.012 | 1.013 | 1.013 | 0.995 | 1.048 | 1.046 | 1.059 | 1.067 | 1.067 | 1.067 | 1.067 | 1.067 | 1.067 | 1.067 | 1.067 | 1.067 | 1.067 | 1.067 | 1.067 | 1.067 | 1.067 | 1.067 | 1.067 | 1.067 |
| 2012 | 2 | 8 | 2 528.24 | 2.61 | 1.000 | 1.002 | 1.001 | 0.998 | 1.002 | 0.998 | 1.050 | 1.049 | 1.062 | 1.070 | 1.070 | 1.070 | 1.070 | 1.070 | 1.070 | 1.070 | 1.070 | 1.070 | 1.070 | 1.070 | 1.070 | 1.070 | 1.070 | 1.070 | 1.070 | 1.070 |
| 2012 | 2 | 24 | 2 648.02 | 3.1 | 1.003 | 1.005 | 0.995 | 0.994 | 1.005 | 0.994 | 1.056 | 1.055 | 1.067 | 1.075 | 1.075 | 1.075 | 1.075 | 1.075 | 1.075 | 1.075 | 1.075 | 1.075 | 1.075 | 1.075 | 1.075 | 1.075 | 1.075 | 1.075 | 1.075 | 1.075 |
| 2012 | 4 | 16 | 2 574.04 | 2.65 | 0.988 | 1.010 | 1.009 | 1.021 | 1.021 | 0.988 | 1.067 | 1.033 | 1.045 | 1.053 | 1.053 | 1.053 | 1.053 | 1.053 | 1.053 | 1.053 | 1.053 | 1.053 | 1.053 | 1.053 | 1.053 | 1.053 | 1.053 | 1.053 | 1.053 | 1.053 |
| 2012 | 8 | 7 | 2 388.87 | 3.16 | 1.000 | 1.010 | 1.005 | 0.985 | 1.010 | 0.985 | 1.077 | 1.049 | 1.062 | 1.070 | 1.070 | 1.070 | 1.070 | 1.070 | 1.070 | 1.070 | 1.070 | 1.070 | 1.070 | 1.070 | 1.070 | 1.070 | 1.070 | 1.070 | 1.070 | 1.070 |
| 2012 | 9 | 12 | 2 320.07 | 2.68 | 0.991 | 0.998 | 0.974 | 0.963 | 0.998 | 0.963 | 1.088 | 1.070 | 1.094 | 1.109 | 1.109 | 1.109 | 1.109 | 1.109 | 1.109 | 1.109 | 1.109 | 1.109 | 1.109 | 1.109 | 1.109 | 1.109 | 1.109 | 1.109 | 1.109 | 1.109 |
| 2012 | 10 | 10 | 2 324.12 | 4.09 | 0.991 | 0.992 | 0.987 | 0.989 | 0.992 | 0.987 | 1.099 | 1.082 | 1.106 | 1.121 | 1.121 | 1.121 | 1.121 | 1.121 | 1.121 | 1.121 | 1.121 | 1.121 | 1.121 | 1.121 | 1.121 | 1.121 | 1.121 | 1.121 | 1.121 | 1.121 |
| 2012 | 12 | 10 | 2 271.05 | 4.57 | 0.994 | 0.999 | 0.987 | 1.037 | 1.037 | 0.987 | 1.110 | 1.042 | 1.064 | 1.079 | 1.079 | 1.079 | 1.079 | 1.079 | 1.079 | 1.079 | 1.079 | 1.079 | 1.079 | 1.079 | 1.079 | 1.079 | 1.079 | 1.079 | 1.079 | 1.079 |
| 2012 | 12 | 31 | 2 522.95 | 2.94 | 1.001 | 1.005 | 1.001 | 1.001 | 1.005 | 1.001 | 1.109 | 1.040 | 1.063 | 1.078 | 1.078 | 1.078 | 1.078 | 1.078 | 1.078 | 1.078 | 1.078 | 1.078 | 1.078 | 1.078 | 1.078 | 1.078 | 1.078 | 1.078 | 1.078 | 1.078 |
| 2013 | 5 | 8 | 2 542.8 | 2.62 | 0.994 | 0.999 | 0.995 | 0.981 | 0.999 | 0.981 | 1.120 | 1.061 | 1.084 | 1.099 | 1.099 | 1.099 | 1.099 | 1.099 | 1.099 | 1.099 | 1.099 | 1.099 | 1.099 | 1.099 | 1.099 | 1.099 | 1.099 | 1.099 | 1.099 | 1.099 |
| 2013 | 5 | 21 | 2 614.85 | 3.82 | 1.001 | 0.988 | 0.993 | 0.994 | 1.001 | 0.988 | 1.131 | 1.067 | 1.090 | 1.105 | 1.105 | 1.105 | 1.105 | 1.105 | 1.105 | 1.105 | 1.105 | 1.105 | 1.105 | 1.105 | 1.105 | 1.105 | 1.105 | 1.105 | 1.105 | 1.105 |
| 2013 | 7 | 15 | 2 307.3 | 2.89 | 1.005 | 0.989 | 0.973 | 0.949 | 1.005 | 0.949 | 1.142 | 1.082 | 1.123 | 1.150 | 1.161 | 1.161 | 1.161 | 1.161 | 1.161 | 1.161 | 1.161 | 1.161 | 1.161 | 1.161 | 1.161 | 1.161 | 1.161 | 1.161 | 1.161 | 1.161 |
| 2013 | 8 | 5 | 2 278.33 | 2.77 | 1.007 | 1.001 | 0.999 | 1.003 | 1.007 | 0.999 | 1.138 | 1.084 | 1.119 | 1.146 | 1.157 | 1.157 | 1.157 | 1.157 | 1.157 | 1.157 | 1.157 | 1.157 | 1.157 | 1.157 | 1.157 | 1.157 | 1.157 | 1.157 | 1.157 | 1.157 |
| 2013 | 11 | 18 | 2 428.9 | 2.81 | 0.993 | 0.998 | 0.992 | 0.987 | 0.998 | 0.987 | 1.150 | 1.098 | 1.133 | 1.160 | 1.171 | 1.172 | 1.172 | 1.172 | 1.172 | 1.172 | 1.172 | 1.172 | 1.172 | 1.172 | 1.172 | 1.172 | 1.172 | 1.172 | 1.172 | 1.172 |
| 2014 | 7 | 2 | 2 170.87 | 2.64 | 1.004 | 1.004 | 1.002 | 1.004 | 1.004 | 1.002 | 1.145 | 1.093 | 1.128 | 1.155 | 1.166 | 1.167 | 1.167 | 1.167 | 1.167 | 1.167 | 1.167 | 1.167 | 1.167 | 1.167 | 1.167 | 1.167 | 1.167 | 1.167 | 1.167 | 1.167 |
| 2014 | 7 | 28 | 2 323.9 | 2.71 | 1.003 | 0.999 | 1.011 | 1.002 | 1.011 | 0.999 | 1.142 | 1.091 | 1.126 | 1.152 | 1.163 | 1.167 | 1.167 | 1.167 | 1.167 | 1.167 | 1.167 | 1.167 | 1.167 | 1.167 | 1.167 | 1.167 | 1.167 | 1.167 | 1.167 | 1.167 |
| 2014 | 9 | 2 | 2 386.46 | 2.8 | 1.009 | 1.017 | 1.026 | 1.025 | 1.026 | 1.009 | 1.114 | 1.064 | 1.098 | 1.124 | 1.135 | 1.164 | 1.164 | 1.164 | 1.164 | 1.164 | 1.164 | 1.164 | 1.164 | 1.164 | 1.164 | 1.164 | 1.164 | 1.164 | 1.164 | 1.164 |
| 2014 | 10 | 30 | 2 468.93 | 2.71 | 1.016 | 1.018 | 1.018 | 1.014 | 1.018 | 1.014 | 1.098 | 1.049 | 1.083 | 1.108 | 1.119 | 1.120 | 1.120 | 1.120 | 1.120 | 1.120 | 1.120 | 1.120 | 1.120 | 1.120 | 1.120 | 1.120 | 1.120 | 1.120 | 1.120 | 1.120 |
| 2014 | 11 | 27 | 2 754.49 | 2.8 | 1.020 | 1.024 | 1.062 | 1.077 | 1.077 | 1.020 | 1.013 | 0.968 | 0.999 | 1.023 | 1.032 | 1.033 | 1.033 | 1.033 | 1.033 | 1.033 | 1.033 | 1.033 | 1.033 | 1.033 | 1.033 | 1.033 | 1.033 | 1.033 | 1.033 | 1.033 |
| 2015 | 1 | 26 | 3 607.98 | 3.75 | 0.991 | 0.977 | 0.965 | 0.952 | 0.991 | 0.952 | 1.023 | 0.987 | 1.029 | 1.063 | 1.082 | 1.083 | 1.083 | 1.083 | 1.083 | 1.083 | 1.083 | 1.083 | 1.083 | 1.083 | 1.083 | 1.083 | 1.083 | 1.083 | 1.083 | 1.083 |
| 2015 | 2 | 16 | 3 499.48 | 4.05 | 1.007 | 0.994 | 1.019 | 1.021 | 1.021 | 0.994 | 1.002 | 0.967 | 1.007 | 1.041 | 1.059 | 1.060 | 1.060 | 1.060 | 1.060 | 1.060 | 1.060 | 1.060 | 1.060 | 1.060 | 1.060 | 1.060 | 1.060 | 1.060 | 1.060 | 1.060 |

预期情绪和即时情绪影响下的投资
组合选择和投资者行为研究

（续表）

| 年 | 月 | 日 | 沪深300指数收盘 | 5日ADR | P2/P1 | P3/P1 | P4/P1 | P5/P1 | max | min | 累积收益率 0.01 | 0.02 | 0.03 | 0.04 | 0.05 | 0.06 | 0.07 | 0.08 | 0.09 | 0.1 | 0.11 | 0.12 | 0.13 | 0.14 | 0.15 | 0.16 | 0.17 | 0.18 | 0.19 | 0.2 |
|---|---|---|---|---|---|---|---|---|---|---|---|---|---|---|---|---|---|---|---|---|---|---|---|---|---|---|---|---|---|---|
| 2015 | 3 | 18 | 3 846.06 | 3.69 | 0.998 | 1.012 | 1.033 | 1.033 | 1.033 | 0.998 | 0.969 | 0.935 | 0.974 | 1.007 | 1.024 | 1.025 | 1.025 | 1.025 | 1.025 | 1.025 | 1.025 | 1.025 | 1.025 | 1.025 | 1.025 | 1.025 | 1.025 | 1.025 | 1.025 | 1.025 |
| 2015 | 4 | 7 | 4 260.04 | 2.61 | 1.008 | 1.000 | 1.020 | 1.038 | 1.038 | 1.000 | 0.932 | 0.899 | 0.937 | 0.969 | 0.986 | 0.986 | 0.986 | 0.986 | 0.986 | 0.986 | 0.986 | 0.986 | 0.986 | 0.986 | 0.986 | 0.986 | 0.986 | 0.986 | 0.986 | 0.986 |
| 2015 | 5 | 14 | 4 700.78 | 3.15 | 0.982 | 0.973 | 1.006 | 1.012 | 1.012 | 0.973 | 0.942 | 0.917 | 0.926 | 0.958 | 0.974 | 0.975 | 0.975 | 0.975 | 0.975 | 0.975 | 0.975 | 0.975 | 0.975 | 0.975 | 0.975 | 0.975 | 0.975 | 0.975 | 0.975 | 0.975 |
| 2015 | 5 | 22 | 4 951.33 | 3.23 | 1.030 | 1.050 | 1.046 | 0.976 | 1.050 | 0.976 | 0.951 | 0.936 | 0.948 | 0.980 | 0.997 | 0.998 | 0.998 | 0.998 | 0.998 | 0.998 | 0.998 | 0.998 | 0.998 | 0.998 | 0.998 | 0.998 | 0.998 | 0.998 | 0.998 | 0.998 |
| 2015 | 7 | 22 | 4 157.16 | 3.02 | 1.023 | 1.005 | 0.919 | 0.917 | 1.023 | 0.917 | 0.960 | 0.954 | 0.977 | 1.019 | 1.047 | 1.058 | 1.068 | 1.078 | 1.081 | 1.081 | 1.081 | 1.081 | 1.081 | 1.081 | 1.081 | 1.081 | 1.081 | 1.081 | 1.081 | 1.081 |
| 2015 | 8 | 13 | 4 075.46 | 2.95 | 1.000 | 1.001 | 0.939 | 0.954 | 1.001 | 0.939 | 0.970 | 0.974 | 1.006 | 1.060 | 1.100 | 1.121 | 1.117 | 1.128 | 1.131 | 1.131 | 1.131 | 1.131 | 1.131 | 1.131 | 1.131 | 1.131 | 1.131 | 1.131 | 1.131 | 1.131 |
| 2015 | 10 | 12 | 3 447.69 | 2.66 | 0.999 | 0.988 | 1.011 | 1.025 | 1.025 | 0.988 | 0.980 | 0.949 | 0.981 | 1.034 | 1.072 | 1.093 | 1.089 | 1.100 | 1.103 | 1.103 | 1.103 | 1.103 | 1.103 | 1.103 | 1.103 | 1.103 | 1.103 | 1.103 | 1.103 | 1.103 |
| 2015 | 11 | 9 | 3 840.35 | 2.88 | 0.998 | 0.998 | 0.988 | 0.975 | 0.998 | 0.975 | 0.990 | 0.968 | 1.005 | 1.059 | 1.098 | 1.120 | 1.116 | 1.127 | 1.130 | 1.130 | 1.130 | 1.130 | 1.130 | 1.130 | 1.130 | 1.130 | 1.130 | 1.130 | 1.130 | 1.130 |
| 2016 | 2 | 4 | 2 984.76 | 2.67 | 0.993 | 0.987 | 1.018 | 1.026 | 1.026 | 0.987 | 0.999 | 0.943 | 0.978 | 1.031 | 1.069 | 1.091 | 1.087 | 1.097 | 1.100 | 1.100 | 1.100 | 1.100 | 1.100 | 1.100 | 1.100 | 1.100 | 1.100 | 1.100 | 1.100 | 1.100 |
| 2016 | 2 | 22 | 3 118.87 | 2.79 | 0.991 | 0.997 | 0.936 | 0.945 | 0.997 | 0.936 | 1.009 | 0.961 | 1.008 | 1.072 | 1.123 | 1.156 | 1.146 | 1.157 | 1.161 | 1.161 | 1.161 | 1.161 | 1.161 | 1.161 | 1.161 | 1.161 | 1.161 | 1.161 | 1.161 | 1.161 |
| 2016 | 3 | 7 | 3 104.84 | 2.62 | 1.001 | 0.989 | 0.970 | 0.972 | 1.001 | 0.970 | 1.020 | 0.981 | 1.036 | 1.102 | 1.154 | 1.188 | 1.178 | 1.189 | 1.193 | 1.193 | 1.193 | 1.193 | 1.193 | 1.193 | 1.193 | 1.193 | 1.193 | 1.193 | 1.193 | 1.193 |
| 2016 | 3 | 23 | 3 236.09 | 3.39 | 0.983 | 0.988 | 0.979 | 0.969 | 0.988 | 0.969 | 1.030 | 1.000 | 1.067 | 1.137 | 1.190 | 1.225 | 1.215 | 1.226 | 1.230 | 1.230 | 1.230 | 1.230 | 1.230 | 1.230 | 1.230 | 1.230 | 1.230 | 1.230 | 1.230 | 1.230 |
| 2018 | 2 | 23 | 4 071.09 | 3 | 1.012 | 0.997 | 0.988 | 0.995 | 1.012 | 0.988 | 1.040 | 1.006 | 1.073 | 1.143 | 1.197 | 1.232 | 1.222 | 1.233 | 1.237 | 1.237 | 1.237 | 1.237 | 1.237 | 1.237 | 1.237 | 1.237 | 1.237 | 1.237 | 1.237 | 1.237 |
| 2018 | 11 | 5 | 3 262.84 | 3.36 | 0.994 | 0.987 | 0.985 | 0.971 | 0.994 | 0.971 | 1.050 | 1.026 | 1.104 | 1.176 | 1.232 | 1.268 | 1.257 | 1.269 | 1.273 | 1.273 | 1.273 | 1.273 | 1.273 | 1.273 | 1.273 | 1.273 | 1.273 | 1.273 | 1.273 | 1.273 |
| 2018 | 11 | 16 | 3 257.67 | 3.34 | 1.011 | 0.988 | 0.990 | 0.987 | 1.011 | 0.987 | 1.061 | 1.039 | 1.119 | 1.192 | 1.248 | 1.285 | 1.274 | 1.286 | 1.290 | 1.290 | 1.290 | 1.290 | 1.290 | 1.290 | 1.290 | 1.290 | 1.290 | 1.290 | 1.290 | 1.290 |
| 2019 | 2 | 13 | 3 397.03 | 3.85 | 1.002 | 0.983 | 1.014 | 1.013 | 1.014 | 0.983 | 1.072 | 1.026 | 1.105 | 1.177 | 1.232 | 1.269 | 1.258 | 1.270 | 1.274 | 1.274 | 1.274 | 1.274 | 1.274 | 1.274 | 1.274 | 1.274 | 1.274 | 1.274 | 1.274 | 1.274 |
| 2019 | 2 | 14 | 3 402.14 | 6.02 | 0.981 | 1.013 | 1.011 | 1.015 | 1.015 | 0.981 | 1.082 | 1.011 | 1.089 | 1.160 | 1.214 | 1.250 | 1.240 | 1.251 | 1.255 | 1.255 | 1.255 | 1.255 | 1.255 | 1.255 | 1.255 | 1.255 | 1.255 | 1.255 | 1.255 | 1.255 |
| 2019 | 3 | 6 | 3 848.09 | 3.27 | 0.990 | 0.950 | 0.969 | 0.976 | 0.990 | 0.950 | 1.093 | 1.032 | 1.121 | 1.206 | 1.244 | 1.280 | 1.269 | 1.281 | 1.285 | 1.285 | 1.285 | 1.285 | 1.285 | 1.285 | 1.285 | 1.285 | 1.285 | 1.285 | 1.285 | 1.285 |
| 2019 | 4 | 4 | 4 062.23 | 2.84 | 0.999 | 1.003 | 1.006 | 0.984 | 1.006 | 0.984 | 1.104 | 1.048 | 1.139 | 1.225 | 1.263 | 1.301 | 1.290 | 1.302 | 1.306 | 1.306 | 1.306 | 1.306 | 1.306 | 1.306 | 1.306 | 1.306 | 1.306 | 1.306 | 1.306 | 1.306 |
| 2019 | 6 | 21 | 3 833.94 | 2.77 | 1.002 | 0.991 | 0.990 | 1.000 | 1.002 | 0.990 | 1.115 | 1.048 | 1.139 | 1.225 | 1.263 | 1.300 | 1.289 | 1.301 | 1.305 | 1.305 | 1.305 | 1.305 | 1.305 | 1.305 | 1.305 | 1.305 | 1.305 | 1.305 | 1.305 | 1.305 |
| 2019 | 12 | 19 | 4 027.15 | 2.95 | 0.998 | 0.985 | 0.992 | 0.991 | 0.998 | 0.985 | 1.126 | 1.057 | 1.149 | 1.236 | 1.274 | 1.312 | 1.301 | 1.313 | 1.317 | 1.317 | 1.317 | 1.317 | 1.317 | 1.317 | 1.317 | 1.317 | 1.317 | 1.317 | 1.317 | 1.317 |
| 2020 | 3 | 6 | 4 138.51 | 2.78 | 0.966 | 0.987 | 0.973 | 0.955 | 0.987 | 0.955 | 1.137 | 1.078 | 1.183 | 1.285 | 1.332 | 1.371 | 1.360 | 1.373 | 1.377 | 1.377 | 1.377 | 1.377 | 1.377 | 1.377 | 1.377 | 1.377 | 1.377 | 1.377 | 1.377 | 1.377 |
| 2020 | 7 | 6 | 4 670.09 | 3.84 | 1.006 | 1.022 | 1.037 | 1.018 | 1.037 | 1.006 | 1.117 | 1.059 | 1.162 | 1.263 | 1.308 | 1.347 | 1.336 | 1.348 | 1.352 | 1.352 | 1.352 | 1.352 | 1.352 | 1.352 | 1.352 | 1.352 | 1.352 | 1.352 | 1.352 | 1.352 |
| 2020 | 8 | 3 | 4 771.31 | 2.85 | 1.001 | 1.001 | 0.998 | 0.987 | 1.001 | 0.987 | 1.128 | 1.073 | 1.178 | 1.279 | 1.326 | 1.365 | 1.353 | 1.366 | 1.370 | 1.370 | 1.370 | 1.370 | 1.370 | 1.370 | 1.370 | 1.370 | 1.370 | 1.370 | 1.370 | 1.370 |
| 2021 | 2 | 19 | 5 778.84 | 2.99 | 0.969 | 0.950 | 0.941 | 0.946 | 0.969 | 0.941 | 1.140 | 1.095 | 1.213 | 1.330 | 1.392 | 1.438 | 1.426 | 1.439 | 1.444 | 1.444 | 1.444 | 1.444 | 1.444 | 1.444 | 1.444 | 1.444 | 1.444 | 1.444 | 1.444 | 1.444 |
| 2022 | 10 | 17 | 3 846.41 | 3.44 | 0.998 | 0.966 | 0.976 | 0.973 | 0.998 | 0.973 | 1.151 | 1.117 | 1.246 | 1.366 | 1.430 | 1.477 | 1.464 | 1.478 | 1.482 | 1.482 | 1.482 | 1.482 | 1.482 | 1.482 | 1.482 | 1.482 | 1.482 | 1.482 | 1.482 | 1.482 |
| 2022 | 11 | 4 | 3 767.17 | 2.8 | 1.002 | 0.982 | 0.986 | 0.978 | 1.002 | 0.978 | 1.163 | 1.139 | 1.273 | 1.396 | 1.461 | 1.509 | 1.496 | 1.510 | 1.514 | 1.514 | 1.514 | 1.514 | 1.514 | 1.514 | 1.514 | 1.514 | 1.514 | 1.514 | 1.514 | 1.514 |

**附表 2　预期情绪投资策略的基本数据（做多策略）**

| 年 | 月 | 日 | 沪深300指数 | 5日ADR | P2/P1 | P3/P1 | P4/P1 | P5/P1 | max | min | 累积收益率 0.01 | 0.02 | 0.03 | 0.04 | 0.05 | 0.06 | 0.07 | 0.08 | 0.09 | 0.1 | 0.11 | 0.12 | 0.13 | 0.14 | 0.15 | 0.16 | 0.17 | 0.18 | 0.19 | 0.2 |
|---|---|---|---|---|---|---|---|---|---|---|---|---|---|---|---|---|---|---|---|---|---|---|---|---|---|---|---|---|---|---|
| 2011 | 1 | 11 | 3 124.92 | 0.67 | 1.006 | 1.005 | 0.989 | 0.952 | 1.006 | 0.952 | 0.952 | 0.952 | 0.952 | 0.952 | 0.952 | 0.952 | 0.952 | 0.952 | 0.952 | 0.952 | 0.952 | 0.952 | 0.952 | 0.952 | 0.952 | 0.952 | 0.952 | 0.952 | 0.952 | 0.952 |
| 2011 | 3 | 15 | 3 203.96 | 0.63 | 1.014 | 0.998 | 1.004 | 1.001 | 1.014 | 0.998 | 0.961 | 0.953 | 0.953 | 0.953 | 0.953 | 0.953 | 0.953 | 0.953 | 0.953 | 0.953 | 0.953 | 0.953 | 0.953 | 0.953 | 0.953 | 0.953 | 0.953 | 0.953 | 0.953 | 0.953 |
| 2011 | 3 | 31 | 3 223.29 | 0.72 | 1.015 | 1.027 | 1.031 | 1.040 | 1.040 | 1.015 | 0.971 | 0.972 | 0.981 | 0.991 | 0.991 | 0.991 | 0.991 | 0.991 | 0.991 | 0.991 | 0.991 | 0.991 | 0.991 | 0.991 | 0.991 | 0.991 | 0.991 | 0.991 | 0.991 | 0.991 |
| 2011 | 4 | 25 | 3 249.57 | 0.74 | 0.994 | 0.988 | 0.973 | 0.983 | 0.994 | 0.973 | 0.954 | 0.955 | 0.964 | 0.974 | 0.974 | 0.974 | 0.974 | 0.974 | 0.974 | 0.974 | 0.974 | 0.974 | 0.974 | 0.974 | 0.974 | 0.974 | 0.974 | 0.974 | 0.974 | 0.974 |
| 2011 | 5 | 23 | 3 022.98 | 0.64 | 1.001 | 0.989 | 0.985 | 0.980 | 1.001 | 0.980 | 0.935 | 0.936 | 0.945 | 0.954 | 0.955 | 0.955 | 0.955 | 0.955 | 0.955 | 0.955 | 0.955 | 0.955 | 0.955 | 0.955 | 0.955 | 0.955 | 0.955 | 0.955 | 0.955 | 0.955 |
| 2011 | 6 | 15 | 2 963.12 | 0.73 | 0.985 | 0.976 | 0.970 | 0.982 | 0.985 | 0.970 | 0.918 | 0.919 | 0.928 | 0.937 | 0.937 | 0.937 | 0.937 | 0.937 | 0.937 | 0.937 | 0.937 | 0.937 | 0.937 | 0.937 | 0.937 | 0.937 | 0.937 | 0.937 | 0.937 | 0.937 |
| 2011 | 7 | 12 | 3 056.91 | 0.74 | 1.016 | 1.019 | 1.024 | 1.021 | 1.024 | 1.016 | 0.927 | 0.937 | 0.948 | 0.957 | 0.957 | 0.957 | 0.957 | 0.957 | 0.957 | 0.957 | 0.957 | 0.957 | 0.957 | 0.957 | 0.957 | 0.957 | 0.957 | 0.957 | 0.957 | 0.957 |
| 2011 | 7 | 21 | 3 059.14 | 0.67 | 1.003 | 0.970 | 0.973 | 0.981 | 1.003 | 0.970 | 0.909 | 0.919 | 0.930 | 0.939 | 0.939 | 0.939 | 0.939 | 0.939 | 0.939 | 0.939 | 0.939 | 0.939 | 0.939 | 0.939 | 0.939 | 0.939 | 0.939 | 0.939 | 0.939 | 0.939 |
| 2011 | 8 | 19 | 2 807.66 | 0.57 | 0.989 | 1.005 | 1.001 | 1.034 | 1.034 | 0.961 | 0.918 | 0.938 | 0.957 | 0.971 | 0.971 | 0.971 | 0.971 | 0.971 | 0.971 | 0.971 | 0.971 | 0.971 | 0.971 | 0.971 | 0.971 | 0.971 | 0.971 | 0.971 | 0.971 | 0.971 |
| 2011 | 9 | 1 | 2 834.54 | 0.5 | 0.989 | 0.968 | 0.961 | 0.980 | 0.989 | 0.961 | 0.900 | 0.919 | 0.939 | 0.952 | 0.952 | 0.952 | 0.952 | 0.952 | 0.952 | 0.952 | 0.952 | 0.952 | 0.952 | 0.952 | 0.952 | 0.952 | 0.952 | 0.952 | 0.952 | 0.952 |
| 2011 | 10 | 19 | 2 583.08 | 0.72 | 0.976 | 0.971 | 0.998 | 1.016 | 1.016 | 0.971 | 0.909 | 0.934 | 0.954 | 0.967 | 0.968 | 0.968 | 0.968 | 0.968 | 0.968 | 0.968 | 0.968 | 0.968 | 0.968 | 0.968 | 0.968 | 0.968 | 0.968 | 0.968 | 0.968 | 0.968 |
| 2011 | 11 | 11 | 2 695 | 0.67 | 1.020 | 1.018 | 0.991 | 0.988 | 1.020 | 0.988 | 0.919 | 0.953 | 0.942 | 0.955 | 0.956 | 0.956 | 0.956 | 0.956 | 0.956 | 0.956 | 0.956 | 0.956 | 0.956 | 0.956 | 0.956 | 0.956 | 0.956 | 0.956 | 0.956 | 0.956 |
| 2011 | 11 | 18 | 2 606.5 | 0.76 | 1.001 | 1.001 | 0.991 | 0.993 | 1.001 | 0.991 | 0.912 | 0.947 | 0.936 | 0.949 | 0.949 | 0.949 | 0.949 | 0.949 | 0.949 | 0.949 | 0.949 | 0.949 | 0.949 | 0.949 | 0.949 | 0.949 | 0.949 | 0.949 | 0.949 | 0.949 |
| 2012 | 1 | 16 | 2 345.65 | 0.64 | 1.049 | 1.033 | 1.052 | 1.068 | 1.068 | 1.033 | 0.921 | 0.965 | 0.964 | 0.987 | 0.997 | 1.006 | 1.013 | 1.013 | 1.013 | 1.013 | 1.013 | 1.013 | 1.013 | 1.013 | 1.013 | 1.013 | 1.013 | 1.013 | 1.013 | 1.013 |
| 2012 | 3 | 20 | 2 584.45 | 0.73 | 1.001 | 1.000 | 0.988 | 0.989 | 1.001 | 0.988 | 0.920 | 0.955 | 0.953 | 0.976 | 0.986 | 0.995 | 1.002 | 1.002 | 1.002 | 1.002 | 1.002 | 1.002 | 1.002 | 1.002 | 1.002 | 1.002 | 1.002 | 1.002 | 1.002 | 1.002 |
| 2012 | 4 | 27 | 2 626.16 | 0.78 | 1.022 | 1.025 | 1.034 | 1.035 | 1.035 | 1.022 | 0.920 | 0.974 | 0.982 | 1.010 | 1.020 | 1.030 | 1.037 | 1.037 | 1.037 | 1.037 | 1.037 | 1.037 | 1.037 | 1.037 | 1.037 | 1.037 | 1.037 | 1.037 | 1.037 | 1.037 |
| 2012 | 5 | 11 | 2 636.92 | 0.67 | 0.992 | 0.993 | 0.976 | 0.991 | 0.993 | 0.976 | 0.912 | 0.965 | 0.973 | 1.001 | 1.011 | 1.021 | 1.028 | 1.028 | 1.028 | 1.028 | 1.028 | 1.028 | 1.028 | 1.028 | 1.028 | 1.028 | 1.028 | 1.028 | 1.028 | 1.028 |
| 2012 | 6 | 4 | 2 559.03 | 0.77 | 1.000 | 0.999 | 0.993 | 0.986 | 1.000 | 0.986 | 0.900 | 0.952 | 0.960 | 0.988 | 0.997 | 1.007 | 1.014 | 1.014 | 1.014 | 1.014 | 1.014 | 1.014 | 1.014 | 1.014 | 1.014 | 1.014 | 1.014 | 1.014 | 1.014 | 1.014 |
| 2012 | 6 | 20 | 2 552.61 | 0.75 | 0.984 | 0.962 | 0.962 | 0.959 | 0.984 | 0.959 | 0.863 | 0.913 | 0.920 | 0.947 | 0.956 | 0.965 | 0.972 | 0.972 | 0.972 | 0.972 | 0.972 | 0.972 | 0.972 | 0.972 | 0.972 | 0.972 | 0.972 | 0.972 | 0.972 | 0.972 |
| 2012 | 7 | 9 | 2 416.04 | 0.65 | 0.996 | 1.004 | 1.014 | 1.014 | 1.014 | 0.996 | 0.871 | 0.926 | 0.934 | 0.960 | 0.970 | 0.979 | 0.986 | 0.986 | 0.986 | 0.986 | 0.986 | 0.986 | 0.986 | 0.986 | 0.986 | 0.986 | 0.986 | 0.986 | 0.986 | 0.986 |
| 2012 | 7 | 26 | 2 347.49 | 0.5 | 1.001 | 0.995 | 0.994 | 1.005 | 1.005 | 0.994 | 0.875 | 0.930 | 0.938 | 0.965 | 0.975 | 0.984 | 0.991 | 0.991 | 0.991 | 0.991 | 0.991 | 0.991 | 0.991 | 0.991 | 0.991 | 0.991 | 0.991 | 0.991 | 0.991 | 0.991 |
| 2012 | 8 | 15 | 2 331.62 | 0.8 | 0.995 | 0.992 | 0.987 | 0.992 | 0.995 | 0.987 | 0.869 | 0.923 | 0.931 | 0.958 | 0.967 | 0.976 | 0.983 | 0.983 | 0.983 | 0.983 | 0.983 | 0.983 | 0.983 | 0.983 | 0.983 | 0.983 | 0.983 | 0.983 | 0.983 | 0.983 |
| 2012 | 8 | 27 | 2 228.2 | 0.75 | 1.005 | 0.994 | 0.992 | 0.990 | 1.005 | 0.990 | 0.860 | 0.913 | 0.921 | 0.947 | 0.957 | 0.966 | 0.973 | 0.973 | 0.973 | 0.973 | 0.973 | 0.973 | 0.973 | 0.973 | 0.973 | 0.973 | 0.973 | 0.973 | 0.973 | 0.973 |

（续表）

| 年 | 月 | 日 | 沪深300指数 | 5日ADR | P2/P1 | P3/P1 | P4/P1 | P5/P1 | max | min | 累积收益率 | | | | | | | | | | | | | | | | | | | |
|---|---|---|---|---|---|---|---|---|---|---|---|---|---|---|---|---|---|---|---|---|---|---|---|---|---|---|---|---|---|---|
| | | | | | | | | | | | 0.01 | 0.02 | 0.03 | 0.04 | 0.05 | 0.06 | 0.07 | 0.08 | 0.09 | 0.1 | 0.11 | 0.12 | 0.13 | 0.14 | 0.15 | 0.16 | 0.17 | 0.18 | 0.19 | 0.2 |
| 2012 | 9 | 17 | 2 258.71 | 0.59 | 0.990 | 0.994 | 0.972 | 0.974 | 0.994 | 0.972 | 0.837 | 0.889 | 0.897 | 0.922 | 0.932 | 0.941 | 0.947 | 0.947 | 0.947 | 0.947 | 0.947 | 0.947 | 0.947 | 0.947 | 0.947 | 0.947 | 0.947 | 0.947 | 0.947 | 0.947 |
| 2012 | 10 | 16 | 2 298.16 | 0.79 | 1.001 | 1.017 | 1.015 | 1.019 | 1.019 | 1.001 | 0.845 | 0.906 | 0.914 | 0.940 | 0.949 | 0.958 | 0.965 | 0.965 | 0.965 | 0.965 | 0.965 | 0.965 | 0.965 | 0.965 | 0.965 | 0.965 | 0.965 | 0.965 | 0.965 | 0.965 |
| 2012 | 10 | 25 | 2 291.24 | 0.62 | 0.981 | 0.976 | 0.978 | 0.984 | 0.984 | 0.976 | 0.832 | 0.892 | 0.899 | 0.925 | 0.934 | 0.943 | 0.950 | 0.950 | 0.950 | 0.950 | 0.950 | 0.950 | 0.950 | 0.950 | 0.950 | 0.950 | 0.950 | 0.950 | 0.950 | 0.950 |
| 2012 | 11 | 8 | 2 245.41 | 0.56 | 0.998 | 1.003 | 0.985 | 0.990 | 1.003 | 0.985 | 0.824 | 0.883 | 0.890 | 0.916 | 0.925 | 0.934 | 0.940 | 0.940 | 0.940 | 0.940 | 0.940 | 0.940 | 0.940 | 0.940 | 0.940 | 0.940 | 0.940 | 0.940 | 0.940 | 0.940 |
| 2013 | 1 | 25 | 2 571.67 | 0.63 | 1.031 | 1.041 | 1.046 | 1.045 | 1.046 | 1.031 | 0.832 | 0.901 | 0.917 | 0.952 | 0.966 | 0.976 | 0.982 | 0.982 | 0.982 | 0.982 | 0.982 | 0.982 | 0.982 | 0.982 | 0.982 | 0.982 | 0.982 | 0.982 | 0.982 | 0.982 |
| 2013 | 2 | 22 | 2 596.6 | 0.7 | 1.003 | 0.989 | 0.999 | 1.030 | 1.030 | 0.989 | 0.840 | 0.919 | 0.944 | 0.981 | 0.995 | 1.004 | 1.012 | 1.012 | 1.012 | 1.012 | 1.012 | 1.012 | 1.012 | 1.012 | 1.012 | 1.012 | 1.012 | 1.012 | 1.012 | 1.012 |
| 2013 | 3 | 12 | 2 555.62 | 0.71 | 0.989 | 0.992 | 0.994 | 0.979 | 0.994 | 0.979 | 0.823 | 0.899 | 0.925 | 0.960 | 0.974 | 0.983 | 0.990 | 0.990 | 0.990 | 0.990 | 0.990 | 0.990 | 0.990 | 0.990 | 0.990 | 0.990 | 0.990 | 0.990 | 0.990 | 0.990 |
| 2013 | 3 | 28 | 2 499.3 | 0.58 | 0.998 | 0.998 | 0.995 | 0.994 | 0.998 | 0.994 | 0.818 | 0.894 | 0.919 | 0.954 | 0.968 | 0.977 | 0.984 | 0.984 | 0.984 | 0.984 | 0.984 | 0.984 | 0.984 | 0.984 | 0.984 | 0.984 | 0.984 | 0.984 | 0.984 | 0.984 |
| 2013 | 4 | 26 | 2 447.31 | 0.58 | 1.001 | 1.019 | 1.032 | 1.034 | 1.034 | 1.001 | 0.826 | 0.912 | 0.946 | 0.986 | 1.001 | 1.010 | 1.017 | 1.017 | 1.017 | 1.017 | 1.017 | 1.017 | 1.017 | 1.017 | 1.017 | 1.017 | 1.017 | 1.017 | 1.017 | 1.017 |
| 2013 | 6 | 4 | 2 565.67 | 0.52 | 0.998 | 0.985 | 0.968 | 0.935 | 0.998 | 0.935 | 0.772 | 0.853 | 0.885 | 0.923 | 0.936 | 0.945 | 0.952 | 0.952 | 0.952 | 0.952 | 0.952 | 0.952 | 0.952 | 0.952 | 0.952 | 0.952 | 0.952 | 0.952 | 0.952 | 0.952 |
| 2013 | 7 | 9 | 2 162.67 | 0.79 | 1.028 | 1.076 | 1.052 | 1.067 | 1.076 | 1.028 | 0.780 | 0.870 | 0.912 | 0.960 | 0.983 | 1.002 | 1.018 | 1.015 | 1.015 | 1.015 | 1.015 | 1.015 | 1.015 | 1.015 | 1.015 | 1.015 | 1.015 | 1.015 | 1.015 | 1.015 |
| 2013 | 7 | 19 | 2 190.48 | 0.79 | 1.005 | 1.034 | 1.027 | 1.022 | 1.034 | 1.005 | 0.788 | 0.887 | 0.939 | 0.980 | 1.004 | 1.023 | 1.040 | 1.037 | 1.037 | 1.037 | 1.037 | 1.037 | 1.037 | 1.037 | 1.037 | 1.037 | 1.037 | 1.037 | 1.037 | 1.037 |
| 2013 | 7 | 29 | 2 175.97 | 0.73 | 1.006 | 1.008 | 1.032 | 1.033 | 1.033 | 1.006 | 0.796 | 0.905 | 0.967 | 1.012 | 1.037 | 1.057 | 1.074 | 1.071 | 1.071 | 1.071 | 1.071 | 1.071 | 1.071 | 1.071 | 1.071 | 1.071 | 1.071 | 1.071 | 1.071 | 1.071 |
| 2013 | 8 | 19 | 2 331.43 | 0.79 | 0.992 | 0.990 | 0.988 | 0.981 | 0.992 | 0.981 | 0.781 | 0.888 | 0.949 | 0.993 | 1.017 | 1.037 | 1.054 | 1.051 | 1.051 | 1.051 | 1.051 | 1.051 | 1.051 | 1.051 | 1.051 | 1.051 | 1.051 | 1.051 | 1.051 | 1.051 |
| 2013 | 9 | 6 | 2 427.32 | 0.62 | 1.000 | 1.001 | 1.007 | 1.001 | 1.001 | 1.001 | 0.788 | 0.888 | 0.949 | 0.994 | 1.018 | 1.037 | 1.055 | 1.052 | 1.052 | 1.052 | 1.052 | 1.052 | 1.052 | 1.052 | 1.052 | 1.052 | 1.052 | 1.052 | 1.052 | 1.052 |
| 2013 | 9 | 17 | 2 409.04 | 0.76 | 1.014 | 1.018 | 1.016 | 1.025 | 1.025 | 1.008 | 0.796 | 0.906 | 0.973 | 1.018 | 1.043 | 1.063 | 1.081 | 1.078 | 1.078 | 1.078 | 1.078 | 1.078 | 1.078 | 1.078 | 1.078 | 1.078 | 1.078 | 1.078 | 1.078 | 1.078 |
| 2013 | 9 | 30 | 2 368.56 | 0.62 | 0.999 | 1.001 | 1.016 | 1.002 | 1.016 | 0.999 | 0.804 | 0.908 | 0.975 | 1.020 | 1.045 | 1.065 | 1.083 | 1.080 | 1.080 | 1.080 | 1.080 | 1.080 | 1.080 | 1.080 | 1.080 | 1.080 | 1.080 | 1.080 | 1.080 | 1.080 |
| 2013 | 10 | 25 | 2 307.95 | 0.66 | 1.003 | 1.014 | 0.991 | 0.999 | 1.014 | 0.991 | 0.812 | 0.907 | 0.973 | 1.019 | 1.044 | 1.064 | 1.081 | 1.078 | 1.078 | 1.078 | 1.078 | 1.078 | 1.078 | 1.078 | 1.078 | 1.078 | 1.078 | 1.078 | 1.078 | 1.078 |
| 2013 | 11 | 8 | 2 412.76 | 0.76 | 0.999 | 0.997 | 0.981 | 0.977 | 0.999 | 0.977 | 0.793 | 0.886 | 0.951 | 0.995 | 1.019 | 1.039 | 1.056 | 1.053 | 1.053 | 1.053 | 1.053 | 1.053 | 1.053 | 1.053 | 1.053 | 1.053 | 1.053 | 1.053 | 1.053 | 1.053 |
| 2014 | 1 | 6 | 2 238.64 | 0.65 | 1.000 | 1.001 | 0.993 | 0.985 | 1.001 | 0.985 | 0.781 | 0.872 | 0.936 | 0.980 | 1.004 | 1.023 | 1.040 | 1.037 | 1.037 | 1.037 | 1.037 | 1.037 | 1.037 | 1.037 | 1.037 | 1.037 | 1.037 | 1.037 | 1.037 | 1.037 |
| 2014 | 2 | 24 | 2 214.51 | 0.57 | 0.974 | 0.977 | 0.973 | 0.984 | 0.984 | 0.973 | 0.769 | 0.858 | 0.921 | 0.964 | 0.988 | 1.007 | 1.023 | 1.021 | 1.021 | 1.021 | 1.021 | 1.021 | 1.021 | 1.021 | 1.021 | 1.021 | 1.021 | 1.021 | 1.021 | 1.021 |
| 2014 | 3 | 10 | 2 097.79 | 0.5 | 1.005 | 1.008 | 1.020 | 1.012 | 1.020 | 1.005 | 0.776 | 0.875 | 0.932 | 0.976 | 1.000 | 1.019 | 1.036 | 1.033 | 1.033 | 1.033 | 1.033 | 1.033 | 1.033 | 1.033 | 1.033 | 1.033 | 1.033 | 1.033 | 1.033 | 1.033 |
| 2014 | 3 | 31 | 2 146.3 | 0.57 | 1.008 | 1.016 | 1.009 | 1.018 | 1.018 | 1.008 | 0.784 | 0.891 | 0.949 | 0.994 | 1.018 | 1.037 | 1.055 | 1.052 | 1.052 | 1.052 | 1.052 | 1.052 | 1.052 | 1.052 | 1.052 | 1.052 | 1.052 | 1.052 | 1.052 | 1.052 |

（续表）

| 年 | 月 | 日 | 沪深300指数 | 5日ADR | P2/P1 | P3/P1 | P4/P1 | P5/P1 | max | min | 累积收益率 0.01 | 0.02 | 0.03 | 0.04 | 0.05 | 0.06 | 0.07 | 0.08 | 0.09 | 0.1 | 0.11 | 0.12 | 0.13 | 0.14 | 0.15 | 0.16 | 0.17 | 0.18 | 0.19 | 0.2 |
|---|---|---|---|---|---|---|---|---|---|---|---|---|---|---|---|---|---|---|---|---|---|---|---|---|---|---|---|---|---|---|
| 2014 | 4 | 17 | 2 224.8 | 0.78 | 1.000 | 0.983 | 0.987 | 0.986 | 1.000 | 0.983 | 0.774 | 0.879 | 0.937 | 0.980 | 1.004 | 1.023 | 1.040 | 1.037 | 1.037 | 1.037 | 1.037 | 1.037 | 1.037 | 1.037 | 1.037 | 1.037 | 1.037 | 1.037 | 1.037 | 1.037 |
| 2014 | 5 | 15 | 2 144.08 | 0.77 | 1.001 | 0.987 | 0.987 | 0.996 | 1.001 | 0.987 | 0.771 | 0.876 | 0.933 | 0.976 | 1.000 | 1.019 | 1.036 | 1.033 | 1.033 | 1.033 | 1.033 | 1.033 | 1.033 | 1.033 | 1.033 | 1.033 | 1.033 | 1.033 | 1.033 | 1.033 |
| 2014 | 6 | 3 | 2 149.92 | 0.78 | 0.990 | 1.000 | 0.993 | 0.993 | 1.000 | 0.990 | 0.765 | 0.870 | 0.926 | 0.969 | 0.993 | 1.012 | 1.029 | 1.026 | 1.026 | 1.026 | 1.026 | 1.026 | 1.026 | 1.026 | 1.026 | 1.026 | 1.026 | 1.026 | 1.026 | 1.026 |
| 2014 | 6 | 19 | 2 126.91 | 0.69 | 1.005 | 1.003 | 1.008 | 1.003 | 1.008 | 1.003 | 0.767 | 0.872 | 0.929 | 0.972 | 0.996 | 1.015 | 1.032 | 1.029 | 1.029 | 1.029 | 1.029 | 1.029 | 1.029 | 1.029 | 1.029 | 1.029 | 1.029 | 1.029 | 1.029 | 1.029 |
| 2014 | 7 | 10 | 2 142.85 | 0.73 | 1.002 | 1.013 | 1.015 | 1.013 | 1.015 | 1.002 | 0.775 | 0.884 | 0.941 | 0.985 | 1.009 | 1.028 | 1.045 | 1.042 | 1.042 | 1.042 | 1.042 | 1.042 | 1.042 | 1.042 | 1.042 | 1.042 | 1.042 | 1.042 | 1.042 | 1.042 |
| 2014 | 7 | 21 | 2 166.3 | 0.78 | 1.012 | 1.015 | 1.033 | 1.043 | 1.043 | 1.012 | 0.783 | 0.901 | 0.969 | 1.024 | 1.053 | 1.073 | 1.091 | 1.088 | 1.088 | 1.088 | 1.088 | 1.088 | 1.088 | 1.088 | 1.088 | 1.088 | 1.088 | 1.088 | 1.088 | 1.088 |
| 2014 | 8 | 26 | 2 324.09 | 0.62 | 1.002 | 0.994 | 1.006 | 1.013 | 1.013 | 0.994 | 0.791 | 0.913 | 0.982 | 1.038 | 1.067 | 1.087 | 1.106 | 1.102 | 1.102 | 1.102 | 1.102 | 1.102 | 1.102 | 1.102 | 1.102 | 1.102 | 1.102 | 1.102 | 1.102 | 1.102 |
| 2014 | 10 | 15 | 2 463.87 | 0.76 | 0.992 | 0.991 | 0.996 | 0.988 | 0.996 | 0.988 | 0.781 | 0.902 | 0.970 | 1.025 | 1.054 | 1.074 | 1.092 | 1.089 | 1.089 | 1.089 | 1.089 | 1.089 | 1.089 | 1.089 | 1.089 | 1.089 | 1.089 | 1.089 | 1.089 | 1.089 |
| 2014 | 12 | 19 | 3 383.17 | 0.8 | 1.003 | 0.983 | 0.955 | 0.986 | 1.003 | 0.955 | 0.770 | 0.889 | 0.957 | 1.011 | 1.039 | 1.059 | 1.076 | 1.073 | 1.073 | 1.073 | 1.073 | 1.073 | 1.073 | 1.073 | 1.073 | 1.073 | 1.073 | 1.073 | 1.073 | 1.073 |
| 2015 | 1 | 12 | 3 513.58 | 0.59 | 1.000 | 0.997 | 1.026 | 1.035 | 1.035 | 0.997 | 0.778 | 0.907 | 0.985 | 1.046 | 1.075 | 1.095 | 1.114 | 1.110 | 1.110 | 1.110 | 1.110 | 1.110 | 1.110 | 1.110 | 1.110 | 1.110 | 1.110 | 1.110 | 1.110 | 1.110 |
| 2015 | 1 | 30 | 3 434.39 | 0.79 | 0.977 | 1.001 | 0.991 | 0.980 | 1.001 | 0.977 | 0.762 | 0.889 | 0.966 | 1.025 | 1.054 | 1.074 | 1.092 | 1.089 | 1.089 | 1.089 | 1.089 | 1.089 | 1.089 | 1.089 | 1.089 | 1.089 | 1.089 | 1.089 | 1.089 | 1.089 |
| 2015 | 5 | 5 | 4 596.84 | 0.76 | 0.991 | 0.972 | 0.992 | 1.020 | 1.020 | 0.972 | 0.770 | 0.907 | 0.986 | 1.046 | 1.075 | 1.096 | 1.114 | 1.111 | 1.111 | 1.111 | 1.111 | 1.111 | 1.111 | 1.111 | 1.111 | 1.111 | 1.111 | 1.111 | 1.111 | 1.111 |
| 2015 | 6 | 18 | 4 930.55 | 0.69 | 0.940 | 0.971 | 0.990 | 0.955 | 0.990 | 0.940 | 0.735 | 0.866 | 0.941 | 0.999 | 1.026 | 1.046 | 1.063 | 1.060 | 1.060 | 1.060 | 1.060 | 1.060 | 1.060 | 1.060 | 1.060 | 1.060 | 1.060 | 1.060 | 1.060 | 1.060 |
| 2015 | 7 | 28 | 3 811.09 | 0.73 | 1.031 | 1.001 | 1.001 | 1.005 | 1.031 | 1.001 | 0.742 | 0.883 | 0.969 | 1.003 | 1.031 | 1.051 | 1.069 | 1.065 | 1.065 | 1.065 | 1.065 | 1.065 | 1.065 | 1.065 | 1.065 | 1.065 | 1.065 | 1.065 | 1.065 | 1.065 |
| 2015 | 8 | 21 | 3 589.54 | 0.57 | 0.913 | 0.848 | 0.843 | 0.893 | 0.913 | 0.843 | 0.663 | 0.789 | 0.865 | 0.896 | 0.921 | 0.939 | 0.954 | 0.951 | 0.951 | 0.951 | 0.951 | 0.951 | 0.951 | 0.951 | 0.951 | 0.951 | 0.951 | 0.951 | 0.951 | 0.951 |
| 2015 | 9 | 15 | 3 152.23 | 0.64 | 1.050 | 1.027 | 1.031 | 1.049 | 1.050 | 1.027 | 0.669 | 0.804 | 0.891 | 0.932 | 0.967 | 0.985 | 1.001 | 0.999 | 0.999 | 0.999 | 0.999 | 0.999 | 0.999 | 0.999 | 0.999 | 0.999 | 0.999 | 0.999 | 0.999 | 0.999 |
| 2015 | 9 | 29 | 3 178.85 | 0.74 | 1.008 | 1.037 | 1.051 | 1.085 | 1.085 | 1.008 | 0.676 | 0.821 | 0.918 | 0.969 | 1.015 | 1.044 | 1.072 | 1.078 | 1.083 | 1.083 | 1.083 | 1.083 | 1.083 | 1.083 | 1.083 | 1.083 | 1.083 | 1.083 | 1.083 | 1.083 |
| 2015 | 11 | 2 | 3 475.96 | 0.68 | 0.997 | 1.044 | 1.066 | 1.091 | 1.091 | 0.997 | 0.683 | 0.837 | 0.946 | 1.008 | 1.066 | 1.107 | 1.147 | 1.165 | 1.180 | 1.182 | 1.182 | 1.182 | 1.182 | 1.182 | 1.182 | 1.182 | 1.182 | 1.182 | 1.182 | 1.182 |
| 2015 | 11 | 18 | 3 715.58 | 0.68 | 1.016 | 1.016 | 1.010 | 1.010 | 1.016 | 1.010 | 0.690 | 0.846 | 0.955 | 1.018 | 1.077 | 1.118 | 1.158 | 1.177 | 1.193 | 1.194 | 1.194 | 1.194 | 1.194 | 1.194 | 1.194 | 1.194 | 1.194 | 1.194 | 1.194 | 1.194 |
| 2015 | 11 | 27 | 3 556.99 | 0.73 | 1.003 | 1.010 | 1.046 | 1.054 | 1.054 | 1.003 | 0.697 | 0.863 | 0.984 | 1.059 | 1.131 | 1.179 | 1.221 | 1.240 | 1.257 | 1.259 | 1.259 | 1.259 | 1.259 | 1.259 | 1.259 | 1.259 | 1.259 | 1.259 | 1.259 | 1.259 |
| 2015 | 12 | 10 | 3 623.08 | 0.66 | 0.996 | 1.024 | 1.020 | 1.017 | 1.024 | 0.996 | 0.704 | 0.880 | 1.001 | 1.077 | 1.150 | 1.199 | 1.242 | 1.262 | 1.279 | 1.280 | 1.280 | 1.280 | 1.280 | 1.280 | 1.280 | 1.280 | 1.280 | 1.280 | 1.280 | 1.280 |
| 2015 | 12 | 28 | 3 727.63 | 0.78 | 1.009 | 1.010 | 1.001 | 0.931 | 1.010 | 0.931 | 0.711 | 0.819 | 0.932 | 1.003 | 1.070 | 1.116 | 1.156 | 1.174 | 1.190 | 1.191 | 1.191 | 1.191 | 1.191 | 1.191 | 1.191 | 1.191 | 1.191 | 1.191 | 1.191 | 1.191 |
| 2016 | 2 | 29 | 2 877.47 | 0.49 | 1.018 | 1.060 | 1.063 | 1.075 | 1.075 | 1.018 | 0.718 | 0.835 | 0.959 | 1.043 | 1.124 | 1.183 | 1.237 | 1.262 | 1.280 | 1.281 | 1.281 | 1.281 | 1.281 | 1.281 | 1.281 | 1.281 | 1.281 | 1.281 | 1.281 | 1.281 |

预期情绪和即时情绪影响下的投资组合选择和投资者行为研究

（续表）

| 年 | 月 | 日 | 沪深300指数 | 5日ADR | P2/P1 | P3/P1 | P4/P1 | P5/P1 | max | min | 累积收益率 | | | | | | | | | | | | | | | | | | | |
|---|---|---|---|---|---|---|---|---|---|---|---|---|---|---|---|---|---|---|---|---|---|---|---|---|---|---|---|---|---|---|
| | | | | | | | | | | | 0.01 | 0.02 | 0.03 | 0.04 | 0.05 | 0.06 | 0.07 | 0.08 | 0.09 | 0.1 | 0.11 | 0.12 | 0.13 | 0.14 | 0.15 | 0.16 | 0.17 | 0.18 | 0.19 | 0.2 |
| 2016 | 3 | 10 | 3 013.15 | 0.6 | 1.002 | 1.017 | 1.020 | 1.026 | 1.026 | 1.002 | 0.725 | 0.852 | 0.984 | 1.069 | 1.152 | 1.213 | 1.268 | 1.295 | 1.312 | 1.314 | 1.314 | 1.314 | 1.314 | 1.314 | 1.314 | 1.314 | 1.314 | 1.314 | 1.314 | 1.314 |
| 2016 | 3 | 28 | 3 169.73 | 0.8 | 0.989 | 1.015 | 1.015 | 1.016 | 1.016 | 0.989 | 0.732 | 0.866 | 1.000 | 1.087 | 1.171 | 1.233 | 1.289 | 1.316 | 1.334 | 1.335 | 1.335 | 1.335 | 1.335 | 1.335 | 1.335 | 1.335 | 1.335 | 1.335 | 1.335 | 1.335 |
| 2016 | 4 | 12 | 3 218.45 | 0.77 | 1.013 | 1.018 | 1.017 | 1.003 | 1.018 | 1.003 | 0.740 | 0.869 | 1.003 | 1.090 | 1.175 | 1.237 | 1.293 | 1.320 | 1.338 | 1.340 | 1.340 | 1.340 | 1.340 | 1.340 | 1.340 | 1.340 | 1.340 | 1.340 | 1.340 | 1.340 |
| 2016 | 4 | 20 | 3 181.03 | 0.72 | 0.994 | 0.998 | 0.994 | 0.999 | 0.999 | 0.994 | 0.739 | 0.868 | 1.003 | 1.090 | 1.174 | 1.236 | 1.292 | 1.319 | 1.337 | 1.339 | 1.339 | 1.339 | 1.339 | 1.339 | 1.339 | 1.339 | 1.339 | 1.339 | 1.339 | 1.339 |
| 2016 | 5 | 9 | 3 065.62 | 0.75 | 1.001 | 1.006 | 1.008 | 1.003 | 1.008 | 1.001 | 0.741 | 0.871 | 1.006 | 1.093 | 1.178 | 1.240 | 1.296 | 1.323 | 1.341 | 1.343 | 1.343 | 1.343 | 1.343 | 1.343 | 1.343 | 1.343 | 1.343 | 1.343 | 1.343 | 1.343 |
| 2016 | 5 | 30 | 3 066.71 | 0.6 | 1.034 | 1.031 | 1.033 | 1.040 | 1.040 | 1.031 | 0.749 | 0.888 | 1.036 | 1.137 | 1.225 | 1.289 | 1.348 | 1.376 | 1.395 | 1.397 | 1.397 | 1.397 | 1.397 | 1.397 | 1.397 | 1.397 | 1.397 | 1.397 | 1.397 | 1.397 |
| 2016 | 6 | 13 | 3 066.34 | 0.55 | 1.003 | 1.016 | 1.009 | 1.014 | 1.016 | 1.003 | 0.756 | 0.901 | 1.051 | 1.153 | 1.243 | 1.308 | 1.368 | 1.396 | 1.415 | 1.417 | 1.417 | 1.417 | 1.417 | 1.417 | 1.417 | 1.417 | 1.417 | 1.417 | 1.417 | 1.417 |
| 2016 | 6 | 24 | 3 077.16 | 0.7 | 1.014 | 1.019 | 1.024 | 1.025 | 1.025 | 1.014 | 0.764 | 0.919 | 1.077 | 1.182 | 1.274 | 1.341 | 1.402 | 1.431 | 1.450 | 1.452 | 1.452 | 1.452 | 1.452 | 1.452 | 1.452 | 1.452 | 1.452 | 1.452 | 1.452 | 1.452 |
| 2016 | 7 | 20 | 3 237.61 | 0.74 | 1.005 | 0.996 | 0.998 | 1.010 | 1.010 | 0.996 | 0.771 | 0.928 | 1.088 | 1.193 | 1.286 | 1.354 | 1.416 | 1.445 | 1.465 | 1.466 | 1.466 | 1.466 | 1.466 | 1.466 | 1.466 | 1.466 | 1.466 | 1.466 | 1.466 | 1.466 |
| 2016 | 8 | 1 | 3 176.81 | 0.68 | 1.004 | 1.005 | 1.008 | 1.009 | 1.009 | 1.004 | 0.778 | 0.936 | 1.097 | 1.204 | 1.298 | 1.366 | 1.428 | 1.458 | 1.478 | 1.479 | 1.479 | 1.479 | 1.479 | 1.479 | 1.479 | 1.479 | 1.479 | 1.479 | 1.479 | 1.479 |
| 2016 | 8 | 23 | 3 341.83 | 0.78 | 0.996 | 0.990 | 0.990 | 0.990 | 0.996 | 0.990 | 0.770 | 0.927 | 1.086 | 1.192 | 1.284 | 1.352 | 1.414 | 1.443 | 1.462 | 1.464 | 1.464 | 1.464 | 1.464 | 1.464 | 1.464 | 1.464 | 1.464 | 1.464 | 1.464 | 1.464 |
| 2016 | 9 | 13 | 3 260.33 | 0.7 | 0.993 | 0.990 | 0.985 | 1.002 | 1.002 | 0.993 | 0.772 | 0.928 | 1.088 | 1.194 | 1.287 | 1.355 | 1.416 | 1.446 | 1.465 | 1.467 | 1.467 | 1.467 | 1.467 | 1.467 | 1.467 | 1.467 | 1.467 | 1.467 | 1.467 | 1.467 |
| 2016 | 9 | 26 | 3 220.28 | 0.72 | 1.006 | 1.001 | 1.012 | 1.010 | 1.010 | 1.003 | 0.780 | 0.938 | 1.099 | 1.206 | 1.300 | 1.368 | 1.431 | 1.461 | 1.480 | 1.482 | 1.482 | 1.482 | 1.482 | 1.482 | 1.482 | 1.482 | 1.482 | 1.482 | 1.482 | 1.482 |
| 2016 | 10 | 17 | 3 277.88 | 0.79 | 1.013 | 1.003 | 1.007 | 1.015 | 1.015 | 1.012 | 0.787 | 0.952 | 1.116 | 1.225 | 1.320 | 1.389 | 1.453 | 1.483 | 1.503 | 1.505 | 1.505 | 1.505 | 1.505 | 1.505 | 1.505 | 1.505 | 1.505 | 1.505 | 1.505 | 1.505 |
| 2016 | 10 | 31 | 3 336.28 | 0.73 | 1.007 | 1.012 | 1.012 | 1.005 | 1.009 | 0.999 | 0.792 | 0.957 | 1.122 | 1.231 | 1.327 | 1.397 | 1.460 | 1.491 | 1.511 | 1.513 | 1.513 | 1.513 | 1.513 | 1.513 | 1.513 | 1.513 | 1.513 | 1.513 | 1.513 | 1.513 |
| 2016 | 11 | 29 | 3 564.04 | 0.62 | 0.993 | 0.999 | 1.009 | 1.005 | 1.000 | 0.973 | 0.771 | 0.932 | 1.092 | 1.199 | 1.292 | 1.360 | 1.422 | 1.451 | 1.471 | 1.473 | 1.473 | 1.473 | 1.473 | 1.473 | 1.473 | 1.473 | 1.473 | 1.473 | 1.473 | 1.473 |
| 2016 | 12 | 14 | 3 378.95 | 0.53 | 0.989 | 1.000 | 0.990 | 0.973 | 0.990 | 0.979 | 0.755 | 0.913 | 1.070 | 1.174 | 1.265 | 1.331 | 1.392 | 1.421 | 1.440 | 1.442 | 1.442 | 1.442 | 1.442 | 1.442 | 1.442 | 1.442 | 1.442 | 1.442 | 1.442 | 1.442 |
| 2016 | 12 | 28 | 3 301.89 | 0.7 | 0.999 | 1.002 | 1.012 | 1.020 | 1.020 | 0.999 | 0.762 | 0.931 | 1.091 | 1.197 | 1.290 | 1.358 | 1.420 | 1.450 | 1.469 | 1.471 | 1.471 | 1.471 | 1.471 | 1.471 | 1.471 | 1.471 | 1.471 | 1.471 | 1.471 | 1.471 |
| 2017 | 1 | 11 | 3 334.5 | 0.71 | 0.995 | 0.996 | 0.995 | 0.998 | 0.998 | 0.995 | 0.760 | 0.929 | 1.089 | 1.194 | 1.287 | 1.355 | 1.417 | 1.446 | 1.466 | 1.468 | 1.468 | 1.468 | 1.468 | 1.468 | 1.468 | 1.468 | 1.468 | 1.468 | 1.468 | 1.468 |
| 2017 | 3 | 3 | 3 427.86 | 0.76 | 1.005 | 1.008 | 1.006 | 1.000 | 1.008 | 1.000 | 0.760 | 0.928 | 1.088 | 1.194 | 1.287 | 1.355 | 1.416 | 1.446 | 1.465 | 1.467 | 1.467 | 1.467 | 1.467 | 1.467 | 1.467 | 1.467 | 1.467 | 1.467 | 1.467 | 1.467 |
| 2017 | 3 | 14 | 3 456.69 | 0.78 | 1.002 | 1.007 | 0.997 | 0.998 | 1.007 | 0.997 | 0.759 | 0.926 | 1.086 | 1.192 | 1.284 | 1.352 | 1.414 | 1.443 | 1.462 | 1.464 | 1.464 | 1.464 | 1.464 | 1.464 | 1.464 | 1.464 | 1.464 | 1.464 | 1.464 | 1.464 |
| 2017 | 3 | 23 | 3 461.98 | 0.74 | 1.008 | 1.005 | 1.002 | 1.001 | 1.008 | 1.001 | 0.759 | 0.927 | 1.087 | 1.193 | 1.285 | 1.353 | 1.415 | 1.444 | 1.464 | 1.465 | 1.465 | 1.465 | 1.465 | 1.465 | 1.465 | 1.465 | 1.465 | 1.465 | 1.465 | 1.465 |
| 2017 | 4 | 12 | 3 509.44 | 0.78 | 1.001 | 0.993 | 0.992 | 0.987 | 1.001 | 0.987 | 0.749 | 0.915 | 1.073 | 1.177 | 1.268 | 1.335 | 1.396 | 1.425 | 1.444 | 1.446 | 1.446 | 1.446 | 1.446 | 1.446 | 1.446 | 1.446 | 1.446 | 1.446 | 1.446 | 1.446 |

（续表）

| 年 | 月 | 日 | 沪深300指数 | 5日ADR | P2/P1 | P3/P1 | P4/P1 | P5/P1 | max | min | 累积收益率 | | | | | | | | | | | | | | | | | | | |
|---|---|---|---|---|---|---|---|---|---|---|---|---|---|---|---|---|---|---|---|---|---|---|---|---|---|---|---|---|---|---|
| | | | | | | | | | | | 0.01 | 0.02 | 0.03 | 0.04 | 0.05 | 0.06 | 0.07 | 0.08 | 0.09 | 0.1 | 0.11 | 0.12 | 0.13 | 0.14 | 0.15 | 0.16 | 0.17 | 0.18 | 0.19 | 0.2 |
| 2017 | 5 | 5 | 3 382.55 | 0.7 | 0.993 | 0.991 | 0.987 | 0.992 | 0.993 | 0.987 | 0.743 | 0.908 | 1.064 | 1.168 | 1.259 | 1.325 | 1.385 | 1.414 | 1.433 | 1.435 | 1.435 | 1.435 | 1.435 | 1.435 | 1.435 | 1.435 | 1.435 | 1.435 | 1.435 | 1.435 |
| 2017 | 5 | 23 | 3 424.19 | 0.46 | 1.000 | 1.018 | 1.016 | 1.020 | 1.020 | 1.000 | 0.751 | 0.926 | 1.086 | 1.191 | 1.284 | 1.351 | 1.413 | 1.442 | 1.462 | 1.464 | 1.464 | 1.464 | 1.464 | 1.464 | 1.464 | 1.464 | 1.464 | 1.464 | 1.464 | 1.464 |
| 2017 | 7 | 12 | 3 658.82 | 0.71 | 1.008 | 1.012 | 1.001 | 1.002 | 1.012 | 1.001 | 0.758 | 0.928 | 1.088 | 1.194 | 1.287 | 1.354 | 1.416 | 1.446 | 1.465 | 1.467 | 1.467 | 1.467 | 1.467 | 1.467 | 1.467 | 1.467 | 1.467 | 1.467 | 1.467 | 1.467 |
| 2017 | 8 | 11 | 3 647.35 | 0.72 | 1.013 | 1.016 | 1.015 | 1.020 | 1.020 | 1.013 | 0.766 | 0.947 | 1.110 | 1.218 | 1.313 | 1.382 | 1.445 | 1.475 | 1.495 | 1.497 | 1.497 | 1.497 | 1.497 | 1.497 | 1.497 | 1.497 | 1.497 | 1.497 | 1.497 | 1.497 |
| 2017 | 8 | 24 | 3 734.65 | 0.7 | 1.016 | 1.029 | 1.027 | 1.027 | 1.029 | 1.016 | 0.774 | 0.966 | 1.140 | 1.251 | 1.348 | 1.419 | 1.484 | 1.514 | 1.535 | 1.537 | 1.537 | 1.537 | 1.537 | 1.537 | 1.537 | 1.537 | 1.537 | 1.537 | 1.537 | 1.537 |
| 2017 | 9 | 8 | 3 825.99 | 0.79 | 1.000 | 1.003 | 1.004 | 1.001 | 1.004 | 1.000 | 0.774 | 0.967 | 1.141 | 1.252 | 1.349 | 1.420 | 1.485 | 1.516 | 1.536 | 1.538 | 1.538 | 1.538 | 1.538 | 1.538 | 1.538 | 1.538 | 1.538 | 1.538 | 1.538 | 1.538 |
| 2017 | 9 | 25 | 3 817.79 | 0.59 | 1.001 | 1.001 | 1.001 | 1.005 | 1.005 | 1.001 | 0.778 | 0.972 | 1.147 | 1.258 | 1.356 | 1.427 | 1.492 | 1.523 | 1.544 | 1.546 | 1.546 | 1.546 | 1.546 | 1.546 | 1.546 | 1.546 | 1.546 | 1.546 | 1.546 | 1.546 |
| 2017 | 10 | 17 | 3 913.07 | 0.71 | 1.008 | 1.005 | 1.004 | 1.005 | 1.008 | 1.004 | 0.782 | 0.976 | 1.152 | 1.264 | 1.362 | 1.434 | 1.499 | 1.530 | 1.551 | 1.553 | 1.553 | 1.553 | 1.553 | 1.553 | 1.553 | 1.553 | 1.553 | 1.553 | 1.553 | 1.553 |
| 2017 | 10 | 30 | 4 009.72 | 0.77 | 0.999 | 0.997 | 0.997 | 0.996 | 0.999 | 0.996 | 0.778 | 0.972 | 1.147 | 1.259 | 1.356 | 1.428 | 1.493 | 1.524 | 1.544 | 1.546 | 1.546 | 1.546 | 1.546 | 1.546 | 1.546 | 1.546 | 1.546 | 1.546 | 1.546 | 1.546 |
| 2017 | 11 | 15 | 4 073.67 | 0.7 | 1.008 | 1.012 | 1.017 | 1.035 | 1.035 | 1.008 | 0.786 | 0.991 | 1.181 | 1.303 | 1.404 | 1.478 | 1.546 | 1.578 | 1.599 | 1.601 | 1.601 | 1.601 | 1.601 | 1.601 | 1.601 | 1.601 | 1.601 | 1.601 | 1.601 | 1.601 |
| 2017 | 12 | 5 | 4 040.17 | 0.61 | 0.994 | 0.983 | 0.991 | 1.007 | 1.007 | 0.983 | 0.792 | 0.998 | 1.190 | 1.313 | 1.414 | 1.489 | 1.557 | 1.589 | 1.611 | 1.613 | 1.613 | 1.613 | 1.613 | 1.613 | 1.613 | 1.613 | 1.613 | 1.613 | 1.613 | 1.613 |
| 2017 | 12 | 18 | 3 985.29 | 0.75 | 1.013 | 1.011 | 1.021 | 1.017 | 1.021 | 1.011 | 0.800 | 1.018 | 1.211 | 1.335 | 1.439 | 1.515 | 1.584 | 1.617 | 1.639 | 1.641 | 1.641 | 1.641 | 1.641 | 1.641 | 1.641 | 1.641 | 1.641 | 1.641 | 1.641 | 1.641 |
| 2018 | 1 | 10 | 4 207.81 | 0.74 | 0.999 | 1.004 | 1.004 | 1.012 | 1.012 | 0.999 | 0.808 | 1.031 | 1.225 | 1.351 | 1.456 | 1.533 | 1.603 | 1.636 | 1.658 | 1.660 | 1.660 | 1.660 | 1.660 | 1.660 | 1.660 | 1.660 | 1.660 | 1.660 | 1.660 | 1.660 |
| 2018 | 1 | 29 | 4 302.02 | 0.8 | 0.989 | 0.994 | 0.987 | 0.993 | 0.994 | 0.987 | 0.802 | 1.023 | 1.216 | 1.342 | 1.446 | 1.522 | 1.591 | 1.625 | 1.646 | 1.648 | 1.648 | 1.648 | 1.648 | 1.648 | 1.648 | 1.648 | 1.648 | 1.648 | 1.648 | 1.648 |
| 2018 | 3 | 16 | 4 056.42 | 0.73 | 1.004 | 1.005 | 1.001 | 0.991 | 1.005 | 0.991 | 0.795 | 1.014 | 1.206 | 1.330 | 1.433 | 1.508 | 1.577 | 1.610 | 1.632 | 1.634 | 1.634 | 1.634 | 1.634 | 1.634 | 1.634 | 1.634 | 1.634 | 1.634 | 1.634 | 1.634 |
| 2018 | 4 | 16 | 3 808.86 | 0.79 | 0.984 | 0.989 | 0.991 | 0.987 | 1.001 | 0.984 | 0.785 | 1.001 | 1.190 | 1.313 | 1.415 | 1.489 | 1.557 | 1.590 | 1.611 | 1.613 | 1.613 | 1.613 | 1.613 | 1.613 | 1.613 | 1.613 | 1.613 | 1.613 | 1.613 | 1.613 |
| 2018 | 5 | 17 | 3 864.05 | 0.72 | 1.010 | 1.015 | 1.011 | 0.998 | 1.015 | 0.998 | 0.793 | 0.999 | 1.188 | 1.310 | 1.412 | 1.486 | 1.554 | 1.586 | 1.607 | 1.609 | 1.609 | 1.609 | 1.609 | 1.609 | 1.609 | 1.609 | 1.609 | 1.609 | 1.609 | 1.609 |
| 2018 | 5 | 28 | 3 833.26 | 0.54 | 0.992 | 0.971 | 0.992 | 0.984 | 0.992 | 0.971 | 0.780 | 0.983 | 1.168 | 1.288 | 1.388 | 1.461 | 1.528 | 1.560 | 1.581 | 1.583 | 1.583 | 1.583 | 1.583 | 1.583 | 1.583 | 1.583 | 1.583 | 1.583 | 1.583 | 1.583 |
| 2018 | 6 | 11 | 3 779.98 | 0.77 | 1.012 | 1.002 | 0.998 | 0.993 | 1.012 | 0.993 | 0.788 | 0.976 | 1.160 | 1.279 | 1.379 | 1.451 | 1.517 | 1.549 | 1.570 | 1.572 | 1.572 | 1.572 | 1.572 | 1.572 | 1.572 | 1.572 | 1.572 | 1.572 | 1.572 | 1.572 |
| 2018 | 7 | 5 | 3 342.44 | 0.79 | 1.007 | 1.035 | 1.037 | 1.019 | 1.037 | 1.007 | 0.795 | 0.995 | 1.195 | 1.304 | 1.406 | 1.479 | 1.547 | 1.579 | 1.601 | 1.602 | 1.602 | 1.602 | 1.602 | 1.602 | 1.602 | 1.602 | 1.602 | 1.602 | 1.602 | 1.602 |
| 2018 | 7 | 19 | 3 428.34 | 0.7 | 1.019 | 1.028 | 1.045 | 1.044 | 1.045 | 1.019 | 0.803 | 1.015 | 1.231 | 1.356 | 1.467 | 1.544 | 1.614 | 1.648 | 1.670 | 1.672 | 1.672 | 1.672 | 1.672 | 1.672 | 1.672 | 1.672 | 1.672 | 1.672 | 1.672 | 1.672 |
| 2018 | 7 | 31 | 3 517.66 | 0.76 | 0.980 | 0.958 | 0.942 | 0.931 | 0.980 | 0.931 | 0.748 | 0.945 | 1.145 | 1.262 | 1.365 | 1.437 | 1.502 | 1.533 | 1.554 | 1.556 | 1.556 | 1.556 | 1.556 | 1.556 | 1.556 | 1.556 | 1.556 | 1.556 | 1.556 | 1.556 |
| 2018 | 8 | 16 | 3 276.73 | 0.58 | 0.986 | 0.997 | 1.015 | 1.010 | 1.015 | 0.986 | 0.755 | 0.954 | 1.156 | 1.274 | 1.378 | 1.450 | 1.517 | 1.548 | 1.569 | 1.571 | 1.571 | 1.571 | 1.571 | 1.571 | 1.571 | 1.571 | 1.571 | 1.571 | 1.571 | 1.571 |

（续表）

| 年 | 月 | 日 | 沪深300指数 | 5日ADR | P2/P1 | P3/P1 | P4/P1 | P5/P1 | max | min | 累积收益率 | | | | | | | | | | | | | | | | | | | |
|---|---|---|---|---|---|---|---|---|---|---|---|---|---|---|---|---|---|---|---|---|---|---|---|---|---|---|---|---|---|---|
| | | | | | | | | | | | 0.01 | 0.02 | 0.03 | 0.04 | 0.05 | 0.06 | 0.07 | 0.08 | 0.09 | 0.1 | 0.11 | 0.12 | 0.13 | 0.14 | 0.15 | 0.16 | 0.17 | 0.18 | 0.19 | 0.2 |
| 2018 | 8 | 31 | 3 334.5 | 0.76 | 0.996 | 1.009 | 0.989 | 0.979 | 1.009 | 0.979 | 0.739 | 0.933 | 1.131 | 1.247 | 1.348 | 1.419 | 1.484 | 1.515 | 1.535 | 1.537 | 1.537 | 1.537 | 1.537 | 1.537 | 1.537 | 1.537 | 1.537 | 1.537 | 1.537 | 1.537 |
| 2018 | 10 | 8 | 3 290.9 | 0.66 | 0.999 | 0.997 | 0.949 | 0.963 | 0.999 | 0.949 | 0.712 | 0.899 | 1.090 | 1.201 | 1.299 | 1.367 | 1.430 | 1.460 | 1.479 | 1.481 | 1.481 | 1.481 | 1.481 | 1.481 | 1.481 | 1.481 | 1.481 | 1.481 | 1.481 | 1.481 |
| 2018 | 10 | 29 | 3 076.89 | 0.65 | 1.011 | 1.025 | 1.033 | 1.069 | 1.069 | 1.011 | 0.719 | 0.917 | 1.123 | 1.249 | 1.364 | 1.449 | 1.529 | 1.561 | 1.582 | 1.584 | 1.584 | 1.584 | 1.584 | 1.584 | 1.584 | 1.584 | 1.584 | 1.584 | 1.584 | 1.584 |
| 2018 | 11 | 9 | 3 167.44 | 0.7 | 1.012 | 1.022 | 1.012 | 1.024 | 1.024 | 1.012 | 0.726 | 0.935 | 1.149 | 1.279 | 1.396 | 1.484 | 1.565 | 1.598 | 1.619 | 1.621 | 1.621 | 1.621 | 1.621 | 1.621 | 1.621 | 1.621 | 1.621 | 1.621 | 1.621 | 1.621 |
| 2018 | 11 | 23 | 3 143.48 | 0.57 | 0.999 | 0.998 | 1.011 | 0.998 | 1.011 | 0.998 | 0.733 | 0.934 | 1.147 | 1.277 | 1.394 | 1.481 | 1.562 | 1.595 | 1.616 | 1.618 | 1.618 | 1.618 | 1.618 | 1.618 | 1.618 | 1.618 | 1.618 | 1.618 | 1.618 | 1.618 |
| 2018 | 12 | 10 | 3 144.76 | 0.58 | 1.005 | 1.008 | 1.024 | 1.007 | 1.024 | 1.005 | 0.741 | 0.952 | 1.155 | 1.285 | 1.403 | 1.491 | 1.573 | 1.605 | 1.627 | 1.629 | 1.629 | 1.629 | 1.629 | 1.629 | 1.629 | 1.629 | 1.629 | 1.629 | 1.629 | 1.629 |
| 2019 | 1 | 22 | 3 143.32 | 0.8 | 0.999 | 1.005 | 1.013 | 1.013 | 1.013 | 0.999 | 0.748 | 0.965 | 1.170 | 1.302 | 1.421 | 1.510 | 1.593 | 1.626 | 1.648 | 1.650 | 1.650 | 1.650 | 1.650 | 1.650 | 1.650 | 1.650 | 1.650 | 1.650 | 1.650 | 1.650 |
| 2019 | 3 | 14 | 3 698.49 | 0.79 | 1.013 | 1.041 | 1.037 | 1.037 | 1.041 | 1.013 | 0.756 | 0.984 | 1.205 | 1.354 | 1.474 | 1.566 | 1.652 | 1.686 | 1.709 | 1.711 | 1.711 | 1.711 | 1.711 | 1.711 | 1.711 | 1.711 | 1.711 | 1.711 | 1.711 | 1.711 |
| 2019 | 3 | 26 | 3 700.44 | 0.7 | 1.012 | 1.008 | 1.046 | 1.074 | 1.074 | 1.008 | 0.763 | 1.004 | 1.241 | 1.408 | 1.547 | 1.660 | 1.768 | 1.811 | 1.835 | 1.838 | 1.838 | 1.838 | 1.838 | 1.838 | 1.838 | 1.838 | 1.838 | 1.838 | 1.838 | 1.838 |
| 2019 | 4 | 11 | 3 997.58 | 0.69 | 0.998 | 0.994 | 1.022 | 1.022 | 1.022 | 0.994 | 0.771 | 1.024 | 1.269 | 1.440 | 1.582 | 1.697 | 1.807 | 1.852 | 1.877 | 1.879 | 1.879 | 1.879 | 1.879 | 1.879 | 1.879 | 1.879 | 1.879 | 1.879 | 1.879 | 1.879 |
| 2019 | 4 | 23 | 4 019.01 | 0.64 | 1.003 | 0.981 | 0.968 | 0.970 | 1.003 | 0.968 | 0.748 | 0.993 | 1.231 | 1.397 | 1.535 | 1.647 | 1.754 | 1.797 | 1.821 | 1.823 | 1.823 | 1.823 | 1.823 | 1.823 | 1.823 | 1.823 | 1.823 | 1.823 | 1.823 | 1.823 |
| 2019 | 5 | 23 | 3 583.96 | 0.51 | 1.003 | 1.015 | 1.025 | 1.022 | 1.025 | 1.003 | 0.756 | 1.013 | 1.259 | 1.428 | 1.570 | 1.684 | 1.793 | 1.837 | 1.862 | 1.864 | 1.864 | 1.864 | 1.864 | 1.864 | 1.864 | 1.864 | 1.864 | 1.864 | 1.864 | 1.864 |
| 2019 | 6 | 18 | 3 667.62 | 0.7 | 1.013 | 1.044 | 1.045 | 1.047 | 1.047 | 1.013 | 0.763 | 1.033 | 1.296 | 1.485 | 1.644 | 1.764 | 1.878 | 1.924 | 1.950 | 1.952 | 1.952 | 1.952 | 1.952 | 1.952 | 1.952 | 1.952 | 1.952 | 1.952 | 1.952 | 1.952 |
| 2019 | 6 | 28 | 3 825.59 | 0.67 | 1.029 | 1.029 | 1.018 | 1.012 | 1.029 | 1.012 | 0.771 | 1.054 | 1.312 | 1.504 | 1.664 | 1.786 | 1.901 | 1.948 | 1.974 | 1.977 | 1.977 | 1.977 | 1.977 | 1.977 | 1.977 | 1.977 | 1.977 | 1.977 | 1.977 | 1.977 |
| 2019 | 7 | 8 | 3 802.79 | 0.54 | 0.997 | 0.996 | 0.995 | 1.002 | 1.002 | 0.995 | 0.772 | 1.056 | 1.314 | 1.506 | 1.667 | 1.788 | 1.904 | 1.951 | 1.977 | 1.980 | 1.980 | 1.980 | 1.980 | 1.980 | 1.980 | 1.980 | 1.980 | 1.980 | 1.980 | 1.980 |
| 2019 | 7 | 22 | 3 781.68 | 0.57 | 1.002 | 1.010 | 1.018 | 1.020 | 1.020 | 1.002 | 0.780 | 1.077 | 1.341 | 1.537 | 1.701 | 1.825 | 1.943 | 1.991 | 2.017 | 2.020 | 2.020 | 2.020 | 2.020 | 2.020 | 2.020 | 2.020 | 2.020 | 2.020 | 2.020 | 2.020 |
| 2019 | 8 | 1 | 3 803.47 | 0.73 | 0.985 | 0.966 | 0.956 | 0.952 | 0.985 | 0.952 | 0.742 | 1.025 | 1.277 | 1.463 | 1.620 | 1.737 | 1.850 | 1.895 | 1.921 | 1.923 | 1.923 | 1.923 | 1.923 | 1.923 | 1.923 | 1.923 | 1.923 | 1.923 | 1.923 | 1.923 |
| 2019 | 8 | 26 | 3 765.91 | 0.69 | 1.014 | 1.010 | 1.006 | 1.009 | 1.014 | 1.006 | 0.750 | 1.035 | 1.288 | 1.476 | 1.634 | 1.753 | 1.867 | 1.912 | 1.938 | 1.940 | 1.940 | 1.940 | 1.940 | 1.940 | 1.940 | 1.940 | 1.940 | 1.940 | 1.940 | 1.940 |
| 2019 | 9 | 17 | 3 891.22 | 0.75 | 1.005 | 1.009 | 1.011 | 1.000 | 1.011 | 1.000 | 0.757 | 1.034 | 1.288 | 1.476 | 1.634 | 1.753 | 1.866 | 1.912 | 1.938 | 1.940 | 1.940 | 1.940 | 1.940 | 1.940 | 1.940 | 1.940 | 1.940 | 1.940 | 1.940 | 1.940 |
| 2019 | 10 | 18 | 3 869.38 | 0.61 | 1.003 | 1.007 | 1.000 | 1.000 | 1.007 | 1.000 | 0.757 | 1.035 | 1.289 | 1.477 | 1.634 | 1.753 | 1.867 | 1.913 | 1.938 | 1.941 | 1.941 | 1.941 | 1.941 | 1.941 | 1.941 | 1.941 | 1.941 | 1.941 | 1.941 | 1.941 |
| 2019 | 10 | 31 | 3 886.75 | 0.8 | 1.017 | 1.024 | 1.030 | 1.025 | 1.030 | 1.017 | 0.765 | 1.055 | 1.321 | 1.514 | 1.676 | 1.797 | 1.914 | 1.961 | 1.987 | 1.990 | 1.990 | 1.990 | 1.990 | 1.990 | 1.990 | 1.990 | 1.990 | 1.990 | 1.990 | 1.990 |
| 2019 | 11 | 11 | 3 902.98 | 0.57 | 1.000 | 0.999 | 1.001 | 0.993 | 1.001 | 0.993 | 0.760 | 1.048 | 1.312 | 1.504 | 1.664 | 1.786 | 1.901 | 1.948 | 1.974 | 1.977 | 1.977 | 1.977 | 1.977 | 1.977 | 1.977 | 1.977 | 1.977 | 1.977 | 1.977 | 1.977 |
| 2019 | 11 | 26 | 3 891.65 | 0.65 | 0.996 | 0.992 | 0.984 | 0.986 | 0.996 | 0.984 | 0.749 | 1.033 | 1.294 | 1.482 | 1.641 | 1.760 | 1.874 | 1.920 | 1.946 | 1.948 | 1.948 | 1.948 | 1.948 | 1.948 | 1.948 | 1.948 | 1.948 | 1.948 | 1.948 | 1.948 |

| 年 | 月 | 日 | 沪深300指数 | 5日ADR | P2/P1 | P3/P1 | P4/P1 | P5/P1 | max | min | 累积收益率 | | | | | | | | | | | | | | | | | | | | |
|---|---|---|---|---|---|---|---|---|---|---|---|---|---|---|---|---|---|---|---|---|---|---|---|---|---|---|---|---|---|---|---|
| | | | | | | | | | | | 0.01 | 0.02 | 0.03 | 0.04 | 0.05 | 0.06 | 0.07 | 0.08 | 0.09 | 0.1 | 0.11 | 0.12 | 0.13 | 0.14 | 0.15 | 0.16 | 0.17 | 0.18 | 0.19 | 0.2 |
| 2020 | 1 | 16 | 4 149.04 | 0.72 | 1.001 | 1.009 | 0.992 | 0.996 | 1.009 | 0.992 | 0.746 | 1.029 | 1.288 | 1.476 | 1.634 | 1.753 | 1.866 | 1.912 | 1.938 | 1.940 | 1.940 | 1.940 | 1.940 | 1.940 | 1.940 | 1.940 | 1.940 | 1.940 | 1.940 | 1.940 |
| 2020 | 2 | 28 | 3 940.05 | 0.51 | 1.033 | 1.038 | 1.044 | 1.068 | 1.068 | 1.033 | 0.753 | 1.050 | 1.327 | 1.535 | 1.716 | 1.858 | 1.993 | 2.042 | 2.069 | 2.072 | 2.072 | 2.072 | 2.072 | 2.072 | 2.072 | 2.072 | 2.072 | 2.072 | 2.072 | 2.072 |
| 2020 | 3 | 12 | 3 950.91 | 0.56 | 0.986 | 0.944 | 0.939 | 0.920 | 0.986 | 0.920 | 0.693 | 0.966 | 1.221 | 1.413 | 1.579 | 1.710 | 1.834 | 1.879 | 1.904 | 1.907 | 1.907 | 1.907 | 1.907 | 1.907 | 1.907 | 1.907 | 1.907 | 1.907 | 1.907 | 1.907 |
| 2020 | 4 | 1 | 3 675.08 | 0.51 | 1.016 | 1.010 | 1.033 | 1.029 | 1.033 | 1.010 | 0.700 | 0.985 | 1.258 | 1.453 | 1.624 | 1.759 | 1.887 | 1.933 | 1.959 | 1.961 | 1.961 | 1.961 | 1.961 | 1.961 | 1.961 | 1.961 | 1.961 | 1.961 | 1.961 | 1.961 |
| 2020 | 4 | 16 | 3 802.38 | 0.76 | 1.010 | 1.013 | 1.001 | 1.010 | 1.013 | 1.001 | 0.707 | 0.995 | 1.270 | 1.468 | 1.640 | 1.776 | 1.905 | 1.952 | 1.978 | 1.980 | 1.980 | 1.980 | 1.980 | 1.980 | 1.980 | 1.980 | 1.980 | 1.980 | 1.980 | 1.980 |
| 2020 | 5 | 15 | 3 912.82 | 0.7 | 1.003 | 1.011 | 1.006 | 1.000 | 1.011 | 1.000 | 0.715 | 0.995 | 1.271 | 1.468 | 1.640 | 1.777 | 1.905 | 1.952 | 1.978 | 1.981 | 1.981 | 1.981 | 1.981 | 1.981 | 1.981 | 1.981 | 1.981 | 1.981 | 1.981 | 1.981 |
| 2020 | 6 | 11 | 3 995.88 | 0.76 | 1.002 | 0.990 | 1.005 | 1.005 | 1.005 | 0.990 | 0.718 | 1.001 | 1.277 | 1.476 | 1.649 | 1.786 | 1.916 | 1.963 | 1.989 | 1.992 | 1.992 | 1.992 | 1.992 | 1.992 | 1.992 | 1.992 | 1.992 | 1.992 | 1.992 | 1.992 |
| 2020 | 6 | 29 | 4 109.72 | 0.75 | 1.013 | 1.034 | 1.055 | 1.075 | 1.075 | 1.013 | 0.726 | 1.021 | 1.316 | 1.535 | 1.732 | 1.893 | 2.050 | 2.111 | 2.139 | 2.142 | 2.142 | 2.142 | 2.142 | 2.142 | 2.142 | 2.142 | 2.142 | 2.142 | 2.142 | 2.142 |
| 2020 | 7 | 16 | 4 516.25 | 0.55 | 1.006 | 1.036 | 1.039 | 1.044 | 1.044 | 1.006 | 0.733 | 1.041 | 1.355 | 1.596 | 1.808 | 1.976 | 2.140 | 2.203 | 2.233 | 2.236 | 2.236 | 2.236 | 2.236 | 2.236 | 2.236 | 2.236 | 2.236 | 2.236 | 2.236 | 2.236 |
| 2020 | 8 | 11 | 4 681.78 | 0.72 | 0.993 | 0.990 | 1.005 | 1.029 | 1.029 | 0.990 | 0.740 | 1.062 | 1.394 | 1.642 | 1.859 | 2.033 | 2.201 | 2.266 | 2.297 | 2.300 | 2.300 | 2.300 | 2.300 | 2.300 | 2.300 | 2.300 | 2.300 | 2.300 | 2.300 | 2.300 |
| 2020 | 8 | 24 | 4 755.85 | 0.8 | 1.001 | 0.990 | 0.995 | 1.019 | 1.019 | 0.990 | 0.748 | 1.082 | 1.420 | 1.672 | 1.894 | 2.071 | 2.242 | 2.308 | 2.339 | 2.342 | 2.342 | 2.342 | 2.342 | 2.342 | 2.342 | 2.342 | 2.342 | 2.342 | 2.342 | 2.342 |
| 2020 | 9 | 4 | 4 770.22 | 0.72 | 0.979 | 0.984 | 0.961 | 0.961 | 0.984 | 0.961 | 0.718 | 1.039 | 1.364 | 1.606 | 1.819 | 1.989 | 2.153 | 2.217 | 2.247 | 2.250 | 2.250 | 2.250 | 2.250 | 2.250 | 2.250 | 2.250 | 2.250 | 2.250 | 2.250 | 2.250 |
| 2020 | 9 | 22 | 4 635.76 | 0.79 | 1.004 | 0.984 | 0.986 | 0.988 | 1.004 | 0.984 | 0.710 | 1.027 | 1.348 | 1.588 | 1.798 | 1.966 | 2.128 | 2.191 | 2.221 | 2.224 | 2.224 | 2.224 | 2.224 | 2.224 | 2.224 | 2.224 | 2.224 | 2.224 | 2.224 | 2.224 |
| 2020 | 10 | 19 | 4 755.49 | 0.53 | 1.008 | 1.008 | 1.005 | 0.992 | 1.008 | 0.992 | 0.704 | 1.019 | 1.337 | 1.575 | 1.784 | 1.950 | 2.112 | 2.174 | 2.204 | 2.206 | 2.206 | 2.206 | 2.206 | 2.206 | 2.206 | 2.206 | 2.206 | 2.206 | 2.206 | 2.206 |
| 2020 | 11 | 26 | 4 919.59 | 0.76 | 1.012 | 1.008 | 1.030 | 1.030 | 1.030 | 1.008 | 0.711 | 1.039 | 1.378 | 1.623 | 1.838 | 2.009 | 2.175 | 2.240 | 2.270 | 2.273 | 2.273 | 2.273 | 2.273 | 2.273 | 2.273 | 2.273 | 2.273 | 2.273 | 2.273 | 2.273 |
| 2020 | 12 | 8 | 5 009.88 | 0.72 | 0.987 | 0.986 | 0.976 | 0.985 | 0.987 | 0.976 | 0.701 | 1.024 | 1.357 | 1.598 | 1.810 | 1.979 | 2.142 | 2.206 | 2.236 | 2.239 | 2.239 | 2.239 | 2.239 | 2.239 | 2.239 | 2.239 | 2.239 | 2.239 | 2.239 | 2.239 |
| 2021 | 1 | 8 | 5 495.43 | 0.71 | 0.990 | 1.018 | 1.015 | 0.995 | 1.018 | 0.990 | 0.708 | 1.019 | 1.351 | 1.591 | 1.802 | 1.970 | 2.133 | 2.196 | 2.226 | 2.228 | 2.228 | 2.228 | 2.228 | 2.228 | 2.228 | 2.228 | 2.228 | 2.228 | 2.228 | 2.228 |
| 2021 | 1 | 25 | 5 625.92 | 0.72 | 0.980 | 0.983 | 0.956 | 0.951 | 0.983 | 0.951 | 0.673 | 0.970 | 1.285 | 1.514 | 1.714 | 1.874 | 2.029 | 2.089 | 2.117 | 2.120 | 2.120 | 2.120 | 2.120 | 2.120 | 2.120 | 2.120 | 2.120 | 2.120 | 2.120 | 2.120 |
| 2021 | 2 | 26 | 5 336.76 | 0.78 | 1.015 | 1.002 | 1.022 | 0.989 | 1.022 | 0.989 | 0.680 | 0.989 | 1.271 | 1.498 | 1.696 | 1.854 | 2.008 | 2.067 | 2.095 | 2.098 | 2.098 | 2.098 | 2.098 | 2.098 | 2.098 | 2.098 | 2.098 | 2.098 | 2.098 | 2.098 |
| 2021 | 3 | 9 | 4 971 | 0.8 | 1.007 | 1.032 | 1.035 | 1.013 | 1.035 | 1.007 | 0.687 | 1.009 | 1.310 | 1.517 | 1.718 | 1.878 | 2.034 | 2.094 | 2.122 | 2.125 | 2.125 | 2.125 | 2.125 | 2.125 | 2.125 | 2.125 | 2.125 | 2.125 | 2.125 | 2.125 |
| 2021 | 4 | 13 | 4 939.64 | 0.66 | 1.008 | 1.002 | 1.005 | 1.030 | 1.030 | 1.002 | 0.694 | 1.029 | 1.349 | 1.562 | 1.769 | 1.934 | 2.094 | 2.156 | 2.186 | 2.188 | 2.188 | 2.188 | 2.188 | 2.188 | 2.188 | 2.188 | 2.188 | 2.188 | 2.188 | 2.188 |
| 2021 | 4 | 26 | 5 077.24 | 0.61 | 1.003 | 1.008 | 1.017 | 1.009 | 1.017 | 1.003 | 0.700 | 1.038 | 1.361 | 1.577 | 1.785 | 1.952 | 2.113 | 2.176 | 2.205 | 2.208 | 2.208 | 2.208 | 2.208 | 2.208 | 2.208 | 2.208 | 2.208 | 2.208 | 2.208 | 2.208 |
| 2021 | 5 | 21 | 5 134.15 | 0.76 | 1.004 | 1.036 | 1.036 | 1.040 | 1.040 | 1.004 | 0.707 | 1.059 | 1.402 | 1.639 | 1.856 | 2.030 | 2.197 | 2.263 | 2.293 | 2.296 | 2.296 | 2.296 | 2.296 | 2.296 | 2.296 | 2.296 | 2.296 | 2.296 | 2.296 | 2.296 |